KB140870

최고의 교육

This Work was originally published in English under the title of:
Becoming Brilliant: *What Science Tells Us About Raising Successful Children*
as a publication of the American Psychological Association
in the United States of America.

4차 산업혁명 시대 미래형 인재를 만드는

최고의 교육

로베르타 골린코프 · 캐시 허시-파섹

김선아 옮김

들어가며

어떻게 잠재력을 키워줄 것인가

"만약 …이라면?" 이 질문은 1970년대 후반과 1980년대 초반에 발행된 만화책 시리즈의 제목이다. 달에 있는 집에서 대체현실을 관찰하는 유아투(Uatu)라는 주인공은 "만약 스파이더맨이 판타스틱 4 팀에 합류한다면 어떨까?" 같은 류의 질문들을 던진다. 이 〈만약 …이라면?〉 시리즈는 대체현실 속에서 주인공들의 인생을 완전히 뒤바꿔버리기도 하고, 원래의 시리즈 속에서는 슈퍼 영웅이었지만 여기서는 범죄자로서의 삶을 선택하기도 한다. 원래 주인공들이 살던 세상의 일반적인 규칙은 깡그리 무시하고 완전히 다른 관점에서 본 거칠고 야성적인 세계를 창조해낸다.

우리는 이 책을 읽는 사람들에게 아이들의 교육과 성공에 대해서 '만약?'이라는 여러 가지 가정들을 적용해보도록 권하고 싶다. 만약 우리가 아이들이 배우는 방법에 대해서 밝혀진 과학적 사실에 근거한 교육 시스템을 갖출 수 있다면 어떨까? 만약 학교가 우리 자녀들이 살아갈 미래 세계에 정말 필요한 교육 프로그램들을 실제로 제공한다면?

자녀양육과 학교문제에 대해서 불평하기는 쉽다. 모두가 다 겪는 일이다. 입학식에서 졸업식에 이르기까지 우리는 자녀들의 교육에 대해 근심걱정을 하며 살고 있다. 매 수학시험마다, 또 과제로 주어진 작문 숙제의 주제 문장 하나하나에 가슴을 졸이며 안절부절 못한다. 집에서 공부한 분수 문제 풀기는 충분한 걸까? 에세이 주제가 교과서에 제시된 사례와 맞지 않는 것은 아닐까? 주제를 잘못 선정했다면 선생님이 제대로 평가할 수 있도록 기회를 한 번 더 주실까? 이런 오만가지를 걱정한다.

과학자로서 자녀들을 키우는 동안 또 그 이후에도 우리는 "과연 교육에서 효과적으로 작용하는 것들은 무엇인가?"를 측정하는 데 많은 시간을 보냈다. 이 책을 통해 부모나 교육자들이 아이들의 교육에 대한 불안감을 극복하고 진짜 효과적인 교육방법에 대해 어렴풋이라도 감을 잡을 수 있게 되길 바란다. 우리가 교훈을 배울 수 있는 훌륭한 학교들과 수업들은 이미 존재한다. 우리는 최신 데이터를 소개할 것이며, 이 복잡한 21세기의 글로벌 세상 속에서 아이들의 '잠재력'을 지적·사회적으로 최대한 이끌어낼 수 있는 증거 기반의 최신 사례들을 공유할 것이다.

만약 학교에 열대우림이 있다면 어떨까?

우리가 필라델피아 외곽에 있는 프렌즈 센트럴 스쿨(Friends' Central School)을 방문한 날, 그 학교의 2~4학년 학생들은 열대우림에 대해서 배우고 있었다. 사방이 열대우림이었다. 동물 인형들은 넓은 초록 잎이 달린 종이 나무를 기어오르고 있었고, 바닥에 깔린 구겨진 크레이프페이퍼(Crepe Paper)가 졸졸 흐르는 시냇물을 대신했다. 우리가 파피노 선생님의 2학년 교실 안을 들어서자 그 안에는 인도네시아가 있었고, 학교 강당에서는 뉴기니를 볼 수 있었다. 강당 벽에는 학생들이 용맹하게 그려낸 원시인 가면들이 걸려 있었으며, 마치 박물관처럼 가면들마다 만든 이와 가면이 유래된 장소의 역사가 적힌 안내문이 붙어 있었다. 브릭스 선생님의 4학년 학생들은 수학과 읽기 능력을 활용해 보물섬을 찾아가는 여행을 떠나기 위해 보트를 만들고 있었다. 덩굴로 뒤덮인 복도를 지나며 자연스럽게 정보들을 얻고 진짜 실질적인 목표를 위해 적혀 있는 지시문을 읽고, 측량 계산을 하고 보트 만들기 계획에 대한 글을 쓰며, 새로운 기술들을 자유자재로 활용하는 아이들의 모습은 맥락적으로 풍부한 학습이 이뤄지고 있음을 보여줬다. 이점이 특히 중요한데, 아이들은 이 열대우림에서 단순히 'A, B, C'나 '1, 2, 3' 같은 단순 지식 이상의 것을 배우고 있었다.

빽빽한 나뭇잎 사이로 우리는 5가지 각기 다른 '21세기 역량(21st Century skill)'들을 엿볼 수 있었다. 여기에 지식정보, 즉 콘텐츠까지 더해 우리는 이런 21세기 역량들을 '6C'라고 명명했다. 모든 미래의 기업가이자 사상가로 성장하는 데 도움이 될 핵심 역량으로 우리는 이 6C를 선별했다. 이 역량들은 아이들을 '미래형 인재'로 만들어주고, 또한 아이들이 자신들이 속한 공동체에 기여하고 충만한 개인 생활을 영위하며 '훌륭한 시민'으로 자랄 수 있게 도움을 줄 것이다.

교실 구석에서 가상의 항해를 견뎌낼 수 있는 보트를 제작하기 위해 서로 의견을 나누며 작업하고 있는 보트 만들기 파트너들은 '협력(Collaboration)'을 배우고 있었다. 보물섬에 도착하면 무엇을 찾게 될 것인지 묘사한 글을 적은 아이들의 노트에서는 '의사소통(Communication)' 기술 습득의 증거를 볼 수 있었다. '콘텐츠(Content)'에는 측량 및 숲을 둘러싸고 있는 지리가 포함되고, 개미핥기와 고산 족제비를 공부하면서 자연스럽게 과학을 배운다. 학생들은 서로의 보트 만들기 계획의 안정성, 속도 그리고 내항성(耐航性)을 서로 사이좋게 평가하면서 '비판적 사고(Critical Thinking)'를 할 수 있다. 지시사항에 따라 세운 어떤 계획들은 성공하고 또 어떤 계획들은 분명 실패할 것이다. 활동에 참여하는 학생들이 새로운 아이디어를 떠올리고 그중 몇몇 아이디어들 때문에 웃음보를 터뜨리면서 아이들의 '창의적 혁신(Creative Innovation)'이 풍부해진다. 악령들을 막기 위해 녹색 괴물들로 보트를 칠하는 건 어떨까? 아니면 해적을 피하기 위해 깃발에 사자와 호랑이를 그려 넣는 게 더 좋을까? 보트의 재료와 더불어 어떤 짐을 가져가야 할지 좀 더 생각을 해봐야 한다는 사실을 깨닫고 이전의 계획들을 찢어버리고 새로운 계획을 짜기 시작하는 학생들에게는 '자신감(Confidence)'이 흘러넘친다.

하지만 그중에서도 가장 놀랍고 멋진 점은 매 여름 프렌즈 센트럴 스쿨 운영부가 학생들이 참여할 수 있는 새로운 방안을 통해 교과과정의 풍부한 콘텐츠들을 전달하는 방법을 숙고한다는 점이다. 그들은 "직각의 벽으로 둘러싸인 전통적인 교실을 열대우림이나 산속마을로 바꾼다면 어떨까?" 그리고 "비행 같은 주제를 효과적으로 전달할 수 있는 좋은 방법은 어떤 것일까?"와 같은 질문을 자문하며 6C를 통해 학생들과 함께 기본 지식들을 배울 수 있는 방법에 대해 연구한다. 이런 주제 기반의 학습 환경 속에서 학생들은 책상이라는 한정적인 공간에서 벗어나고, 교사들 또한 본인들 스스로도 신이 나서 탐구심으로 무장한 학생이 된다. 새로운 지식을 구축하는 한편 생동감 넘치는 교육의 장이 열리고 또 확장된다. 바로 이런 학습이 일어나고 있는 교실에서 우리는 단지 '지식을 소화하는' 것이 아니라 '지식을 변화시키는' 뇌 발달 분야의 전문가 존 브루어(John Bruer) 교수를 만났다.

아이의 잠재력은 어디에 있을까

만약 모든 학교들이 6C를 육성하는 교실을 설계할 수 있다면 어떨까? 아이들이 받는 성적표가 6C의 각 항목에 대한 개개인의 학습 발달 과정을 보여준다면? 학부모와 교사의 상담이 아이의 최근 시험 성적에 대한 이야기 말고도 아이의 6C 역량, 즉 콘텐츠(Content), 협력(Collaboration), 의사소통(Communication), 비판적 사고(Critical Thinking), 창의적 혁신(Creative Innovation) 그리고 자신감(Confidence)에 초점을 맞춘다면 어떨까? 만약 학부모들이 받는 성적표가 자녀의 강점과 약점에 대해서 보다 완전한 프로필을 제공해준다면 어떨까?

6C에 기반을 둔 성적표는 아이들이 21세기를 살아가면서 성공하기 위해 반드시 필요한 능력들을 포착한다. 그렇다면 6C 기반의 성적표는 과연 올 A학점의 학생이 받는 일반적인 성적표와 어떻게 다를까? 우리는 누구나 자녀들이 좋은 성적을 받길 원한다. 하지만 사실 아이들이 가진 잠재력을 학업 성적만으로 평가할 수는 없다. 지식정보에 국한된 역량을 가진 사람들 중 학교에서는 우수한 성적을 받은 모범생이었지만 막상 사회에 진출한 후 직장에서는 지지부진한 경우가 많다. 공장에서 새로운 일자리가 생겼을 때 실무에서 지지부진한 이런 사람들(어쩌면 그들은 협력하는 능력이 부족할지도 모른다)을 관리직으로 고용하려고 생각하는 사업주가 있을까? 또는 우수한 성적을 받은 학생이었지만 막상 실험실에서는 새로운 방법을 개발해야 할 때 창의력이 너무 부족해서 잘못된 방식을 계속 답습하게 될지도 모른다. 6C 역량이라는 렌즈로 볼 때 우리는 아이들의 강점과 약점에 대해서 보다 완전한 모습을 파악할 수 있다.

아이들에 앞서 먼저 자신의 6C 프로필은 어떤지 스스로 한번 생각해보

자. 자신 있게 내세울 수 있을 만한 당신의 강점은 무엇인가? 당신이 스스로를 더 발전시킬 수 있을 만한 분야는 무엇인가? 당신은 스스로의 능력, 또는 능력 부족에 대해서 자녀와 어떤 방식으로 이야기를 나누고 있는가?

우리는 이 책을 읽는 이가 평소와는 다른 시각으로 생각해보고 "만약 이러면 어떨까?"라고 스스로에게 질문해보길 권한다. 가정과 학교 양쪽에서 6C가 통합된 기술역량을 기본으로 삼고 아이들이 사교적이며, 적응력 강하고, 유연한 사고력을 가진, 평생 배움을 즐기는 사람으로 자랄 수 있게 우리 모두 힘을 모은다면 어떨까?

"만약 이렇다면 어떨까?"라는 질문을 최대한 자주 떠올려보자. 왜냐하면 이 책은 처음부터 우리 모두를 위해, 그리고 우리 아이들의 미래를 위해 "교육이 어떻게 변화할 수 있는가"를 함께 생각보는 것이 목표이기 때문이다.

40년의 연구로 밝혀낸, 아이가 반드시 길러야 할 6가지 역량

지난 40여 년간 매년 수많은 영아들, 걸음마쟁이 유아들 그리고 미취학 아동들이 부모의 손을 잡고 우리 연구실로 줄지어 들어왔다. 우리 연구실은 아이들이 어른들을 가르치는 곳이다. 아이들이 어떻게 언어를 배우는지, 어떻게 수리 능력을 깨우치는지 그리고 어떻게 읽기를 배우는지를 어른들에게 알려주는 곳이다. 아이들이 처음으로 말을 하기도 전에 이뤄지는 이런 학습에 대한 정보들은 바로 이 책 같은 교육 관련 책이 만들어지기 위한 자양분이 된다. 우리는 《아기들은 어떻게 말하는가?(How babies Talk)》와 《아인슈타인은 플래시카드로 공부하지 않았다(Einstein Never Used Flash cards)》 등의 책을 쓰면서 이런 학습실험실과 국내 다른 실험실들의 연구 데이터를 인용했다. 아이들은 우리가 실제로 아는 여러 가지 다른 사실들 간의 커다란 공백을 메우는 데 도움을 주었다.

세계 전역의 다른 과학자들과 협력하면서 우리는 아동발달이라는 흥미로운 지형도에서 새롭고 수많은 특징들을 발견했으며, 이제 이런 지식들을 널리 공유하고자 한다. 이를 바탕으로 교육가들과 혁신가들이 가능한 한 최고의 교육 프로그램, 장난감, 앱 그리고 모든 아이들을 위한 교실을 만들 수 있기를 바란다. 학교 밖의 세상은 아이들에게 점점 더 많은 지식정보들을 가르치는 게 중요하다고 계속 강조한다.

그러나 우리는 지식정보 외에 수많은 기술과 능력을 습득해야 할 필요성과 더불어 더 폭넓은 비전이 필요하다고 생각한다. 중요한 것이 지식정보뿐이라면 오히려 인간보다 로봇이 훨씬 더 잘해낼 수 있을 것이다. 하지만 우리는 로봇이 아니라 오직 우리 아이들만이 서로 상호작용을 하며 사회적으로 어울릴 수 있고, 훌륭한 시민이 될 수 있으며, 생각하고 창조할 수 있는 가능성을 가지고 있다는 사실을 잘 알고 있다. 수십 년의 연구와 수백 건의 논문들 그리고 우리가 우리 이름을 걸고 쓴 13권의 책을 바탕으로 이제 '교육과학'으로부터 공동의 지혜를 공유하고 새롭게 생각하는 법, 바로 6C 역량을 아이들에게 키워줘야 할 때가 됐다.

우리 같은 교육과학자들이 알고 있는 바를 대중과 공유하지 않는다면 그 빈자리는 경험이 부족하거나 과학적 기반이 없는 이들이 채울 것이다. 또 아이들에게 더 나은 교육을 제공하기보다는 시장논리에 더 부합하는 가치들로 채워질 것이다. 마치 패스트푸드 산업이 영양가 없이 칼로리만 있는 음식을 공급하듯이 실제로 교육산업이라고 지칭되는 이 분야는 대다수의 사람들이 학업 향상과 행복한 삶에 필요한 것은 단순한 지식정보에 대한 암기라고 생각하게 만들어버렸다.

매번 스마트폰을 통해 접하는 교육정보나 교육 관련 상품을 볼 때마다 이런 의심을 한다. "진짜일까?", "아이들의 지적 능력을 향상시킬 수 있는 획기적인 제품이 정말 있을까?", "지금 장난치는 건가?", "태블릿을 유아용 변기 의자에 장착한다고?" 등등 넋이 나가 중얼거린다.

수많은 가정에서 자녀들에게 정말 필요한 것이 무엇인지 결정해야 할 때 얼마나 막막해하는지는 잘 알고 있다. 이 책을 쓴 우리들 또한 부모이자 손자 손녀들이 있는 조부모이기 때문이다. 우리는 다섯 명의 자녀들을 키웠고 수많은 선택지 중에 고르는 것이 얼마나 어려운지 잘 알고 있다.

이 책에서 우리는 아이들이 가진 잠재력을 모두 발휘하면서도 여전히 모든 면에서 잘 적응하고 행복할 수 있도록 가이드라인이 되어줄 일련의 원칙들을 제공하고자 한다.

어떻게 잠재력을 키워줄 것인가

우리는 모두 자녀들이 성공하기를, 그래서 그들이 가진 모든 잠재력을 완전히 발휘할 수 있기를 바란다. 하지만 우리는 얼마나 정확하게 성공의 의미를 알고 있을까?

이 책의 제1장에서는 성공에 대해서 우리가 어떤 가정을 하고 있으며 21세기의 글로벌 세계에서 성공을 어떻게 정의하면 좋을지 살펴볼 것이다. 현재의 교육 시스템은 우리 자녀들이 이런 환경 속에서 성공할 수 있도록 대비해주고 있을까? 우리는 그렇지 않다고 생각하는 수많은 사람들과 의견을 같이 한다. 하지만 우리에게는 더 이상의 불평불만이 아니라 해결책이 필요하다. 이 책에서 우리는 교육과학을 바탕으로 학교 안과 밖에서의 교육에 대해서 다시 생각해볼 것이다.

제2장에서는 어떻게 현재의 교육이 수렁에 빠지게 되었는지를 살펴보고 앞으로 나아갈 바를 제시하면서 우리의 여정을 시작하고자 한다.

제3장에서는 글로벌한 과학적 해결책들이 어떻게 각 지역별 교육 문제들에 맞춰 변형될 수 있는지 살펴봄으로써 글로컬(glocal), 즉 범세계적이면서 현지의 실정을 반영하는 관점에서 교육에 대한 질문들을 탐구해볼 것이다.

제4장은 역동적이고 국제적인 고용시장의 필요에 부응할 수 있는 학교 안팎에서의 교육은 무엇인지 제시할 것이다. 자녀들이 성공할 수 있도록 예비해주는 교육 시스템은 단지 읽기나 수학 같이 기술적인 능력뿐만이 아니라 이러한 학문적인 성취의 기반이 되어줄 '소프트 스킬'(Soft Skill : 사회성, 의사소통 능력, 협상, 팀워크, 리더십 등의 성격 기반적 능력_옮긴이)이라 불리는 것들을 모두 포괄할 수 있어야 한다.

과학적인 근거를 바탕으로 성공의 조건에 부합하면서, 세계 어디에서나 각광받는 인재들이 갖추고 있는 이런 글로컬 역량들은 무엇일까?

제5장에서 제10장까지는 이 질문에 대한 과학적 답변들을 소개할 것이다. 즉 아동발달에 대한 가장 최신 증거들을 기반으로 우리가 6C라 부르는 역량들, 즉 협력, 의사소통, 콘텐츠, 비판적 사고, 창의적 혁신 그리고 자신감에 대한 해답들을 제시할 것이다. 이러한 역량들을 습득하는 과정은 또한 '아이들이 어떻게 성장하고 배우는가'를 보여준다.

각 장 말미에는 아이들이 미래형 인재가 되기 위해 꼭 필요한 6C 역량을 구체적인 사례와 함께 독자 스스로가 학습자로서, 또 자녀가 가진 잠재력을 모두 발휘하는 데 최선의 도움을 줄 수 있도록, 책에서 배운 바를 실제로 적용해볼 수 있게 해줄 것이다.

제11장은 이러한 능력들이 21세기를 위한 새로운 교육과 성적표를 위한 틀이 되는 통합 시스템 속에서 어떻게 구성되는지를 보여줄 것이다.

여기서 안내하는 기술들을 활용하면 우리는 모든 아이들을 좀 더 성장시킬 수 있고 미래의 성공을 도와줄 수 있다. 아이들이 학습하는 방법에 대한 과학적인 근거들을 도구로 삼아 유익하게 활용하기를 바란다.

CONTENTS

제7장 '지식 습득이 최고'라는 환상_콘텐츠

제8장 사실을 넘어 진실을 찾는 힘_비판적 사고

제9장 낡은 것으로 새로운 것을 만들다_창의적 혁신

제1장

과거의 방법으로 미래에도 성공할 수 있는가

성공의 의미

교육이 할 일은 아이들이 미래를 멋지게 만들도록 돕는 것이다.

_켄 로빈슨

정말일까? 축구공 크기만 한 거북이 모양의 전등이 아기들이 더 잠을 잘 잘 수 있게 특별히 고안된 거라고? 적어도 포장 상자에는 그렇게 적혀 있다. 게다가 아기들의 공포감을 줄여준다는 사실이 과학적으로 증명됐다고? 이건 그냥 평범한 거북이 전등이 아니다. 이 거북이 전등은 아기 방 천장에 밤하늘에 빛나는 별자리들을 투영해서 아기들이 고무젖꼭지를 빨며 우유 꿈속으로 빠져들면서도 오리온자리가 무엇인지 배울 수 있게 해준다. 로버트와 스테파니의 베이비샤워 파티에 온 손님들은 모두 "우와~" 하며 탄성을 지른다.

아직 부부의 딸이 태어나려면 두 달이나 더 남았지만 로버트와 스테파니의 교사, 의사 그리고 변호사 친구들은 태어날 아기를 차세대 힐러리 클린턴(Hilary Clinton)으로 만들어준다고 약속하는 선물들을 잔뜩 모아왔다. 거북이 전등에 감탄한 후 스테파니는 라벤더색 리본이 달린 반짝이는 보라색과 흰색의 줄무늬 가방의 포장을 풀고 공작새 모양의 봉재 장난감을 꺼낸다. 모든 깃털마다 3가지 언어로 라벨이 붙어 있어 아기는 그 어린 눈으로 말도 하기 전에 영어, 스페인어 그리고 중국어 글씨에 노출될 것이다.

미래 세대의 성공 비결은 무엇일까

이른바 교육적이라는 이러한 장난감들은 널리고 널렸다. 그리고 포장 상자들에 붙은 설명서에는 부모들에게 그리고 크게는 사회 전체에 광고회사들이 팔고 싶어 하는 메시지가 잔뜩 적혀 있다. 모든 상자에 ABC나 123이 적혀 있지 않으면 아기들은 인생의 출발점에서부터 실패한 거나 마찬가지라는 내재적인 메시지 말이다. 아주 어린 나이부터 지식정보들을 마스터해야 뇌가 더 크고 우수해지며, 더 우수한 두뇌를 가져야 더 높은 수입을 얻고, 더 많은 부를 축적할 수 있는 일자리를 얻을 수 있다는 생각을 퍼뜨린다. 실제로 좌뇌와 우뇌의 발달을 위해 각각의 다른 DVD를 제공하는 '우리 아기 영재 만들기(Brainy baby)' 같은 장난감들이 존재한다. 신경과학자들이 모두 아기들은 차치하고 어느 누구든 좌뇌만 발달하거나, 우뇌만 발달할 수 있다는 이론은 틀렸다고 하는데도 말이다. 게다가 '당신의 아기는 읽을 수 있다(Your baby can read)' 같은 제품들은 수백만 달러의 수익을 내고 있다. 초기 언어와 문해에 대해 연구한 교육과학자들은 이런 광고들이 TV에 등장하면 이렇게 쏘아붙이곤 한다.

"아니요, 당신의 아기는 읽을 수 없어요!"

마저리 윌리엄스(Margery Williams)의 《벨벳 토끼 인형(Velveteen Rabbit)》에 나오는 사랑받는 동물 봉재 인형이나 〈토이 스토리(Toy Story)〉 영화의 우디 같은 전통적인 장난감들은 장난감 가게의 뒤쪽 선반으로 밀려나 있다. 부모들은 교육적인 가치가 명백하지 않은 고전적인 제품은 결코 구입하려 하지 않는다. 부모들은 진흙 만들기나 기차 만들기 세트에 담겨져 있는 공간학습의 가치를 그냥 지나쳐버린다. 성벽에 가로막히고 해자를 건너야만 하는 기사가 있는 장난감 성을 가지고 놀면서 자연스럽게 익히게 되는 스토리텔링과 언어학습의 가치를 빠르게 스쳐 지나친다. 부모들이 원하는 건 자녀들의 모든 순간을 학습의 가능성으로 최적화해주는 것이다. 자녀를 아이비리그 궤도에 올려놓아줄 속성 학습법을 마다할 부모가 어디 있겠는가?

문제는 손가락만 까닥하면 구글 검색이나 위키피디아를 통해 사실적 지식들을 확인할 수 있는 요즘 세상에서 지식정보로 머리를 채우는 것은 더 이상 성공의 비결이 아니라는 것이다. 누구든 지식정보에 대한 어떤 질문이든 단 몇 초 만에 온라인에서 답을 찾아낼 수 있다. 물론 알파벳이나 구구단 같이 여전히 암기가 필요한 지식들도 있다. 하지만 지금의 아이들 또는 부모들이 맞닥뜨리게 되는 진정한 문제는 매일 우리가 접하게 되는 이 모든 정보들을 분류하고 우선순위를 매기고 활용하는 방안이다. 현재 그리고 미래의 포춘 500대 기업들이 제공하는 멋진 직업들은 결국 암기만으로는 절대 배울 수 없는 '깊이 사고하는 힘'을 가진 사람들의 차지가 될 것이다.

과연 이런 능력들은 무엇이며, 보다 구체적으로 성공을 측정하는 문화 속에서, 새롭게 요구되는 능력들을 과연 어떻게 키울 수 있을까? 이것이 이 책에서 우리가 던지는 핵심적인 질문이다. '우수교육을 위한 국립위원회' 같은 단체들이 여론에 호소하며 아이들에게 제대로 된 교육을 하지 않아서 국가의 경제적 우위가 위협받고 있다는 경고를 익히 들어왔다. 또한 '국립교육경제센터' 같은 기관에서 지금의 사회가 제공하는 교육은 1953년대의 인재양성을 위한 교육이라는 무시무시한 발표도 들었다. 그런데 우리는 이런 문제들에 대응해 과연 무엇을 하고 있는가?

이 책에서 우리는 "아이들은 어떻게 배우는가"를 연구하는 과학자의 입장에서 이 문제를 다뤄보고자 한다. 우리의 목표는 2가지 단순한 질문을 던지는 것이다. 첫 번째, 부모에게 자녀의 성공이란 무엇인가? 그리고 두 번째, 어떻게 하면 부모가 아이의 미래를 성공으로 이끌 수 있을까? 다시 말해 부모에게 익숙한 문화와 생활방식을 활용해 자녀들 자신의 목표를 달성할 수 있도록 어떻게 도와줄 수 있을까?

우리는 독자들에게 학습과 교육의 새로운 정의를 제시함으로써 부모들이 성공을 향한 다양한 경로를 통해 자녀를 양육하고, 또 충분한 정보를 가지고 선택할 수 있기를 희망한다. 이미 알아챘겠지만 우리는 진정한 학습이 '거북이 전등'이나 '다중언어 모빌'의 형태로 이뤄지지 않는다는 것을 주장한다. 거대한 교육시장이 끊임없이 부모들을 그렇게 세뇌하고 있긴 하지만 말이다. 또한 단순히 사실적인 지식을 배워 시험을 잘 본다고 진정한 학습이 이뤄지는 것도 아니다. UN의 사무위원장은 교육에 대한 글로벌 계획에 대해 다음과 같이 말했다.

> 세계는 국제적인 해결책이 필요한 국제적 도전 과제들에 직면했습니다. 이렇게 상호 연결된 국제적인 과제들은 인간으로서의 존엄성을 위해 우리가 생각하고 행동하는 방식에 지대한 변화를 촉구하고 있습니다. 교육은 이제 단지 개개인이 읽고, 쓰고, 셈할 수 있는 능력을 길러주는 것으로는 부족합니다. 교육은 변화를 가져오고 삶을 위한 공유가치를 가져올 수 있어야만 합니다. 교육은 오늘날 우리에게 주어진 거대한 질문들에 해답을 제시하는 데 적합한 수준이어야 합니다.[1]

핵심 가치관들과 목표를 수립하는 것은 세계적으로 교육에 대한 쟁점 중에서도 가장 중요한 문제가 되었다. 웬디 콥(Wendy Kopp)과 그 팀이 운영하는 '모두를 위한 교육(Teach for All)'이든 아니면 〈세서미 스트리트(Sesame Street)〉든지 또는 브루킹스 연구소의 '글로벌 교육 계획'이나 뉴욕 과학 아카데미의 '21세기에서 성공하기 위해 모든 아이들에게 필요한 역량' 그리고 '어떻게 이런 역량들을 문화적으로 민감한 방식으로 제공할 것인가?'에 대한 대화들은 다양한 국제적 견해들을 포용하는 것에 중점을 두고 있다. 예를 들어, 옷을 디자인할 때, 두 팔과 다리가 들어가는 구멍이 있다는 것을 제외하고는 더 이상 문화적 차이에 대한 제한이 없다. 지리적인 경계가 불분명해져가는 점점 작아지는 이 세계에서 지역별로 다른 중점 가치들을 선호할 수 있을지도 모르지만 오늘날 우리에게 요구되는 것은 결국 보편적으로 서구 사회에서 성공하는 데 필요한 기술들로 귀결된다.

급격하게 변화하는 기술 때문에 오늘날 요구되는 역량들은 부모들이나 조부모들이 성공하는 데 필요했던 역량들과는 사뭇 다르다. 본론적으로 짧게 말하자면 아직 이런 목적에 부합할 만한 세계무대를 주도할 교육적 접근법이 실행되지 못하고 있다. 전세계의 여러 기관들이 현재 실행되고 있는 교육법에 대해 끊임없이 의문을 제기하고 있지만 대부분의 학교들은 이러한 새로운 목적들과 전혀 상반되는 방식으로 운영되고 있다.

캐나다 온타리오 주는 이러한 "일반적 역량들이 무엇일까"에 대해서 먼저 고민했다. 온타리오 주의 강령은 아이들이 21세기를 살아가기 위해 공유하는 목표가 과연 무엇인지를 정의하고 있다. 온타리오 주의 강령은 다음과 같다.

> 오늘 행복하고 건강한 아이들과 청소년이 미래에 남을 배려하며 창의적이고 책임감 있는 성인으로 자랄 수 있도록 지원하는 환경을 만들고자 한다.[2]

우리는 여기에 좀 더 살을 붙여, 만약 우리가 학교 안팎에서 행복하고, 건강하며, 생각할 줄 아는, 그리고 남을 배려하는 사회적 아이들이 미래에 협력적이고, 창의적이며, 자신감 있고, 책임감 있는 성인으로 자랄 수 있는 환경을 만든다면 우리 사회는 번영할 것이다. 만약 이런 단어들이 이 책을 읽는 독자들에게 공통된 가치관들을 수립하거나 거기에 근접하기만 할지라도 우리는 "그럼 어떻게 이런 목표들을 달성할 것인가"라는 도전 과제에만 집중할 수 있을 것이다. 그리고 바로 이것이 이 책의 사명이다.

미래가 원하는 아이의 역량

이 거대한 사명을 어떻게 달성할 수 있을까? 이 질문에 대한 답을 우리는 놀랍게도 아이들, 그리고 아이들의 학습법에 대한 과학에서 찾을 수 있었다. "아이들은 어떻게 배우는가"에 대한 연구는 부모들이 자녀에게 희망하는 목표들을 달성할 수 있는 "통합적이고 체계적인 능력을 과연 어떻게 키울 수 있는가"에 대한 해답을 제시한다. 서문에서 언급한 바와 같이 우리는 이러한 역량들을 6C 역량이라고 명명했다. 협력, 의사소통, 콘텐츠, 비판적 사고, 창의적 혁신 그리고 자신감이다.

삶을 시작하는 첫 순간부터 아기는 자동적으로 가족 공동체의 일원이 된다. 그리고 조금 자라면 발생기의 **협력**을 보여주며 다른 가족 구성원들을 향해 기어간다. 문화적인 패턴을 배우는 방식, 다른 사람들에게 각기 다르게 대응하는 방식, 차례 지키는 것을 배우는 방식, 레고블록 쌓는 법을 배우고, 함께 경험하는 방식, 그리고 진정한 협력이 일어날 수 있게 하는 사회적인 자기 통제력을 발달시키는 방식들을 통해 우리는 협력을 배운다. 인간으로서 우리에게는 타인에 대한 민감성이 이미 내재돼 있다. 진화를 통해 인간은 그렇게 프로그램됐다. 우리는 존재의 가장 핵심에서부터 철저히 사회적인 존재다. 한 팀을 이뤄 일을 하는 것은 새로운 비즈니스 모델의 중심이며 얼마나 많은 이들이 팀워크를 배우기 위해 따로 공부하는지 모른다. 자기통제력에 어떤 영향력을 끼치는지는 차치하고라도 협력은 매우 핵심적인 능력이며 아이는 물론 성인에게도 사회적인 능력의 근본적인 기반을 이룬다.

협력을 기반으로 구축되는 것이 바로 **의사소통** 능력이다. 아기들은 첫 단어를 말할 수 있게 되기도 전에 이미 자기를 예뻐하며 어르는 어른과 "꾸꾸", "까까" 하는 소리만으로 대화를 나눌 수 있다. 아기들은 완벽한 억양으로 옹알거리고 자기의 필요와 욕구를 표현하기 위해 다른 이들의 관심을 끄는 능력을 발휘한다. 10개월 된 아기가 자기가 좋아하는 장난감을 쳐다보고 손가락으로 가리키며 명령을 내리는 조로 얼마나 효과적으로 끙끙거리는지 한번 생각해보라. 타고난 사회적 기반을 활용해 아이들은 첫 번째 의사소통을 종합해낸다. 이를 통해 아기들은 현실에 대해 배우고, 유니콘과 이빨 요정들의 가상 세계를 즐길 수 있게 되며, 대화의 멜로디 속에서 말하고 들을 수 있게 되는 것이다. 읽기, 쓰기 그리고 요즘은 거의 소멸되어버린 듯한 듣기의 기술은 부모와 아기 사이의 이런 초기의 대면을 통해 싹튼다. 또한 강력한 의사소통 능력은 더 나은 건강과 학문적인 기술과 밀접하게 연관돼 있다.[3]

콘텐츠는 아이들의 발달에 중심이 되는 6가지 능력들 중에 하나이며 결국 의사소통 능력을 통해 거두게 되는 결과다. 사람, 장소, 사물 그리고 우리 주위에 일어나는 사건들을 통해 어떻게 정보를 습득하는지의 결과인 것이다. 또한 '어떻게 배우는 법을 배우는가'의 문제이기도 하다. 새로운 정보를 접했을 때의 전략과 접근법이다. 아기들은 마루는 기어다닐 수 있고 벽은 통과할 수 없다는 것을 배우면서 콘텐츠를 구축한다. 학자들이 아기들은 세상을 "윙윙거리고 알록달록한 혼돈"[4]의 장소로 본다고 생각했던 것도 그리 오래전 일이 아니다. 이는 사실과 지극히 동떨어진 이야기다.

아기들은 귀로 듣는 언어 속에서 수많은 패턴들을 감지해내며 8개월만 되어도 자신들이 듣는 문장에 대해 전략적인 분석을 해낸다. 고작 8개월 아기가 말이다. 8개월에 시작되는 단어학습은 문해 능력의 발달이라는 고속도로 위에 선 2~3세 아이들의 어휘력을 키워주는 시발점이 된다.[5] 인생의 첫 해에 아이들은 물체의 특성을 배우는 꼬마 물리학자이자 인간이라는 종족의 일원이 된다는 것은 어떤 것인지 관찰하고 우리를 흉내내는 사회학자들이다.[6] 형태를 분류하고 건포도가 몇 개인지 세는 3~4세 때는 숫자와 기하학을 배우며 수학적 사고력을 키운다.[7] 하지만 읽기와 수학은 콘텐츠에 해당되지 않는다. 아이들은 또한 배우는 법을 배운다. 카드게임을 하면서 암기력을 기르고 사각형 모양을 익힌다.

하버드 교육대학원의 인지교육학 교수 하워드 가드너(Howard Gardner)는 콘텐츠는 확장적이어야 하며 진선미를 포함하고 있어야 한다고 말한다.[8] 상호 연결된 세계 속에서 미적인 것과 도덕적인 것은 단순히 글자와 숫자들의 장식품이 아니다. 진선미는 구름 낀 날 멋진 달무리를 보며 감탄하고 버스에서 노인에게 자리를 양보하는 데도 필수적이다. 우리는 새로운 데이터들이 빗발치고, 생존하기 위해 새로운 콘텐츠들을 효율적으로 재빨리 받아들여야 하는 정보 시대를 살고 있으며, 콘텐츠를 마스터하고 새로운 정보를 재빨리 그리고 전략적으로 통합해내는 능력은 생각의 기반을 제공하는 한편 비판적인 사고를 하고 창의적인 혁신가가 되기 위해 우리가 알아야 할 것들이다. 콜롬비아대학교의 디애나 쿤(Deanna Kuhn)교수는 "보는 대로 믿는" 단계에 있는 네 살 꼬마에서부터, 증거들을 신중하게 고려해 피의자인 레베카가 정말로 방아쇠를 당겼는지의 여부를 판단해야만 하는 배심원에 이르기까지[9] 발달단계별로 변화하는 비판적 사고에 대한 전체적인 이론을 개발했다.

우리는 정보 폭발의 시대를 살고 있다. 구글의 대표이사 에릭 슈미트(Eric Schmidt)는 현대인들은 매 이틀마다 문명의 발달 초기부터 2003년까지 인류가 생산한 것만큼의 정보를 만들어내고 있다고 산출했다.[10] 비즈니스 리더들은 매 2년마다 지식의 양이 2배씩 늘어난다고 한다.[11] 그러니까 우리가 설령 지금 문명의 모든 사실들을 기억한다 해도 2년 반이면 그 지식은 50퍼센트로 줄어들고 5년이면 25퍼센트로 줄어든다는 말이다.

한 발짝 뒤로 물러서서 무엇이 필요한지를 사색하고 어떤 질문에 대한 답이 필요한지를 생각할 수 있는 **비판적 사고**를 가진 사람이 바로 새로운 시대가 찾는 사람이 될 것이다. 이런 비판적인 사고가들은 과학자들이 '실행기능'이라고 부르는 기술을 가지고 있다. 과거의 답변을 제쳐두고 빠르게 문제해결을 위한 접근 방법을 찾아가는 능력, 현재의 문제를 과거의 유물로 만드는 데 필요한 계획을 수립할 수 있는 능력이다. 비판적 사고력은 초점의 문제다. 적합한 사실을 가지고 문제를 충분히 깊게 파고 들어가면 결국에는 해결책을 발견할 수 있다.

창의적 혁신은 콘텐츠와 비판적 사고에서 탄생한다. 아이들은 천성적으로 금기에 구애받지 않고 자유롭게 흐르는 창의적인 사고력의 소유자들이다. 색지에 그려진 게 졸라맨이냐고? 천만의 말씀, 어엿한 가족의 초상화다! 으깬 감자를 왜 빙빙 휘젓고 있냐고? 세 살짜리 데니스는 지금 감자 그릇 속에서 대양의 파도를 보고 있는 거다! 하지만 창의성에 관한 연구 결과들을 보면 장기적으로 볼 때 창의적 혁신은 콘텐츠를 배제하기보다는 오히려 포용한다는 사실을 보여준다. 창의적인 예술가들은 진정으로 전통적인 기술들을 배웠으며, 창의적 혁신가들은 대부분 잘 훈련받은 공학자이거나 전기 기술자들이다. 창의적인 아이디어들은 무에서 탄생하는 것이 아니다. 교육과학은 종이 위에 낙서를 끼적이는 것에서부터 시작해, 그리기를 완전히 습득하고, 고정된 틀에서 벗어나, 월드 트레이드 센터 자리에 세워진 프리덤 타워를 설계하기까지의 과정들을 도식화하기 시작했다.

취업시장은 계속 변화하고 있다. 현재의 졸업생들은 살아가는 동안 10가지의 직업을 가지게 될 것으로 추정되는데, 이 중 8개의 일자리는 아직 만들어지지도 않은 직업들이다. 디지털 카메라에 적응하지 못한 불쌍한 사진사나 책은 반드시 종이에 인쇄되는 것이라고 믿었던 딱한 출판사들을 생각해보라. 지식 주도 경제에서 노동자들은 지속적으로 새로운 문제와 변화하는 시장의 요구를 마주해야 한다. 예를 들어 고작 2010년 4월에 발명된 아이패드 관련 상품이 지금 몇 종정도인지 한번 생각해보라. '21세기를 위한 능력에 대한 설문조사'에 참여한 기업가들이 "보다 혁신적이고 유연한 인재가 필요하다"고 부르짖은 것은 당연하다. 2010년 5월에 발표한 IBM 연구조사에서는 창의성 그리고 복잡성 관리 능력이 가장 칭송받는 글로벌 CEO들 1,500명에게서 볼 수 있는 가장 중요한 2가지 핵심적 특성이었다.[12]

때로 우리가 아끼는 두꺼운 책을 문 고정틀로 활용할 수 있듯이 창의적인 해결책이 통할 때도 있고, 또 노력을 기울였음에도 불구하고 수포로 돌아갈 때도 있다. 인내심을 가지고 지속할 수 있는 **자신감**을 가진다면 이런 실패들을 극복하고 쉽게 포기하지 않을 수 있다. 첫 번째 해결방법이 통하지 않아도 자제력을 상실하지 않을 수 있는 자기 통제력을 가지는 것은 인내심에 중요한 부분이다.

우리는 떨어질지도 모르니까 정글짐을 못하게 한다든지, 정답을 맞히면 상을 받지만, 다른 방식으로 문제를 해결하려는 시도는 전혀 격려 받지 못하는 경우를 너무 자주 본다. 교육과학은 이런 실패에 대한 두려움의 기저에는 가르치는 방식의 문제가 있다고 본다. 우리는 어린 아기들이 뜨거운 스토브를 만지거나 차로 붐비는 거리 한가운데로 걸어 들어가게 내버려두라는 게 아니다. 만약 토머스 에디슨(Thomas Edison)에게 폭발로 끝나버린 수많은 실패 경험이나 새로운 아이디어들을 실험해볼 자신감이 없었다면 그는 결코 전기를 발명할 수 없었을 것이다. 지금부터 펼쳐지는 지식근로자의 시대에는 계산된 위험을 감수할 수 있는 자신감에 따라 경제적 생존 능력의 크기가 결정된다.

아이를 성공으로 이끌어주는 요소들

만약 교육과학자의 시각으로 아동의 교육과 발달을 보려고 한다면 우리는 기꺼이 보여줄 수 있다. 자녀들이 차세대에 아이패드를 만들어내고 위대한 문학 작품을 쓸 균형 잡힌 비판적 사고력을 가진 사람으로 자라기 위해서 부모가 어떤 도움을 줄 수 있는지 말

표 1.1 6C 역량과 각각의 발달 단계

(단계)	협력 (Collaboration)	의사소통 (Communication)	콘텐츠 (Content)	비판적 사고 (Critical Thinking)	창의적 혁신 (Creative Innovation)	자신감 (Confidence)
4	함께 만들기	공동의 이야기하기	전문성	증거 찾기	비전 품기	실패할 용기
3	주고받기	대화하기	연관 짓기	견해 갖기	자신만의 목소리 내기	계산된 위험 감수하기
2	나란히	보여주고 말하기	폭넓고 얕은 이해	사실을 비교하기	수단과 목표 갖기	자리 확립하기
1	혼자서	감정 그대로	조기학습과 특정 상황	보는 대로 믿는	실험하기	시행착오 겪기

이다. 6C 역량은 성공을 향한 로드맵이다. 6C의 각 요소들은 각기 따로 분리된 역량들이 아니다. 허리띠와 멜빵을 동시에 두르는 것처럼 6C는 통합적으로 작용해 성공의 기회를 높여준다. 왜냐하면 각각의 능력이 서로를 바탕으로 구축되기 때문이다. 표 1.1에서 볼 수 있듯이 이런 기술들은 좌측에서부터 우측의 순으로 또 아래에서 위쪽으로 발달된다.

필요할 때마다 자주 6C에 관한 이 요약표를 확인해보길 바란다. 그리고 스스로에게 퀴즈를 내는 용도로 활용해보자. 이 책을 읽어가면서 아마도 "내 아이는 지금 비판적 사고의 어떤 단계에 도달했을까" 하고 자문하게 될 것이다. 또는 "어떻게 아이에게 같이 바느질 도구를 활용해보자고 할 수 있을까?" 아니면 "십대 자녀들이 새롭게 배운 운전 기술에 자신감을 가질 수 있도록 어떤 점을 제한하고 어떤 점을 자유롭게 허용하는 것이 좋을까?" 하고 고민할 수도 있다.

보기에 제시된 틀을 아이가 학교에서 가지고 온 과제물을 빠르게 평가하는 도구로 사용할 수도 있다. 역사 보고서 과제가 단지 날짜, 이름, 장소나 원료의 목록 같이 단순한 사실보다 더 많은 것을 요구하고 있는가? 4학년 자녀가 산타 바바라 성당의 모형을 만들면서 뭔가 다른 것, 가령 단지 인터넷에서 사진 몇 장을 출력하는 것만으로는 결코 배우기 어려운 무언가를 배울 수 있을까? 예를 들어 자녀가 캘리포니아 선교회에 관해 인터넷 검색을 한다고 해보자. 당신은 자녀에게 어떤 검색어를 사용했는지 물어보거나 어째서 어떤 정보 출처들이 다른 정보 출처보다 더 신뢰할 수 있는지 물어보는가? 이런 질문이 비판적 사고를 북돋아주고 콘텐츠 학습의 수준을 높여줄 수 있다.

우리는 콘텐츠, 즉 지식정보에만 초점을 둔 편협한 교육의 틀을 넘어선 평생 학습 그리고 모든 아이들이 우리 시대의 성공을 정의하는 공유가치를 달성하고 성장하기 위한 새로운 성적표를 만들기 위해 앞서 소개한 6C 역량들과 관련해 최신의 과학적 근거를 적용했다.

어쩌면 우리에겐 거북이 전등이나 다중언어로 된 모빌이 필요 없을 수도 있다. 이제 성공 요소들은 무엇인지 또 우리 아이들의 교육이 어떻게 이런 성공 요소들을 달성하는 데 도움을 줄 수 있는지에 대해서 우리의 시야를 넓혀야 할 시점이다.

제2장

교육은 어떻게 잘못된 길로 들어섰나

교육산업과 교육과학

교육이라는 배의 선장이 되어 거칠고 변화무쌍한 바다를 누빌 수 있는
모험적인 혁신가가 필요하다.

_데이브 버제스

우리는 왜 교육적 장난감들이 제공하는 피상적인 정보들로 아이들의 머릿속을 채우는 것이 아이들의 성공에 도움이 된다고 생각하게 된 것일까? 수많은 방법으로 수십 년 동안 지식정보 습득에 대한 관심은 점점 더 강화돼왔다. 지식정보가 최우선이고 그 밖의 것을 배울 여유는 거의 없다. 특히 학업에 대한 평가가 곧 닥쳐오는 때는 더욱 그렇다. 그렇게 따라가다 보면 우리는 어디쯤에선가 자녀들의 미래를 위해서는 행복과 사회성 그리고 좋은 사람이 되는 것이 더 중요한 요소라는 것을 잊어버리고 만다.

대체 우리는 어쩌다가 아이들을 지시에 따르는 수동체로 여기게 된 걸까? 아이들의 사회적 자아는 "어떤 지식을 암기해서 쏟아낼 수 있는가"라는 주된 문제에 밀려 부차적인 문제가 되었다. 이 문제는 실제로 미국이 소비에트 연방과 냉전 중이던 20세기 중반에서 시작된다. 바로 교육 개혁을 촉진했던 냉전 말이다.

다른 나라에 뒤처지는 이유는 교육 때문이다?

1957년 10월 4일 〈뉴욕타임스〉의 헤드라인은 "소비에트 연방 스푸트니크 위성 발사"였다. 이 역사적인 사건은 우리 모두에게 엄청난 결과를 가져왔으며 전례 없는 수준의 미국 학교의 개혁을 촉발했다. 184파운드에 비치볼 크기밖에 안 되는 떠다니는 금속 덩어리가 러시아가 우주 전쟁에서 승리하고 있다는 상징이자 증거가 되었다. 그러자 "러시아가 우주 개발에서 앞서나가는 것은 러시아 학교가 더 우수하기 때문이다"[1]라는 논쟁이 급부상했다. 그 당시에는 이것이 정설이었고 이는 단지 우주개발 경쟁만이 아니라 미래를 향한 전쟁, 세계 정복을 향한 경쟁이었다. 불과 1년 후인 1958년 미국의회는 학생들의 학업성취를 향상시키기 위한[2] 국가안보교육법을 통과시켰다. 교육에 힘을 실어주는, 특히 수학과 과학에 대한 열렬한 지지가 줄을 이었고 이는 수학교사들마저 이해하기 어려워 쩔쩔맸던 1960년대의 '신 수학'을 이끌었다.

그리고 이는 최근에 새롭게 강조되고 있는 STEM(과학, 기술, 공학 및 수학)에 대한 목소리에서도 찾아볼 수 있다. 어떻게 하면 수백만의 미국 아동들의 교육적 궤도를 수정해 차세대 스푸트니크 개발자들로 만들 수 있을까? 1983년에 출판된 작지만 강력한 보고서가 미국을 "위기의 국가"라고 경고하면서 이 질문에 대한 답을 내놓았다. 선도적인 과학자들과 정책입안자 그리고 교육가들이 집필한 이 보고서는 오싹한 서문으로 시작한다.

> 우리나라는 위기에 처해 있습니다. 한때 견줄 상대가 없이 확고했던 상업, 산업, 과학 그리고 기술적 혁신 분야의 탁월함을 이제 세계의 경쟁자들에

게 추월당하고 있습니다 … 한 세대 전에는 상상도 할 수 없었던 일들이 일어나기 시작했습니다. 타 국가들이 미국의 교육적 성취를 따라잡고 추월하고 있습니다.[3]

11년 후 클린턴 대통령 집권 동안 〈위기의 국가들에 대한 보고서〉가 제안한 내용들은 〈2000년을 위한 목표(The Goals 2,000)〉라 불리는 교육 정책으로 탈바꿈해 1994년 3월 31일에 발효됐다.[4]

새로운 세상에서 경쟁력을 갖추기 위해서는 2000년까지 문해, 수학 그리고 과학에서 높은 수준의 성과를 달성해야만 한다는 내용이었다. 개정된 법안 중에는 "미국학생들은 2000년도까지 수학 및 과학 과목 성취도 세계 1위를 달성한다" 그리고 "모든 미국 성인들은 문해력을 갖추고 글로벌 경제 속에서 경쟁하며 시민으로서의 권리와 책임을 수행하는 데 필요한 지식과 기술을 갖출 것이다"[5] 같은 조항이 있다. 이것은 커다란 변화였다. 미국의 각 주는 각자 독립적인 기준과 목표를 수립했었다. 국가적 기준을 세운다는 것은 마치 제멋대로인 고양이들을 한자리에 집합시키는 것만큼이나 어려운 일이었다. 결국 교육 개선의 실제적인 효과에 대한 신호는 전혀 찾아볼 수 없는 상태로 클린턴의 임기가 끝났다.

조지 W. 부시 행정부가 다양한 교육 개혁을 선언한 것은 이러한 역사적 맥락에서 비롯됐다. 수많은 과거 미국 대통령들이 스스로를 교육 대통령이라고 생각했지만 부시 행정부의 독보적인 〈낙오아동방지법(No Child Left Behind, NCLB)〉은 모든 교육 개혁 중 가장 혁신적인 법안이었다. 학교의 책임과 아동의 학습을 국가적인 어젠다의 핵심에 놓고 점검한 것이다. 이 대대적인 교육 점검을 위한 방향을 찾기 위해 교육과학자들이 호출됐다. 우리가 이런 협의에 참가자로 참석했던 회의실 안은 마침내 학생들의 학업성취의 갭을 줄이는 데 도움을 줄 수 있도록 교육과학자들이 정책입안자들과 손을 잡고 협력할 수 있을 거라는 가능성으로 충만했다. 하지만 시간이 흐르고 그게 뭐든지 간에 뭔가를 빨리 해야 한다는 압박이 우세해졌고 법이 자애롭게 이름붙인 낙오아동방지법은 읽기와 수학 같이 선별된 과목의 학습결과를 편협하게 평가하는 기성품 시험들로 채워졌다. 이런 시험들은 아동들이 배운 것을 활용할 수 있는지, 예를 들어 수학에서 배운 측량법으로 브라우니를 만들기 위한 재료를 측량할 수 있는지 또는 비판적이라는 단어가 무엇을 의미하는지를 보여주는 문장을 쓸 수 있는지의 여부에 대한 질문을 미해결 과제로 남겨둔 채였다. 교사들의 수업 준비를 개선하고 더 깊이 있는 학습을 이끌어내기 위해 과학을 어떻게 적용하는 것이 최선인지에 대한 언급은 거의 없었다.

과학자들이 최선을 다해 노력했음에도 불구하고 즉각적인 활용을 위해 낡은 파일 서랍 속에 있는 기존의 시험지들을 먼지를 털어내어 가져왔다. 미국 아동들은 문해 및 수학 집중 교육을 받을 것이다(과학과 예술은 잊어버려라). 그리고 수업 시간을 너무 빼앗지 않는 짧은 쪽지 시험들에 앵무새 같은 답을 내놓을 것이다. 펜실베이니아 주에서는 학생들이 각 학년에 적합한 펜실베니아 주 학력 평가 시험에 통과하기 위해 정규과목 시간 중 2주 동안을 따로 빼서 시험에 통과하는 방법을 따로 배운다. 3학년부터 시작하는 이런 시험들은 고등학교까지 계속된다. 심지어 〈뉴욕타임스〉에는 부담감이 높은 시험들을 치루는 4학년들 중에 울음을 터뜨리고, 불안 증세와 복통을 호소하는 학생들에 관한 수많은 보고서들이 있다.[6] 스탠퍼드대학교의 교육학 교수 린다 달링 해먼드(Linda Darling Hammond)는 2011년 7월 30일 워싱턴 DC에서 세이브 더 칠드런(Save the Children) 행진에 참가한 이들에게 이렇게 말했다.

> 수많은 사람들이 "우리가 왜 여기에 있지?" 하고 묻습니다. 우리가 여기 모인 것은 우리 자녀들이 앞으로 살아가야 할 21세기에 대비할 수 있도록 도와주고 싶기 때문입니다. 아이들을 잘 가르쳐야 한다는 우리의 사명을 점점 더 가로막고 있는 이 끝도 없이 이어지는 객관식 시험들이 아니라 말입니다.[7]

우리 같은 교육과학자들이 학생 성적에 대한 책임이나 실제적인 학습에 대한 시험을 반대하지 않는다는 사실을 이해하길 바란다. 하지만 우리는 가장 중요한 질문을 해야만 한다. 학생 성적에 대한 책임은 무엇을 위한 것인가? 학교에서나 학교 밖의 세상에서 성공으로 판단되는 것은 무엇인가? 그리고 우리에게 주어진 시험들은 과연 그런 기술들을 측정하고 있는가? 과연 교사들에게 행복하고, 건강하고, 사고하고, 남에게 관심을 기울이며 사회적인 사람으로 자라기 위해 필요한 기술을 아이들에게 심어주는 방법을 어떻게 가르치는가?

우리는 부시 대통령을 위해 학교 성적 책임에 관한 운동을 주도했던 뉴욕대학교의 교육역사 교수 다이앤 라비치(Diane Ravitch) 같은 이들을 동정한다. 다이앤 교수와 그녀의 팀은 아이들을 위해 옳은 일을 하길 원했고 저소득층과 중산층 아동들 간의 성취도 차이를 줄이려고 했다. 부시 대통령과 행정 팀은 선한 의도를 가지고 있었지만 라비치는 2010년 《위대한 미국 학교 제도의 죽음과 삶(The Death and Life of the Great American School System)》이

라는 제목의 저서에서 "잘못을 저질렀다"며 국민들에게 사과했다.[8]

낙오아동방지법은 엄청난 실패였다. 낙오아동방지법이 소개됐던 2001년, 유치원을 다니던 4세 아동들은 11년 후 고등학생이 되어 국제학업성취도평가(PISA)를 위한 프로그램을 이수했다. 성적이 어땠을까? 그 모든 교육적인 준비과정들을 받았으니 다른 산업적인 국가들보다 압도적으로 월등히 뛰어난 성적을 낼 거라고 생각할 수도 있다.

하지만 미국 수학 성적 순위는 초라하게도 30위이며 슬로베니아보다 13위나 뒤처져 있다. 읽기에서는 20위이며 핀란드, 폴란드 그리고 일본보다 뒤지고 있다. 과학 과목에서도 고작 23위다.[9]

사실적 정보들을 암기하는 것은 PISA에서 좋은 성적을 올릴 수 없을뿐더러 21세기에서의 실제적인 성공을 준비하는 데 전혀 도움이 되지 않는다.

오늘날 교육 개혁운동은 오바마 행정부가 '커먼 코어(Common Core, 필수 과목)'라고 칭하는 방향으로 추진되고 있다. 아이들의 우수한 교육을 위해 달성해야 할 좋은 의도를 가진 이 여러 가지 벤치마크 세트에는 수많은 훌륭한 특징들이 포함됐다. '필수 과목'을 위한 청사진에는 최소한의 읽기, 수학, 과학 그리고 예술이 포함돼 있으며 아동들이 알아야 할 것들에 대한 범위를 확장시키고자 한다. 최소한의 필수 과목 운동은 사회적인 기술들 또한 성공하기 위한 핵심 기술이며 비판적 사고나 문제해결처럼 '배우는 법을 배우는 것'이 21세기 역량의 핵심 요소라는 것을 주목하고 있다.

그러나 문제는 이것이다. 매우 편협하게 성공적인 결과를 정의하는 사고방식은 커먼 코어 같이 순수한 계획조차 잘못 해석한다. 벤치마크 자체가 결과가 되었고 시험 출제자들과 교과목 개발자들은 이러한 결과를 이끌어내기 위한 학습과 시험을 위한 학습을 유도할 방법을 찾는다. 지금 이 책을 쓰고 있는 시점에 미국의 43개 주가 이러한 기준을 받아들였지만, 아직 많은 이들이 그들 또한 잘못 판단한 것이라고 매도한다. 학습을 위한 벤치마크들이 중요하다 해도 지속되는 시험을 위한 수업방식에 대해서 데이비드 콘(David Kohn)은 〈뉴욕타임스〉에 다음과 같이 의견을 밝혔다.

> 그런 식의 교육은 발명가와 혁신가를 길러낼 수 없으며 단지 수동적인 정보의 소비자를 길러낼 뿐이다. 발명가가 아니라 추종자들을 말이다. 우리는 과연 21세기를 위해 어떤 시민들을 원하는가?[10]

시험 문화로 돌입하다

2000년대 초기, 미국 아동들이 세계 다른 여러 나라의 또래 아동들에 비해 학업성적이 뒤처져 있다는 사실에 미국 국민들은 경악했다. PISA 점수나 학습 성취도 차이 같은 용어들이 일상적인 어휘가 되었으며 솔직히 우리 미국인들은 겁에 질렸다. 경제를 촉진시키는 데는 두려움만한 것이 없다. 그리고 2005년 토머스 프리드먼(Thomas Friedman)의 책 《세계는 평평하다(The world is flat)》가 시장에 나왔다. 우리가 사는 이 새로운 평평한 세계에서는 어떤 회사도 평생직장이 되어 줄 수 없으며 미국은 계속해서 과학과 공학을 강조해야 한다는 것이 논지였다. 2007년 국립교육 및 경제 센터에서 발간한 《힘든 선택이냐 힘든 시간이냐(Tough Choices or Tough Times)》가 등장하고 우리는 아이들이 미래의 인재가 될 수 있도록 준비하기 위해서는 아이들의 머릿속에 정보를 잔뜩 입력해야 한다는 메시지들의 폭격을 받았다.[11]

최초로 대학입학자격시험(SAT)에 문제를 겪는 아이들을 대상으로 학습지도를 하던 카플란(Kaplan) 같은 기업들의 활동이 학교 아동들에 대한 학습 지도를 제공하는 서비스로 확대됐으며 아이들을 또래들보다 앞서 나갈 수 있도록 준비해주는 사교육의 허브가 되었다. 그렇게 카플란과 주니어 구몬 사이에서 미취학 아동들에 대한 학습지도 사업이 번성했다.[12]

각종 학력 평가 및 시험 회사들도 재미를 보았다. 지식을 얼마나 많이 습득하고 있는지를 단순하게 평가하는 방식으로 교육의 성공 여부를 판단하는 것은 낙오아동방지법 기준 또는 커먼 코어 가이드라인을 평가하는 시험들을 빠르게 확산시켰다. 그렇게 가이드라인들은 확정됐고 읽기와 쓰기의 학습을 조성하기 위해 설계된 시험과 교과내용들은 수십억 달러의 시장이 되었다. 한 해설자의 재담처럼 "시험들 속에 노다지가 있는" 셈이었다.[13]

마침내 교육장난감이라 불리는 것이 등장했다. 완구 제조사들은 2006년 〈애틀랜틱(Atlantic)〉에 실린 기사에서 처음 소개된 에듀테인먼트라는 알리샤 쿼트(Alissa Quarrt)의 극단적인 양육법에 반응했다.[14] 오늘날 이것은 플래시카드로만 존재하는 것이 아니라 게임, 모빌 그리고 거북이 전등까지 모든 것에 포함돼 있다. 교육장난감은 수십억 달러 이상의 사업이다. 2009년에만 소위 교육장난감이라는 제품들이 전통적인 장난감의 판매량을 훨씬 추월했고[15] 장난감뿐만 아니라 아이들이 미래의 정답이 정해진 시험들에 대비할 수 있도록 셀 수도 없이 많은 교육 앱들과 아이들에게 자동차 안이나 지하철에서 글씨와 숫자를 주입할 수 있는 미디어 동영상들이 쏟아져 나온다. 스마트폰, 태블릿, 컴퓨터 등을 통해 어린아이들은 하루 최소한 4시간 이상을 인터넷에 달라붙어 보낸다.[16] 스프라우트(Sprout) 같은 채널들을 통해 1주일 내내 하루 24시간 교육방송 프로그램을 볼 수 있다.

간단히 말해서 시장은 교육시설로 우연히 만들어진 거대한 공동(空洞)을 채우고 있는 것이다. 만약 우리가 아이들을 어린 시절부터 일찍 그리고 계속 훈련시키기 시작한다면 아이들이 학교에서 또 학교를 졸업하고 사회에 나가서 성공할 수 있도록 더 잘 준비시켜줄 수 있다는 것이다. 물론 다른 여러 프로그램들 중 〈세서미 스트리트(Sesame Street)〉, 〈블루스 클루스(Blues Clues)〉 그리고 〈미스터 로저의 이웃(Mister Roger's Neighborhood)〉 같은 프로그램들에서 일부 명백하게 이에 반하는 사례들이 있다. 하지만 이런 시장에 등장한 거의 대부분의 내용은 아동들이 진짜 어떻게 배우는지에 대한 최신 과학 정보를 전혀 고려하지 않고 있다. 오히려 더 어린아이들이 나중에 자라 이런 시험들을 잘 볼 수 있도록 대비시키고 싶어 하는 부모들의 욕구를 만족시키기 위한 시장이 갑자기 열리고 있다. 만약 시험들이 성공을 측정하기 위해 편협하게 정의된 결과들에 집중한다면 학습 자료나 시험 자료를 잘 암기하는 아이들이 성공한다고 말할 수 있을 것이다. 혹자는 교육산업이 성공에 대한 사회의 정의를 만들어내고 있으며 교육과학들은 학교 안팎에서 아이들이 진정한 성공을 할 수 있도록 어떻게 최선의 준비를 해줄 수 있는지에 대한 광범위한 논의 속에서 소리를 죽여 왔다고 논쟁할 수 있을 것이다.

앞으로 교육이 나아갈 길

교육과학자들은 포기하지 않았다. 2004년 국립과학재단은 교육과학센터라는 프로젝트를 시작했다. 실험실에서 학교와 가정으로 교육과학을 움직일 수 있는 응용 연구를 지원하는 프로젝트다.

과학자 집단이 참여해 아동들이 어떤 방법으로 가장 잘 배우는지에 대한 증거를 수집한다. 글씨로 써진 단어를 뇌는 어떻게 분석하는지, 지도 읽기 같은 공간 능력이 어떻게 수학적 학습에 도움이 되는지 그리고 충동적인 결정을 내리는 것을 멈출 수 있는 능력이 부족하면 어떻게 학습을 방해하는지에 관해서다. 아바타가 있는 하이테크 세상에서 그리고 공원 같은 로우테크 환경에서 아이들이 어떻게 공부하는지를 연구한 학자들은 교육산업과 공유할 수 있는 많은 연구 결과를 가지고 있다. 그리고 우리의 경제와 자녀들의 미래에 대한 가장 중요한 연구에서 발견한 내용들은 비즈니스 커뮤니티가 요구하는 필요와 완전히 일치한다. 그러나 지금 교육산업들이 제공하는 현재 우리의 교육은 이런 비전에서 더 이상 동떨어져 있을 수 없을 정도다. 수많은 교사들의 걱정에도 불구하고 글로 작성된 교과서를 가지고 화요일에는 3장을 수요일에는 6장까지 진도를 나가야 한다.

교육산업의 입김으로 비롯된 시험에 대한 언론의 아이러니는 우리가 교육을 하는 것이 아니라 우리의 미래를 뿌리째 뽑고 있다는 점이다. 이 문제에 대해 가장 중요한 그리고 통탄할 사례를 들어보겠다. 우리와 알고 지내던 단체 '미국을 위한 교육(Teach for America)'의 어린 자원봉사자가 어떤 부모에게서 전화가 걸려와 아이에게 형용사를 가르치는 방법을 알려달라는 요청을 받았다며 탄식했다.

"형용사가 잘못된 건 절대 아니죠. '빨간 트럭' 이나 '행복한 학생' 같은 걸로 재미있게 해보면 어때요? 애들이 명사는 아나요?"

"아뇨, 몰라요."

그녀가 대꾸했다.

"하지만 오늘은 목요일이라서 형용사의 날인걸요."

〈타임〉에 실렸던 글은 정말 옳았다.

"학교는 스스로를 개혁하고자 하는 엄청난 노력들이 있었음에도 불구하고 지난 100년 동안 별로 변한 게 없기 때문에 립 반 윙클(Rip Van Winkle)이 현대 학교에 가면 고향으로 돌아온 기분일 것이다."[17]

자, 그럼 우리가 교육과학을 통해 알게 된 사실들에 좀 더 잘 부합되는 방법으로 아이들의 학습과 사회화를 도와주고 보다 완전한 성공의 비전을 품기 위해서는 무엇이 필요한가? 모든 아이들이 행복하고, 건강하고, 생각하고, 다른 사람을 돌봐주고, 사회적이고, 배움을 즐거워하고, 협력적이고, 창의적이며, 능력 있고, 책임감 있는 미래의 시민으로 자랄 수 있도록 하려면 무엇이 필요할 것인가? 그리고 교육 개혁과 교육산업에 주도되는 세계관 속에 갇혀 있는 우리는 어떻게 하면 좋을까?

현대 경영의 아버지라 불리는 피터 드러커(Peter Drucker)의 후배이자 경영 컨설턴트 엘리자베스 에더샤임(Elezabeth Edersheim)은 언젠가 우리에게 그것은 '그린 필드(green field)' 실험을 의미한다고 말한 적이 있다. 말 그대로 아무런 장애 없이 그린 필드에서 모든 걸 시작한다면 '오늘 무엇을 지을 것인가'를 자문해보는 것이다.[18]

비즈니스 모델을 글로벌스테이지로 옮기는 데는 드러커의 조언이 중점적이었다. 우리는 교육에서도 같은 일을 할 수 있다. 사실 이미 몇몇 나라들은 이런 방향으로 움직이고 있다. 다른 나라들이 어떻게 하고 있는지 그리고 우리는 어떻게 더 잘할 수 있을 것인지 한번 살펴보자.

제3장

아이들의 무대는 글로벌하다

혁신적인 교육

삶을 훌륭하게 가꿔주는 것은 행복감이 아니라 깊이 빠져드는 몰입이다.

_미하이 칙센트미하이

노벨상 수상자이자 시카고대학교 경제학 교수인 짐 헤크먼(Jim Heckman)은 단도직입적으로 이렇게 말한다.

"낙오아동방지법은 궁극적으로 사회병리학이 되었다."[1]

그는 빠르게 변하는 국제적 노동인구의 수요에 대해 우려하는 단체를 대상으로 브루킹스 연구소 글로벌 교육 서밋에서 이렇게 말했다. '21세기 역량을 위한 파트너십'이라는 기관의 스테판 터닙시드(Stephan Turnipseed)는 어째서 우리가 심각한 곤경에 처해 있는지를 설명한다. 2015년에는 지구상에 72억의 인구가 살고 있으며 그중 40퍼센트가 250억 개의 디바이스를 통해 인터넷에 접속하고 있으며 인터넷에 접속한 이 모든 기기들을 통해 서로가 대화할 수 있으며 엄청난 생산성을 내고 있다. 2020년이 되면 인구는 115억 명이 될 것이며 인구 중 50퍼센트 이상의 사람들이 500억 개의 디바이스들을 통해 연결될 것이다. 아프리카에서 일어나는 기술적인 변화의 속도는 미국에서 일어나는 변화의 속도와 마찬가지다. 그런데 우리는 지금 아이들에게 앞으로 로봇이나 인공지능(AI)이 하게 될 일을 교육하고 있다. 이는 명백한 사실이다. 그리고 그 일에서 항상 그들이 인간보다 나을 것이다. 전세계에서 로봇이 인간들에게 무엇을 할 것인지 지시하게 될 것이다. 오직 창의적이고 협력적인 사람들만이 잘 설계된 로봇이 할 수 있는 일들을 뛰어넘는 성취를 이룰 수 있을 것이다. 터닙시드는 계속해서 오늘날의 학문적 제조 시스템은 설계된 목적대로 움직이고 있다고 말한다. 하나의 지식 개체로서 학습하고 성공할 수 있는 능력은 오늘날 우리가 살고 있는 세상에 어울리지 않을 뿐이다.

세계적으로 변화하는 교육

세계 여러 곳에서 각 국가들은 이러한 경고 신호들을 목도하고 있다. 이 세계 속에서 경제적인 미래는 '21세기적 교육 시스템'을 요구한다. 이런 국가들은 엄청나게 다양하고 서로 매우 다른 정치 제도를 가지고 있음에도 불구하고 배울 만한 가치가 있는 교육적인 변화들을 시작했다. 몇몇 국가들은 이미 현재 학생들의 성공적인 미래에 영향을 주고 있다. 싱가포르, 핀란드, 캐나다 그리고 우루과이 같은 다양한 국가들이 변화하고 있다. 중국이나 싱가포르처럼 이전에는 창의성을 별로 가치 있게 여기지 않았던 나라들이 이제 경쟁력을 갖추기 위해서는 혁신적이고 새로운 문제들을 해결할 수 있는 아이들의 능력을 육성해야만 한다는 것을 인지하고 있다. 아니면 로봇에게 길을 내주는 신세가 될 것이기 때문이다.

웬디 콥(Wendy Kopp)의 '모두를 위한 교육(Teach for all)'에서부터 뉴욕 국립 과학아카데미(New York National Academy for Science) 같은 기관들은 글

로벌한 비전을 갖고 있다. 그들은 태국의 아이에게 필요한 기술이 슬로베니아에 있는 아이와 똑같은 기술일 것이라고 인지하고 있다. 예를 들어 모두를 위한 교육(http://teachforall.org/eg)은 결과에 대해 깊이 생각한다. 전 세계 어린이들이 알아야 할 지식은 무엇일까? 제퍼슨대학교의 공중 보건 전문가 롭 시몬스(Rob Simmons)는 동일한 기술들을 문화에 따라 어떻게 다양한 방법으로 가르치는지를 포착한 글로컬(glocal)이란 용어를 만들었다(〈personal communications〉, 2015년 7월). 그리고 뉴욕 과학아카데미는 "세계의 거대한 도전과제에 대한 해답을 설계하고 학생들 스스로와 각자의 국가적인 미래를 위해 필요한 비판적인 STEM 기술들을 개발할 수 있는 능력"에 초점을 맞춘 글로벌 STEM연맹을 만들었다.[2] 뉴욕주립대학교 총장 낸시 짐퍼(Nancy Zimpher) 박사가 뉴욕주립대학교 웹사이트에 이렇게 선언했다.

"점점 더 늘어나고 있는 보다 기술적으로 세련되고 우수한 능력을 보유한 노동력에 대한 전세계적 수요에 부응하기 위해서는 우리 교실에서 오늘날의 우수한 기술들과 혁신적인 사고를 활용하는 것이 핵심적이다."[3]

싱가포르의 새로운 시도

작지만 강력한 도시국가인 싱가포르는 이러한 메시지를 명확하고 분명하게 받아들였다. 우리는 브라이언 캐스웰(Brian Caswell)이라는 사람에게서 뜻밖의 이메일을 받았다. 그는 마인드챔프라는 회사의 설립자 중 하나로 우리가 쓴 책 《아인슈타인은 플래시카드로 공부하지 않았다》[4]를 읽고 우리와 이야기를 나누고 싶어 했다. 우리는 회의적이었다. 마인드챔프라니 어딘가 우리가 반대하고 있는 교육산업을 홍보하는 것 같은 냄새가 물씬 풍겼다. 무엇보다 싱가포르는 길거리에서

껌을 씹는 게 불법인 나라 아닌가. 그들이 왜 우리랑 이야기를 나누고 싶어할까? 우리의 이러한 성급한 판단은 잘못된 것으로 드러났다. 싱가포르 교육부는 변화의 바람을 느끼고 앞으로 몇십 년간 싱가포르의 경제적 성공을 위한 열쇠는 혁신일 것이라는 사실을 이해하고 있었다. 싱가포르 북동쪽으로는 번영하는 중국 경제가 보였고 북서쪽으로는 역동적인 인도 경제가 보였다. 경제적인 번영을 위해서 싱가포르 아동들은 국제 학력 평가에서 뛰어난 성적 이상의 결과를 거둘 필요가 있었다. 그들은 돌파구가 필요했다. 싱가포르는 어린이들을 위한 교육 혁신 면에서는 젖병을 떼고 이유식을 시작한 단계라고 할 수 있다. 법을 바꾸는 것은 문제가 되지 않았다. 싱가포르는 곧바로 단지 똑똑한 노동자들을 생산하는 것뿐만이 아니라 창의적인 인재들을 배출하기 위한 새로운 시스템을 수립했다. 교육부는 싱가포르 학교들이 다음과 같은 자질을 키우는 교육을 제공하길 원했다.

> 건전한 자기인식과 훌륭한 도덕적 가치관 그리고 미래의 도전과제들을 해결해나가는 데 필요한 기술과 지식을 개발하는 교육, 가족과 공동체와 국가에 책임감을 가지고 세상의 아름다움에 감사하며 건강한 몸과 마음으로 삶에 대한 열정을 가진 사람.[5]

세상에! 미국에서는 읽기 과제를 위한 더 많은 시간을 확보하기 위해 학교에서 음악, 미술 그리고 쉬는 시간을 없애는 동안 싱가포르는 이런 '부수적인' 능력들이 차세대의 사상가들을 교육하는 데 필수적이라고 선언하고 있었다. 교육부는 유치원에 다니는 오늘날의 4~5세 아동들이 미래의 인재가 될 것이며 경제 발전을 유지하기 위해서 그들은 이 아이들을 비판적인 사상가이자 창의적인 혁신가로 훈련시켜야만 했다.

마인드챔프의 설립자들은 곧 여기에 편승했고 싱가포르가 새롭게 내린 성공의 정의를 달성할 수 있으며 교육과학을 기반으로 설계된 새로운 교육 평가 모델을 만드는 데 전력투구 중이었다.

싱가포르 교육부가 웹사이트에 현재 교육부가 추구하는 가치에 대해 적어놓은 글을 보면 다음과 같다.

> 우리는 어린 싱가포르 청소년들이 질문하고 스스로 답을 찾고 새로운 방식으로 생각해보려고 하고 미래를 위해 새로운 문제를 새로운 방식으로 풀어 새로운 기회를 만들어내려는 사람으로 자라길 원한다. 그리고 똑같은 중요성을 가지고 우리는 청소년들이 올바른 가치관을 구축할 수 있도록 돕고자 한다. 삶을 살아가면서 불가피하게 겪게 되는 어려움에 좌절하지 않고 이를 극복할 수 있는 회복력과 강인한 성격을 형성할 수 있도록 도와서 이들이 자신들의 꿈을 달성하기 위해 열심히 노력할 의지를 가질 수 있도록 말이다.[6]

마인드챔프 직원들이 싱가포르의 경제적 성공을 위해 차세대를 준비해야 한다고 생각하는 것은 전혀 놀라운 일이 아니다.

세계를 선도하는 핀란드

핀란드도 1970년대부터 자국 교육의 미래를 위한 계획에 박차를 가하고 있었다. 경제협력개발기구(OECD) 보고서, 즉 국제적으로 각 나라의 지적 능력의 척도가 되는 PISA 같은 국제적 프로그램을 관장하는 이들에 따르면 1991년 연구개발에 관련된 핀란드 인력은 5퍼센트에 불과했다. 하지만 2003년 연구 개발인력의 숫자는 20퍼센트로 증가했다. 그리고 "2001년 세계경제포럼의 글로벌 경쟁력 지수에서 핀란드의 랭킹은 15위에서 1위로 뛰어올랐으며 그 후로 계속 1위 자리나 최상위권"을 지키고 있다.[7] 아니 대체 핀란드인들이 뭘 먹은 걸까? 2010년 《핀란드의 교훈(Finnish Lessons)》이라는 저서에서 저자 파시 샐버그(Pasi Sahlberg)는 그 비밀을 밝혀냈다.[8]

2013년 혁신적인 아이디어로 명성 높은 그로마이어 상을 수상한 샐버그는 핀란드 교육문화부 산하의 국제이동성 및 협력 센터의 센터장이다. 그는 또한 자국의 혁명을 만들어낸 과정에 참여한 내부 관계자이자 핀란드의 성공 이야기를 전파하는 슈퍼스타이기도 했다. 믿기 어렵겠지만 핀란드의 7~8세 아이들의 성공으로 가는 길이 숙제도 시험도 없는 하루 4시간의 학교생활에 담겨 있었다.

과연 어떻게 된 걸까? 핀란드의 기적에 대한 기사들은 핀란드 교사들이 최고로 전문적이며 존경받고 높은 보수를 받으며 이미 만들어져 배포된 교과서로 수업하는 것이 아니라 "교과과정을 함께 설계하고 계획한다"는 사실을 보도했다. 결과적으로 교사는 자신의 책임 하에 있는 아동들의 성공과 실패에 완전한 책임감을 느낀다는 것이다. 이뿐만이 아니다. 학교는 창의성과 그 밖의 모두를 포괄할 것을 장려했으며 학생들이 본인을 학교 밖의 더 넓은 사회 속의 중요한 일원으로 느낄 수 있도록 수업했다. 다른 나라 아이들이 스트레스 속에서 강제적으로 '시험을 위한 공부'를 하는 동안 핀란드 아이들은 놀이를 하며 자신들이 배운 것을 적용해보고 있었다.

이렇게 비판하는 사람이 있을 수 있다.

"핀란드와 미국 교육 시스템의 비교결과에 대한 반사적인 비평으로 핀란드의 PISA점수가 높은 것은 나라가 훨씬 작고 단일 문화 국가이기 때문이다(530만 인구에 해외 출생 인구는 단 4퍼센트)."[9]

하지만 이것이 핀란드가 성공한 이유는 아니다. 바로 옆 나라 노르웨이 역시 인구 480만 명의 작은 나라에 인구의 단 10퍼센트만 해외 출생인 비슷한 단일 국가지만 결과는 핀란드에 미치지 못한다. 노르웨이는 미국과 비슷한 접근법을 취했다. 교사들의 임금은 "15년 경력 교사의 임금은 같은 대학을 졸업한 동급생들 연봉의 70퍼센트정도 수준에 불과"[10]할 정도로 높지 않으며 교사 교육도 최소화했다. 또한 2004년 이래 노르웨이는 국가 표준 시험을 제도화했다.

미국을 능가하는 캐나다

이런 점에서 큰 나라의 경우를 살펴보려면 캐나다를 보면 된다. 캐나다인들 또한 수치적인 기준들로 볼 때 미국과 모든 점에서 비슷한 규모임에도 불구하고 국제 시험들에서 미국을 능가하고 있다. 여기에서 다른 점은 미국과는 달리 캐나다는 과거 수십 년 동안의 교육과학 연구 결과를 기반으로 아이들을 교육하고 있다는 점이다. 캐나다인들은 하키 게임이라도 있지 않는 한 미국인들처럼 국기를 흔들며 펄쩍펄쩍 뛰는 걸로 유명하지는 않지만 수학, 문학, 과학 과목의 국제 시험에서 자랑스럽게 5위를 차지하고 있다.[11]

온타리오 주의 새로운 조기교육 정책이 도입되기 시작했을 때 우리는 캐나다에 있었다. 2009년 6월 15일에 발표된 온타리오 주의 조기학습 프로그램에 대한 보고서에는 "학습 기반의 놀이의 중요성을 위해 초기 아동발달 및 학교 전문가들이 가르치는 보편적인 프로그램이 미취학 아동의 취학 준비를 어떻게 개선할 수 있는지"를 발표했다.[12] 교육적 안건의 중심이 놀이가 되어야 한다는 것은 교육과학자들이 주장하는 것과 완전히 일치한다. 하지만 안타깝게도 대부분의 서구 국가들에서는 이와 정반대로 어린이들의 머릿속에 정보를 도매급으로 쏟아붓고 있다.

우리는 새로운 프로그램이 가져올 대혼돈에 대한 두려움을 진정시키고 "아동기 초기에 놀이 중심의 학습에 중점을 두는 것이 실제로 가치 있다"는 것을 증명해달라는 초대를 받고 캐나다를 방문했다. 2009년에 우리가 방문했을 때 우리는 회의적인 시선을 받았다. 그리고 2010년과 2011년에 다시 방문했을 때 교사들은 신봉자들이 되어 있었다. 토론토 요크대학교의 스튜어트 생커(Stuart Shanker)교수는 그의 비전적인 보고서 〈모든 아동을 위한 모든 기회(Every child, Every opportunity)〉에서 이런 식으로 기술했다.

"여기서 목적은 초등학교 특유의 교사 주도적인 프로그램을 복제하지 않는 것이다. 우리의 목적은 아동의 관심과 상상력을 촉진할 수 있는 아동주도활동 환경을 만드는 것이다."[13]

우루과이의 실험

만약 지금 핀란드와 캐나다의 교육 개혁이 별로 부러울 것이 없다고 생각한다면 남미 국가 우루과이를 한번 살펴보자. 단지 300만 명이 조금 넘는 인구의 우루과이는 디지털 세상에서의 도약을 위한 실험을 시도하고 있다. 지난 7년 동안 우루과이 정부는 학생들과 교사들에게 50만대가 넘는 랩탑 컴퓨터를 배포했다. 이 프로그램은 CEIBAL이라고 불리는데 '온라인 학습을 위한 기본 정보 교육적 연결(Basic

Informative Educative Connectivity for Online Learning –Conectividead Educativa Informatica Basica para el Aprendizaje en Linea)'의 약자다. 이 명칭은 우루과이 국화인 세이보 나무와 연관돼 있다. 기술을 분배하고 지식을 촉진하며 사회적 평등을 추구하기 위해 설계된 이 프로그램은 책, 교육 자료 그리고 온 가족이 사용하고 즐길 수 있는 게임과 함께 랩탑을 나누어준다(http://laptop.org/en/children/countries/uruguay.shtml 참조).

남미의 교육과학자들은 아이들의 학습에 대한 애착과 지적 호기심을 불러일으킬 수 있는 게임을 개발했다. 컴퓨터 게임이 교육과학의 원칙에 따라 만들어진 내용이라면 아이들에게 매우 좋은 학습 도구가 되어 줄 것이다.[14] 아이들은 교과내용을 배우면서 재미를 느끼고 몰입하며 교사와 부모와 한 팀이 되어 협력적인 방법으로 학습한다. 우루과이 최고의 교육과학자들은 연구조사를 통해 이를 개선해나갈 수 있는 앱을 만들었다.

이 나라는 전 국민을 어떻게 클라우드로 연결시킬 수 있는지를 보여주는 모델이다. 모든 공원, 도서관 그리고 학교는 인터넷으로 연결돼 있다. 그리고 아이들이 읽고 쓰면서 키보드 자판을 누른 기록부터 온라인상의 모든 활동이 랩탑에 업로드 되어 교사들과 과학자들이 아이들의 놀이가 어떻게 학습으로 전환됐는지를 알 수 있다. 이런 교육이 세계시장에서 우루과이의 경제성공의 연료가 되길 희망한다. 국제적인 무대에서 활동하면서도 데님으로 된 농부 옷을 입는 것으로 유명한 우루과이 대통령 호세 무히카(Jose Mujica)는 국가적인 교육 운동을 일으켰다. 그 결과는 아직은 모른다. 이 프로그램은 진행 중에 있다. 하지만 우루과이의 CEIBAL과 비슷한 프로그램이 아르헨티나에서 시행된 후 학생들의 읽기 및 수학 점수가 높아졌다는 과학적 분석 팀의 보고서가 발표됐다. 특히 아이들이 더 많은 자기 통제를 할

수 있게 설계된 앱들이 효과적인 것으로 나타났다.[15]

이는 우루과이 프로그램의 결과를 보장하는 고무적인 결과다. 2014년 우루과이를 방문했을 때 교육에 대한 에너지와 기대가 뚜렷이 느껴졌다. 나라 전체가 교육 공동체를 만드는 권한을 가지고 있는 듯이 보였다. 고작 수백 명정도가 관심을 보일 거라고 생각했던 국가적인 수학경진대회에는 수천 명이 참가했다. 우루과이는 배움의 가능성이 폭발적인 나라였다. 그리고 수학, 읽기, 과학 공부를 위해 자주 랩탑을 사용하기는 했지만 많은 아이들이 지적인 문제를 탐구하면서 동시에 재미를 느끼고 있었다.

여러 국가들이 앞으로 다가올 미래의 경제적 우위를 차지하기 위해 아이들이 전진할 수 있는 방식으로 교육에 관심을 기울이고 있다. 높은 창의성과 혁신 그리고 진정한 사고력을 결합할 수 있도록 장려하는 방식이다. 이런 국가들은 동시에 공동체에 높은 우선순위를 두고 더 어린 연령대의 조기교육에 투자하며 놀이를 통한 정보 습득에 더 많은 시간을 할애하고 있다. 또한 교사들을 우대하고 교사들과 교육가들이 아이들과 함께 스스로 학습하는 교육 모델을 만든다. 다른 말로 하면 더 이상 교사들이 아이들의 텅 빈 머릿속에 지식을 채워 넣는 것이 아니라 아이들과 함께 지식을 구축하려고 노력한다는 것이다.

다시 싱가포르의 미래로

그리고 우리는 다시 싱가포르로 왔다. 맥락 없이 놀이 중심 학습을 내세우는 두 명의 교수들과 이야기하는 것이 마인드챔프에게는 이상했을 수도 있다. 그러나 전세계를 휩쓸고 있는 교육개혁의 보다 넓은 틀에서 그리고 아이들을 위한 성공의 정의를 다시 생각해볼 때 아마도 우리는 새롭고 신선한 이야기를 나눴던 것 같다.

우리의 진실된 조언은 적극적인 참여, 의미 있는 학습 그리고 공동체 및 학교와 가정에서의 사회적 연대를 보증했다. 마인드챔프의 직원들은 여기에 과학을 활용해 기술 우위가 지배하는 세상, 단지 지식을 배우는 것만으로는 충분하지 않은 세상에서 성공할 수 있도록 아이들을 교육시키는 새로운 힘으로 구체화하고자 한다.

글로벌 교육 서밋에서 헤크먼 박사는 설사 그것이 PISA처럼 높이 평가받고 인정받는 시험이라 할지라도 표준화된 시험 점수만으로 성공을 측정할 수 있다는 생각은 버리라고 촉구한다.[16] 대신 그는 우리에게 아이들이 세상에서 번영하고 잘 살아갈 수 있는 기술들을 키우도록 도전과제를 던졌다. 그리고 우리는 그 도전을 아주 진지하게 받아들였다. 이 책의 나머지 내용은 우리가 제시하는 해결책에 대한 설명이다. 우리는 사회적 능력과 개인적 행복이 동시에 성공을 위한 열쇠라는 것을 완벽히 인식하면서 교육과학이 "21세기에서의 성공을 위해 아이들을 어떻게 뒷받침해줄 수 있는가"에 대한 방법을 공유하고자 한다. 변화하고 있는 다른 나라들 그리고 우리가 살고 있는 이 새로운 세계는 우리의 교육 시스템을 새롭게 구축해 아이들에게 단순히 ABC를 주입하는 것이 아니라 6C를 키워줘야 한다고 촉구하고 있다. 6C는 내일의 사회로 나아가는 아이들의 역량을 강화해줄 수 있는 소위 '하드 스킬(Hard Skill, 유형의 기량)'과 불명확한 '소프트 스킬(Soft Skill, 무형의 기량)'을 종합적으로 제공한다.

제4장

하드 스킬과 소프트 스킬의 균형

21세기 역량

오늘날 지식은 분산되어 있는 것으로 인식된다.
말하자면 그것은 개인의 머릿속에만 존재하는 것이 아니다.
_하워드 가드너

"소프트 스킬은 인적자본 개발과 직업적 성공에서 중점적으로 중요한 역량이다. 다른 여러 가지 결과지표들과 더불어 이런 소프트 스킬이 장래 취업 및 소득을 예측하기 위한 능력 지표로서 학업적 또는 기술적인 능력지표와 비등하다는 것을 보여주는 증거들이 점점 늘어나고 있다."[1]

2015년 6월 〈워크포스 커넥션(Workforce Connections)〉에 실린 아동동향 보고서의 이 서문은 유형적인 기량, 즉 하드 스킬이라 불리는 역량을 넘어서서 무형적인 기량, 즉 소프트 스킬을 포괄해야 할 필요성에 대해 언급하고 있다. 하드 스킬은 쉽게 판별되고, 시험을 보고 시간의 흐름에 따른 변화를 추적할 수 있는 측정 가능한 결과들이다. 전통적인 성적표에 정렬된 과목들은 하드 스킬에 포함된다. 수학, 읽기, 타이핑 등이다. 일터에서는 컴퓨터 프로그래밍, 기계조종 또는 특정한 과학적 기술에 대한 지식 같은 역량이다. 이에 대응하는 역량을 소프트 스킬이라고 부르지만 사실 하드 스킬을 제외한 모든 역량이 여기에 포함될 수 있다.

진짜 필요한 역량은 무엇인가

이 장에서 우리가 이 용어를 사용하는 것은 단지 다른 이들이 이에 대해 어떤 논의들을 해왔는지 살펴보기 위함이다. 우리는 이 용어가 불충분하고 유감스럽다는 점을 충분히 인지하고 있다. 왜냐하면 이런 소프트 스킬들은 결국 하드 스킬을 구축하는 기반이 되기 때문이다. 소프트 스킬이라 불리는 역량에는 협력과 감정을 조절할 수 있는 능력(미팅이 자기 뜻대로 되지 않는다고 벌컥 화를 내거나 하지 않는 등) 그리고 실행기능 등이 포함돼 있다.

실행기능이란 유연한 사고방식 또는 성가신 문제에 대해 인내심을 가지고 해결방법을 찾는 능력을 좀 더 세련되게 표현한 용어다. 방문 앞에서 아이들이 시끄러운 음악을 틀어대도 아랑곳하지 않고 수표책의 입출금 금액을 정산하는 데 집중할 수 있는 능력도 여기 포함된다. 이런 용어들은 당신이 관리자이든, 변호사든 또는 의사든 간에 직업을 불문하고 적용된다. 이에 대해서는 제7장에서 다시 한 번 다룰 것이다.

소프트 스킬은 하드 스킬보다 인식하기도 측정하기도 훨씬 더 어렵다. 비즈니스 커뮤니티나 사회과학자들이 이 방면에서 엄청난 발전을 이루긴 했지만 말이다.[2] 실제로 어린이들과 성인들의 대인관계 능력과 사회적인 감각이 수행하는 역할에 대한 연구 결과가 더 많이 나올수록 소프트 스킬이라 불리는 이런 역량들이 결코 녹록지 않으며 오히려 하드 스킬보다 학문적인 성공을 더 잘 예측할 수 있는 지표라는 사실을 더 절실하게 깨닫게 된다.

비즈니스나 사회과학 논문을 검토하다 보면 소프트 스킬이라는 정의에 속하는 용어들을 과할 정도로 많이 접하게 된다. 여기에는 적응력, 자율성, 의사소통 능력, 창의력, 문화적 감수성, 공감력, 고차원적인 사고 능력, 일관성, 계획성, 긍정적인 태도, 전문성, 회복탄력성, 자기 통제, 자기 동기부여, 사회성, 팀워크 능력, 책임감, 리더십, 학습력을 배우는 능력, 설득력, 조직력, 독창성, 성격, 목표지향성 그리고 기타 등등이 해당된다. 이런 역량들이 중요하다는 것은 아무도 부정하지 않을 것이다. 그리고 어떤 사람이 이런 역량을 보일 때마다 우리는 모두 그것을 알 수 있다. 이런 역량들이 직장과 학교 그리고 더 큰 사회 환경 속에서 성공의 핵심 요소로 여겨짐에도 불구하고 우리는 여전히 하드 스킬에 집착한다.

부모들이 집착하는 것들

〈뉴욕타임스〉의 교육란 편집자인 자크 스타인버그(Jacques Steinberg)가 쓴 칼럼에서 훌륭한 묘사가 나온다. 2009년 9월 11일 스타인버그는 우리에게 〈뉴욕타임스〉의 블로그 〈더 초이스(The Choice)〉[3]에 에세이를 쓸 의사가 있는지 물었다. 바로 이틀 전 하버드대학교의 행정 및 재정 관리 학장 윌리엄 핏지먼스(William Fitzsimmons)가 대학 진학에 대한 질문에 답을 해주는 객원필자로 등장했었다. 〈뉴욕타임스〉 편집자들은 자녀들을 명문대학에 입학시키고자 하는 부모들의 걱정과 입시 전략에 대한 관심이 고스란히 담긴 1,000개 이상의 질문을 보고 충격을 받았다. 여기에는 심지어 자녀가 다섯 살밖에 안된 부모들도 포함돼 있었다. 스타인버그는 전문가의 분석을 간절히 바라는 부모들의 이런 이메일이 자녀들의 미래에 대한 학부모들의 불안 수준을 보여준다고 생각했다.

우리가 가장 재미있어 한 질문 중 하나는 한 어머니가 핏지먼스 학장에게 보낸 글이다.

테니스 복식 챔피언인 제 딸은 누적 학점이 평균 3.9이고 2권의 시집을 출간했습니다. 그냥 운율이나 맞추는 그런 시가 아니라 복잡하고 심오하며 각운을 맞추지 않는 그런 종류의 시랍니다. 지난 7월은 평일에는 불우한 과테말라 어린이들을 위해 학교 건물을 짓고 주말에는 백혈병 치료에 힘쓰며 보냈답니다. 이제 막 중학교 진학을 앞두고 있는데 하버드 입학과정에 도움이 될 수 있는 특별활동 클럽으로 뭐가 좋을지 알고 싶습니다.[4]

그리고 각 5세, 7세 자녀를 위해 내부 사람들만 아는 최신 정보를 얻고 싶다는 니디아의 질문이 있었고, 3학년 자녀가 미래에 하버드에 입학할 수 있는 가능성을 최대화할 수 있는 방법을 문의한 리안도 있었다. 체타나는 이미 5학년 자녀에게 온라인으로 살 수 있는 대학 용품들을 사주면서 자녀를 다트머스대학교의 팬으로 만들고 있었다. 에스더는 딸 다코다의 과외에 아낌없이 돈을 쓴다면 과연 마술처럼 프린스턴대학교 진학의 문이 활짝 열릴지 궁금해했다.

고등학생들에게 초점을 맞춘 다른 학부모들은 핏지먼스 학장에게 공공특별입학 접수율이 얼마인지를 궁금해했다.

"우리 애가 학점 4.0의 학교 대표 운동선수인데요. (윙크 찡긋, 팔꿈치 쿡쿡) 힌트, 힌트 좀 주세요(어떻게 하면 2014학번으로 입학할 수 있을까요?)."

심지어 최근에 아빠가 된 켄은 2026년 대학 입학을 위해 아기의 APGAR 점수(신생아의 건강 상태 측정 지수)를 보내는 게 좋을지 물어보기도 했다. 우리는 켄의 질문이 부디 농담이었길 바라지만 그게 농담이었는지 진담이었는지 정말 모르겠다.

불투명한 대학 입학 과정에 대해 질의응답을 나누려고 시작했던 포럼은 순식간에 "어떻게 하면 자녀를 하버드에 입학시킬 수 있을까"라는 주제의 고민 상담코너로 바뀌었다. 아이들은 백지 상태의 도화지라는 접근법을 가진 이 부모들은(그리고 수백 명의 비슷한 부모들은) 아이들의 유연한 머릿속에 올바른 지식(하드 스킬)을 채워주기만 하면 수백만 달러의 고액 연봉을 받고 뱅가드 계좌를 만들 수 있는 성공의 전당에 입성하는 길을 걸어가게 될 거라 믿는다.

물론 진짜 화두는 이 모든 질문들과 댓글들을 통해 우리 사회가 가진 왜곡된 성공의 초상을 엿볼 수 있다는 사실이다. 우리는 모두 공통적으로 자녀들을 위해 하드 스킬이 중요하다고 생각하지만 하드 스킬은 아이들이 성장하는 데 필요한 여러 가지 역량 중 하나일 뿐이다. 하지만 우리가 제안하는 보다 폭넓은 성공의 정의를 받아들인다면 당신의 아이는 다른 사람들에게 유익을 주는 좋은 사람이 되고 성공 방정식의 일부분이 될 것이다. 자녀들이 전통적인 기준을 달성하고 비참해지길 바라는 사람은 아무도 없다. 마치 자신들이 밝은 미래를 향한 주된 경로처럼 어린이들을 상품화하고 등급화해 과장되게 묘사한 교육산업과 마케터들에게 경의를 표하라.

물론 우리는 철자법대회나 지리경진대회에서 우승한 아이들에게 박수를 보내지만 다음 세대의 진정한 승리자는 정보의 산맥을 헤쳐나가고 예를 들어 더 가볍고 연료를 덜 소비하는 차량처럼 해결책을 발명해내야 할 문제들을 하나씩 처리해나가는 이들이 될 것이다. 정보를 거르는 이들은 배움을 공학적인 문제를 해결하기 위해 구해야 하는 다양한 방정식 풀이 방법이나 더 효율적인 슈퍼마켓 카트를 만들기 위한 실현 가능한 아이디어 3가지를 내는 것이라는 식으로 생각한다. 그들은 지성의 잔해 속에서 황금을 찾아내는 법을 안다. GPS 언어를 빌리지만 잘못된 방향으로 접어들었을 때 '경로를 재탐색'하는 법을 안다. 비즈니스 리더들과 교육가들은 단지 이점을 말하고 있는 것이다. 다가오는 21세기 글로벌 세상에서 아이들이 성공하기 위해 필요한 지식과 우리가 학교에서 가르치는 지식은 조화를 이루지 못하고 있다.

다른 수많은 산업의 리더들과 마찬가지로 비즈니스 분야의 리더들은 사실정보만 파고드는 사람들이 아니라 사고력과 문제해결 능력을 갖춘 사람들이다. 우리 같은 교육과학자들이나 학술 위원들, 변호사들 그리고 서비스직에서 보건 분야에 이르기까지 모든 직업 분야에서 일을 수행하기 위해서는 사실을 넘어 그 사실정보를 해석하고 새로운 조합을 만들어내야만 한다. 변호사인 우리 친구 중 한 사람은 이렇게 말했다.

> 나는 법률 사건을 읽고, 논쟁을 여러모로 생각해보고, 의뢰인에게 어떤 결과가 발생할 수 있을지 그 가능성을 분석할 수 있는 졸업생이 필요해. 근데 새 변호사에게 뭐라도 업무를 하나 주면 이케아 책장이라도 조립하는 양 하나부터 열까지 일일이 가르쳐줘야만 한다니까.

엘리자베스 에더샤임과 피터 드러커는 지식근로자(Knowledge Worker)[5]라는 새로운 종류의 사람들에 대해 이야기한다. 아이패드를 만들어 터치스크린에 대해 우리가 생각하는 방식을 혁명적으로 바꿔 버린 사람들, 지금 이 순간에도 우리의 생물학적 한계를 극복하기 위해 나노 테크놀로지 프로젝트[6]를 개발하고 있는 그런 사람들 말이다. 이제 청각장애를 가진 이들도 달팽이관 이식을 통해 소리를 들을 수 있고 팔을 마음대로 움직일 수 없는 마비 환자도 눈의 움직임을 이용해 키보드로 메시지를 타이핑할 수 있다. 지식

산업이 제공하는 가치의 중심에는 혁신이 있다. 피터 드러커가 정의한 바와 같이 혁신은 자원에 새로운 부를 창조하는 능력을 부여하는 행동이다.

비즈니스 세계에 진짜로 필요한 능력

비즈니스 사상가이자 베스트셀러 작가인 다니엘 핑크(Daniel Pink)는 《새로운 미래가 온다(A Whole New Mind)》에서 다음과 같이 설명한다.

> 지난 몇십 년은 특정한 생각을 가진 특정 부류의 사람들의 것이었다. 코드를 짜는 컴퓨터 프로그래머, 계약서를 만들어낼 수 있는 변호사, 숫자들을 다룰 줄 아는 MBA 졸업생처럼 말이다. 하지만 왕좌의 열쇠는 이제 교체되고 있다. 미래는 매우 다른 생각들을 가진 다른 종류의 사람들의 것이 될 것이다. 창조하고 공감할 수 있는 사람, 패턴을 인식하고 의미를 만들어내는 사람들, 예술가, 발명가, 디자이너, 스토리텔러와 같은 사람들, 남을 돌보는 사람, 통합하는 사람, 큰 그림을 생각하는 사람들이 사회에서 최고의 부를 보상받을 것이고 가장 큰 기쁨을 누릴 것이다.[7]

핑크가 전하고자 하는 가장 중점적인 메시지 중의 하나는 우리는 어떤 일을 하든지 보다 창의적인 생각을 하고, 혁신가가 되어야 한다는 것이다. 많은 사람이 인식하지 못하고 있지만 오늘날 수많은 일자리들은 정보 감별 기능을 활용하지 않는 직업으로 변화하고 있다. 복사기 판매? 언제나 시장에는 신제품이 쏟아져 나오고 있고 소비자들은 이제 온라인에서 복사기를 비교해보며 엄청난 정보를 소화할 능력이 있다. 계속해서 상품 정보를 업데이트하지 않는 복사기 판매원은 경쟁사에 거래를 빼앗길 것이다. 과학도 마찬가지다. 같은 문제에 대해서 연구를 하는 연구소들이 발표하는 새로운 발견에 관한 논문을 계속 읽어나가지 않으면 그 연구실은 먼지 쌓인 채로 방치되기 십상일 것이다.

2009년에 발표한 핑크의 저서 《드라이브(Drive)》에서 그는 돈이나 물질적 보상을 주는 '당근과 채찍' 같은 식의 동기부여 방식은 20세기에는 성공적인 방식이었지만 종종 달성하고자 했던 결과와 사뭇 반대되는 결과가 나오기도 한다는 점을 지적한다.[8]

핑크는 외적인 보상으로 동기부여를 하려고 노력하는 대신 배우는 능력과 새로운 것을 창조하고 우리가 사는 세상을 개선한다는 것이 진정으로 중요한 동기부여가 될 수 있다고 논쟁한다. 그리고 이런 동기부여는 내면에서 비롯되는 것이다.

지식근로자의 시대에 성공하기 위해 우리 자녀들에게 필요한 기술에 대해서 재정의하는 것은 비단 핑크 뿐은 아니다. 2006년의 4월과 5월 〈그들은 진정 일할 준비가 되었나?(Are They Really Ready to Work?)〉라는 제목의 보고서가 '컨퍼런스 보드', '일하는 가족을 위한 공동의 목소리', '21세기 역량을 위한 파트너십' 그리고 '워크포스 커넥션'을 포함한 협력 단체들에 의해 발간됐다.[9] 400명 이상의 기업가들에게 그들이 가장 중요하게 생각하는 기술이 뭔지 그리고 고등학생, 2년제 대학 또는 4년제 대학 졸업생이 기업가가 원하는 이런 기술들을 가지고 있는지 질문했다. 가장 많이 손꼽힌 최상위의 5개 기술들이 의사소통 능력, 팀워크, 전문성, 문서 커뮤니케이션 능력, 비판적 사고 또는 문제해결 능력이라는 것은 흥미롭다. 그리고 응답자의 81퍼센트는 또한 창의성과 혁신성을 매우 중요하게 고려한다고 답했다. 이 보고서는 매리어트 인터내셔널의 의장이자 CEO인 J. 윌러드 매리어트 주니어(J. Willard Marriot Jr.)의 다음과 같은 말을 인용하고 있다.

> 오늘날 직장에서 성공하려면 젊은이들은 기본적인 읽기와 수학 능력 외에 더 많은 것을 갖춰야 합니다. 풍부한 콘텐츠 지식과 정보기술 능력, 높은 수준의 사고력, 변화에 적응할 수 있는 유연성 그리고 수평적인 다문화 팀에서 성공할 수 있는 대인관계 능력이 필요합니다.[10]

4년제 대학을 졸업한 직원들 중 단 24퍼센트만이 오늘날의 성공을 위해 필요한 우수한 기술들을 가지고 있다고 평가받았다. 2005년 '가정과 직장'이라는 협회에서 발행한 사업주에 대한 전국적 연구 조사에서도 비슷한 결과를 찾을 수 있다.[11] 그들이 내린 결론은 시험을 위한 수업도 유치원 아이들을 줄맞춰 앉히고 시험지를 풀게 하는 것도 21세기의 도전과제를 정복하는 데 필요한 다양한 사고력과 능력들을 키워주지 못한다는 것이다. 이 보고서에 따르면 혼자 일하는 사람은 교육 환경이나 전세계가 다양한 방식으로 연결돼 함께 문제를 해결해야 하는 수많은 종류의 직장들을 고려할 때 미래의 성공에서 우리의 모델이 될 수 없다.

2013년 〈포브스〉의 기사는 대학 졸업생들이 직장으로 진출해서 성공하기 위해 필요한 능력들이 무엇인지를 검토했다.[12] 미국 대학 및 사업주 연합(National Association of Colleges and Employers)이 진행한 설문조사에서 상위 목록에 꼽힌 것은 팀워크 능력과 의사결정 능력 및 문제해결 능력이었다.

스타인버그 박사의 칼럼에 관해 글을 보낸 사람들이 미래 세계에 아이들을 대비시키는 방법에 대해 사업가, 과학자 그리고 교육가들과 다른 생각을 하고 있다는 사실은 분명하다. 학교와 부모가 자녀들을 위해 받아들이고 발전시켜줄 하드 스킬과 소프트 스킬을 모두 포함한 능력들을 개괄해보는 것은 매우 중요하다. 또 어떤 능력은 이 2가지 기술을 연결해주기도 한다. 바로 이것이 많은 이들이 21세기에 필요한 능력으로 제시한 방향이다.

주목받고 있는 '21세기 역량'

2009년은 우리 시대의 분수령이 되는 해, 아마도 일종의 티핑 포인트였다. 2009년에 아이폰은 2주년밖에 되지 않았고 유튜브는 4주년에 접어들었으며 페이스북은 5주년이었다. 말 그대로 손끝으로 정보에 접근할 수 있는 환경에서 새로운 세대의 학생들이 성장하고 있었다. 비즈니스, 과학, 예술, 교통 등 사실상 그 이름을 댈 수 있는 모든 분야에서 지리적 경계를 교묘하게 넘나들고 있었으며 우리가 배우고 정보를 처리하는 방식은 하룻밤 사이에 완전히 바뀌었다. 우리가 기억하는 한 처음으로 인재들에 대해서 비즈니스 리더들이 요구하는 바와 아동심리학자들이 하는 말이 일치했고 같은 기준점을 찾고 있었다. 오직 학교 시스템만이 지난 세기의 농업 사회 어디쯤에 발이 묶여 있는 것처럼 보였다.

2009년에는 또한 '21세기 역량을 위한 파트너십'이 《21세기 학습을 위한 체계(A Framework for 21st Century Learning)》를 발간했다. 이 책에는 필수 과목 목록과 교과서 그리고 전문적 직업 훈련을 위한 교사들의 매뉴얼도 포함돼 있었다.[13] 이들은 자신들이 진행한 사업 설문지의 기반은 3R과 4C 접근법이라고 요약한다. 3R은 표준적인 읽기(Reading), 쓰기('Riting) 그리고 셈하기('Rithmetic)다. 그 어떤 자기 존중적 학습 접근도 이를 제외하고 논할 수는 없지만 우리의 현재 교육적 접근은 보통 이쯤에서 멈춘다.

하지만 이 체계는 이런 기본적인 기능을 넘어서 4C, 즉 비판적인 사고(Critical Thinking), 의사소통 능력(Communication), 협력(Collaboration) 그리고 창의성(Creativity)을 상정하고 있으며 이외에도 생활 및 직업기술들과 정보와 미디어 그리고 정보 미디어 문해력 같은 테크놀로지 능력 등이 요구되고 있다.[14]

같은 해에 우리는 《유치원에서 필수적인 놀이 학습(A Manadate for Playful Learning in Preschool)》[15] 이라는 제목의 아동심리학 책을 발간했다. 이 책은 아이들이 슈츠 앤 래더즈게임(Chutes and Ladders, 활강로와 사다리가 그려져 있는 판 위에서 하는 아동용 보드 게임_옮긴이)을 하면서 숫자 세는 법을 완벽하게 배우고 아더 왕과 원탁의 기사에 대한 전설을 통해 이야기를 이해해야 하는 과정에서 나타나는 일종의 능동적이고, 몰입하는 의미 있는 학습에 대한 은유로서의 놀이의 가치를 지지하는 책이다. 또한 이 책은 실천적인 교육과 학을 기념하고 5C라고 명명한 (모든 가정의 거실에 도입돼야 할) 21세기에 필요한 역량들을 소개한다. 5C는 협력(또는 아이들은 어떻게 다른 사람과 함께 작업하는 법과 다른 이의 시각으로 보는 법을 배우는지), 의사소통(말하기와 듣기), 콘텐츠(읽기, 쓰기 그리고 수학과 역사, 과학 및 인문학), 비판적 사고 그리고 창의적 혁신이다. 이런 기술들의 대부분은 아이들이 모래 상자 속에서 노는 동안 발달된다는 사실은 어떤 사람들에게는 놀라운 일일지도 모르지만 우리에게는 너무나도 당연한 일이다.

우리가 2009년 말 〈뉴욕타임스〉[16]에 에세이를 썼을 무렵에는 5C가 6C로 변했으며 위험을 감수할 자신감을 가지는 것이 추가돼 지금과 같은 전체적인 발달 메뉴가 완성됐다. 유타, 런던, 태국 및 세계 다른 여러 나라와 다른 주들을 돌며 연구 결과를 소개하는 과정에서 문화(Culture), 성격(Caracter), 카리스마(Charisma), 명확성(Clarity) 등을 포함한 약 40개의 추가적인 C들을 추천받았다. 이 모든 제안된 C들 중에서 우리는 결국 실제로 과학적으로 학습과의 관련성이 가장 높고, 가정과 학교에서 실질적으로 아이들에게 적용될 수 있는 유연한 역량들을 신중하게 선정했다.

놀랍게도 '21세기 역량'이라는 표현은 그 후로부터 기하급수적으로 확산됐다. 이 표현은 2009년에 처음 언급됐고 2015년 현재 21세기 역량이라는 용어를 구글에 검색하면 30초 만에 7,260만 개의 검색결과를 찾을 수 있다. 21세기 역량을 장려하는 것이 가내공업의 일종이 된 것 같다. 아니 어쩌면 그보다 매우 큰 산업이 되었는지도 모르겠다.

이 성장분야에 중요하게 기여한 여러 저서들 중 2010년에 등장한 엘렌 갤린스키(Ellen Galinsky)가 쓴 《내 아이를 위한 7가지 인생기술(Mind in the Making)》이라는 책에서는 현대에서 성공하기 위한 7가지 핵심적인 생활기능을 요약하고 있다.[17] 신중하게 과학적인 근거를 바탕으로 쓴 이 책은 직접적으로 "내 아이가 어떤 사람이 되길 원하는가?"라는 질문을 던지며 많은 교육자들과 부모들에게 최신 과학적 근거들을 제시해서 매우 큰 영향을 끼쳤다.

또 주목할 만한 책으로는 시기적절하게 세상에 나온 마가렛 L. 힐튼(Margaret L. Hilton)이 2012년에 쓴 《삶과 일을 위한 교육(Education for Life and Work)》과 로라 그린스테인(Laura Greenstein)이 역시 2012년에 출간한 《21세기 역량을 분석한다(Assesing 21st Century Skills)》가 있다. 이 책들은 21세기에서 필수적인 핵심 역량들에 어떻게 맞춰나갈지에 대해 연구를 기반으로 한 아이디어들을 제시하는 한편 학생들의 다양한 역량 성취도를 평가하는 도구들을 제시하고 있다. 이 두 책은 주제가 깜짝 놀랄 만큼 비슷하고 특히 양쪽 모두 문제해결, 비판적 사고, 의사소통 능력 그리고 자기 관리가 반드시 학교 교과과정에서 늘어나야 하며 이를 평가할 수 있어야 한다고 주장한다.

OECD가 시장경제체제의 34개 민주국가와 70개국 이상의 비회원국의 경제계를 대상으로 조사 발표한 2015년 보고서에는 아이들이 성공하는 데 영향을 끼칠 일련의 역량에 대한 개요를 서술하고 있다. 이런 역량들 중에 그들이 강조한 것은 '소프트 스킬'이었다. 보고서에는 이렇게 적혀 있다.

"사회적·정서적 능력은 홀로 고립된 상태에서 발현될 수 없다. 이런 능력들은 인지 능력과 다른 분야의 생각들을 받아들임으로써 발전시킬 수 있으며 아이들이 나중에 자라서 인생에서 긍정적인 결과들을 성취할 수 있는 가능성을 훨씬 더 높여준다."[18]

이 모든 주장에는 한 가지 공통점이 있다. 하드 스킬들을 마스터하는 것만으로는 성공으로 가는 길을 만들 수 없다는 생각을 전적으로 지지한다는 점이다. 오늘날 아이들에게는 소프트 스킬을 포함한 여러 가지 능력들이 필요하다. 재능관리 전략가 도로시 달턴(Dorothy Dalton)은 이렇게 세련된 글로 표현했다.

"하드 스킬은 성공적인 커리어의 기반이다. 하지만 소프트 스킬은 시멘트다."[19]

여러 가지로 발전이 되긴 했지만 우리에겐 여전히 난제가 남아 있다. 여러 가지 역량들 중 우리 시대에서 성공하기 위해서 어떤 역량을 가장 핵심적으로 분류하고 결정할 것인가? 이런 역량들을 각각 분리해서 보는 대신에 통합적인 방식으로 보고 이런 소질들을 정의해서 일관성 있는 교과과정

설계와 학교와 가정에서의 긍정적인 경험 그리고 능력 성취에 대한 바른 평가를 할 수 있는 방법이 있지 않을까? 제이 매튜(Jay Mathew)가 〈워싱턴포스트〉에서 제안한 것처럼 만약 그렇게 하지 못한다면 21세기 역량의 목록은 "최근 교육계에서 가장 불운한 유행" 이상의 것이 되지 못할 것이다.[20]

하드 스킬과 소프트 스킬의 조화

우리는 지금 이 도전과제를 해결하기 위해 교육적인 체계 안에서 실증적인 연구와 모델을 통해 밝혀진 체계적인 기술들을 발표함으로써 교육과학의 발전된 결과를 가지고 이런 문제들을 해결하는 데 도움이 될 것이라고 제시하고자 한다.

우리가 제안하는 역량들, 6C는 다음과 같은 필요에 대응하는 6가지 역량으로 구성돼 있다. 바로 협력, 의사소통, 콘텐츠, 비판적 사고, 창의적 혁신 그리고 자신감이다. 6C는 현존 모델들과는 다르다.

첫째, 우리가 제안하는 6C모델은 교육과학을 바탕으로 탄생했으며 아동발달에 대한 수십 년간의 연구 결과에 그 뿌리를 두고 있다. 이 연구 결과들을 활용해 우리는 이상적인 특성들의 목록을 압축해 회귀적이고 각 특성이 서로를 구축하는 뼈대를 이룰 수 있으며 상호적으로 밀접한 관계가 있는 몇 가지 핵심 역량을 추려냈다.

둘째, 우리가 제안하는 이 역량들은 가변적이다. 누구나 각 역량에서 새로운 단계를 성취할 수 있지만 동시에 모든 콘텐츠 영역에서 각 역량을 완벽하게 통달할 수 있는 사람은 아무도 없을 것이다. 이런 기술들은 한번 익혔다고 명단에서 확인표시를 하고 넘어갈 수 있는 성질의 기술이 아니다.

셋째, 우리가 제시하는 이 역량들은 교사나 부모보다는 학습자에 초점을 맞추고 있다. 우리가 제시하는 모델은 '무엇을 배울 수 있는가'만을 강조하는 것이 아니라 아이들이 '배우는 방법'에 중점을 두고 있다.

넷째, 이 역량들은 수많은 상황과 맥락 속에 적용할 수 있다. 이것은 아주 중요하게 고려할 점인데 아이들이 학교에서 보내는 시간은 전체 시간 중 20퍼센트에 불과하기 때문이다.[21] 그러므로 우리는 부모들에게 거실에서부터 도서관까지 비공식적인 환경 속에서의 학습에 대한 가능성에 대해 정보를 제공하는 것이 우리의 책임이라 생각한다.

아이의 성공에 대한 폭넓은 시야

핏지먼스 학장에게 질문을 보냈던 부모들은 자녀들의 성공을 보장해주기 위해 자신들이 뭘 해야 할지 매우 명확한 비전을 가지고 있었다. 그것은 간단했다. 하드 스킬과 하드 스킬 그리고 더 많은 하드 스킬의 획득이었다. 결국 이런 아이들은 매우 영리하고 프로테니스대회에서 뛰는 데 필요한 기술들을 배우고 먼 나라의 불운한 아이들을 돕는 프로그램에 자원봉사 신청을 할 것이다. 하지만 이 아이들 또한 스트레스를 받고 있다. 2,000자 칼럼에서 핏지먼스 학장은 이렇게 말했다.

> 뭔가 변화가 있지 않는 이상 우리는 이 아이들 중 많은 수를 잃게 될 것입니다. 너무 많은 아이들이 어떤 형태든 간에 번 아웃을 경험하게 될 것이고 그것은 비극적인 일입니다. 가정생활의 구조가 붕괴되고 있습니다.[22]

이것은 아이들이 더 이상 가족들과 함께 보낼 시간이 없기 때문에 발생한다. 바닷가로 함께 떠나는 가족여행은 때 이른 학교 축구 연습에 자리를 내주고 만다.

교육과학 분야의 연구 결과들과 21세기에 잠재력을 가진 역량들의 롱 리스트를 바탕으로 우리는 아이들이 자연스럽게 건강하고 생산적인 생활을 장려할 수 있는 역량들을 균형 있게 발전시키는 방법을 활용한다. 이 모델은 지난 세기 동안 반영된 수많은 주제들에서 빌려왔지만 아이들이 학교 밖의 환경 속에서 이런 역량들을 발휘할 수 있도록 가족들의 도움을 촉구한다는 점에서 새로운 시각을 제시한다. 자녀를 행복하고 생산적인 아이로 키우는 데는 하드 스킬보다 훨씬 많은 것이 필요하다. 우리가 여기 선정한 6C는 아이들이 스스로의 성격과 직업적인 삶을 풍부하게 만들 수 있는 도구이며 이 도구들은 아이들이 살아가면서 계속해서 개선하고 확장해나가며 일생에 걸쳐 활용할 수 있다.

최근 〈미국 공중 보건 저널(The American Journal of Public Health)〉에 실린 최신 연구 결과는 소프트 스킬들이 정말 얼마나 중요한지를 보여준다. 이 연구는 1990년대에 유치원에 다니던 753명의 아동들이 25세가 될 때까지 20년간 추적했다.[23] 아이들의 20년 후 모습을 좌우한 요소들은 무엇이었을까? 혹시 당신은 IQ가 정말 중요한 요소였을 거라고 짐작하고 있는가? 아니면 가족의 사회경제적 배경이? 사실이 충격적일지도 모르니 마음의 준비를 하자. 유치원생들 중에서 사회적인 역량을 갖추고 남들과 나누고 협력할 줄 알던 아이들 또는 다른 아이들을 도울 줄 알던 아이들은 사회성이 부족한 아이들에 비해 더 높은 수준의 교육을 받았고 더 높은 임금을 받는 직업을 가지고 있었다. 인종도 성별도 상관이 없었다. 실제로 이 연구는 통계적으로 아동들의 인구적 특성을 통제해서 진행했다.

연구원들이 5점 단위로 아동들의 사회적 능력에 대한 측정 점수를 합산했을 때 매우 흥미로운 결과가 나타났다. 사회적 역량 점수가 1점씩 높아질 때마다 아이들이 대학에 진학할 확률은 2배로 높게 나타났고, 25세가 되었을 때 풀타임 직장을 다니고 있을 확률은 46퍼센트 더 높아졌다. 데일 카네기(Dale Carnegie)가 옳았던 것이다. 사회적 기술은 유치원생에게도 영향을 미칠 뿐 아니라 매우 중요하다.[24] 사회적 기술은 아동들이 성인이 된 후의 성공적인 인생과 직업적 행복을 예측했다. 이것이 의미하는 바는 우리가 학교 안팎에서 교육에 대해 보다 통합적인 방식으로 고민을 해봐야 한다는 것이다. 아이들은 자기가 받은 성적표나 점수보다 더 많은 것들을 지니고 있다.

6C는 우리가 행복하고, 건전하며, 생각하고, 남을 보살피는 사회적인 아동들을 지원할 수 있게 해주는 성공에 대한 더 넓은 시야로 나아가도록 촉구한다. 이제 그럼 협력적이고, 창의적이며, 능력 있고, 책임감 있는 내일의 시민들을 양성하는 방법에 대해 보다 명확하게 이해할 수 있도록 6C를 좀 더 깊이 있게 살펴보자.

제5장

아무도 교향곡을 홀로 연주할 수 없다

협력

사려 깊고 헌신적인 시민들의 작은 모임이 세상을 바꿀 수 있다는 것을 결코 의심하지 말라.
실제로 세상을 바꾼 유일한 방법은 바로 그것뿐이다.

_마가렛 미드

깜박! 지금 우리가 눈을 한 번 깜박 감았다가 뜨는 동안 애플 스토어에는 또 다른 교육 앱이 등록되고 유튜브에는 패러디 뮤직비디오가 올라가며 중독성 있는 최신 온라인 게임에는 더 많은 특징들이 추가되고 있다. 지금 당신 자녀는 화면에 눈을 고정시킨 채 떼지 못하고 있든가 아니면 오늘만해도 벌써 14번째 징징거리며 게임을 하거나 TV를 보게 해달라고 졸라대고 있지는 않은가? 이런 수많은 화면들을 보는 시간이 아이들에게 과연 어떤 영향을 끼치고 있을까? 그리고 아이들이 놓치고 있는 건 무엇일까?

상호작용을 익힐 수 있는 기회가 필요하다

캘리포니아주립대학교의 교수 패트리샤 그린필드(Patricia Greenfield)는 바로 이러한 질문을 던졌다. 그녀는 일주일간 그 어떤 종류의 스크린 미디어도 사용이 금지된 캠핑을 떠난 6학년 학생들의 사회적 기술을 관찰했다. 그건 일종의 서바이벌 시험이었다. 캠핑을 떠난 학생들과 교실과 가정에서 일상적인 생활을 하는 학생들을 비교해 봤다. 그리고 캠프가 시작되기 전에 양쪽 그룹 모두 어떻게 타인의 얼굴 표정과 감정을 읽어내는지 시험을 봤다. 연구 초기에는 양쪽 그룹이 모두 비슷해 보였지만 자연 속에서 캠프생활을 하고 돌아온 그룹은 이후에 평소처럼 집에서 TV나 스크린 청취를 했던 그룹에 비해 타인의 표정을 읽어내는 사회적 능력이 더 높아졌다. 실제 사람들과 얼굴을 맞대며 상호작용을 한 것이 차이를 만든 것이다.

인생의 배우자이든 스위스에 있는 동료든 직접 사람 대 사람으로 만나든 온라인상이든 '협력'은 인간이 배우는 방법, 과제를 달성하고 스스로의 능력 발휘를 개선하는 데 핵심적인 역할을 한다. 존은 그래픽을 멋지게 만들지만 샐리는 문장을 힘차고 간결하게 표현하는 법을 안다. 둘은 각자 자기 몫의 장점을 합쳐서 멋진 리포트를 작성한다. 협력은 다른 모든 기술과 역량들을 세울 수 있는 토대가 되는 궁극적인 소프트 스킬이다. 왜냐하면 우리가 생애 처음 아무 능력이 없는 상태로 홀로 세상과 조우하면서 가장 먼저 하는 일이 다른 인간들과 접촉하는 일이기 때문이다.

역사와 교육과학은 우리가 무엇을 배울 때 다른 이들이 배움의 연료 역할을 한다는 것을 증명하고 있다. 소크라테스가 살던 시대에 배움이란 먹이를 받아먹듯 모든 정보를 수동적으로 얻는 그런 접근법보다는 오히려 서로 공을 주거니 받거니 하는 테니스 경기와 더 비슷한 형식이었다. 실제로 모든 중요한 시대에 사람들은 동료나 지지하는 성인들과의 상호작용을 통해 가장 뛰어난 배움을 얻었다. 고대 유대 교육에서는 학생들이 하브루타(Havruta)라고 불리는 방식으로 둘씩 짝을 지어서 성경을 공부했다. 이 "토론을 통해 배우는" 접근방식은 브룩클린의 유대교 초등학교인 예시바에서 부터 예루살렘의 성전에 이르기까지 여전히 널리 활용되고 있다.

보다 최근 들어 인류학자들은 우리 사회 전반에 퍼지는 움직임과 같은 것들이 많은 이들이 공유하는 어젠다가 되는 과정에서 일어나는 학습을 관찰하고 있다. 시민권리 운동이나 환경보호 운동 또는 다른 성적 취향을 존중하는 문화로서의 학습을 한번 생각해보라. 이런 거대한 운동들은 만약 우리가 공통적인 주제와 메시지를 가지고 점점 더 많은 사람들과 함께 손을 잡고 행진하지 않았더라면 결코 일어나지 않았을 것이다.

협력은 이런 모든 변화의 중심에 있다. 왜냐하면 팀으로 일할 때 우리는 서로를 존중하고 공동체를 구축할 수 있기 때문이다. 이는 결과적으로 사회 감정적인 통제력을 길러줘 사람들이 스스로의 충동을 조절할 수 있고 내키는 대로 아무 행동이나 하지 않을 수 있게 해준다.

어째서일까? 그건 우리가 아주 어렸을 때부터 사람들에게 배우기 때문이다. 특히 우리는 다른 이들 즉 부모, 양육자, 교사, 친구 그리고 같은 직장 동료들이 우리가 알고 싶어 하는 것에 민감하게 반응해줄 때 더욱 그렇다. 일곱 살 조쉬는 친구와 함께 협력해서 보드 게임을 하고 노는 것에 신이 나 있다. 게임 중에 조쉬는 경쟁심에 불이 붙고 헤나와 플라밍고라는 단어를 배운다.

24개월 아기 로라는 우리와 함께 산책을 하다가 길옆에서 민달팽이를 발견했을 때 민달팽이란 어휘를 배울 가능성이 높다. 그리고 짝을 이뤄 작업하는 변호사들은 존중하는 동료와 함께 앉아 보다 복잡한 논쟁을 함께 해나갈 때 변호사답게 생각하는 법을 배운다.

오늘날 태블릿, 스마트폰 등 복잡한 컴퓨터 기술들이 이미 부모와 자녀간의 의사소통에 극적인 영향을 끼치고 있다.[1] 어떤 패스트푸드 식당에 가봐도 이 현상을 직접 눈으로 볼 수 있을 것이다. 55명의 부모 중 40명은 아이들과 식사를 하는 도중에도 휴대폰이나 태블릿을 들여다보고 있다. 부모들은 과거와 비교했을 때 자녀들과 대화하는 시간이 줄어들었을 뿐만 아니라 73퍼센트는 완전히 스마트폰이나 스마트 기기에 몰입해 스크린 외에 주위에서 일어나는 일들을 완전히 무시하고 있다.

그러나 디지털 세상은 또한 개별적인 학습에 매우 요긴하기도 하다. 중고등학생들은 이제 칸 아카데미(Khan Academy)를 통해 대수학을 마스터한다. 칸 아카데미는 칠판 위에 'a2 + b2 = c2' 같은 문제들을 어떻게 푸는지 문제해설을 잘해주는 온라인 수업 시리즈로 학생들의 강점이나 약점에 맞춰 수업할 수 있다. 이런 디지털 기기들이 하브루타나 다른 이들과 함께하는 협동 작업의 필요를 넘어서지 않겠냐고? 우리는 그렇지 않다고 생각한다. 물론 사람들은 온라인을 통해 수업을 배울 수 있다. 그것을 부정하는 것은 아니다. 하지만 이런 종류의 학습은 그저 시작일 뿐이다.

우리가 그저 주어진 것을 통째로 주워 삼키는 것이 아니라 비판적인 입장을 가지기 위해서는 다른 사람들과 토론할 필요가 있다. 주어진 텍스트가 모두 진실인가? 우리가 배운 것에 한계는 없는가? 또는 그 교훈이 적용될 수 없는 상황인가? 교육과학을 다루는 우리 학자들의 과제는 '우리가 사람들로부터 실제로 어떻게 배우는가'를 알려주는 사회적 교육 매체를 만드는 일이다. 바브라 스트라이샌드(Barbra Streisand)가 말한 것처럼 "우리는 사람이 필요한 사람들"이다.

마이클 토마셀로(Michael Tomasello) 교수는 그의 침팬지 연구에서 사람들에 대한 우리의 의존성을 이렇게 강조한다. 이 털북숭이 사촌들은 무리를 지어 이동한다. 인간과 침팬지의 유전자는 99퍼센트 동일하지만 침팬지는 학교에 가지도 연장자들에게 오랜 기간 강력하게 훈련받는 관계가 발달하지도 않았다. 왜일까? 마이클은 "그것은 인간이 궁극적인 사회적 존재[2]이기 때문"이라고 제시한다.

독일 라이프치히에 있는 막스 플랑크 연구소에서 마이클(현재는 듀크대학교 소속)과 그의 학생들은 유인원들이 무엇을 배우고 가장 최선의 학습 방법이 무엇인지를 연구했다. 마이클은 인류의 먼 친척들이 숨겨둔 음식을 찾아내는 것을 관찰하며 인류의 진화적인 유산의 비밀을 밝혀내고 있었다. 그의 웹사이트에 소개된 연구 프로젝트를 살짝 엿보면 특이하게도 협력에 대한 이야기로 시작된다. 사실 놀라울 것도 없는 사실로 이야기를 시작한다. 침팬지들은 머리가 좋다. 영화 〈혹성탈출(Planet of the Apes)〉급으로 영리하다. 마이클과 그의 동료 연구자들은 두 살 된 호모 사피엔스(Homo Sapience)와 어린 판 트로글로디테(Pan troglodyte, 침팬지)를 대상으로 이 둘이 물리적·사회적 세상에 대해 어떻게 생각하는지를 보기 위해 일련의 시험 문제를 내고 풀게 했다. 침팬지들은 그의 연구에서 물리 부분은 썩 잘했다. 이들은 마치 걸림돌 밑에서 공이 굴러 나올 것을 예측하는 두 살 아기와 다름이 없어 보였다. 그렇다면 사회적 능력은 어땠을까? 설교자나 심리학자, 바텐더 같은 일을 할 수 있는 침팬지는 한 마리도 없다.

먹이를 찾기 위해 협력하는 모습을 한번 보자. 이 활동에서 유인원 새끼와 아기들은 한 발짝 정도 사이를 두고 나란히 엎어놓은 2개의 노란 양동이 중 하나 밑에 놓인 보상을 찾아내야 했다. 한 학부 학생이 아기 또는 침팬지의 반대편에 앉아 먼저 아이나 침팬지의 눈을 똑바로 보고 보상이 놓인 쪽의 양동이를 가리켰다. 침팬지들과 아기는 이 학생의 명백한 손짓과 눈짓을 따라 맛있는 간식을 찾아냈을까?

다른 이의 시선을 따르는 것은 사회적 추론의 첫 단계다. 협력은 이 사회적 추론에 달려 있다. 여러분은 어쩌면 21세의 침팬지 줄루에게 별로 고민할 필요 없는 쉬운 결정일 거라고 생각할 수 있다. 우리가 보기엔 학생의 몸짓이 마치 "바나나를 찾으려면 왼쪽 양동이 밑을 보라고!" 하고 외치는 것처럼 너무 명백해 보인다. 하지만 우리에겐 이다지도 명백하게 보이는 것이 다른 침팬지들과 사람들과 숱한 사회적 경험을 해본 줄루에게는 아무런 단서도 제공하지 못했다. 두 살 아기 어빙은 짧은 생애 동안 10명이 채 안 되는 아기들과 놀아본 경험밖에 없는데도 곧장 학생이 가리키는 양동이로 기어가 보상을 찾아냈다.

유인원들은 협력 및 다른 개체들과의 작업에서 낙제점을 받았다. 유인원들은 사회적인 힌트들을 연결하는 시험에서 우리 인간들처럼 뛰어나지 못했다. 인류학자 킴 힐(Kim Hill)이 덧붙이듯 인간이 특별한 존재인 것은 큰 대뇌 때문이 아니다. 우리가 로켓을 만들 수 있는 이유는 인간의 뇌가 커서가 아니다. 한 개인은 절대 로켓을 만들 수 없다. 우리가 로켓을 만들 수 있는 이유는 1만 명의 개인이 서로 정보를 제공하며 협력하기 때문이다.[3]

함께 배우고 일하는 이 인간의 특성, 협력은 큰 장점을 가지고 있다. 마이클의 책 제목마저 그 이야기를 하고 있다. 《우리는 왜 협력하는가(Why We Cooperate)》[4] 그리고 《인류 인지의 문화적 기원(The Cultural origins of Human Cognition)》[5] 이다. 인간의 협력은 동물의 왕국에서 우리 인간이 다르게 구별되는 행동 특성의 기본이다. 인간의 언어가 훌륭한 예이다. 사람들이 말을 한다는 사실은 후두의 위치가 다른 동물들보다 음식을 먹을 때 목이 막힐 가능성이 높은 위치에 있다는 것을 의미한다. 이것은 명백하게 잘못된 진화의 오류로 보인다. 그러나 목이 막힐 수도 있다는 위험은 언어라는 엄청나게 커다란 진화적 이점에 비하면 아무것도 아니다. "오늘 어디에서 사냥하는 게 좋을까?", "거기 매머드가 몇 마리나 있었지?", "이틀 정도 필요한 식량을 준비하는 것이 좋을까?" 이런 질문들로 이뤄지는 의논을 언어 없이 한다고 상상할 수 있겠는가? 마을을 건설하는 것이든 저녁 식사거리 사냥감을 죽이는 일이든, 식료품을 주문하거나 불을 끄는 일이든 언어라는 인간의 특징적인 능력은 협력하고 다른 이들과 함께 작업해야 할 필요에 의해 진화했을 것이다. 인류는 그 시작부터 협력하는 존재들이었다.

마이클은 이 논쟁을 한계까지 밀어붙였다. 그는 협력은 모든 인간 문화의 기반이라고 적고 있다. "다른 사람들을 이해하는 (그리고 타인과 협력하는) 이 새로운 모드는 모든 종류의 사회적 상호작용의 성격을 바꿔놓았다. 그래서 문화적인 진화의 독특한 형태는 역사의 시간 속에서 자리 잡기 시작한 것이다."[6]

아무도 바퀴를 다시 발명하거나 불을 재발견할 필요는 없다. 각 세대마다 새롭게 해결할 수 있는 문제가 있는 반면 원래 협력을 통해 발전해온 우리의 공유 지식과 문화적인 관행은 세대에서 세대로 전달될 수 있다. 마이클이 말한 것처럼 "톱니효과(ratchet effect)"는 계속해서 어린이들이 자라나는 환경을 변화시킨다. 고층건물들, 토스터나 플래쉬몹을 한번 생각해보라. 200년 전에는 이 중 어떤 것도 존재하지 않았다. 이 모든 것들이 만들어지는 데에는 협력이 필요했다. 협력할 수 있는 능력은 단지 교실에서의 학습이나 글로벌 경제에만 중요한 것이 아니다. 협력은 인간 경험이 구축할 수 있는 가장 근본적인 기반이라고도 할 수 있다.

우리가 하는 모든 일들이 사회적 환경에서 살아가는 우리 생활의 영향을 받는다. 그리고 (자폐증으로 분류되는 아동들은 제외한다고 하더라도) 모든 아이들은 탄생의 순간부터 궁극적으로 사회적인 존재라는 이점을 가지고 있다. 갓난 아기에서 두 살배기 아기들에 이르기까지 아기들은 아무리 심술궂은 노인이라도 홀딱 반하게 만들 수 있을지 몰라도 아직 배워야 할 것이 많다. 아기들이 어떻게 노는지 한번 아무 부모나 유치원 교사들을 잡고 물어보라. 서로 협력하며 즐거운 시간을 보내던 놀이터는 한순간에 분쟁의 아수라장으로 바뀔 수 있다. 우리가 제안한 성적표의 이 항목을 기억하라. "다른 이들과 잘 놀고 협력하는가?" 이 항목은 개인적인 관계는 물론 직장에서 동료들과의 관계 속에서 우리가 성공하는 데 진정으로 중요한 부분을 잘 포착하고 있다.

사업에서, 과학에서 그리고 사실상 어떤 직업에서든 협력은 뉴 노멀(시대 변화에 따라 새롭게 떠오르는 기준이나 표준_옮긴이)이다. 협동심은 우리가 성공하기 위해 필요한 소프트 스킬들을 전부 아우른다. 미국 공영 라디오 방송이 애플이나 IBM의 기술자들을 모집하는 제프 윈터(Jeff Winter)를 인터뷰했다. 윈터는 이렇게 말했다. "훌륭한 프로그래밍 기술을 가진 사람은 차고 넘치지만 사회적 역량 때문에 발목을 잡히는 경우가 많다"고. 그의 말을 옮겨보자면 이렇다.

"친절하지 않은 사람들이 다들 저커버그가 되는 건 아니죠."

페이스북을 설립한 마크 저커버그(Mark Zuckerberg)에 빗대서 하는 말이다.[7] 다시 말해서 만약 사회성이 부족하다면 성공할 수 있는 기회조차 얻지 못할 거라는 말이다. 만약 사람들과 잘 어울릴 수 있는 소프트 스킬이 없다면 다른 이들과 공감하지 못하고 머릿속에 떠오르는 대로 아무 말이나 말해버릴 수도 있다.

실제로 사회적인 통제력은 협력의 기반이다. 연구가들은 7세 무렵부터의 자기 통제력의 차이를 통해 40년 후에 얼마나 많은 시간을 실업자로 보낼지 예측할 수 있다는 사실을 발견했다.[8] 스스로의 충동과 감정적인 표현을 조절하지 못한다면 분쟁에 이르게 되고 다른 이들과의 협력이 거의 불가능해진다. 이런 보다 최신의 연구 결과들은 전통적인 마시멜로 테스트의 결과와 아주 유사하다. 실험자가 다시 방으로 돌아올 때까지 상으로 받은 마시멜로우를 먹지 않고 기다릴 수 있었던 4세 무렵의 아이들은 대학에 응시할 때 더 높은 SAT점수를 받았다. 사실 200점이나 더 높은 점수였다.[9]

아이들은 어떻게 협력하는 법을 배울까? 교육과학은 일련의 4단계를 통해 발전한다고 제시하고 있다. 다행스럽게도 모든 6C와 마찬가지로 협동심은 가변적인 능력이다. 우리는 사회적인 존재로 태어났을지 모르지만 그렇다고 그것이 협력을 위해 필요한 자기 통제력도 타고났다는 것을 뜻하지는 않는다. 성공적인 협력을 위한 요소들은 학습되는 것이고 분명히 가르칠 수 있는 것이다. 다른 이들과 함께 잘 어울려 놀고 공동 작업을 할 수 있는 능력은 매우 중요한 생활 기능이다. 교육과학에서 사람들은 이 기능을 자기 통제력 또는 자기 제어성이라고 부른다.

1단계 : 혼자서

자기 통제력을 잃고 비명을 지르는 아기 올리비아는 도무지 잠을 잘 기미가 보이지 않는다. 겁을 먹고 거실 소파에 웅크린 올리비아의 부모는 이어폰을 껴야 할지 TV 소리를 크게 키워야 할지 어쩔 줄 몰라하고 있다. 때로 올리비아는 부모들과 '대화'를 나눈다. 즐겁게 옹알이와 까르륵거리는 소리를 주고받는다. 아기들은 사회적으로 태어났지만 스스로를 제어하는 법을 모른다. 올리비아가 흥분을 가라앉히고 정신을 차릴 수 있게 도와주는 것은 부모인 우리의 역할이다. 협력은 인생을 살아가면서 갈고 닦는 기술이지만 매번 뭔가 일이 틀어질 때마다 신경질을 내지 않도록 자기 제어를 하는 데서부터 시작된다. 올리비아의 부모는 올리비아가 스스로를 통제할 수 있는 법을 배우기 전까지 올리비아를 달래주고 다른 데로 주위를 환기시킴으로써("아 저기 저 새 좀 봐!") 자기 제어력의 발달을 위한 뼈대를 구축해줄 것이다. 자기를 제어하는 법을 배우지 못한다면 또 더 나아가 상대방을 존중하는 방식으로 자신의 의견을 표현하고 또 다른 이들의 말을 경청하는 법을 배우지 않는 이상 협력하기란 불가능할 것이다.

높은 빌딩 외벽에서 벽을 칠하기 위해 손을 뻗는 페인트공을 받쳐주는 작업대나 건축할 때는 쓰는 비계(飛階)와 마찬가지로 어른들은 어린아이들이 상호작용하고 자기 차례를 기다릴 수 있도록 지지대, 즉 '스캐폴딩(scaffolding, 아동이나 초보자가 과제를 잘 수행할 수 있도록 도움을 제공하는 것_옮긴이)'을 제공해줘야 한다. 24개월 된 솔리는 모양 구분 틀에 삼각형 조각을 끼워 넣는 데 도움이 필요하다. 아빠는 틀을 이리저리 옮겨서 삼각형이 제대로 딱 맞게 틀 속에 들어가도록 도와준다. 솔리의 아기 동생이 저녁 식탁에서 장난감을 가지고 놀겠다고 고집을 부릴 때 아빠는 "배, 배, 배를 저어라"하고 노래를 부르기 시작하고 아기는 아빠의 노래에 홀려 조용해진다.

1단계는 〈하이라이트(Highlights)〉 잡지 속의 숨은 물건 찾기 게임과 같다. 당신은 아마도 아이에게서 협력의 싹이 보이는 순간들과 자녀의 자기 제어력을 지지하는 부모의 역할이 얼마나 중요한지 의식조차 하지 못할 것이다. 이런 매일의 상호작용이 아이들의 더 성숙한 행동을 발전시켜 나가는 데 도움이 되는 기회들을 제공한다. 부모들은 아이들이 불만과 좌절을 극복할 수 있게 도와주고 자기 제어가 가능한 다른 선택을 할 수 있도록 도움의 손길을 준다. 그리고 이런 작은 순간순간들이 모여 아이들에게 협력할 수 있는 능력이 생긴다.

부모들은 모든 영역에서 자녀들의 스캐폴딩을 구축하는 역할을 한다. 섬세한 부모들은 자녀들이 자신의 감정을 다른 방식으로 표현할 수 있도록 도움을 준다. 아이들이 혼자서는 생각하지 못하는 방식들로 말이다. 1단계에서는 거의 부모가 아이에게 도움을 준다. 아이는 부모가 수행하는 역할이 무엇인지조차 깨닫지 못한다. 하지만 더 높은 빌딩을 쌓으려면 낮은 데서부터 벽돌을 쌓아야 한다. 처음에는 부모 쪽에서 협력을 이끌어내고 사회적인 통제력을 발달시켜 주기 위해 많은 책임을 져야 한다. 하지만 점차 아이가 조금씩 더 많은 사회적 책임을 질 것이다.

앤디 멜조프(Andy Meltzoff)의 아기 실험실에서 14개월 아기 루디는 전에 보지 못한 남자가 구슬을 꿴 실을 꽃병의 좁은 입구에 반복적으로 넣으려고 시도하는 것을 유심히 본다.[10] 그는 마침내 포기하고 아기에게 구슬을 꿴 실을 슬쩍 밀어 놓는다. 루디는 구슬끈을 집어 들고는 꽃병 속에 쏙 집어넣는다. 실제로 남자가 꽃병에 구슬끈을 집어넣는 것을 보지 못했는데도 말이다. 루디는 남자가 무엇을 하려고 했는지를 파악하고 일종의 마인드 멜드(mind-meld, 누군가와 오랜 시간을 함께 보내면서 그 사람처럼 생각하게 되는 현상_옮긴이)를 해보인 것이다. 이런 종류의 '생각 읽기(mind reading)'는 루디가 미래에 다른 이들과 협력하고 그들의 감정을 이해하는 기반이 될 것이다. 주위 사람들에 대한 민감성이 급성장함에도 불구하고 아기들은 어떤 목적을 달성하기 위해 다른 사람들과 진정으로 협력하지 않는다. 이것은 아기들의 목적 일부분이 지극히 국지적인 것은 물론("나 저거 갖고 싶어!") 장기적이지 않기 때문이다. 여행 계획을 짜거나 놀이 모임에 누구를 초대할지 현실적인 방법으로 어른들과 협력할 수 있는 아기는 없다. 아기들은 우리가 당연하게 생각하는 몇 가지 의사소통의 도구들도 가지고 있지 않다.

슬프게도 우리는 전부라고 할 순 없지만 수많은 전국의 교실에서 이런 제1단계 수준의 아이들을 본다. 교사들은 아이들에게 점점 더 혼자 앉도록 권장하고 다른 아이들과 떠들지 말라고 하며 공동 작업을 할 기회도 주지 않는다. 공동 작업이나 협력은 거의 또는 전혀 권장하지 않고 있다.

믿거나 말거나 생활 전반에 걸쳐 아직도 1단계 수준에 머물러 있는 성인들도 있다. 1991년 경영관리 컨설턴트 기어리 럼믈러(Geary Rummler)는 사일로 신드롬(Silo Syndrome)이라는 용어를 만들어냈다.[11] 이제 진부한 표현이 되어버린 이 말은 기업 안에서 각 단위 조직들이 어떻게 자신들만의 문화를 발전시키는지를 포착한 표현이었다. 이들은 서로 간에 대화를 하는 것조차 어려워했다. 명백한 1단계 수준의 행동이다.

사일로 신드롬 속에서는 "고맙지만 우리는 기술적인 일을 하기 때문에 당신의 아이디어 따위는 필요 없어요"라는 식의 자신의 영역을 보호하기 위해 경계를 만드는 터프 가딩(Turf guarding)이 날로 커지게 된다. 그리고 만약 당신이 사일로 신드롬을 앓고 있다면 혁신적인 아이디어를 낼 가능성은 매우 낮다. 결국 아무도 큰 그림에 대해서는 생각하지 않고 있기 때문이다. 모두가 자기가 속한 팀만 생각한다. 당신은 다른 부서에 가면 마치 외계인 구역을 침범한 것 같은 느낌을 받게 되는 그런 조직에서 일하고 싶은가? 아니면 도요타처럼 결정을 내리는 데 있어 전사적으로 모든 단계의 팀 멤버들이 다 함께 결정에 참여하는 회사에서 일하고 싶은가?

경영컨설턴트 에반 로젠(Evan Rosen)의 말을 인용해보자면 1단계 수준의 사일로 신드롬은 "배타적이고 편협한 생각이 뿌리내리게 하고, 불필요한 중복과 차선의 결정을 내리게"[12] 한다. 독립된 유닛들이 비협력적으로 일하는 조직을 팀 플레이어들로 구성된 잘 돌아가는 기능적인 조직으로 변화시키고 싶은가? 그렇다면 다시 한번 여기서 아동들에 관한 연구 결과를 가져와보자. 부모들이 양육자로서 제공한 스캐폴딩은 자연스럽게 변화를 촉진하는 경영 코치로 변한다.

차선적인 결정에 대해서 이야기하려니 허리케인 카트리나가 떠오른다. 〈타임〉은 허리케인 카트리나가 루이지애나 주를 강타했을 때 루이지애나의 주지사 캐슬린 블랑코가 백악관에 전화를 걸었는데 조지 부시 대통령도 참모 총장도 그 자리에 없었다고 보도했다. 효과적인 네트워크가 자리를 잡지 못하고 있었다. 모두가 각자의 사일로 속에서 자기 부서의 일에만 몰두하고 있었다. 실제로 비상관리회(FEMA, Federal Emergency management agency)의 대표 마이클 브라운(Michael Brown)은 모든 것이 걷잡을 수 없이 부풀어 오른다고 생각했다.

사일로 신드롬은 이 재앙의 모든 곳에 만연했고 사람들은 그 대가로 안정적인 생활을 빼앗기고 가정이 영원히 망가졌다.[13] 크고 작은 공동체들이 협력에 실패할 때 자연적인 재앙은 피하지는 못했으나 어쩌면 피할 수도 있었고 적어도 피해를 줄일 수 있었는데도 그렇게 하지 못한 거대한 재난으로 변해버린다. 정부 기관들 간의 협력 부재는 수년이 지나도 우리가 계속해서 듣게 될 뉴올리언스의 유례 없는 상황을 만들어냈다.

2단계 : 나란히

1단계에서 걸음마쟁이 솔리는 아빠에게 삼각형 조각을 삼각형 모양 틀에 넣는 법과 감정을 통제하는 법을 배웠다. 이제 2단계에서 협력의 뿌리가 싹트기 시작한다. 솔리는 혼자 스스로 하는 일이 더 많아지고 다른 이들과의 필요에 대한 존중을 배우기 시작한다(최소한 아주 조금씩이라도 말이다). 나란히는 나 혼자에서 발전한 것이다. 걸음마쟁이 아기는 뭔가를 해내기 위해 다른 사람들을 활용할 수 있다는 것을 안다. 협력을 완전히 연마하지는 못했지만 협력의 개념이 자리를 잡아가는 중이다. 한두 해만 앞으로 돌려보면 그 발전을 볼 수 있다.

세 살 다니엘과 신시아는 모래 상자 안에서 삽과 양동이 그리고 모래성을 찍어내는 틀을 가지고 놀고 있다. 이들은 조용히 함께 놀고 있지만 실제로 다니엘이 자신의 모래성 틀을 찾을 수 없을 때까지는 서로를 정말 인지하고 있지 않았다. 다니엘이 신시아를 돌아보며 "네가 내 성 가지고 있어?" 하자 신시아는 살짝 모래 속에 보이는 빨간 플라스틱 조각에 손을 뻗어 잡아당기고 미소를 지으며 "여기 있어!" 하고 의기양양하게 말한다. 때때로 이들은 함께 몇 가지를 집어올리고 모래를 평평히 다지는 등의 순간들이 있겠지만 공통의 목적을 달성하기 위한 실재적인 협력은 없다. 계획이 포함돼 있지 않고 단지 사소한 일을 해내기 위해 순간적으로 어울릴 뿐이다. 교육과학자들이 이것을 병렬식 놀이라고 명명한 것은 당연하다. 하지만 여기에서 긍정적인 면이 무엇인지 좀 살펴보자. 따로 논다는 것은 아이들이 자신의 공간을 유지하고 서로의 성을 침범하지 않는다는 것이다. 최소한 아이들은 이 만큼은 자신의 충동을 통제하고 있다는 의미다.

이 수준에서 어린이들은 다른 이들이 나와는 다른 목적과 욕구가 있을지도 모른다는 것을 인식한다. 걸음마쟁이들과 심지어 침팬지들조차 계획을 실행하고자 하는 어른들을 돕고 싶어서 안달한다.[14,15,16,17] 하버드 교수 펠릭스 와너켄(Felox Warneken)은 세 살 어린이들에게 협력적인 문제해결 상황을 제시한다. 아이들은 곰 젤리와 스티커들을 받기 위해 함께 작업을 수행할까? 상으로 받은 과자들을 나눠 먹을까? 실제로 아이들은 그렇게 했다. 고작 세 살이지만 아이들은 자신들이 받은 상을 공평하게 나누고 싶어 했다. 똑같은 실험에서 침팬지들은 협력할 수 없었는데 그것은 모든 침팬지들이 자신밖에 몰랐기 때문이다(1단계). 와너켄 교수와 그의 동료들은 이렇게 적고 있다.

"인간 어린이들은 침팬지와 엄청난 차이를 보인다. 침팬지들은 협력적인 노력의 보상을 두고 경쟁하는 경향 때문에 공동 활동이 심각하게 제한됐다."[18]

보육센터나 유치원 환경은 아이들의 협력적인 시도를 높여줄 수도 사그라지게 할 수도 있다. 아주 어린아이들도 만약 주위 어른들이 함께 수행할 과제를 준다면 모두 힘을 모아 공동 작업을 하는 법을 배울 수 있다.

"잭이랑 래리가 이 블록들 좀 깔끔하게 블록 코너로 치워주겠니? 같은 종류별로 모아서 말이야."

잭과 래리는 선생님의 부탁을 들어주는 것을 기쁘게 생각하고 블록들을 종류별로 정리하기 시작한다. 긴 블록은 긴 블록끼리, 반원 모양은 반원 모양끼리 나누며 둘 사이에 바로 협력이 이뤄진다. 임무를 마치고 돌아오자 존킬 선생님이 반의 모든 어린이들 앞에 이 둘을 모범으로 세운다.

"래리와 잭이 둘이 함께 블록 치우는 일을 너무 잘 해냈어요! 말다툼하는 소리도 전혀 안 들렸답니다!"

공동 작업과 사회적인 통제력을 기대하는 수업에서 아이들은 대개 협력과 사회적인 통제력을 얻는다. 아이들은 공유하길 원하는 것처럼 보인다. 하지만 어쩌면 우리는 점점 더 많은 아이들의 자유 시간을 그리고 우리의 자유 시간을 갉아먹고 있는 전자 기계로 하는 병렬적인 놀이로 이런 자연스러운 충동을 무디게 만들어가고 있는지도 모른다. 청소년들조차 낮은 수준의 협력을 하고 있다. 아이들은 같은 방에 친구들끼리 그룹으로 앉아서 이야기를 나누는 대신 서로 문자를 보낸다. 작가이자 법학자인 조엘 베이큰(Joel Bakan)은 2011년 8월 22일자 〈뉴욕타임스〉의 사설란에 이런 글을 올리며 우려를 표했다.

> 나는 두 십대 자녀와 함께 앉아 있을 때 아이들이 수백만 마일보다 멀리 떨어져 있다고 느껴진다. 온라인 속의 소셜 라이프 속을 기분 좋게 휘젓고 다니는 데 열중해 있거나, 가상 세계 속의 중독성 강한 비디오 게임에 빠져 있는 아이들은 동영상 클립이나 자기 자신과 친구들의 사진을 끝도 없이 들여다본다. 뭔가 잘못된 느낌이다.[19]

만약 아이들의 시선이 '앵그리 버드'나 '무엇이든 그려 보세요' 같은 앱에 고정돼 있다면 아이들은 어떻게 서로의 다른 견해를 배우고 다른 이들의 감정을 파악하는 법을 배울 것인가?

수많은 학습 환경들은 나란히 학습의 전형을 보여준다. 설령 학생들이 겨우 모래 상자 안에서 물건을 병렬하는 놀이를 졸업했을지 몰라도 말이다. 유치원부터 시작해서 수많은 아이들이 나란히 줄을 맞춰 책상에 앉아 문제지를 풀지만 서로 상호작용을 하거나 협력할 기회는 별로 없다. 만약 매일 밤 문제지 숙제를 가지고 집에 간다면 이것은 아이들이 다른 사람들하고 이야기하는 것이 아니라 혼자 해야 하는 과제가 더 많아진다는 의미다. 함께 공동 작업을 하는 것은 실제로 이해력을 키워준다. 만약 크리스와 디에고가 분수 덧셈 문제를 함께 푼다면 어떤 단계를 밟아야 하는지 또 왜 그런지를 이야기해야 하고 이를 통해 분수에 대해 더 잘 이해하게 될 것이다. 디에고가 크리스에게 왜 분자들을 더했는지 설명할 때 디에고는 단순한 계산자에서 문제해결자가 되는 것이다. 실제로 커먼 코어에서는 아이들에게 수학에서 이런 공동 작업을 하도록 격려한다.

만약 학교에서 아이들이 혼자 공부하도록 할지라도 아이들이 협동심을 키우는 데 필요한 스캐폴딩을 얻을 수 있는 다른 장소들은 있다. 어린이 축구 게임을 보면 아이들이 파란색과 초록 셔츠를 입고 누가 자기 팀이고 다른 팀원들은 무엇을 하는지 관심도 가지지 않은 채 이리저리 뛰는 것을 보게 될 것이다. 이들은 각자 '골에 공을 넣자'라는 한 가지 생각만을 하고 있다. 설령 그것이 잘못된 골일지라도 말이다. 아이들 각자가 팀을 구성하고 있는 일원이며 각각 혼자 경기하는 것이 아니란 것을 이해시키는 데는 인내심 많은 코치의 도움이 필요하다. 자기가 아닌 다른 사람에게 공을 차도록 패스하는 데 필요한 자기 통제력을 가르치는 데는 더 많은 인내와 코칭이 필요하다. 여기에서 다시 한번 우리는 협력을 위한 핵심적인 특징으로서 자기 통제력과 스캐폴딩이 필요하다는 것을 볼 수 있다.

캔디 랜드(Candyland)라는 놀이를 해본 적이 있는가? 한 판이 끝나면 또다시 캔디 랜드를 하고 또 하고 끝도 없이 말이다. 부모들은 머리를 쥐어뜯을 지경이 될지 모르지만 아이들은 서로 돌아가며 자기 차례를 지키는 법을 배우고 다른 사람이 게임을 시작하기 전에 마무리하는 걸 기다려주는 법을 배운다. 우리는 모두 이런 개념들이 아이들에게 매우 낯설었다는 것을 기억한다. 아이들은 보드 게임을 하는 법을 배워야 하고 우리 부모는 이 조합의 열쇠이자 협력을 위한 스캐폴딩이다. 혼자 컴퓨터 게임을 하는 경험은 비록 부모가 장거리 전화를 거는 순간에는 매우 도움이 되지만 아이들이 성공을 위해 필요한 주고받는 협력의 싹을 키우기에는 도움이 되지 않는다. 2단계의 나란히 식의 협력은 모래 상자 안에서는 아주 좋았다. 하지만 이는 지극히 피상적이고 얕다.

필라델피아 근교의 '메인라인' 공동체의 위원회에서 우리는 이 나란히 정신을 언제고 볼 수 있다. 이 마을은 수년 동안 사용해서 낡아빠진 빌딩들을 재정비하고 도시 외관을 탈바꿈할 필요가 있다. 문제 제안을 위한 위원회가 구성이 되고 모두 첨예한 중점 사항들을 내놓는다. 어떤 이들은 기차역을 재정비하자고 할 것이고 또 다른 이들은 행정건물들을 고쳐야 한다고 할 것이다. 그리고 또 다른 이들은 주차장 구조를 바꿔야 한다고 할 것이다(주차장을 실제로 보기 좋게 만들 수 있을지는 모르겠지만?). 모든 이들이 자기 계획에 신이 나서 회의에 참석하려고 달려오지만 맙소사, 새로운 기차역의 이미지는 행정건물들과 아무런 건축학적 연결점이 없고 모든 주차 구조는 혐오스러울 정도로 엉망이다. 전체 계획을 생각한 사람은 아무도 없다. 사람들은 동일한 목표를 향해 각자 노력하는 한편 디자인을 어울리게 통합할 생각은 전혀 하지 않는다. 이것이 바로 2단계의 수준이다. 공통된 목적을 향해 나란히 달려가지만 실제로 함께 협력하고 있지는 않다. 다행스럽게도 3단계와 4단계는 1단계와 2단계에 비해 커다란 이점을 제공한다.

3단계 : 주고받기

네 살 때 다니엘과 신시아는 모래 상자 안에서 양동이와 삽을 공유하고 싶어 하고 서로에게 뭘 하고 있는지 물어보고, 중국까지 땅을 파는 이야기를 나눴다. 주고받는 행동에 참여했고 서로의 발전상황에 대해 언급하기도 했다.

"아, 그 삽은 안 좋아. 이걸 써봐!"

신시아는 자발적으로 나섰다. 3단계에서 아이들은 느슨하게 정의된 공동의 관심사를 추구한다. 하지만 최소한 아이들은 다른 관심사가 있다는 것을 인식하고 있다. 아이들은 일정 수준의 (때로는 최소한의) 자기 통제력을 보이고 다른 아이가 만든 모래 모형들을 서로 무너뜨리거나 하지 않는다. 1932년 M.B. 파튼(M.B. Parten)은 이것을 '연합 놀이(Associated play)'라고 명명했다. 3단계에서 어린이들은 자기들이 가지고 노는 장난감보다 서로에게 더 많은 관심을 가지는 것처럼 보인다. 나란히 식의 2단계에서 어린이들은 함께 있지만 독립된 개체로서 기능했다. 만약 그들이 성인들이었다면 서로에게 화가 나있나보다(또는 그냥 각자 핸드폰을 하는구나) 하고 생각했을 것이다. 왜냐하면 상호작용이 거의 없기 때문이다. 서로 주고받는 3단계 협력에서 아이들은 실제로 서로 이야기를 나누고 함께 작업한다.

"신시아, 내가 성을 쌓는 걸 도와줘도 될까?"

다니엘은 심지어 신시아가 무엇을 달성하고자 하는지도 안다.

심리학자들에게는 협력을 연구하고 측정하는 멋진 방법이 있다. 6세에서 10세까지 아이들 4명이 각자 줄을 잡아당기는 게임을 한다고 생각해보자. 아이들 각자의 줄은 같은 펜에 연결돼 있고 펜은 네모난 게임 보드에 붙어있는 홀더에 고정돼 있다. 이 게임 보드는 4개의 사각형으로 나뉘어 있고 각 사각형에는 동그라미가 그려져 있다. 이 게임의 목적은 펜을 움직여서 각 동그라미를 통과해서 마크를 남기는 것이다. 이 게임에서는 협력이 꼭 필요하다. 각자 줄을 함께 조종하지 않으면 펜을 움직여서 각 동그라미에 표시를 할 수가 없다. 하지만 아이들은 이 부분을 스스로 깨달아야 한다. 아이들은 각자 보드 귀퉁이에 앉아서 신이 나서 자기 몫의 끈을 잡는다. 만약 4개의 동그라미 모두에 마크를 할 수 있다면 선물이 든 작은 종이 가방을 하나씩 받게 될 것이다. 아이들은 과연 어떻게 했을까? 멋지게 해냈다.

하지만 다음에 연구가들은 규칙을 바꿨다. 이제 아이들은 자기의 동그라미에 몇 번이나 펜으로 표기를 할 수 있는지에 따라 각자 보상을 받게 되었다. 협력이여 안녕! 메이헴은 더 이상의 협력은 없을 거라고 확신했다. 그 확신대로 아이들은 자기 쪽으로 끈을 잡아당겼고 만약 함께 돌아가면서 순차적으로 협력한다면 모두가 상을 받을 수 있다는 사실을 깨닫지 못했다. 아이들은 다시 1단계로 돌아갔다. 그들 각자는 같은 결과를 원했고 주고받는 상호작용은 많았지만 협력은 단지 우연히 일어났다.

이 이야기에는 한 가지 또 다른 지혜가 담겨 있다. 바로 문화의 중요성이다. 이스라엘의 키부츠(kibbutz, 집단농장의 한 형태_옮긴이)처럼 협력적인 사회 속에서 시골 쥐처럼 자란 경우 독립적으로 무언가를 해내는 것이 보다 중요하게 여겨지는 도시 쥐처럼 자란 사람들보다 협력을 할 가능성이 더 높았다. 우리가 방금 살펴본 장면은 도시의 아이들이었다. 시골 아이들, 협력적인 키부츠에서 자라난 아이들은 돌아가면서 순서를 지키기로 하고 서로를 도왔기 때문에 선물이 가득 든 가방을 받았다. 아이들이 협력하길 원하는가? 그렇다면 혼자 하는 것보다 서로를 도우면 더 큰 보상을 받을 수 있다는 것을 배우게 하라.

주고받기는 또한 교실에서 수업에 활기를 불어넣을 수 있다. 미르나 베이커(Myrna Baker) 교사는 시내 학교의 교실에서 함께 공부하는 3학년들을 가르치는 골수 뉴요커다. 로알드 달(Roald Dahl)의 《제임스와 거대한 복숭아(James and the Giant Peach)》[20]는 아이들의 팀 미팅의 주제다. 아이들은 어떻게 이야기 속의 핵심적인 장면을 짧은 연극으로 만들어낼까? 마법사가 제임스 헨리 트로터(이야기의 주인공인 어린 소년)에게 모든 모험을 시작하게 만드는 마술 씨앗들이 든 마술 가방을 주는 장면을 고를까? 아니면 갈매기 떼가 제임스와 거대한 복숭아를 하늘로 들어 올린 장면? 자말과 쉐본은 영화 리뷰를 하는 시스켈과 에버트같다. 이들은 여러 가지 어려운 말을 섞어 쓰면서("이건 중요해, 왜냐하면…") "만약 그렇다면"이라는 표현을 쓴다("하지만 만약 그 일이 일어나지 않았다면 이야기 자체가 없었을 거야!"). 그리고 마치 프로들처럼 논쟁을 한다. 아이들은 함께 작업하거나 이야기에 대해 토론하지 않았다면 배울 수 없었던 것들을 더 많이 배우고 있는 걸까?

존스홉킨스대학교의 로버트 슬라빈(Robert Slavin)과 미네소타대학교의 존슨 형제는 이렇게 주고받으며 토론하는 것이 일반적으로 자기 자리에 앉아서 각자 경쟁하는 식의 방법보다 학습을 증진시킨다는 것을 보여준다. 경쟁에서는 오직 한두 명의 승자만 있을 뿐이지만 협력은 더 많은 승자들을 만들어낸다. 공동 작업은 언어 능력을 확장시키고 자말이나 쉐본 같은 아이들이 자신의 아이디어를 표현할 수 있도록 장려한다. 다른 사람의 아이디어를 듣고 토론 기술을 배우는 것은 인생에 매우 도움이 된다. 배우자와의 논쟁에서부터 직장에 이르기까지 말이다. 수줍은 아이들조차도(초등학교 때 한 마디도 발표를 하지 않는 그런 아이들을 기억하는가?) 소그룹 안에서는 위험 부담을 안고 이야기를 할 가능성이 더 높아진다. 그리고 다른 사람들이 귀를 기울여 들어줄 가능성도 높아진다.

누군가는 혹시 '아이들이 전통적인 방식대로 혼자 책을 읽고 독후감을 썼어도 소그룹에서 배운 만큼은 다 배우지 않았을까?' 하는 의문을 제기할 수도 있을 것이다. 하지만 그렇지 않다. 이야기의 전체적인 의미는 이 토론의 중점에서 나왔다. 자말은 제임스에게 가방을 준 남자가 마법사였다는 것을 깨달았다. 마법사라는 것은 참 멋진 직업인데다가 제임스는 이 근사한 단어를 새로 배웠다. 그리고 쉐본은 새들이 구름 위로 날아간 것이 어떻게 이야기의 반전을 만들어냈는지 전혀 생각해보지 못했다. 빌리는 조용히 친구들이 얼마나 많은 것을 알고 있는지 깨닫고 다음번에는 책을 읽는 동안 정말 집중을 해야겠다고 생각한다.

이런 사례는 협력적인 학습의 힘을 보여준다. 어떤 면으로는 이런 종류의 사례가 성공할 수 있었던 것은 우리가 아이들에게 요구하는 과제 속에 스캐폴딩이 내재돼 있기 때문이다. 그것이 줄 당기기 게임이든 교실에서의 함께 읽기활동이든 말이다. 이런 식의 협력을 장려하는 환경을 만드는 것은 아이들의 사회적인 역량을 촉진해줄 뿐만 아니라 아이들을 위해 더 좋은 결과를 만들어준다. 하지만 이런 협력적인 학습에 대한 이야기는 단지 어린이들을 위한 것만이 아니다.

유수 과학 주간지 〈사이언스〉는 브리티쉬콜롬비아대학교의 루이스 델로리에(Louise Deslauriers), 엘렌 슈츨러(Ellen Schelew), 칼 웨이맨(Carl Weiman)[21] 이라는 세 명의 물리학자들에 대한 기사를 발표했다. 이들은 물리를 가르치는 전통적인 방식에 염증이 났다. 그리고 학생들이 진정으로 배우고 있다는 확신을 갖지 못했다. 그래서 뭔가 새롭고 큰 보상이 있을 만한 일을 시도해보기로 했다. 200명이 넘는 한 그룹의 학생들은 매우 경험이 풍부하고 강의 평가에서도 실제로 높은 점수를 받은 강사로부터 퀀텀 메카닉스에 대한 일반적인 강의를 3시간 동안 들었다. 반면 다른 그룹의 학생들은 수업시간 동안 갓 박사학위를 취득한 새내기 교수들과 질문 시간을 가졌다. 이 그룹은 실제로 팀별로 과학적인 사고법을 연습할 수 있었다.

사울과 미란다를 보자. 이들은 우연히 가까운 자리에 앉아 있어서 오늘 한 팀이 되었다. 둘 다 엔트로피(entropy)가 무엇인지 확실히 모른다. 하지만 교수가 연속적으로 도전적인 문제들을 제시하고 물리학자처럼 생각하도록 그들을 도발하는 질문을 던진다. 이런 질문들에 대답하면서 그들은 조금씩 이해하기 시작하고 얼굴에 희비가 교차된다. 마침내 문제를 이해했다는 확신이 들고 나서 이들은 독립적으로 질문에 대한 답을 써낸다. 사울과 미란다의 성취는 새로운 방법으로 급부상했다. 그리고 놀랍지도 않게 학기말 설문지를 나눠줬을 때 사울과 미란다는 둘 다 물리 과목을 좋아한다고 응답했다. 만약 길고 긴 강의동안 아무런 응답도 없이 가만히 앉아서 강의를 듣는 것보다 친구와 함께 연습할 수 있다면 물리를 더 좋아하게 되지 않겠는가? 사울과 미란다의 참여와 토론은 매우 짧은 시간 동안 이들의 이해력에 큰 차이를 가져왔다. 사울과 미란다는 사회적 동물이다. 교육과학 그리고 하브루타 같은 고대 학습법에서 볼 수 있듯이 사울과 미란다는 나머지 우리들과 똑같다. 우리는 서로에게서 배우는 것을 좋아한다.

3단계에서의 협력은 또한 사무실에서도 볼 수 있다. 주고받기는 수많은 비즈니스와 업무 교환의 특징이다.

예를 들어보자. 하드 드라이브가 망가져서 당신은 컴퓨터를 그 지역 전자상가의 수리점에 가져가기로 결정했다. 헬프 데스크에서 최소한의 훈련만 받은 전문가 애덤에게는 이 컴퓨터의 문제가 자신의 능력 밖이라는 것을 파악하기까지 오래 걸리지 않는다. 오늘날의 국제화된 세상에서 애덤은 혼자 일하지 않는다. 8,000마일 떨어진 방갈로에 재빨리 도움을 요청하는 이메일을 보낸다. 3단계 협력은 애덤이 인도의 기술자의 정보에 의지할 수 있게 해준다. 컴퓨터 장애에 관한 특정 지식으로 그 기술자는 애덤에게 맞춤 정보를 제공할 수 있고 당신이 컴퓨터가 망가지기 전에 했던 중요한 과제에 다시 집중할 수 있도록 도와줄 수 있다. 애덤은 방갈로에 있는 인도 기술자 수라와 이야기 할 수 있었기 때문에 필라델피아에 있는 자신의 직장에서 성공적으로 일할 수 있다. 그리고 수라는 필라델피아를 비롯한 다른 멀리 떨어진 곳에서 애덤과 같이 자신을 찾는 이들이 충분히 있어야 자기 일에서 성공할 수 있다. 이것은 마치 퍼즐을 조립하는 것과 같다. 그들은 각자의 정보를 가지고 있고 공동의 목적을 달성하기 위해 그 정보를 교환한다. 그렇게 당신의 하드 드라이브는 살아났다.

비즈니스 환경에서 협력하기 위해 무엇이 필요한지 생각해보라. 마이클 슈라지(Michael Schrage)는 《공유된 생각들: 협력의 새로운 기술들(Shared Minds: New Technology of Collaboration)》이라는 책을 썼다.[22] 오늘날과 같은 정보 폭발의 시대에서는(이 부분에 대해서는 비판적 사고에 대한 이야기를 할 때 더 논의할 것이다) 그 누구도 정보를 모두 습득할 수는 없다. 그래서 서로의 강점을 활용하는 것이 협력적인 관계 속에서 강력한 힘을 발휘할 수 있는 것이다. 높은 수준에서 협력적인 공동 작업을 할 수 있는 방법들이 있긴 하지만 모든 비즈니스가 이런 방법을 따르는 것은 아니다.[23] 공동 작업의 목표를 정의하는 것이 당연히 첫 번째 단계다. 우리는 더 나은 위젯을 만들고 싶어 하는가 아니면 기존에 가지고 있는 위젯을 더 낮은 비용으로 만들 방법을 찾고자 하는가? 누구와 협력할 것인가가 그 다음 문제다. 협력은 비슷한 의견이 아니라 의견의 차이로 인해 번영한다. 슈라지가 말했듯이 협력은 공유된 창조물이며 두 명 이상의 개인이 상호보완적인 기술을 가지고 그들이 시작하기 전에는 존재하지 않았던 어떤 사상이나 물건을 창조해내기 위해 상호작용을 할 때 가장 효과적으로 이뤄진다. 한 CEO의 말을 인용하자면 이렇다.

"맥주 몇 잔을 함께 마셨다고 그게 협력은 아니다. 협력은 규율이다."[24]

협력을 위한 시간과 공간을 만들어내는 것은 어려운 일이다. 슈라지는 개인 컴퓨터들이 새로운 아이디어를 억누르고 협력의 걸림돌이 된다고 말한다. 지금 막 도착한 새로운 이메일이 방해가 되기 때문이다. 그리고 누군가 "이 문제를 함께 푸는 데 30분을 주겠어"라고 하는 것은 "우리는 협력을 별로 중요하게 생각하지 않지만 어쨌든 한번 녹초가 되어봐"라고 말하는 것과 마찬가지라고 한다. 협력은 리더가 그 개념에 대해 단지 표면적인 '립 서비스'만으로 그치지 않을 때 가장 효과적으로 작동한다.

부모들도 가정에서 아이들을 프로젝트에 참가시킴으로써 3단계의 협력을 이끌어낼 수 있다.

"장작을 쌓아둬야 할 때가 왔네. 모두 같이 하자꾸나."

"시장 보고 온 장바구니 풀어서 정리할 사람?"

아이들이 집안일을 돕는 것은 협력이고 함께 일하는 것의 중요성에 관해 가르쳐 줄 수 있는 좋은 기회다. 그런데 왜 아이들이 그저 말썽을 부리게 놓아둔단 말인가? 학교에서 공동 프로젝트는 안성맞춤의 과제다. 우리가 읽은 책의 한 장면을 담아내는 디오라마(diorama)를 함께 만들어보는 등의 프로젝트는 재미있고 협력적인 프로젝트다.

4단계의 진정한 협력은 성장과 변화의 원동력이 되는 핵심이다. 하지만 최소한 3단계에서 사람들은 공동의 목표를 향해 서로 주거니 받거니 한다. 브루클린 다저스(Brooklyn Dodgers)의 전설적인 전 매니저 캐이시 스텐젤(Casey Stengel)이 적절하게 지적한 적이 있다.

"훌륭한 선수들을 모으는 것은 쉽다. 그들이 함께 뛰도록 하는 것이 어려운 부분이다."[25]

4단계 : 함께 만들기

휴렛 앤 패커드, 러너 앤 로웨, 왓슨 앤 크릭, 애봇 앤 코스텔로, 마스터스 앤 존슨. 이 각 쌍의 이름들의 공통점은 무엇일까? 바로 엄청나게 성공적인 협력을 통해서 세상에 그들의 발자국을 남기고 누구나 이름만 들어도 알 수 있는 명성을 쌓았다는 점이다. 물론 모든 협력이 이런 수준까지 다다르는 것은 아니다. 모든 사람이 스타가 되어야 할 필요는 없다. 모와 몰리의 작은 동네 식당에서도 위대한 공동 작업이 탄생할 수 있다. 그러나 러너와 로웨 또는 마스터스와 존슨이 만약 함께 협력하지 않고 혼자 일했더라면 결코 이 정도의 사회적 영향을 끼치지는 못했을 것이다. 그 분야가 뮤지컬 극장이든, 섹스의 생물학이든, 좋은 음식과 서비스이든 이러한 성공적인 협력들에는 공통적인 몇 가지 보편적 특징이 있다.

첫째, 이런 파트너들은 모두 명백한 목표를 가지고 있었다. 시장에 내놓을 새로운 오피스 제품 만들기, 성공적인 브로드웨이 쇼 만들어내기, DNA의 구조 밝혀내기, 세상 사람들 웃기기, 또는 섹스가 진짜 어떻게 작용하는지 밝혀내기. 성공적인 협력을 위해서는 목표의 중요성에 대한 공통된 열정과 어떤 대가를 치르고서라도 반드시 목표를 달성하고자 하는 공통된 욕망이 있어야 한다.

둘째, 협력자들 간의 신뢰가 필요하다. 실제적인 협력과정에서 파트너들은 의견이 일치하지 않거나 격렬한 분쟁이 일어날 수도 있다. 종종 위대한 공동의 사상은 이런 논쟁을 통해 탄생한다. DNA의 구조를 발견해내서 왓슨과 함께 노벨상을 수상한 후 크릭은 이렇게 말했다.

"과학에서 모든 훌륭한 협력에 독이 되는 것은 서로 예의를 차리는 것이다."[26]

마지막으로 각자의 기여 부분을 소중히 여기고 만들어진 결과물에 대한 공동의 책임감이 있어야 한다. 이는 또한 서로에 대해 존중하는 마음을 가지고 또 상대가 생각을 말할 수 있게 하는 자기 통제와 관련이 있다. 낸시가 자신이 모든 협력 과정에 포함돼 있는 일원이며, 자신도 결과에 기여하고 있다고 믿지 않는다면 결과물에 대한 주인의식을 느낄 수 없을 것이다. 이런 요소들이 없다면 공동 작업은 무산돼 버린다. 앞서 언급한 파트너들은 수년에 걸쳐 함께 공동 작업을 했다. 이 책의 저자들인 우리도 35년 이상 함께 공동 작업을 해왔다. 이런 관계는 어떻게 보면 일종의 결혼관계 속의 부부나 마찬가지다.

어떻게 이런 공동 작업들이 발전할 수 있었을까? 우리가 높이 평가하는 대부분의 중요한 역량들과 마찬가지로 협동심은 아동기부터 발달되기 시작한다. 다니엘과 신시아를 기억하는가? 4단계에서 우리는 파튼이 '협력놀이(Collaborative play)'[27]라고 명명한 것을 볼 수 있다. 이들은 이제 함께 계획을 세우고, 규칙을 정하고 각자 맡을 역할을 정한다.

"엘사 여왕의 성을 만들자."

신시아가 디즈니 영화 〈겨울왕국(Frozen)〉을 보고 신이 나서 열정적으로 말한다.

"좋아, 하지만 침입자들이 들어오지 못하게 커다란 벽을 세워야만 해."

다니엘이 대답한다.

"내가 엘사 여왕 할 거야. 넌 눈사람 올라프 해."

신시아가 말하니 다니엘은 썩 내키지는 않아 보이지만 동의한다. 그리고 올라프의 탄성 있는 몸을 어떤 이상한 동작으로 흉내내볼까 생각한다.

일부 학교들은 공동 작업을 장려해 학생들이 4단계의 협력까지 도달할 수 있게 한다. 우리는 다양한 높낮이로 매달려 있는 종이비행기들이 천장을 가득 채우고 있는 교실에 들어섰다. 강당으로 향하면 교실 규모에 맞게 축소한 아멜리아 이어하트(Amelia Earhart, 비행기로 대서양을 최초로 횡단한 여성_옮긴이)의 비행기가 보이고, 모르스 암호 메시지를 파일럿이나 멀리 떨어진 식당의 항해사들에게 전달하는 커뮤니케이션 센터가 자리를 잡고 있다. 불가능한 이야기 같은가? 이건 필라델피아 근교의 프렌즈 센트럴 스쿨에서 실제로 일어나고 있는 일이다.

교사들이 모두 함께 협력해 매년 전교생을 위한 학습 주제를 정한다. 과학시간에는 열역학이 무엇을 의미하는지 알아본다. 그리고 미술시간에는 학생들 모두가 만약 사람들이 새처럼 하늘을 날 수 있다면 세상이 어떻게 보일지에 대한 상상에 몰입하며 그림을 그린다(우리도 이런 수업을 좀 받아봤다면 얼마나 좋았을까). 이 프로젝트 기반의 교육은 학습을 위한 협력의 이상적인 모습이다. 아이들은 오랜 시간에 걸쳐 특정한 고유의 주제를 가지고 진지한 자세로 함께 공동 작업을 하며 공동의 탐구를 위해 질문을 한다. 아이들이 실제로 제기하는 문제들은 진정성 있고 현실적인 문제들이다. 마치 라이트 형제가 비행을 위해 고군분투했던 것처럼 말이다.

4단계의 협력은 가장 멋진 장소들에서 발견할 수 있다. 다섯 명의 사람들이 대본도 없이 무대에 올라간다. 즉흥극에 오신 것을 환영합니다! 자그마한 금발의 메리는 관객들에게 고함을 지른다.

"너희들은 대체 누구야?"

그리고 빨간 셔츠를 입은 남자는 소리친다.

"공사 현장의 인부들이지!"

이제 연극 준비는 끝났다!

《블링크(Blink)》의 저자 말콤 글래드웰(Malcolm Gladwell)에 따르면 즉흥연극에는 오직 단 하나의 침범할 수 없는 절대 규칙만이 존재하는데 그것은 "결코 아니라고 하지 말라"[28]는 것이다. "결코 아니라고 하지 말라"는 의미는 동료 배우의 입에서 나오는 그 어떤 대사든지 그것을 바탕으로 극을 만들어가야 한다는 것이다.

존이 말한다.

"저 PVC파이프들에 팬티스타킹 올이 나가지 않도록 조심해야겠어."

메리는 여기에 대고 "그건 말도 안 되잖아!"라고 말할 수 없다. 대신에 메리는 그가 한말에 이렇게 덧붙인다.

"스파이크 힐을 신고 콘크리트를 깔아보시지!"

이것이 바로 4단계의 협력은 함께 만들어가는 것일 수밖에 없는 이유다. 즉흥극의 연기자들은 멋진 공연을 함께 만든다는 원대한 계획을 공유하고 있다. 즉흥 연기는 서로를 잘 알고 있는 사이일 때 가장 잘 작동한다.

만약 동료와 같은 문제를 가지고 오랫동안 함께 일한다는 것이 산업이나 과학 실험실에서 당신이 하고 있는 일과 비슷하게 느껴진다면 바로 그것이다. 이것이 새로운 아이디어가 태어나고 평가되는 정확한 방식이다. 최고의 4단계 스타일에서는 공동체(사업, 과학, 공학 그리고 수많은 다른 공동체들)가 함께 문제를 해결한다. 4단계 수준에서 협력하는 조직들에서는 상명하복(上命下服) 식으로 해결책을 제시하는 관리자들은 드물다. 대신 그룹이 문제에 대한 답을 찾기 위해 함께 일하며 해답은 아래에서 위로 스며든다.

협력의 가장 좋은 사례 중 하나로는 오픈소스 프로그래밍, 그리고 우리가 거의 매일 사용하는 위키피디아(wikipedia)를 예로 들 수 있다. 위키피디아는 무언가를 함께 만들어간다는 것이 어떤 의미인지를 극명하게 보여주는 사례다. 2012년 6월 기준 위키피디아에서는 2,200만 개의 글들이 284개 언어로 제공되며 이용자들이 자유롭게 사용할 수 있다. 이 자료들은 3,400만이 넘는 등록된 사용자들이 작성했고 세계 각지에 분포한 셀 수도 없을 만큼 많은 무명의 사람들이 이 자료들을 작성하는 데 기여했다.[29] 수많은 사람들이 이 하나의 제품을 위해 협력했다는 걸 생각해보면 우리가 무엇에 관해서든 궁금할 때 위키피디아에서 답을 찾는 것은 놀라운 일이 아니다. 우리는 위키피디아에서 위키피디아가 2001년 1월 15일에 런칭했다는 것을 확인했다.

돈 탭스코트(Don Tapscott)와 앤서니 윌리엄스(Anthony Williams)는 위키피디아에서 영감을 받아 《위키노믹스: 어떻게 다수의 협력이 모든 것을 바꾸는가(Wikinomics: How Mass Collaboration Changes Everything)》[30]라는 책을 썼다. 이것은 탭스코트가 다른 비즈니스 전문가 톰 피터스(Tom Peters)와 함께 이야기하고 있는 새로운 현실이다.[31] 탭스코트는 "위키피디아는 급진적인 공동작업의 영감을 준다"고 말했다. 그는 그의 이웃, 지금은 억만장자가 된 로드 맥퀸(Rod McEwen)이 급진적인 협력의 또 다른 사례를 만들었다고 이야기한다. 맥퀸은 말 그대로 자기 소유의 금광에서 금을 채굴하고 싶어 했다. 하지만 막상 지리학자들은 그가 소유한 광산을 확인해보고 과연 거기에 여전히 금이 있을지 또 있다면 어느 정도의 양이 남아 있을지 정확히 알 수가 없었다. 맥퀸은 그래서 정보를 공개했다. 지리학적 데이터를 웹페이지에 올리고 경진대회를 열었다. 맥퀸의 광산에 금이 있는지의 여부를 말해줄 수 있는 사람에게 수여될 우승 상금으로 50만 달러의 상금이 걸렸다. 탭스코트는 그때까지 광산 사업을 하는 그 어느 누구도 그들의 지리학적 데이터를 대중에 공개한 적이 없다고 말한다. 지리학적 데이터는 광산업자들의 지적 재산이다. 하지만 맥퀸은 인터넷의 가능성을 보았고 금을 찾을 수 있는 전세계의 그 누구와도 함께 협력하고자 이런 금기들을 과감히 깨뜨려버렸다. 그리고 그는 금을 찾아냈다. 그가 소유한 회사의 시장 가치는 9,000만 달러에서 100억 달러로 늘어났다.

위키피디아의 탄생 배경에 있는 이 공동 작업이라는 특별한 매력은 사람들이 자신의 안전지대를 벗어나 문제해결을 위해 전세계 사람들을 초대하도록 영감을 주었다. 탭스코트는 프록터앤갬블(P&G)의 이야기와 P&G의 CEO 앨런 조지 래플리(Alan George Lafley)에 대한 이야기도 들려준다.

P&G에는 7,000명의 연구원들이 있었는데 혁신의 엔진을 계속 가동해 나가기에는 충분하지 않았다. 그래서 래플리는 시장이라는 의미의 그리스어 아고라(Agora)에서 차용한 "아디이어고라(ideagora)"에 어필했다. P&G에서 붉은 와인 자국을 세탁하기 위한 분자가 필요하자 답을 찾기 위해 온라인상에 존재하는 화학계에 질문을 했다. 그리고 그것은 효과가 있었다. 실제로 래플리는 "연결하고 발전하라"가 P&G의 슬로건이며 PFE 또는 "proudly found elsewhere(자랑스럽게 다른 곳에서 찾아냈습니다)"라는 말이 이 전략의 가치가 얼마 만큼인지를 보여준다고 한다. 이 아이디어고라로부터

나온 개념들에는 오명이 따르지 않는다. 실제로 이 전략을 쓰는 회사들은 자신들의 사업 분야를 선도하고 있다. 1장에서 언급한 IBM의 연구처럼 말이다.[32]

이것은 물론 완벽하게 드러커가 예측한 바와 일치한다. 드러커는 풍부한 지식으로 자신의 크리스털 공 안을 들여다봤고 미래 사업성공의 열쇠는 회사 밖에서 이뤄지는 협력이며 과거에 경쟁자들이라고 불렸던 상대와의 협력이라는 것을 예측했다. 델컴퓨터의 경우를 들어보면, 피터 드러커의 선택을 받은 자서전 집필가 에더샤임은 피터 드러커가 "공동협력의 선구자"[33]라고 말했다고 한다. 델은 다른 회사들에서 만든 부품들을 사용해서 고객들이 자신의 컴퓨터를 만들도록 도와주는 것으로 널리 알려져 있다. 델이 보잉 같은 거대한 회사들의 네트워크 필요 사항에 대한 계획을 세우고 긴밀하게 협력하면서 델의 사업 분야는 노다지가 되었다. 피터 드러커는 에더샤임에게 "우리는 지금 '레고 월드' 속에서 살고 있다"고 말했다. 기업들은 지리적 사업적 경계를 넘나들며 인재라는 레고블록을 끼워 맞추고, 제품이라는 레고블록을, 또 아이디어라는 레고블록을 끼워 맞추고 있으며, 또한 판을 뒤집어 다시 새로운 레고 구조물을 만들기 위해 재조립한다는 것이다.

공통의 목적을 달성하기 위해 사람들을 모아 함께 일한다는 것은 리사 건시(Lisa Guensey)가 한 생각이었다. 두 번의 학회를 통해 디지털 미디어 커뮤니티를 한자리에 모으자는 의견을 냈다. 건시는 디지털 미디어 분야에서의 협력을 2단계에서 4단계로 끌어올리기 시작했다. 경쟁자들이 함께 앉아 앱 세상의 미래에 대해 생각하고 무엇이 산업 표준이 될 것인지 가능성에 대해 배웠다. 또한 교육적인 프로그래밍을 검토하고 개발할 수 있는 새로운 플랫폼을 만드는 것에 대한 이야기도 나왔다. 협력을 향해 나아가는 이런 자세는 결코 자유 시장 경제를 박탈하거나, 개별적인 학자들이나 기업들을 구속하거나, 창의성을 저해하지 않는다. 오히려 이런 모든 그룹들의 재능을 한데 모아준다. PBS, 〈세서미 스트리트〉 그리고 다른 앞서 나가는 이들처럼 그들이 협력하는 이유는 혁신의 문화 속에서 참여자 모두가 이익을 누릴 수 있기 때문이다.

그렇다면 부모들은 어떻게 자녀들이 협력의 4단계로 발전해나갈 수 있도록 지원해줄 수 있을까? 먼저 자녀들의 학교생활 속에서 협력 프로젝트들이 권장되고 있는지 아니면 아이들이 항상 혼자 공부하는지를 살펴볼 수 있다(자녀의 교실에서는 책상이 줄을 맞춰 늘어서 있는가 아니면 원을 그리고 있나?). 만약 협력이 장려되고 있다면 아이들이 공동의 목적이 있음을 이해하고 그것이 무엇인지 물었을 때 설명할 수 있고 각 그룹 멤버들의 역할과 기여가 가치 있게 받아들여진다는 것을 의미한다. 방과 후 프로그램들 또한 협력을 장려하는 것이 좋다. 아이들은 대개 방과 후 즈음이 되면 또래 친구들과 어울리고 싶어 어쩔 줄 모르기 때문이다.

협력은 팀 스포츠다. 만약 시합을 하면서 언제나 혼자 공을 몰고 달리고 절대 패스하지 않는다면 축구 경기에서 이길 수 없는 것처럼 함께 어울려 무언가를 구축하고 다른 사람들의 시각을 통해 보는 법을 배우지 않는다면 우리는 글로벌 경제 속에서 결코 성공할 수 없다. 일단 함께 일할 수 있는 환경을 만든다면 그룹 공통의 어휘를 구축하고 서로의 이야기를 들을 수 있는 강력한 커뮤니케이션 라인을 형성할 수 있다.

아이가 성장할 수 있는 길

우리가 자녀들에게 기대하는 여러 가지 결과들을 달성하는 데 협력은 매우 핵심적인 역할을 한다. 행복하기 위해서는 우정과 자기 통제가 필요하다. 연구 결과들은 소속감을 느끼고 사회적으로 동료들을 가진 사람들이 더 건강하고 더 만족스런 삶을 영위한다는 것을 보여준다. 인지적인 기술을 발휘하기 위해서도 또한 협력이 필요하며 이렇게 내가 가진 약점을 당신의 강점으로 보완하고 균형을 잡을 수 있다. 이것이 협력이 대부분 (반드시 항상 그렇다고 할 수는 없지만) 혼자서 일할 때보다 더 나은 결과를 만들어내는 이유다. 그리고 최종적으로 공동체의 일원이 되는 것은 우리가 개별적으로 가장 잘하는 일에 원동력이 되어준다. 이 세계 속에서 우리가 각자 차지한 역할이 어떻게 다른 이들에게 차이를 만들어내는지 한번 생각해보자.

협력 단계를 올려주는 방법

당신은 협력 상황을 보았을 때 그것이 협력인지 어떻게 알 수 있는가?

부모의 입장에서

우리는 모두 더 나은 협력자들이 될 수 있다. 협력의 단계들을 살펴보고 자문해보자.

나는 어느 단계에 속하며 어떻게 협력의 사다리 위로 올라갈 것인가? 나는 다른 차량을 절대 내 차선에 끼워주지 않으면서 노란불에서도 급히 속도를 높이는 그런 운전자인가? 배우자하고 의논해야 한다는 것을 알면서도 내 맘대로 휴가 계획을 결정해버렸나? 테니스 경기나, 농구 경기 또는 생활 속에서 누구나 상대에게 양보하는 대신 결정적인 골을 넣으려고 하는 경향이 있다. 팀 경기를 해도 항상 MVP가 되어야 하는 사람들이 있다.

자녀들은 항상 부모를 보고 있다. 부모는 자녀의 롤모델이다. 만약 부모가 잠깐만이라도 스스로의 행동을 돌아보는 시간을 가진다면 무거운 짐을 든 여성이 먼저 지나갈 수 있게 문을 잡아주는 등 행동을 약간 변화시킬 수 있고, 다른 이들과 좀 더 협력할 수 있다. 그 과정에서 아이들이 보다 많은 의견을 내도록 할 수 있다. 아이에게 자기가 입을 옷을 스스로 고르라고 해 놓고 아이가 격자무늬 옷에 줄무늬를 겹쳐 입는 것에 신경을 쓸 것인가?

아이의 입장에서

공유는 어려운 일이다. 아이들은 대개 자기 통제력이 부족하며 이 때문에 다른 사람과 뭔가를 나누는 것이 어렵다. 어쨌든 아주 재미있게 놀고 있는데 갑자기 그네에서 내려 다른 아이에게 양보해야 한다면 이건 정말 어려운 일이다. 아이들에게 다른 이들과 함께 노는 것이 혼자 노는 것보다 더 재미있다는 것을 어떻게 알려줄 수 있을까? 어떻게 하면 다른 이와 나누고, 번갈아 가며 차례를 지키는 법을 가르쳐 줄 수 있을까?

부모가 먼저 아이들과 번갈아 가며 순서대로 차례를 지키면 된다. 서로 공을 주고받기, 보드 게임이나 잡기 놀이를 하며 순서 지키기를 연습한다. 물론 혼자서 잡기 놀이를 하고 싶은 사람은 없을 테지만. 그리고 만약 자녀들에게 협력하는 방식을 시범을 통해 보여줄 수 있다면, 아이들은 스스로 친구들과 공유하고 차례를 지키는 것의 이점을 발견할 수 있을 것이다. 친구와 함께 만든 장난감 기찻길 모형이 혼자 한 것보다 항상 더 복잡하고 복합적이며 멋지다.

보다 수준 높은 협력을 만들어가는 첫 번째 단계는 서로 돌아가며 공유할 수 있는 기회를 파악하는 것이다. 그리고 "다음번엔 앨빈도 해볼 수 있게 하면 정말 좋겠구나" 하는 식으로 자녀들의 행동에 기본적인 스캐폴딩을 만들어주고 아이들이 한 행동을 되돌아볼 수 있게 해줌으로써 아이의 긍정적인 사회적 행동에 칭찬으로 보상해줄 수 있다.

"우와, 정말 나눌 줄 아는 아이구나. 앨빈이 그 퍼즐 조각을 맞출 수 있게 해줘서 고맙다."

아이들에게 혼자 하기보다는 다른 사람들과 함께하도록 격려할 수 있는 가르침의 순간들은 셀 수 없을 만큼 많다.

당신이 가는 곳에서

우리는 종종 "아이들이 성공하는 데 가장 도움이 되는 학교를 어떻게 알 수 있느냐?"는 질문을 받는다. 협동심은 육성할 수 있는 능력이기 때문에 학교를 검토해볼 때 몇 가지 살펴봐야 할 점들이 있다.

학생들이 자기 책상에만 꼭 붙어 앉아 있는지 그리고 복도를 지날 때 자유롭게 움직일 수 있는지 살펴보라. 아이들이 함께 뭔가를 만들고 공동작업의 결과물들이 중요하게 전시돼 있는가? 블록 만들기 코너가 있는가? 아이들이 여러 명씩 모여 연극놀이를 할 수 있는 분장 코너가 있는가? 더 나이가 많은 아이들의 경우 함께하는 프로젝트가 있는지 또는 모든 과제를 혼자서 하는지 물어보라. 만약 학교에 이런 요소들이 있다면 협력을 장려하는 학교일 것이다. 만약 그렇지 않은데 아이가 꼭 그 학교에 다녀야 한다면 가족들이 아이에게 협력을 장려할 수 있는 여러 가지 방법들도 있다.

방과 후 활동은 어떤가? 최고의 방과 후 활동은 잘 조직되고 계획적이지만 또한 실제로 협력을 장려한다. 팀 스포츠들이 아마도 이 범주에 속할 것이다. "아마도"라고 하는 이유는 최근 몇몇 팀 스포츠들을 지도하는 경쟁심이 지나친 코치들이 "수단과 방법을 가리지 말고 이기는 것" 외에는 관심을 두지 않는 것이 문제가 되고 있기 때문이다.

축구의 경우를 보자. 코치가 아이들이 협력하도록 격려하는가 아니면 전에 묘사한 것처럼 모두 서로 공을 차려고 한데 뭉쳐 뛰어다니는가? 일단 아이들이 조직된 스포츠 팀 속에서 포지션을 이해할 수 있게 되면 자신의 역할을 완수하기 위해 더 정교한 자기 통제력을 활용하는 방법을 배워야만 한다. 축구에서 수비수들은 상대팀에서 골을 넣을 가능성을 차단하는 역할을 해야 한다. 공격수는 골을 넣어야 한다. 자신의 임무를 아는 것이 팀의 성공에 중요하다.

연극 수업은 어떤가? 오랫동안 연극 수업은 아이들이 말 그대로 다른 사람의 입장이 되어보는 좋은 기회를 제공해왔다. 연극 수업에서는 아이들이 서로 이야기를 나눠야 하고 무대에 공연을 올리기 위해 공동 작업을 해야만 한다.

발레 수업이나 음악 수업은 어떤가? 아이들이 함께 연주하거나 공연하는 모든 활동이 협력을 장려한다. 봉사 활동에서도 마찬가지다. 어떤 학교들은 학생들이 어떻게 공동체에 도움이 될지를 생각해보도록 한다. 이는 아이들로 하여금 자신들도 사회의 중요한 구성원 중 하나이며 학교를 벗어나 더 큰 사회 속에서 협력할 필요가 있다는 것을 깨달을 수 있게 도와준다.

협력을 장려하는 환경을 만드는 방법

노아의 방주처럼 21세기라는 풍랑을 헤쳐나갈 정말 중요한 핵심적 발달에 대해 알게 되었다면, 자녀들에게 협동심을 길러줄 수 있는 환경과 상황을 만들어줄 수 있다. 한 가지 예로 커다란 크레인에 양동이가 매달려 있는 어린이 박물관에서의 체험을 들 수 있다. 양동이 안에 있는 물건을 집으려면 반드시 한 사람은 물건을 양동이 안에 넣고 한 사람은 크레인을 조종해야 한다. 아이들은 서로 알지 못하는 사이여도 팀을 이뤄 가벼운 회색 바위를 양동이에 넣어 이리저리 옮겼다. 이 활동을 통해 자연스럽게 협력관계가 구축됐다.

우리 대학의 수업에서 우리는 교수학습계획서에 조별 활동을 명기해서 협력을 장려한다. 우리 학생들은 주요 리서치에 대해서 조별 발표를 해야 하고 우리는 시험 준비 또한 스터디 그룹을 만들어 공부할 것을 장려한다.

왜냐고? 혼자서 공부하는 것보다 이런 방식으로 협력해서 공부하는 편이 더 많이 배울 수 있기 때문이다. 협력을 통해 더 나은 결과를 낼 수 있기 때문이다.

이 모든 협력 활동은 우리가 독립적으로 공부하고 혼자 차분히 있을 시간을 방해하지 않는다. 이것은 단지 단호하게 개인주의를 키워나갈 시간이 필요한 것만큼 사회적 기술을 키워나갈 기회들이 필요하다는 의미일 뿐이다. 우리는 대부분 공부하는 내용에, 지식정보를 습득하는 것에 집중해야 마땅하며 사회적인 역량들은 자연적으로 따라올 거라고 생각한다. 하지만 이런 소프트 스킬에도 연습이 필요하다. 우리 자녀들을 독립적인 존재이면서도 동시에 팀의 일부로 다른 이들과 협력해 새로운 것을 구축할 수 있는 포용력 있는 사람으로 발전시켜 나갈 기회를 만들어주자.

제6장

커뮤니케이션 없이 무엇을 하겠는가

의사소통

의사소통에서 가장 큰 하나의 문제는 서로가 소통했다고 여기는 환상이다.

_조지 버나드 쇼

우리 자녀들이 정보의 고속도로를 타기 위해서 필요한 교육에는 엄청난 지각변동이 있었다. 기술의 시대에서 정보 시대로의 움직임은 마치 구전으로 정보가 전달되던 체제에서 구텐베르크의 인쇄기 발명으로 인해 문자정보의 사회로 도약했던 때와 유사하다. 이런 변화는 1800년대 후반의 산업 혁명 시대를 목도한 우리 증조부 시대를 반영한다. 20세기에 이르러 세상은 작아지기 시작했다. 기차와 비행기는 바다 건너 떨어져 있던 사람들을 연결해주고 해안선에서 해안선으로 화물들을 쉽게 옮길 수 있게 해준다. 이제 21세기에 이 세상은 호두알만큼이나 작아졌다.

기술의 발달만큼 커뮤니케이션이 좋아졌을까

현대의 커뮤니케이션은 지리적인 경계를 뛰어넘어 일상적으로 일어난다. 현대의 커뮤니케이션은 새로운 국제

통상 패러다임이라는 거대한 바퀴가 굴러갈 수 있게 기름칠하는 역할을 한다. 비즈니스 리더들이 뛰어난 커뮤니케이션 능력을 가진 직원들이 절실하게 필요하다고 할 때 그들은 2가지 주요 영역에 중점을 두고 있다. 바로 말하기와 작문이다. 비즈니스 리더들은 모든 직원들이 당연히 컴퓨터를 사용할 수 있을 거라고 짐작하지만 컴퓨터를 사용할 줄 아는 이 직원들은 과연 그들이 발견한 점을 잘 전달할 수 있을까? 말하기와 쓰기의 기술은 점점 쇠퇴하고 있다.

에드워드 R. 머로우(Edward R. Murrow)는 1964년 '인간가족(Family of Man)' 상을 수상하며 이렇게 말했다.

"최신식 컴퓨터는 단지 인간관계 속의 가장 오래된 문제점들을 빠르게 조합해줄 뿐이다. 최종적으로 자기 의사를 전달하고자 하는 사람은 '무엇을 어떻게 말할 것인가'라는 가장 오래된 문제와 맞닥뜨리게 될 것이다."[1]

역사상 최초로 산소를 발견한 과학자 조지프 프리스틀리(Joseph Priestley, 1733~1804)는 이렇게 말했다.

"의사소통의 수단이 더 정교하고 발전해갈수록, 우리가 의사소통하는 양은 줄어들 것이다."[2]

만약 프리스틀리가 페이스북, 텀블러 그리고 트위터를 볼 정도로 오래 살았더라면 어땠을까? 인간은 소통과 연결에 굶주려 있다. 우리는 새로운 의사소통의 방식을 계속 개발하고 있다. 많은 사람들은 운전 시 핸즈프리 기능을 써서 통화하는 것이 위험하다는 것을 알고 있음에도 불구하고 통화의 유혹을 뿌리치지 못한다. 스탠퍼드대학교에서 전자 장비로 인한 주의집중 방해(electronic distraction)에 관해 연구하는 사회학 교수 클리포드 나스(Clifford Nass)는 사람들이 차를 운전할 때 대개 혼자인데, 이것은 근본적으로 사회적 동물인 인간들에게 힘든 상황이라고 적고 있다.

"휴대폰 벨이 울리거나 문자 도착 알람 소리는 다른 사람과의 연결을 보장해주고 고양이가 캣닙을 뿌리칠 수 없듯이 인간에게 마약처럼 중독적이다."[3]

중독성에 대해 얘기해보자. 퓨 리서치 센터가 진행한 '인터넷과 미국인들의 삶'에 관한 연구 자료에 따르면, 2011년 18세에서 24세 미국인 중 95퍼센트가 하루에 평균 109.5개의 문자 메시지를 보내거나 받았다.[4] "10분 정도 늦어" 또는 "양말을 깜빡했어" 같이 우리가 항상 사용하고 있는 짧은 문자는 빨리 정보를 전달할 수 있는 아주 편리한 방법이다.

의사소통은 거부할 수 없이 매혹적이다. 의심할여지 없이 의사소통은 인류의 진화와 생존에 지대한 기여를 했다. 하지만 혹시 핸드폰 문자를 보내다가 분수대에 얼굴부터 퐁당 거꾸로 빠져버린 여자를 기억하는가? 성인들에게 점점 더 자주 이런 사고들이 일어나고 있으며 부모가 통신 기기에 빠져 정신 줄을 놓은 사이에 놀이터에서 놀던 아이들에게도 빈번한 사고가 발생하고 있다.[5] 의사소통은 강력한 호소력을 가지고 있다. 인간을 가장 고통스럽게 벌줄 수 있는 방법은 그를 고립시키는 것이다(아이들에게는 일명 타임아웃이라는 벌이다).

효과적인 의사소통은 협력을 촉진시켜주는 연료와 같다. 역설적으로 이와 동시에 의사소통은 정확하게 협력을 기반으로 구축된다. 당신의 이야기를 들려줄 대상이 없다면 의사소통을 할 필요도 없을 테니 말이다. 단순히 협력이라는 목적 말고도 의사소통의 중요성을 말해주는 이야기는 차고 넘친다.

〈와이어드(Wired)〉의 칼럼 란에 실린 리사 그로스먼(Lisa Grossman)의 두운

법을 기가 막히게 딱 맞춘 헤드라인 "화성 기상학 임무를 망친 수학 미터법의 오류(Metric Math Mistake Muffed Mars Meterorology Mission)"라는 제목의 글에 나온 이야기를 예로 들어보자.

1999년 9월 23일, 화성 둘레의 안정궤도에 들어가 있어야 할 화성 기후 관측 선회우주선(궤도선)이 사라져버렸다. 계획대로라면 행성 주위를 돌고 있어야 할 탐사선이 궤도에서 훨씬 낮은 화성 대기권의 상층부로 진입해 완전히 연소돼버린 것이다. 왜 이런 일이 일어난 걸까? 알고 보니 이 첨단 과학 기술의 미션을 책임졌던 과학자들 간의 의사소통에 대혼선이 있었다. 나사 측 팀은 미터법 측량법을 사용했지만, 정작 탐사선은 피트와 인치를 단위로 사용하는 야드파운드법으로 설계됐다. 이 어처구니없는 실수의 결과로 이들은 인공위성을 잃었다. 1억 2,500만 달러짜리 재앙이었다.

의사소통에는 당신의 메시지를 상대방이 알아듣도록 전달하는 말하기 기술, 당신이 쓴 글을 다른 사람들이 이해할 수 있도록 정확하게 쓰는 능력, 그리고 다른 사람의 말을 귀담아 듣는 경청의 기술이 필요하다. 직장에서 성공적으로 의사소통을 할 수 있는 능력은 우리 자녀들에게 필요한 의사소통 능력 중의 극히 일부분일 뿐이다. 성공적이고 행복한 대인 관계를 위해서는 다른 사람들을 존중하는 방식으로 말해야 한다. 별명 부르며 놀리기라고? 절대 안 된다. 진심을 담은 감정의 공유? 물론 대환영이다.

세계 경제 속에서 협력하고 정보를 공유하고 상대방을 설득하기 위해 우리는 이런 기술들이 필요하다. 문화, 과학, 행정, 의학, 스포츠와 엔터테인먼트 등 우리 문화권의 어떤 분야에서든 마찬가지다. 비즈니스 분야의 작가 자크 비소네트(Zac Bissonnette)는 그의 칼럼 중 하나에 "일자리를 찾고 있나? 그럼 셰익스피어를 공부하게나"[6]라는 익살스러운 제목을 붙였다. 고용주들이 뛰어난 의사소통 능력을 가진 직원들을 절실히 찾고 있기 때문에 비소네트는 대학생들에게 많은 양의 글쓰기가 요구되는 상급반 작문 수업을 들으라고 제안했다. 또 공개 연설 수업은 대중 앞에서 말한다는 두려움을 극복하는 법을 가르쳐주기 때문에 가장 유용한 수업이 될 수도 있다.

르네는 대규모의 관중이 아니라 겨우 10명 정도밖에 되지 않는 사람들이 둘러앉은 회의에서조차 말할 때 몸이 오그라드는 것처럼 느낀다. 하지만 동료들을 설득해 '고아들을 돕기 위한 재능 기부의 중요성'을 납득시킨다는 이 중요한 문제 앞에서 언제까지 마른 침을 삼키고 있을 수만은 없는 노릇이다. 르네는 자신의 훌륭한 아이디어를 다른 사람들과 공유하기 위해서 자신만의 목소리를 내야만 한다. 지역 대학에서 선택해서 수강한 공개 연설 수업은 그녀에게 커다란 변화를 가져왔다. 르네는 이제 슈트의 겨드랑이 부분을 땀으로 축축하게 적시지 않고도 자신의 의견을 피력할 수 있다. 대중 앞에서 말하기의 두려움을 극복한 것은 르네가 처음이 아니다.

1936년 데일 카네기는 《인간관계론(How to Win Friends and Influence People)》이라는 책을 썼다. 비즈니스 커뮤니케이션 분야에서 여전히 인기 있는 책이다.[7] 위키피디아에 따르면, 800만 명이 넘는 사람들이 카네기의 강연 과정을 수강했다고 한다.[8]

오늘날 더 이상 의사소통을 하는 데 서로 얼굴을 마주보고 이야기를 나누거나 직접 전화통화를 할 필요가 없다. 사이버 공간에서는 하루에도 수십억 번씩 국경을 넘나든다. 그런 점에서 미국 회사들이 저지른 어처구니없는 몇 가지 실수는 그렇게 큰 대가가 따르지 않았다면 정말 웃기는 이야기로 남았을 것이다.

'글로벌 에티켓(Kwintessential, 세계 글로벌에티켓을 한눈에 볼 수 있는 영국 사이트_

옮긴이)'이라는 웹사이트에 따르면 한 미국 회사가 라틴 아메리카 시장에 배포될 화려하고 값비싼 새 카탈로그의 모든 페이지에 손가락으로 오케이 사인을 하고 있는 그림을 넣어 인쇄했다. 하지만 이 오케이 손가락 사인은 라틴 아메리카의 많은 나라들에서 외설적인 표현으로 간주됐기 때문에 카탈로그를 전량 폐기하고 재인쇄해야 했다.[9]

또 다른 어처구니없는 커뮤니케이션상의 실수는 역시나 라틴아메리카에서 일어났다. 새로 출시되는 식용유의 브랜드명이 스페인어로는 "이 멍청이 식용유" 정도의 의미를 가지고 있었던 것이다. 그 회사 매니저들은 충격을 받고 기겁했다. 대체 얼마나 많은 식용유 병들을 회수하고 다시 새 상표를 붙여야 하는지 한번 상상해보라.[10] 글로벌 환경 속에 살아간다는 것은 늘 하던 식으로 하면 매우 위험할 수도 있다는 것을 의미한다. 기업들이 현지의 관점을 고려하지 않고 사업을 한다면, 개가 불결한 동물로 여겨지는 무슬림 국가에서 개와 함께 있는 건장한 남성을 찍은 향수 광고를 만드는 것처럼 큰 문화적 결례를 범할 수 있다.

능수능란한 소통가, 청취자 또는 작가는 그냥 만들어지지 않는다. 1940년대 만화 주인공 〈애봇과 코스텔로(Abbott and Costello)〉는 끝없이 한자리에서 뱅뱅 도는 대화가 전문이었다. 그들의 유행어인 "누가 먼저 할 거야?"는 의사소통의 실패를 보여주는 완벽한 본보기다. 말하기, 듣기, 쓰기, 그리고 설득력 있게 논쟁하기는 학교와 집을 비롯해서 가족들이 가는 어느 곳에서든 배워야 하는 기술들이다. 이런 기술들은 순차적인 단계를 통해 예측할 수 있는 방법으로 연마된다. 다른 모든 역량들처럼 모든 것은 요람에서부터 시작되며 일생 동안 관심을 기울여야 한다. 아기들이 요람에서 하는 행동들은 더 높은 단계로 가기 위한 기반이 된다.

1단계 : 감정 그대로

울음은 리즈나 조던 같이 처음 부모가 된 사람들이 가장 먼저 알아차리게 되는 것들 중 하나다. 신생아 루루는 울고 또 울고 또 운다. 우는 행동은 주의를 끈다. 자연은 이를 잘 설계해뒀다. 루루의 우는 얼굴은 "날 좀 봐요!" 하고 소리를 지르는 것이다. 입은 한껏 크게 벌리고, 눈은 찡그린 채 꼭 감고 있으며 부들부들 떨며 딱딱하게 경직된 모습에선 긴장을 명백하게 감지할 수 있다. 루루의 부모가 여기에 반응을 안 하려면 뇌사상태 정도가 돼야 할 것이다. 실제로 과학은 이런 종류의 의사소통이 매우 효과적이라는 것을 밝혀냈다. 루루가 울 때 리즈와 조던은 혈압이 오르고 심장 박동이 빨라지는 등 불편한 심리학적 변화를 경험한다.[11]

교육산업 시장은 바로 이렇게 신생아가 울 때 부모의 불편함을 이용한다. 어떤 이들은 이런 아기들의 이런 웅얼거림과 울음에는 더 복잡한 의사소통이 포함돼 있다고 믿는다. 프리실라 던스탄(Priscilla Dunstan)은 아기들에게 5가지 종류의 움을 소리가 있다고 주장했다. "네!"는 배고프다는 의미고, "에"는 "트림 시켜줘요!", "오우"는 "피곤해요", "어~흐"는 "방귀", "헤"는 "불편해요!"[12]라는 의미라는 것이다. 프리실라가 오프라 윈프리 쇼에 등장해 유명해지는 바람에 교육산업은 이제 '던스탄 아기 언어 시스템'이란 것을 시장에 내놓았다. 루루의 부모는 혹하는 마음이 든다. 단 39달러 95센트면 루루의 '언어'를 판독할 수 있다는 거다. 하지만 그렇게 간단하지는 않다. 교육과학자들은 사람들이 다른 종류의 울음소리의 의미를 구별할 수 있을 거라는 이 아이디어를 실험해봤지만 아무런 결과를 얻지 못했다. 울음소리를 통해 불쾌함의 정도는 어느 정도 파악할 수 있을지 모르지만 그것이 "기저귀에 응가 했어요(던스탄의 "불편해요" 버전)" 또는 "우유 주세요(던스턴의 "네!")"라는 의미인지는 알 수 없다.

그럼 대체 우리는 왜 여전히 우는 걸까? 5년이라는 생애 초기 기간을 지나면서 루루를 더 많이 안아주고 편안하게 만들어주면 루루는 덜 울 것이다. 조금씩, 조금씩 루루 같은 아기들은 더 나은 의사소통 능력을 갖게 되고 보다 복잡한 방법으로 감정과 욕구를 표현하게 된다. 통제 불능 상태로 숨을 헐떡이며 딸꾹질을 하며 멈추지 못하고 엉엉 우는 것은 자신이 무엇을 원하는지를 사람들에게 전달하기에 효과적인 방법이 아니다.

루루 같이 부모가 달래주고 스스로를 안정시키는 법을 배운 아기들은 곧 더 성숙한 방법으로 의사소통을 하는 법을 배운다. 12개월 정도가 되면 단어로 말하기 전에 루루는 우리가 '로열 포인트'라고 부르는 방법을 사용해 의사소통을 할 것이다. 아기의 작은 손가락이 가리키는 대로 루루의 부모는 즉각적으로 반응해 애플 소스를 가지러 냉장고로 달려갈 것이다. 웅얼거리는 소리와 손가락으로 가리키기는 원시적인 소리 지르기보다 더 빠르게 원하는 결과를 얻게 해준다. 루루의 부모가 냉장고로 달려갈 때 그들은 아기의 비언어적인 요청에 우연히 의존적으로 반응하고 아기의 손가락이 가리키자마자 즉시 행동하며 그 의미를 이해하려고 애쓴다. 우리가 진행한 연구 결과는 이렇게 즉각적으로 그때그때 반응해주는 것이 아기들이 의사소통할 수 있는 능력을 확장하는 데 도움을 주는 가장 좋은 방법이라는 것을 보여준다.[13]

우리는 아기들이 TV보다는 사람에게 단어를 더 잘 배울 수 있다는 것을 발견했는데 이 자체만은 널리 알려진 결과다. 하지만 우리는 또한 새로운 사실을 발견했는데 그것은 말을 가르쳐주는 사람이 바로 옆에 앉아 있든 스카이프를 통해 아기한테 말하든지 상관없이 비슷한 효과가 있다는 사실이다. 그러니까 결국 할아버지 할머니와 스카이프로 통화하는 것도 정말 효과가 있다는 소리다. 아기 엘리가 "비미스"라고 말하며 자기 파자마를 가리키면 앤 할머니는 "오, 그래. 우리 아기가 파자마를 입고 있구나!"라고 말한다. 앤 할머니는 엘리가 파자마라는 단어를 정확한 발음으로 들을 수 있게 도와준다. 즉각적인 의사 전달의 사건들은 의사소통 능력을 구축하며 다음 단계로 넘어갈 수 있도록 해준다. 우리가 성인으로서 하는 모든 의사소통 활동은 이런 기반 위에 구축된 것이다. 예를 들어, 존이 런던에 대해 이야기하고 캐시가 런던의 극장에 대해서 말을 꺼내면 존은 캐시가 자기 말을 들었다는 걸 알 수 있다.

학교 수업 시간에 1단계의 의사소통 능력을 가진 아이들은 대부분 곤란한 문제를 겪는다. 이 아이들은 자기 통제력이 없고 화가 나면 갑자기 달려들고 뭔가를 원하면 그것을 와락 움켜잡는다. 당연하게도 이런 아이들이 선생님의 관심과 애정을 받게 되는 일은 드물다. 아이들의 의사소통 능력과 사회적 기술을 키워주는 훈련 프로그램은 수도 없이 많다. 가장 초기에 등장했던 프로그램 중 하나는 필라델피아 드렉셀대학교의 미르나 슈어(Myrna Shure) 교수가 만든 '나는 문제해결을 할 수 있어요(I Can Problem Solve)'였다.[14] 이 프로그램은 폭력을 방지하기 위한 교육으로 학교에서 활용됐고 상도 수상했다. 그리고 펜실베이니아주립대학교의 마크 그린버그(Mark Greenberg) 교수가 PATHS(Promoting Alternative Thinking Strategies) 커리큘럼이라는 대체적인 사고력을 장려하는 전략 프로그램을 만들었다.[15] 슈어의 프로그램처럼 그린버그의 프로그램도 상식적인 것은 물론이고 과학적인 기반을 근거로 만들어졌다. 바로 분노를 말로 표현하는 법을 배우는 것이 그네를 먼저 타게 된 아이를 때리는 것보다 훨씬 더 효과적이라는 것이다.

컵케이크를 한 개 더 먹고 싶었는데 "그럴 수 없다"는 말을 들었을 때 에머슨이 동생 에이미의 컵케이크를 빼앗거나 마룻바닥 위에 뒹굴면서 고함을 질러대는 대신 "나 정말 화가 나"라고 말하며 발을 구를 때 1단계 의사소통은 2단계로 발전한다. 에머슨의 엄마와 아빠는 에머슨이 이만큼 자기감정을 통제하게 되기까지 다른 곳에서 생각을 직접 표현할 수 있게 코칭을 해줬다. "하지만 점심시간에 벌써 커다란 아이스크림콘을 하나 다 먹었잖니?"라거나 에머슨이 이전에 화를 냈을 때 "말로 해"라고 말해줌으로써 말이다. 이런 따뜻한 반응과 상호작용이 더 나은 의사소통을 할 수 있는 길을 닦아줬다.

미국 대학 및 사업주 연합(National Association of Colleges and Employers)이 진행한 2012년 고용전망조사에서는 의사소통기술과 협력기술이 어떻게 한데 얽혀 있는지 발견할 수 있었다. 고용전망조사 설문에서 가장 높은 순위를 차지한 기술 항목은 "팀 조직 안에서 일할 수 있는 능력"이었다.[16] 그러나 효율적인 의사소통이 없이는 협력이 일어날 수 없다. "조직 내부 및 외부 사람들과 언어적으로 소통할 수 있는 능력"이 사업주들이 두 번째로 중요하다고 꼽은 역량이었다. 협력은 이런 의사소통역량에 달렸다.

때로 의사소통 능력에는 글쓰기가 수반된다. 2011 전미 교육 발전 평가(NAEP, National Assessment of Educational progree)의 글쓰기 체계는 이렇게 적고 있다.

"글쓰기는 복잡하고 다면적이며 목적성이 있는 의사소통 행위다."[17]

에드먼드는 중요한 회의에서 회의록을 기록해달라는 부탁을 받았다. 그는 자신이 회의에 참석하지 않은 사람들을 위해 회의록을 적고 있다는 사실을 망각했다. 그래서 아무도 에드먼드가 작성한 회의록을 보고 무슨 일이 있었는지 이해할 수 없었다. 자기중심적인 글쓰기는 혼잣말을 하는 것과 같다. 미국의 고교 3학년 중 21퍼센트가 이 “기본적인” 글쓰기 숙련도에 이르지 못한다.

심지어 산업을 이끄는 지도자들도 스트레스 상황에서는 의사소통의 1단계 수준으로 퇴행하기도 한다. 이베이의 CEO 메그 휘트먼(Meg Whitman)이 직원을 호되게 나무라며 그 과정에서 밀치기까지 했다는 주장이 제기된 적이 있다.[18] 이 소동을 바로잡는 데는 무려 수백 만 달러의 합의금이 소요됐다. 직원들을 대상으로 롤러더비(다섯 명씩 두 팀이 롤러스케이트를 신고 타원형 트랙에서 상대편을 팔꿈치 따위로 방해를 하면서 앞서기를 겨루는 롤러스케이트 경기_옮긴이)를 하는 건 말이 안 된다. 많은 직장이 직원들에게 높은 압박감을 주는 환경이긴 하지만 감정적인 열변을 토하고 싶은 충동을 참지 못한다면 최악의 경우, 해고통지서를 받을 수도 있다. 설령 최선의 경우라고 해도 동료들과 상사의 눈밖에 벗어나서 신뢰를 회복하는 데 오랜 시간이 걸릴 것이다.

또 다른 산업계에서 1단계 수준의 의사소통 때문에 엄청난 문제가 일어난 사례는 이하우머니(eHow Money)의 경우다.[19] 2001년 이름을 밝히지 않은 의료 소프트웨어 회사에서 대표이사가 이성을 잃었다. 이메일로 그는 전 직원들에게 지각하고 일찍 퇴근을 한다고 질타했다. 그리고 직원들의 복지혜택을 없애버려서 근무 태만의 “대가를 치르게 하겠다”고 협박까지 했다. 점점 작아지고 우리 모두가 서로 밀접하게 연결돼 있는 요즘 세상에 이런 종류의 1단계 의사소통은 예상할 수 없는 아주 다양한 변수의 결과를 불러올 수 있다. 이렇듯 터무니없이 분노를 폭발시킨 이메일을 받은 수많은 사람들 중 한 명이 인터넷에 이 이메일을 공개해버림으로써 CEO에게 크게 한방 먹였고 이 회사의 주식은 가격이 크게 폭락했다.

훌륭한 의사소통은 단지 냉정을 잃지 않고 수용될 수 있는 방법으로 감정을 표현하는 것 그 이상이 필요하다. 비즈니스 리더들은 주로 말하기와 쓰기 면에서 더 나은 의사소통 능력을 가지고 있는 직원들을 애타게 찾는다. 지금 우리나라의 중고등학교와 대학 졸업생들은 컴퓨터를 사용한 기술적인 업무는 할 수 있을 수 있다. 하지만 과연 자신들이 발견한 내용을 잘 전달할 수는 있을까? 말하기와 쓰기 능력은 점점 쇠퇴하고 있는 형편이다.

듣기 능력은 뛰어난 말하기 능력이나 글쓰기 능력만큼이나 중요하다. 우리는 의도치 않게 나쁜 청취자가 될 수도 있는데 그것은 우리의 무의식적인 반응 때문이다. 때로 몸짓이나 표정이 말보다 더 많은 것을 말해주기도 한다. 유명 대학의 학장인 게리가 방문한 학자가 자신의 연구 결과를 발표하는 걸 들으면서 스테로이드를 맞은 피위 허먼(Peewee Herman, 만화 주인공_옮긴이) 같은 표정을 짓는다. 친절한 동료들이 그 사실을 알려줘야 했다. 그는 자신의 감정이 얼굴 표정으로 역력하게 드러났다는 사실을 전혀 의식하지 못하고 있었다. 확실한 것은 나사의 엔지니어든지 화성 궤도를 측정하는 전문가든지, 경험, 나이 그리고 수준 높은 학위 그 어떤 것도 한 개인의 의사소통 능력이 1단계를 넘는다는 것을 보장해주지 못한다는 사실이다.

마지막으로 의사소통 1단계의 사람들의 특징은 "경청하지 못한다"는 것이다(귀가 잘 안 들린 다는 게 아니다). 블로깅, 문자, 트위터 보내기를 거부할 수 없는 사람들의 사회가 되었음에도 불구하고 역설적이게도 경청은 점점 더 어려운 일이 되어가고 있다. 경청이 어려워지는 이유의 일부분은 사람들이 전자기기들을 손에서 놓지 못하기 때문이다. 로라의 친구들은 로라와 대화를 나누려면 그녀의 손에서 어떻게든 휴대폰을 빼앗아야 한다는 것을 모두 알고 있다.

최근 출판된 책의 제목을 빌려 말하자면 우리는 종종《주의산만한 상태에 몰두한다(Driven to distraction)》[20]이다. 때로 이런 주의산만에는 엄청난 대가가 뒤따른다. 2008년 캘리포니아에서 일어난 여객 열차와 유니언퍼시픽사의 화물 열차의 추돌 사고는 25명의 생명을 앗아갔다. 기관사가 문자를 보내느라 정지 신호를 지나쳐 화물 열차가 들어오고 있는 선로로 곧장 돌진해 버렸다. 문자와 휴대전화는 실제로 일어나는 대화에 집중하고 귀를 기울이기 어렵게 만든다. 그 결과는 1단계 수준의 의사소통에 머물게 만든다.

우리는 정말이지 주의산만한 상태에 몰두하고 있다. 루스는 남편인 블레어와 20대의 자녀들과 함께 주방 식탁에 앉아 있다. 각자 자기 휴대폰을 들고 말이다. 그녀의 아들은 곰곰이 생각한다.

"맙소사, 요즘은 진짜 자식 노릇하기 어렵겠어. 아무도 말을 안 건다니까."

1단계 수준의 의사소통은 마치 이와 같다. 모두 각자의 프로그램을 보고 있다. 일종의 평행놀이나 마찬가지다. 의사소통의 수준은 페이스북에 아침에 뭘 먹었는지 또는 그저 자기 감정을 분출하는 것과 유사한 1단계보다는 더 수준이 높아져야만 한다. 의사소통의 2단계에서는 최소한 감정적인 요소가 보다 통제된다.

2단계 : 보여주고 말하기

영화 〈펄프 픽션(Pulp Fiction)〉에서 우마 서먼(Uma Thurman)은 존 트라볼타(John Travolta)에게 이렇게 묻는다.

"내 말 듣고 있어? 아니면 네가 말할 차례를 기다리고 있는 거야?"

존 트라볼타는 이렇게 대답한다.

"말할 차례를 기다리고 있긴 하지만 들으려고 노력하고 있어."[21]

이게 바로 2단계다. 2단계는 선생님이 이렇게 말할 때와 같다.

"다이애나, 이제 네가 보여주고 이야기할 차례야. 오늘 이야기를 나누기 위해서 뭘 가지고 왔니?"

자기 보물(일련의 복잡한 움직임을 통해 열리는 목재 중국 퍼즐 상자)을 반 아이들에게 보여주고 싶어서 안달하며 자리에서 벌떡 일어나 나갈 준비만 하고 있던 어린 다이애나는 자기 앞에 발표한 어빙, 알렉산드로 그리고 슈무엘이 뭐라고 떠들었는지 거의 귀에 들어오지 않았다. 다이애나는 말하고 싶어서 참을 수가 없다고 말한다. 보여주고 말하기는 듣는 사람들이나 보는 사람들이 아니라 전부 보여주는 사람에 관한 것이다. 1단계보다는 낫다. 최소한 다이애나는 방에 다른 사람들이 있다는 것을 인식하고 있다. 하지만 그들이 정말 자기 말을 듣고 있는지 또는 어떻게 반응하는지에 대해서는 별로 신경 쓰지 않는다. 그저 자기가 이야기하는 게 행복할 뿐이다. 오래전 교실에서 이런 사람을 하나씩은 다 만난 적이 있지 않은가?

소셜미디어는 새로운 보여주고 말하기의 장이다. 페이스북만 해도 이용자가 약 8억 4,500만 명이고 여기에 인스타그램, 핀터레스트, 트위터 및 다른 모든 공유 사이트까지 합치면 말할 것도 없다. 사람들은 거의 매일 로그인을 한다(나 역시 마찬가지다). 이런 사이트들에 짧은 대화들이 올라가고 이어진다. 전부 사진과 행사들과 자기들이 이룬 성취를 다른 이들에게 공유하는 목적이다.

2단계는 우리가 어린아이일 때 적은 독후감과 같다. 어렸을 때 적은 독후감들을 기억하는가? 필립이 《해리포터》에 대한 독후감을 작성했다. 앞 장에는 해리포터의 그림을 그려 넣었다. 그리고 본격적인 프로젝트의 본문이 등장하지만 필립이 적은 내용은 읽는 이의 시각이나 지식은 고려하지 않고 단지 사건들을 나열한다. 먼저 "해리는 머글들과 함께 사는 소년이다. 그리고 호그와트 마법학교로 가라는 우편물을 잔뜩 받게 되고" 등등으로 사건이 계속된다. 필립은 머글이 마술사가 아닌 일반 사람이며 이들과 달리 해리가 마법사라는 사실을 전혀 언급하지 않았다. 어쩌면 필립은 자기 글을 읽는 독자들이 이 책을 벌써 읽었을 거라고 가정하고 있을 수도 있지만 아마도 필립은 아무런 평가 없이 그저 자기가 읽은 내용을 그대로 요약했을 가능성이 높다. 필수적으로 나오기 마련인 "나는 이 책을 재미있게 읽었다" 같은 감상은 제외하고 말이다.

대학의 글쓰기에서 이런 글은 그저 특정한 순서 없이 한 항목 다음에 다른 항목 식으로 서로 아무런 통합성 없이 이것저것 많은 것이 나열된 목록일 뿐이다. 대대로 이런 글들은 논지 없이 그저 독자들이 글의 주된 의도가 무엇인지 찾아 헤매게 만든다. A학점 수준의 작문을 쓰려면 단지 사실을 나열하는 것만으로는 안 된다. 통합적인 글쓰기가 필요하다. 다른 말로 하면 그 모든 정보들이 어떻게 하나의 이야기를 하기 위해 연결되는지를 보여줘야 한다.

경청하는 법, 생산적으로 다른 사람들과 작업하는 법 그리고 듣는 이나 읽는 이의 시각으로 생각해보기를 배우는 것은 우리 아이들이 알아야할 가장 중요한 것 들 중 하나다. 아이들이 이런 기술을 키워갈 수 있도록 도움을 주는 널리 알려진 유치원 교과과정이 있다. 바로 엘레나 보드로바((Elena Bodrova)와 데보라 리옹(Deborah J. Leong)이라는 심리학자가 집에서 경청하는 훈련을 받을 만큼 운이 좋지 않은 아이들을 가르치기 위해 개발한 《생각의 도구(Tools of the mind)》다.[22] 아이들은 그림을 사용해서 자기가 가장 좋아하는 이야기를 서로에게 읽어준다. 조너선이 읽을 차례가 되면 입이 그려진 그림을 자기 앞 테이블 위에 놓는다. 로리는 귀가 그려진 그림을 들고 자기가 말하는 사람이 아니라 듣는 사람이라는 것을 기억한다. 그 다음에는 로리 차례가 오고 로리가 가장 좋아하는 이야기책을 고르는 동안 서로 역할을 바꾼다. 생각의 도구 그리고 이와 비슷한 다른 프로그램들은 전반적으로 효과가 있어 보인다. 이 도구 프로그램들을 성공적으로 활용하면 단지 더 우수한 경청 기술을 배우는 것뿐만 아니라 자기 통제력을 기를 수 있고 읽기와 수학 실력 향상에 도움을 준다.[23]

교사들이 시험을 위해 아이들을 훈련시키는 방식 때문에 미국의 수많은 교실들은 2단계 수준에서 기능하고 있다. 교사는 보여주고 말하기를 하고 학생들은 듣는다. 캐플린과 마틴 브룩스가 그들의 저서 《구성주의 교실(Constructivist Classroom)》에서 주장하듯이 미국 교실들은 학생들의 활동 대신에 교사들의 시강을 중심으로 돌아간다.[24,25] 혹자는 이를 '지혜의 샘' 모델이라고 부를지도 모른다. 교사들은 수업내용을 말해주고 아이들이 '배운 것'을 따라하길 기대한다. 교실안 의사소통의 흐름을 도표로 그리면 모든 화살표는 선생님에게서 학생들로 향하고 고작 몇 개 정도의 화살표만 학생들에게서 선생님에게로 그리고 아이들 사이에서 볼 수 있을 것이다. 그렇다면 이것이 왜 안 좋은 걸까? 어쨌든 우리 대부분은 이런 식으로 공부하며 학교를 다녔지 않은가.

학교는 꼭 보여주고 말하기 방식의 수업으로만 진행되지 않아도 된다. 템플대학교에서 박사과정을 마친 켈리 피셔(Kelly Fisher)는 삼각형은 왜 삼각형인지를 네 살 어린이들에게 가장 효과적으로 전달할 수 있는 방법이 무엇인지 알고 싶었다.[26] 그냥 말해주면 아이들이 '삼각형의 비밀'을 배우게 될까? 아니면 아이들이 함께 삼각형에 관한 정보를 발견해보라고 해야 할까?

네 살 꼬마 베타니는 매우 수다스러운 아이였고 켈리가 함께 앉아서 자기에게 개인적인 관심을 기울여주는 것을 매우 좋아했다. 켈리는 베타니에게 함께 탐정인 척 해보자고 하고 아예 탐정 모자까지 썼다. 이 탐정들의 임무는 삼각형의 비밀을 밝혀내는 것이다(아니면 중점이 되는 그 어떤 도형의 비밀이라도 좋다). 삼각형은 왜 삼각형인 걸까? 켈리는 베타니가 "삼각형들에 측면이 있다"는 것을 깨달을 수 있도록 넌지시 일깨워주고 "어쩌면 그게 비밀이 아닐까" 하는 힌트를 던져줬다. 베타니는 면의 개수를 세어보고는 "맞아요! 3개의 면이에요!"라고 확언했다. 베타니는 완전히 의기양양했다.

하지만 베타니의 친구 제니퍼의 경우는 좀 달랐다. 제니퍼와 켈리는 똑같이 탐정 모자를 쓴 탐정이었지만 제니퍼가 그저 수동적으로 켈리가 신이 나서 삼각형의 각 면을 세는 것을 가만히 보고 있는 동안 켈리가 삼각형의 비밀을 발견해버렸다.

"아하! 삼각형에는 3개의 면과 3개의 모서리가 있네!"

제니퍼는 '학생들에게 그냥 말해주기(설교적인 가르침)' 그룹에 속해 있었다. 베티나의 '안내가 있는 놀이' 그룹에서 아이들은 면과 모서리를 세어보고 아이들이 삼각형의 비밀을 함께 발견했다.

그럼 아이들과 이런 놀이를 해야 할 이유가 뭔가? 아이들은 어른들보다 아는 것이 너무 적다. 그냥 삼각형의 특성에 대해서 말해주면 왜 안 되나? 그냥 말해주는 것이 훨씬 더 직접적이고 효과적으로 보이는데 말이다. 자 그럼 어떤 일이 있었나 보자. 베타니의 안내가 있는 놀이 그룹은 제니퍼가

속해 있던 학생들에게 그냥 말해주기 그룹보다 훨씬 더 많은 것을 배웠다. 결국 가장 중요한 것은 안내가 있는 놀이 그룹에 있었던 아이들만 이상한 모양의 뚱뚱한 삼각형이나 가늘고 기다란 삼각형들이 다 삼각형이라는 것을 알았다. 켈리가 삼각형의 비밀을 발견하는 것을 가만히 앉아 보기만 했던 그냥 말해주기 수업을 받은 그룹의 어린이들은 삼각형이 왜 삼각형인지를 완전히 이해하지 못했다. 때때로 그냥 말해주는 것은 역효과를 낸다.

그럼 아이들은 혼자서 삼각형이 왜 삼각형인지를 깨달을 수 있을까? 피터는 자유놀이 그룹에 속했고 도형 모양들을 만들 수 있는 막대기들을 받았다. 결과적으로 성인의 도움이 전혀 없이는 아이들은 도형에 대해서 전혀 배우지 못했다. 교사들은 그냥 정보를 말해주는 것이 아니라 학생들이 참여할 수 있도록 초대해서 학습의 기본 뼈대를 마련해줘야 한다.

2단계의 수동적인 방식의 학습은 아이들이 시험을 통과할 수 있게 해줄지는 모르지만 아마도 그게 다일 것이다. 일반적인 모양과 전혀 다른 이상한 모양의 삼각형을 주면 바로 혼란에 빠진다. 수많은 학교들이 스크립트식 학습을 활용해서 교사들이 학생들에게 질문을 던지고 학생들의 반응에 따라 대응하는 것을 가로막고 있지만 부모들은 가정에서 아이들에게 질문을 던지고 토론에 참여하도록 이끌어줄 수 있다. 우리 중 한 명은 집에서 아이들과 논쟁하기 게임을 한다. 형제, 자매와 엄마 아빠에게 무슨 영화를, 왜 보고 싶은지 말하고 자기가 대답한 논지를 방어하는 것이다. 재미없게 들릴지도 모르지만 이런 게임은 아이들이 자기가 원하는 바를 상대방을 존중하는 방식으로 표현하는 방법을 배우고 창의적으로 생각하는 데 큰 도움이 되었다.

'거꾸로 뒤집어진 교실'에 대해 들어본 적이 있는가?[27] 이것은 고등학교와 대학교에서 가만히 앉아서 강의를 듣는 것보다 적극적인 학습이 훨씬 더 효과적이라는 발견에 기반하고 있다. 거꾸로 교실에서 학생들은 집에서 강의를 듣고 수업에서는 집에서 해오는 과제를 함께한다. '지혜의 샘' 모델에서처럼 학생들이 수동적으로 강의를 듣는 것을 강요하기보다 교실안의 모든 사람에게 발표 기회가 주어지며 자료를 활용한다. 이것은 학습을 위한 책임을 정확하게 학생들의 어깨에 지워주는 것이다. 수동적으로 앉아서 듣는 환경을 학생들이 예외 없이 참여하는 것이 당연한 창의적이고 역동적인 수업으로 바꿨다.

하지만 거꾸로 교실이 꼭 고등학교나 대학교에만 국한된 것은 아니다. 트레처 선생님은 자신의 반 2학년 아이들의 사회 수업 시간에 거꾸로 교실을 경험시키고 싶었다. 그래서 부모들에게 동서남북 지도 키 등 아이들이 지도를 보는 데 필요한 어휘를 소개하는 지도관련 동영상을 집에서 자녀들과 함께 관람하길 부탁했다. 다음 날 세 팀으로 나눠진 아이들은 학교 인근 지역의 지도를 만들었다. 새롭게 배운 어휘들을 전부 사용하고 끊이지 않는 대화를 통해 이 수업은 폭발적인 성공을 거뒀다. 당신은 과연 어떤 교실에 앉고 싶은가? 전통적인 교실인가 아니면 거꾸로 교실인가?

기업과 비영리 기관에서는 이런 의사소통의 2단계가 놀랄 만큼 많이 발생한다. 일종의 수평 놀이처럼 2단계 수준의 의사소통은 회의실에서 앞서 언급한 모래 상자에서와 같은 일이 벌어진다. 비영리 이사회의 심사위원회에 참석 중인 로베르타와 캐시를 떠올려보자. 우리는 차기 의장 선발을 돕기 위해 모였다. 대화가 무르익어가면서 우리는 관계자들이 이미 차기 의장에 대한 의사결정을 했다는 것을 알게 되었다. 그럼 우리는 대체 거기 왜 모인 걸까? 형편없는 의사소통 때문이다.

2단계의 듣기와 말하기는 1단계에서 엄청난 발전을 이룬 것이지만 그렇다고 해서 진정 이해가 이뤄졌다는 의미는 아니다. 타우냐 브라운은 2003년 수술을 받으러 병원에 입원했다. 대장을 약 46센티미터가량을 잘라내야 했다. 그녀는 31세밖에 안됐지만 결국 퇴원하지 못하고 사망하고 말았다. 잘못된 혈액형의 피를 3.7리터나 수혈 받았기 때문이다. 어떻게 이런 일이 일어날 수 있었을까? 직원들 간의 의사소통을 개선하기 위한 연합위원회 가이드에 따르면 만약 미국에서 주요 사망원인으로 의료사고를 꼽는다면 주요 사망원인 중 5위다. 사고사, 당뇨병 및 알츠하이머성 질환으로 인한 사망보다도 더 많다.[28] 브라운양에게 일어난 것과 같은 의료사고는 1994년에서 2004년 사이에 환자의 사망이나 부상 발생 건 중 66퍼센트에 달했다. 높은 수준의 교육을 받은 논리정연하고 뛰어난 기량을 가진 사람들 간에 발생한 의사소통의 오류가 바로 잘못된 약을 환자에게 주거나 잘못된 부위를 수술한다든지 하는 실수의 원인이었던 것이다.

공항에서의 착륙 실패에서 1984년 인도 보팔지역에서 발생한 2만 5,000명의 사상자를 낸 가스 유출 사고 같은 산업재앙 그리고 의료사고에 이르기까지 2단계 수준의 의사소통에 머무르기에는 인생이 너무 짧다.

2단계 수준의 청취자는 경영 전문가 드러커가 말한 것과 같다.

"우리는 대부분 우리가 듣고 싶어 하는 말에 귀를 기울인다. 별로 듣고 싶지 않은 말들은 항상 귀에 잘 들어오지 않는다."[29]

진정한 경청의 중요성에 대해서 언급한 비즈니스 리더가 또 있다. 〈포춘〉 잡지의 편집위원 피터 널티(Peter Nulty)는 경청이야 말로 리더가 가져야할 가장 소중한 능력이자 위대한 리더들을 지극히 평범한 이들과 구별지어주는 능력이라고 믿는다.[30] 사업계든, 학계든 아니면 비영리기관이든 지휘하는 위치에 있는 이들은 의사소통의 2단계를 넘어서고 효과적인 의사소통을 위해 다른 이들의 견해를 받아들여야 한다. 그렇지 않다면 그저 자신들의 안건을 보여주고 말하는 것에 지나지 않는다.

자라면서 가족 중 누군가 의사소통의 2단계 수준에서 듣고 있으면 우리 중 한 사람이 하던 표현이 있다.

"만약 비가 안 오면 내일은 날씨가 좋을 거야."

우리는 이렇게 이상하게 당연한 말을 해서 상대가 2단계 의사소통에서 벗어나도록 했다.

"정신 차려! 지금 내 말 안 듣고 있잖아!"

전자 스크린들은 2단계 수준의 듣기가 더 늘어나도록 할 가능성이 높다.

3단계 : 대화하기

"말하기 위해 입을 열 때마다 우리는 맹신합니다. 그 말을 듣는 상대방이 내가 하고자 하는 말의 의미를 대략적으로라도 이해할 것이라는 맹신 말입니다."[31]

《9시에서 5시까지의 말하기(Talking From 9 to 5)》라는 책에서 데보라 테넌(Deborah Tannen)은 남성과 여성 사이에 어긋나버린 대화들의 수많은 사례를 제시한다. 하지만 대혼란을 위해서 굳이 다른 성별 사이의 대화를 살펴봐야만 할 필요는 없다. 동성 사이에서도 얼마든지 의사소통의 혼란이 일어나니까. 의사소통의 3단계에서는 진정한 의사소통이 일어난다. "서로 주고받는" 대화하기로 잭 숀코프(Jack Shonkoff) 교수는 "서브 넣기와 받아치기"라고 표현한다.[32]

엘리엇이 공을 치면 존은 엘리엇의 공이 떨어지는 곳으로 달려가 받아쳐

낸다. 그럼 엘리엇은 존이 다음 공을 어디에서 칠지 짐작해야 한다. 그리고 받아치기 위해 그 위치로 달려간다. 선수들은 상대방의 행동에 즉각 반응을 한다. 3단계 수준의 의사소통도 이와 마찬가지로 작동한다. 우리는 다른 이들과 공유하기 위한 정보를 만든다. 그리고 맹신한다. 우리말을 들어주는 다른 이들이 우리가 제공한 정보에 귀를 기울이고 경청할 거라고 희망하며 거기에 새로운 정보를 더 추가해서 우리에게 되돌려주면 우리는 다시 반응을 돌려준다.

언어 발달을 연구하는 숀코프 박사는 말하는 법을 배우는 이 주고받기가 얼마나 중요한지를 궁금해했다. 엄마들이 두 살 아기와 어떻게 의사소통하는지 그 방식을 연구한 내용을 살펴보면 알 수 있다. 우리 팀은 엄마와 자녀 간에 주고받기, 즉 서브 넣기와 받아치기 식의 대화하기가 더 많으면 많을수록 아이들의 언어 능력을 1년 후 측정한 결과 다른 아이들보다 모국어를 더 잘했다.[33] 결국 우리가 대화형 이중주라고 부르는 것이 의사소통하는 법을 배우는 데 필수적인 것이다. 아무도 혼자서 의사소통을 잘할 수는 없는 노릇인 것이다.

우리는 유튜브에서 아직 기저귀도 채 떼지 못한 아기들 사이에서 훌륭한 3단계 대화가 오간 것을 보았다.[34] 이것은 아기들이 처음으로 전화를 해본 때였다고 아기들의 아빠가 자랑스럽게 말했다. 아이들은 각자 집에서 동영상으로 촬영돼서 각 아이들이 주고받는 대화를 양쪽 모두에서 들을 수 있다. 대화에서 중요하게 다뤄진 주제는 공원에서 만날 약속에 관한 것이다. 마리가 주다에게 공원에서 만나자고 초대하면서 대화가 시작된다. 아이들은 놀랍도록 주제에서 벗어나지 않고 심지어 상대가 말하는 공원이 큰 공원인지 작은 공원인지를 확인하기까지 한다. 또한 "걸어가는 게 좋을까" 아니면 "차를 타고 가는 게 좋을까"도 의논한다. 아이들은 서로에게 창밖의 공원을 손가락으로 가리키면서 의사소통의 3단계에서 빠져나온다. 물론 아이들은 다른 장소에 있으니까 창밖을 손가락으로 가리키는 것은 소용이 없다. 아이들이 의사소통에서 실패한 지점, 즉 손가락으로 창밖을 가리키는 행동은 우리에게 좋은 대화하기가 어떻게 작동하는지를 볼 수 있는 기회를 제공한다.

의사소통을 잘하는 사람들은 듣는 이의 입장을 고려한다. 3단계 의사소통에는 심리학자들이 "마음이론(Theory of Mind, 의식적인 판단 이전에 느낌으로 타인의 감정과 의도를 알아내는 능력_옮긴이)"이라고 부르는 것이 필요하다. 네 살 사라는 부엌에서 M&M 초콜릿 상자를 본다. 신이 나서 상자를 열지만 상자 속은 종이 클립으로 가득 차있다. 사라의 엄마는 웃음을 참으며 사라에게 오빠인 여섯 살 래리가 상자를 보면 뭐라고 할지 물어본다. 엄마는 사라가 "종이 클립"이라고 하는 말을 듣고 깜짝 놀란다. 포장된 M&M초콜릿 상자를 보고 어떻게 래리가 종이 클립이 담겨 있다고 생각할 수 있을까?

마치 사라는 래리가 자신과 똑같이 초콜릿 상자처럼 보이는 외관에 영향을 받을 거라고 생각을 못하는 것 같다. 래리에게 X선 투사 능력이 있는 것도 아니니까 말이다. 하지만 이 "종이 클립"이라는 대답은 사라가 래리가 아마도 자신과 다르게 생각할 거라는 사실을 상상하지 못한다는 것을 내포하고 있다. 일단 상자 속에 종이 클립이 있다는 것을 자신이 알게 되었으니 '래리도 당연히 알거야!'라고 생각해버리는 것이다. 사라는 자신은 이런 생각을 하지만 래리는 다른 생각을 할 수 있다는 생각을 조화시키는 데 어려워하고 있다. 아이들이 더 이상 "종이 클립"이라고 대답하지 않고 "M&M 초콜릿"이라고 대답할 때 아이들에게는 마음이론, 즉 듣는 이의 입장이 되어보는 데 필요한 것이 생긴다.

3단계 의사소통에는 최소한 듣는 이의 입장을 고려할 수 있는 생각상태(마음이론)가 필요하다. 당연히 아이들은 의사소통의 3단계에 이르면 다른 이들과 노는 방식에 변화가 생긴다. 이제 아이들은 실제로 정보를 교환하고 대화를 주고받을 수 있다. 바로 마리와 주다가 그랬던 것처럼. 아마도 더 수준 높은 어휘력과 멋진 문장을 써서 말하게 되겠지만 말이다. 엘리오와 리드는 소방관 놀이를 하기로 하고 엘리오가 리드에게 말한다.

"내가 소방대장을 할 테니까 너는 돕는 역할을 해."

하지만 리드는 그러고 싶지 않다. 그래서 이렇게 말한다.

"알았어. 하지만 그 다음엔 내가 소방대장을 할거야."

이것은 엄청난 발전이다! 이제 공동의 계획(협력)을 세운 것이다. 엘리오가 리드가 다음에 대장에 되는 것에 동의하는 것은 엘리오가 다른 이의 입장을 생각해볼 수 있다는 것을 의미한다. 엘리오는 리드 또한 멋진 소방대장 역할을 하고 싶을 거란 걸 이해한다.

모든 아이들이 다른 사람의 입장에서 생각해보는 데 똑같이 능숙하지는 않다. 때로 아이들은 직접 얼굴을 보면 하지 않을 말들을 인터넷을 통해 하곤 한다. 조나가 애니멀 잼이라는 내셔널지오그래픽의 온라인 게임을 하고 있을 때 뭔가 엉망으로 꼬였다. 조나의 동물 아바타 레오파드가 레오파드의 집에서 10분 거리에 무료 아이스크림을 얻을 수 있다고 했다. 조나는 앉아서 다른 게임 유저들의 아바타에 말풍선이 떠오르는 것을 보고 있었다.

"신난다! 아이스크림이다!"

하지만 한 게임 사용자가 이렇게 말했다.

"네 얼굴 뜯어먹어도 돼?"

조나가 이 메시지가 뭘 의미하는지 이해해보려는 동안 늑대 아바타를 사용하는 같은 게임 사용자의 말풍선에 또 다른 메시지가 떠오른다.

"너 못생겼어."

연이은 다른 말들을 쏟아내면서 상대가 무례한 말을 하고 있다는 게 확실해졌다. 조나는 헤드폰을 벗어버리고 무례한 사용자가 자신에게 뭐라고 했는지 엄마에게 말했다. 이 사건은 저녁 식사 시간에 온라인의 익명성 뒤에 숨어서 이 무례하게 남을 불쾌하게 하는 게임 사용자가 상대에게 어떻게 기분 나쁜 말을 퍼붓고 도망을 가버렸는지 토론하게 만들었다. 엄마와 조나는 함께 온라인 게임에 접속해서 게임의 차단 기능과 신고 시스템을 어떻게 사용하는지 알아봤다.

아마 당신은 아이들이 3단계 수준의 의사소통을 할 수 있는 능력을 개발하는 데 학교가 도움이 된다고 생각할지 모르지만 틀렸다. 오늘날 학교는 대화하기에 참여하는 것보다 아이들의 머릿속을 지식을 채우는 것을 더 중요하게 생각한다. 산타크루즈에 위치한 캘리포니아대학교의 유명한 연구가 고든 웰스(Gordon Wells) 교수는 학교에서 성인들과 대화할 때 아이들은 거의 말하지 않는다고 보고했다.[35] 이 연구는 1998년의 것이긴 하지만 교육과학 연구들에서 아이들이 대화에 참여할 때 훨씬 더 많은 것을 배운다는 것을 밝혀냈음에도 불구하고 오늘날에도 이런 현실은 별로 변하지 않았다.

델라웨어대학교의 프랭크 머레이(Frank Murray)의 멋진 실험은 아이들 사이의 대화가 얼마나 중요할 수 있는지를 보여준다.[36] 이 연구들은 '어떤 대상이나 사물의 외양이 바뀐다고 해도 그 속성이나 실체는 변하지 않는다'는 것을 이해하는 능력을 뜻하는 장 피아제(Jean Piaget)의 '보존 개념(conservation)'을 바탕으로 하고 있다.

우리는 누구나 어렸을 때 특히 간식시간에 이런 문제로 다툰 적이 있다. 다섯 살짜리 쌍둥이 형제 닐과 마리사는 엄마 카렌에게 각각 5개씩 M&M 초콜릿을 받았다. 엄마가 초콜릿 세는 것을 다 함께 지켜봤음에도 불구하고 마리사의 초콜릿은 흩뿌려져 있는데 닐의 초콜릿은 쌓여 있다는 이유로 닐의 초콜릿이 더 많다고 우긴다. 카렌은 아이들이 초콜릿이 어떤 모양으로 놓이든 초콜릿의 개수에는 상관이 없다는 사실을 인식하지 못한다는 것에 놀라워한다. 머레이는 실험에서 닐과 마리사처럼 아직 보존의 개념을 잘 이해하지 못해 이 문제를 잘못 알고 있는 아이들을 두 명씩 짝을 지웠다. 그리고 아이들에게 비슷한 문제들에 대해 서로 상의해서 공동의 답을 내보라고 했다. 나중에 각각 테스트를 했을 때 두 아이들은 모두 보존에 관한 문제를 바로 맞출 수 있었다.

어떻게 된 걸까? 바로 토론이다! 그리고 각자 서로에게 자신의 견해를 정당화해야 했던 경험이 아이들의 이해 능력을 향상시킨 것이다. 3단계에서 우리는 대화 상대가 하는 말을 진정으로 경청한다면 서로에게 배울 수 있다. 3단계의 경청은 이제 학습을 위한 도구가 된 것이다.

교사와 학부모들은 아이들에게 다른 사람의 입장에서 생각해보라고 말할 때 바로 3단계 의사소통을 배울 수 있게 도와주고 있는 거다.

"루이자, 만약 네가 한 일을 그대로 마틴이 너한테 했다면 넌 어떻게 느끼겠니?"

이런 말은 아이가 생각할 기회를 줄 것이다. 불쾌한 행동을 그저 완벽히 무시해버리는 대신 교사나 부모들도 아이들이 이런 식으로 3단계 수준의 의사소통으로 발전해나가는 데 도움을 주는 경우가 있다. 이런 질문들에 대답해 봄으로써 시간이 지나면 결과적으로 아이들은 다른 이에게 보다 더 예민하고 사려 깊게 될 것이다. 우리가 래리가 순진하게 필로메나에게 "혹시 몸무게가 늘었니?"라고 하는 것을 볼 때 우리는 성인이라 해도 3단계 수준의 민감성을 더 훈련할 수 있다는 것을 알 수 있다.

그렇다면 쓰기는 어떤가? 교육과학자들은 3단계 수준의 작문은 '많은 것이 나열된 긴 목록'에서 훨씬 발전한다는 것을 발견했다. 단지 연속적인 사건의 나열을 묘사하는 것에 그치지 않고 외면의 속으로 파고 들어가 등장인물들의 숨은 동기를 유추해낸다. 대학에서 학생이 일관성 있는 스토리를 말하고 어떻게 각 부분들이 서로 연결돼 전체 이야기를 이루는지 보여주는 3단계 수준의 작문을 제출하면 B나 B⁻ 점수를 받을 것이다. 이 단계에서 학생은 논쟁하거나 자신이 쓰고자 하는 주제에 대해서 "엘리베이터 스피치(elevator speech, 짧은 시간 동안 핵심적인 사안을 인상적으로 소개하는 연설_옮긴이)"를 작성할 수도 있다. 2단계 수준의 글을 쓰는 이들은 단지 명확한 주제 없이 구성 요소들을 얼기설기 묶어 놓는다. 미국 국가교육 성취도 평가(NAEP) 2011년 보고서에 따르면 3단계와 나란히 볼 때 12학년의 작문반 학생들은 일관되고 잘 조직된 내용을 쓸 수 있으며 변환점마다 논리적인 연결을 할 수 있다. 이들은 또한 완전무결하지는 않더라도 문법이나 철자법 등에서 제법 탄탄한 글쓰기의 역학에 대한 지식을 쌓았음을 알 수 있었다.

4단계 : 공동의 이야기하기

제이슨, 바베테와 폴리나는 왕과 왕비인 척하기 놀이를 하고 있었다. 햄프턴 코트 왕궁과는 아무런 관계가 없는 아이들이었다. 왕관과 화관, 긴 망토와 지팡이로 잔뜩 격식을 차리고 아이들은 서로 고개를 숙이고 절을 하며 거의 번갈아가며 이야기하고 있었다.

이 전체적인 조합은 꽤 멋졌다. 동남부의 사립학교 유치원생들인 이 아이들은 자신들의 연극에 완전히 몰입해서 흠뻑 빠져있었다.

이것이 '가장연극 놀이' 속에 반영된 4단계 수준의 의사소통이다. 4단계 의사소통은 3단계 대화하기 수준을 넘어선다. 의상이나 연극의 내용 때문이 아니라 아이들이 함께 이야기를 만들어가고 있기 때문이다. 우리가 그들 주위의 벽에 붙은 파리였다면 제이슨이 신나서 바베테와 폴라니에게 왕과 여왕 놀이를 하자며 엄마가 읽어주신 책에 나오는 이야기를 들려주는 것을 들을 수 있었을 것이다. 그러자 바베테가 '공주와 콩 한 알' 이야기를 연극으로 하자고 한다. 폴리나는 그 이야기를 몰랐지만 유대교 기념일인 푸림에서 에스더 여왕이 어떻게 민족의 영웅이 되었는지에 대한 이야기를 기억해냈다. 아이들은 폴리나가 여왕이 되어 영웅이 되는 것에 동의했고 제이슨은 왕을 바베테는 왕과 여왕의 아기가 되기로 했다. 이들은 모두 함께 폴리나가 가상의 악당들을 왕국에서 몰아내는 것을 도왔다.

협력적 놀이는 성공적인 의사소통의 모든 요소를 담고 있다. 이 세 명의 아이들은 자신이 맡은 캐릭터에 몰두해 자신들이 짠 시나리오대로 45분 동안 연극놀이를 했고 스토리를 진전 시키고 (또는 과거 회상신을 위해) 서로 순서를 번갈아가며 맡았다. 그 모든 시간 동안 왕과 여왕이라는 주제에서 벗어나지 않고 의사소통의 높은 수준에 도달했다. 이 가장연극 놀이 시나리오를 교육과학이라는 렌즈를 통해 보면 우리는 실제로 어떤 활동들이 일어나고 있는지를 좀 더 깊이 볼 수 있다.

- **아이들이 함께 이야기의 줄거리를 발전시키는 과정에서 창의적인 혁신을 볼 수 있다.**
- **아이들은 왕과 왕비들이 살아가는 세상의 규칙에 대해 예행연습을 했다. 이것은 가장연**

극 놀이에서 흔히 볼 수 있다. 아이들은 이런 방식으로 성인이 되는 연습을 한다.

- 콘텐츠가 구축됐다. 폴리나와 바베테는 '충성스러운', '사악한' 같이 제이슨이 전에 들어보지 못했던 단어들을 사용했다. 제이슨은 다른 아이들이 '즉각적으로'라는 단어를 배운 것처럼 이야기의 맥락 속에서 이런 단어들의 뜻을 이해했다.
- 역할에 몰입하는 것은 아이들의 능력에 대한 자신감을 키워준다(아기 역을 맡은 바베트가 망토에 걸려 넘어졌던 사소한 차질에도 불구하고).
- 긴 시간 동안 자기가 맡은 배역을 연기하는 것은 집중력을 키워준다.

이 협력을 통해 함께 만드는 가장연극 놀이의 에피소드는 의사소통이 없이는 일어날 수 없었다. 밴더빌트대학교의 데이비드 디킨슨(David Dickinson)은 아이들이 이런 연속적인 사건들로 이뤄진 가장연극 놀이에 더 많이 참여할수록 아이들의 연말 측정에서 언어 능력이 더 뛰어났다는 것을 발견했다.[37, 38]

4단계 수준에서의 듣기는 제시된 메시지를 진정으로 경청하는 것을 포함한다. 유진 오닐(Eugene O'Neill)의 〈기묘한 막간극(Stranger interlude)〉이라는 희곡에서는 배우들이 자신들이 진짜 무슨 생각을 하는지 관객들에게 직접 말을 건네면서 '제4의 벽(연극에서 객석을 향한 가상의 벽을 일컫는 말_옮긴이)'을 무너뜨린다. 마미는 "사랑해요 스탠리"라고 말하지만 다음 순간 관객들을 보며 "호머한테 차였으니 스탠리에게 정착할래요"라고 한다. TV프로그램도 이런 방식을 차용한다. 예를 들면 〈하우스 오브 카드(House of Cards)〉의 케빈 스페이시(Kevin Spacy)의 캐릭터가 그렇다. 실제 삶에서의 듣기(진정한 경청)는 마음이론을 활용하고 행간을 읽으면서 말하는 이에 관해 당신이 아는 모든 것을 다 염두에 두어야 한다. 이런 경청을 통해 의사소통은 4단계 수준으로 올라간다.

4단계에서 쓰기를 통한 의사소통은 독자가 글을 이해하기 위해 추측을 할 필요를 줄여준다. 우리는 4단계 수준의 리포트를 간절히 원한다. 이런 리포트들은 자신이 말하고자 하는 것과 자신이 다루고자 하는 문제들을 명확히 표현한다. 세부적인 사항들과 예시를 제시한다. 독자가 이 글이 말하고자 하는 바가 무엇인지 의아해할 여지를 남기지 않고 일관적인 논지를 구축한다. 대학교에서 이런 리포트들은 보기 드문 A학점을 받는다.

비즈니스의 세계에서 의사소통은 혁신적으로 변화하고 있다. 의사소통에 기반을 둔 비즈니스인 구글을 보라. 이제 누구나 아는 이름이 된 구글은 수많은 사람들에게 퍼졌고 우리는 하루에도 열 번은 더 구글 검색을 한다. 예를 들어 포스 스트리트에 있던 레스토랑 이름이 뭐였는지 용연향 같은 단어의 정의가 무엇인지, 책을 쓸 때 자료들을 검색하는 등 말이다. 2010년에 구글은 갓 졸업한 학생들에게 세상에서 가장 매력적인 직장으로 지명됐다.

왜 구글이 그렇게 인기가 많을까? 구글은 진보적인 방식의 내부 의사소통 방식을 가지고 있다. 구글이 만든 문화는 완전히 새로운 방식으로 4단계 수준의 의사소통에 반영된다. 구글은 내부 블로깅을 장려한다. 예를 들어 직원들이 "자신들의 의견을 표현하고, 질문하고, 사업을 진척시키면서 능동적으로 조직의 운영에 기여할 수 있도록 해준다. 그 과정에서 직원들은 계속 기업 문화를 만들어가고 발전시켜 나가는 데 도움"을 준다.[39] 구글의 CEO 에릭 슈미트(Eric Schmidt)는 이렇게 썼다.

"이것은 경영자들이 우리의 지식근로자들이 무엇을 생각하는지를 이해하고 그 반대로 우리 생각을 알릴 수 있게 해준다."[40]

4단계 수준의 의사소통과 억제되지 않은 협력이 없이는 구글이 선두로 앞서 나아가기 위해 필요한 창의적인 혁신성은 억압될 것이다. 비즈니스 블로그들은 이제 다른 기업들이 이런 스타일을 모방하면서 '구글 효과'라는 말을 쓰고 있다.

지적이고 정교하며 능률적인 의사소통 능력은 또한 월마트를 국제 비즈니스 무대로 쏘아 올리는 발사장치 역할을 했다. 월마트는 "적기공급생산(Just in time economy)"이라 불리는 전략을 쓴다. 이는 재고 관리 필요를 없애준다.[41] 캘리포니아 매장에 어떤 제품이 필요하면 커뮤니케이션 라인이 아시아에 있는 제조 공장에 전화를 걸어 즉각 제품을 다시 채워 넣을 수 있을 만큼의 양을 생산한다. 초효율적인 공급망이 재고 보관을 줄여주고 아직 필요하지 않은 제품들에 대한 자본금 선투자를 줄여준다. 월마트를 비롯한 수많은 기업들이 비용을 절감하고 제품 수요에 적절하게 대응하는 데 있어 명확하고 효율적인 의사소통이 핵심적인 열쇠라고 한다. 이 모델의 커뮤니케이션 라인의 효율성은 2005년 8월 뉴올리언스를 강타한 태풍 카트리나 발생 이후 월마트가 중요한 사회변혁의 주도기업이 되면서 증명됐다. 월마트는 잘 정비된 커뮤니케이션 시스템을 활용해 정부가 할 수 없는 일들을 해냈다. 물을 전달하고 재난으로 인한 수재민들을 위한 원조활동을 했다.

4단계 수준의 의사소통을 3단계(대화하기)와 명확하게 구별 짓는 원칙들은 무엇일까? 영국 언어철학자 폴 그라이스(Paul Grice)는 최상의 의사소통 실례를 묘사하는 금언들을 개발했다.[42] 이 금언들을 어기는 것은 최선의 경우 대화를 짜증스럽게 만들고 최악의 경우에는 오해를 불러일으킨다. 우리는 이런 금언들에 대한 생각을 하지 않지만 (우리가 항상 사용하는 언어에 대해서 생각하고 말하지 않는 것과 마찬가지로) 이런 격언들은 우리가 서로 의사소통하는 방식을 실제로 지배하고 있다.

첫 번째는 '발화의 양'이다. 이에 관한 금언은 대화에서 말하는 사람은 가능한 한 최대한 많은 정보를 주어야 하지만 필요이상으로 많아서는 안 된다는 것이다. 질문에 대해 짧고 명확하게 대답하는 것이 최선이다. 〈수사망(Dragnet)〉이라는 옛날 TV프로그램에 등장하는 한 남자는 이렇게 표현하고 있다.

"그냥 사실만을 말하세요. 부인. 딱 사실만요."

모린이 상대방에게 위스콘신 주의 세보이건 가는 길에 들른 모든 휴게소 이야기를 일일이 늘어놓을 때 그녀는 발화의 양에 대한 규칙을 어긴 것이다. 어떤 사람들에게 이 금언은 쉽게 와 닿지 않는다.

두 번째는 '발화의 질'이다. 이것은 '진실을 말하라'이다. 3단계 수준의 의사소통에서는 루머가 만연하다. 그리고 비즈니스와 정치세계에서 루머는 매우 치명적일 수 있다. 캐스 선스타인(Cass Sunstein)의 책 《루머(On Rumors)》에서는 만약 어느 회사가 망하기 직전이라는 루머가 퍼지면 사람들이 회사 주식을 팔아치워서 실제로 회사가 부도가 나게 할 수도 있다고 말한다.[43] 인터넷의 시대에서 루머는 죽은 고양이에 파리가 꼬이는 것만큼이나 빨리 확산된다.

몇 년 전 4월 1일 만우절에 우리의 친애하는 작가들이 맨해튼의 사립학교에서 부모의 DNA 샘플을 요구한다는 이야기를 지어냈다. 이미 학부모들이 학생들을 대신해서 에세이를 대필해주고(그렇다, 대학 입학원서나 마찬가지로 말이다) 과도한 접수비를 지불하고 있다는 것을 생각해볼 때 이건 아주 그럴듯한 이야기 같았다. 만우절에 작가들이 의도한 그대로 우리 편집자들은 깜박 속아 넘어가서 거의 이 소문을 사설에 인용할 뻔했다. 우리가 카메오로 출연한 〈유치원 전쟁(Nursery University)〉이라는 영화에서 볼 수 있듯이 맨해튼의 부모들은 자기 아이들을 '최고의' 유치원에 보내기 위해 말 그대로 뭐든지 할 기세다.

하지만 발화의 질에는 한계가 있다. 진실을 말하는 것은 좋은 삶의 규칙이지만 사람들이 들어야 할 필요가 없는 진실까지 말하는 경우는 예외다. 대부분의 성인들은 굳이 자신의 의견을 항상 피력할 필요가 없다는 사실을 알고 있다. 이를 이해하지 못하는 이들은 일종의 전설적인 인물로 남게 되지만 좋은 이유 때문은 아니다.

대학의 학과장인 로렌은 실제로 새로운 머리 스타일이 얼마나 끔찍한지 말해주려고 자신의 여성 동료를 찾아냈다. 이런 행동은 사람들을 민망하게 만든다. 어린이들 역시 진실을 참고 말하지 않기가 어렵다. 아마도 생각의 이론이 발달되지 않아서일 것이다. 어린이들은 자신들의 말 때문에 다른 사람들이 어떤 감정을 느낄 수 있는지를 인식하지 못한다. 리처드는 여자 친구 크리스티와 함께 누나의 가족을 방문하러 갔다. 다섯 살 레베카가 불쑥 "이빨이 진짜 크네요!"라고 한마디 한다. 레베카가 맞다. 아이는 진실을 말했다. 하지만 대부분의 성인들은 이런 '진실'을 굳이 언급하는 것을 삼갈 것이다.

세 번째는 '발화의 관련성'이다. 대화의 토막들은 지금 말하고 있는 주제에 적절한 연관성을 가지고 있어야 한다는 것이다. 적절한 연관성은 자기가 그린 그림을 설명하기 시작했다가 어떻게 닉키에게 어떤 부인이 걸려 넘어졌는지 설명하는 것으로 끝나는 식의 이야기를 하는 아이들에게는 매우 어려운 과제다. 아이들은 머릿속에 떠오르는 대로 말을 한다. 아이들은 종종 심지어 이야기의 주제라는 것이 있다는 사실조차 깨닫지 못한다!

마지막으로 '발화의 방식' 또는 '무엇을 어떻게 말할 것인가'가 있다. 레이는 장광설을 늘어놓는다. 우리는 모두 이런 타입의 사람을 한 명쯤 알고 있다. 캐럴은 디너파티에 레이를 초대할지 말지 망설이고 있다. 그저 단순히 "예" 또는 "아니오"라고 답할 수 있는 질문이라도 하는 날에는 10분도 넘게 왜 그 질문에 대한 답을 해줄 수 없는지 장광설을 들어야 할지도 모른다. 발화의 방식을 준수하기 위해서는 명확성과 간결성이 필요하다. 명백하게 일부 어른들의 능력을 벗어나는 기술들이다. 어린이들의 경우 마음이론이 없는 4세 어린이가 명확한 표현을 하기란 어려운 일이다. 듣는 이의 사전 지식을 고려하는 법을 모르기 때문이다.

4단계 의사소통은 이런 금언들을 잘 지키는 것에 달려있으며 언제 어떻게 이런 금언들을 잘 적용할지 알아야 한다. 〈크리스천사이언스모니터(Christian Science Monitor)〉 지에 실린 다니엘 에네마크(Daniel Enemark)의 글에 따르면 "이메일과 다른 소셜미디어가 4단계 수준의 의사소통 능력의 발달을 가로막는다"고 한다.[44] 상대방의 목소리 톤이나 얼굴 표정이 없이 또는 이런 비언어적 신호를 상대방에게 전달할 수 있는 능력이 없이는 전자기기를 통한 의사소통에서 많은 것을 놓치고 오해를 쌓아서 문제가 생길 수도 있다는 것이다. 스마트폰은 때로 너무 지나치게 스마트하다. 웹사이트들은 전부 '자동완성'이라는 현상을 만드는 데 힘을 쏟는다. 자동완성 또는 자동수정이라는 기능 덕분에 게일은 브루스에게 "오늘은 요리할 기분이 아니니 집에 오는 길에 사람 고기(Human beef) 좀 사올래?"라는 문자를 보낸다. 실은 후난식 고기(Hunan beef)를 사오라는 의미였는데 말이다.

아이들은 어디에서 훌륭한 의사소통의 황금률을 배울 수 있을까? 이것은 명쾌하게 가르쳐줄 수 없다. 의사소통에는 연습이 필요하다. 3단계 수준의 의사소통(주고받기)은 아이들이 자신이 말하고자 하는 바를 전달하고 다른 사람의 반응을 들으면서 경험을 쌓아 4단계 수준으로 발전하기 위한 단계적인 발판이다. 엄마가 해리에게 살짝 윙크를 하면서 이번 주 토요일에는 미니골프를 갈 수 없다고 하는 건 해리에게 토요일이 아빠의 생일이라는 것을 환기시켜 주려는 거다.

우리 자녀들이 4단계 수준의 의사소통 능력을 기르는 데 방해가 될 수 있는 것들은 무엇일까? 저녁 식사를 하면서 TV를 보는 것? 문자와 이메일을 주고받는 것? 전자기기들에 대한 애정이야 모두 있겠지만 저녁 시간은 전자기기를 꺼두기 좋은 시간일 것이다. 만약 부모가 문자를 보내고 이메일에 회신을 하고 있다면 열한 살 케네디가 여덟 살 루스에게 무서운 표정을 지어 보이는 것을 놓치고 말 것이다. 이것은 비언어지만 발화의 방식이라는 금언에 어긋난다. 공룡에 대한 대화를 나누는 도중 루스가 갑자기 아나폴리스로 간 렉시의 여행 이야기를 하고 싶어 한다. 만약 이때 부모들이 휴대폰에 한눈을 팔고 있다면 공룡 이야기를 마칠 때까지 기다렸다가 여행 이야기를 이어가자고 누가 말해줄 수 있을까? 발화의 관련성이나 적절성을 어기고 말할 차례를 기다리라는 말을 듣는 것은 루스가 대화하기의 내재된 규칙에 민감해질 수 있도록 도와줄 것이다. 전자기기에 집중하는 부모는 또한 케네디가 루스에게 "네 머리카락이 꼭 고슴도치 엉덩이 같다"고 말하는 것은 "좋지 않은 행동이야"라고 말해줄 타이밍을 놓칠 것이다. 발화의 질은 관찰해봐야 알 수 있다. 그리고 물론 가족의 저녁 식사 시간에 전자기기를 끄고 휴대폰에서 손을 떼지 못한다면 자녀들에게 아주 좋지 않은 본보기를 보이게 될 것이다.

요즘 30대들은 흥미로운 게임을 한다. 식당에 가면 테이블 한가운데에 휴대폰을 모아서 쌓아둔다. 참을 수 없어서 먼저 휴대폰을 집는 사람이 식사

비를 지불하는 것이다. 가족들도 뭔가 다른 법칙을 가지고 이런 비슷한 게임을 해볼 수 있을 것이다. 4단계 수준의 의사소통 능력은 어느 날 갑자기 발현되는 것이 아니다. 부모와 교사들은 아이들에게 모범을 보이고 싶다면 자신들이 먼저 의사소통의 금언들을 잘 지키는지 스스로 살피고 노력해야 한다.

의사소통의 4단계 수준에 도달하는 것을 어렵게 만드는 것 중 하나는 말을 듣는 사람이 무엇을 원하고 필요로 하는지를 어림짐작하는 것이다. 4단계 의사소통 능력은 청자에 대한 깊은 이해를 요구한다. 사전에 듣는 이에 대한 이해가 있고 나서야 정보를 주고 상대를 참여시킬 수 있다. 바베트, 제이슨과 폴라의 선생님처럼 아이들의 가장연극 놀이를 지지하는 교사들은 아이들이 서로의 관점을 이해하면 연극에서 역할을 정할 때 보다 빠르게 진행할 수 있다는 것을 안다. 좀 더 연령대가 높은 아동들에게 극장에서 공연하는 연극무대에서 역할을 맡기는 것 또한 마음이론을 발전시키는 데 효과적인 것으로 나타났다. 21세기 리더로서 성공에 꼭 필요한 것들을 연구한 카렌 소벨 로제스키(Karen Sobel Lojeski)의 가상의 거리(Virtual Distance)[45]는 훌륭한 의사소통 능력에 필요한 마음이론을 발달시켜준다. 고인이 된 미국 창업가이자, 작가이자 동기부여 연설가였던 짐 론(Jim Rohn)은 이렇게 표현했다.

"만약 당신이 의사소통만 할 수 있다면 그럭저럭 살아갈 수 있을 겁니다. 하지만 만약 자유자재로 능숙하게 의사소통할 수 있는 능력이 있다면 기적을 만들어낼 수도 있을 겁니다."[46]

아이가 성장할 수 있는 길

의사소통은 부모들이 기대하는 대로 아이들이 발전해나갈 수 있는 길을 열어준다. 의사소통 능력이 뛰어난 사람은 협력의 기반 위에 서 있다. 의사소통을 통해서 우리는 읽기, 수학, 과학 그리고 예술의 콘텐츠를 익힐 수 있다. 아이들은 먼저 읽기를 배우고 배우기 위해 읽는다고 한다. 실제로 뛰어난 언어 능력과 의사소통 능력이 없다면 아무리 읽기 조기교육을 시킨다고 해도 아무 소용이 없을 것이다. B-O-Y라고 철자를 소리 내어 읽어줘도 먼저 Boy라는 단어를 알고 있지 않다면 아무 소용이 없을 것이다.

우리는 다른 사람과의 대화를 통해 어휘를 배운다. 개방형 질문과 주고받는 대화 속에서 배우는 것이다. 아이들에게 "네 방식대로 말해봐"라고 격려하는 부모들은 아이들이 더 많은 단어를 배우고 읽고 쓸 줄 아는 능력을 뒷받침해주는 것이다. 아이들에게 이야기를 들려주면 학문적인 기술을 배우고 우정을 유지하는 데 도움을 주는 서사에 대한 관심을 키워준다. 언어, 단어 그리고 이야기들은 의사소통을 구축하는 벽돌들이다. 아이들이 자기 생각을 공유하고 다른 사람의 생각을 이해할 수 있게 해주는 벽돌 말이다. 세계적인 성공을 거둔 이야기들은 대부분 의사소통할 수 있는 능력에 관한 것이며 하드 스킬과 소프트 스킬 모두가 이를 바탕으로 발전한다.

· SCAFFOLDING ·

의사소통을 원활하게 해주는 방법

의사소통이 이뤄지고 있다는 것을 어떻게 알 수 있나?

부모의 입장에서

누구나 한 번씩은 친구랑 식사하는 도중에 문자나 전화를 받은 경험이 있다. 우리는 핸드백 안에 고이 놓여 있거나 으깬 감자 옆에 뒤집어 놓은 채로 울리는 휴대폰을 예의 주시하며 혹시나 전화가 울릴까 경계를 게을리하지 않는다. 벨이 울리자마자 우리는 자녀와 눈을 맞추는 대신 전화기에 정신을 빼앗겨버린다. 만약 당신이 건너편에 앉아 있는 친구의 입장이라면 이런 행동이 대화의 물꼬를 터주기보단 대화를 가로막는 행동이라는 것을 잘 알 것이다. 하루 일과에 대한 대화를 나누는 것이 저녁 식탁에서의 중심이 되고 그렇게 나눈 대화들은 우리 모두가 가치 있는 존재로 느낄 수 있게 만들어준다. 관심을 받고 대화를 나누고 싶은 사람이 된 듯한 기분 말이다. 어떻게 하면 이런 느낌을 다시 일깨워주고 가족을 단단히 이어주는 접착제로서 의사소통 능력을 활용할 수 있을까?

우리는 이런 식의 특정한 질문들을 해볼 수 있다. "오늘 하루 어땠어?" 대신에 "오늘 학교에서 뭘 했니?", 그리고 "브루어 선생님과의 미팅은 어떻게 되었니?" 또는 "오늘 학교에서 어떤 걸 그렸니?", "무슨 색을 사용했어?" 같은 질문을 해보라. 아마도 아이들은 당신이 리드하는 대로 이야기를 늘어놓고 저녁식사 시간은 생각의 양식이 되는 재료를 얻는 시간이 될 것이다.

우리 스스로의 행동을 돌아보면서 눈치채지 못하고 지나가버린 수많은 대화하기의 기회들을 볼 수 있을 것이다. 사람들이 이웃사람들과 친해지기 위해 시간을 들이고 낯선 사람과도 이야기를 나누던 때를 기억하는가? 우리는 이것을 공동체라고 불렀고 공동체의 일부는 커뮤니케이션의 언덕 위에 지어졌다(커뮤니케이션과 커뮤니티의 어원은 같다). 대화를 지속해나가기 위해서 우리는 이런 정신을 다시 불러일으켜야 할 것이다. 그렇게 하면 우리는 듣는 사람이든지 말하는 사람이든지 되돌아볼 기회도 될 것이다. 친구들이 뭘 하고 있는지 알고 있는가? 우리는 신경을 쓰고 있나? 그저 페이스북 포스트들을 빠르게 휙휙 넘겨보며 네트워크 안에 있는 사람들에 대해 피상적인 지식만을 가지고 있는 건 아닐까? 가끔씩 정말 다른 사람들의 의견을 듣고 그들의 모험에 대해 듣고 싶어서가 아니라 그저 '좋아요'를 많이 받고 싶어서 포스팅을 올리는 것처럼 느껴질 때가 있다. 우리는 가상에서도 더 나은 경청자가 될 수 있을까?

최근 세미나에서 한 그룹은 교사 30명으로 구성돼 있었다. 이들은 본인들이 4단계 수준의 의사소통 능력을 가지고 있는지 곰곰이 생각해봤다. 한반에 30명씩 보조교사도 없이 1학년 학생들을 혼자 담당하고 있는 선생님들은 학교 일과 시간 중 아이들의 이야기를 들어줄 시간이 없었다. 아이들을 조용히 시키고 정해진 과제를 따라 진도를 나갈 수 있을 정도로 학생들이 질서를 지켜준다면 그것만으로도 운이 좋다고 해야 할 지경이다. 하지만 아이들의 이야기를 들어주는 데 실제로 얼마만큼의 시간이 걸리는 걸까?

펜실베이니아 주에서 큰 규모의 교사 그룹들과 함께 진행한 과제 중 하나로 우리는 이 질문에 답을 얻을 수 있었다. 실제로는 하루에 20초만 아이들의 말을 들어주면 놀이터에서 무슨 일이 일어나는지 많은 것을 알 수 있다. 올리버가 포 스퀘어 게임에서 어떤 심정이었는지 어린 남동생에게 져서 올리버가 얼마나 망신스럽고 속상했는지 말이다. '내가 너한테 관심이 있다'는 것을 보여주는 그 20초가 아이를 위한 또한 아이의 롤모델로서 의사소통의 위력을 보여줄 수 있는 당신에게 중요한 시간이 될 수 있다.

아이의 입장에서

자녀들은 부모를 보고 배운다. 의사소통보다 이 말이 더 잘 들어맞는 경우는 없을 거다. 만약 당신의 자녀가 왜 주위 세상보다 태블릿에 골몰하는지 알고 싶다면 아이가 사는 생활 속에 어른들이 어떤 패턴을 보여주는지 살펴보라. 〈보스톤글로브〉의 리포터가 언젠가 우리에게 아이들의 욕설이 늘어나는 이유를 설명해달라고 요청한 적이 있다. 우리의 대답은 헤드라인 뉴스가 되었다.[47]

"아이들은 들은 대로 말하는 겁니다."

우리는 자녀들이 소리 지르고 관심을 끄는 1단계 수준의 의사소통에서 발전할 수 있도록 아이들의 말에 귀 기울이고 경청해주고 있는가? 아이들이 자기에게 중요한 것을 보여주고 말할 기회를 주고 있는가? 오직 우리가 아이들의 의견을 가치 있게 대해주고 말하고 의견을 공유할 수 있는 기회를 줄 때라야 더 나은 의사소통 능력을 키워줄 수 있을 것이다. 여기에서 다시금 말하지만 어떤 종류의 질문을 던지느냐가 대화를 계속해 나갈 수 있는지의 여부에 영향을 준다. 개방형 질문은 큰 차이를 만든다. 정답이 하나밖에 없는 폐쇄형 질문("1+4는 뭐지?")을 던질 때 대화는 한 번에 끝나고 만다.

하지만 예를 들어 "학교에서 너랑 제일 친한 친구에 대해서 좀 이야기해줄래?" 같은 질문은 아이들이 대화할 수 있는 여백을 제공한다. 이런 질문이 언어를 발달시키고, 자기 통제력을 키울 수 있게 해준다. 밴더빌트대학교의 데이비드 디킨슨은 "다섯을 위한 고군분투"라는 방법을 사용한다. 아이들과 이야기할 때 대화를 계속해나가기 위해서는 최소한 다섯 번의 말을 주고받아야 한다고 환기시킨다. 이렇게 하면 아이들은 우리와의 대화를 통해 많은 것을 배울 수 있다.

당신의 자녀는 지금 어디에 서 있는가? 자기가 원하는 것을 얻을 때까지 소리를 질러대는 아이인가? 끝도 없이 징징거리나? 아이들은 설령 같은 나이라고 하더라도 상관없이 의사소통의 발달 단계에서 아주 폭넓게 분포돼 있다. 4학년 수업에서 피터의 교실에 있는 모든 학생들이 영화 〈타이타닉(Titanic)〉을 본 것 같다. 피터는 줄거리 속에 담긴 더 깊은 의미를 토론하고 싶은 마음이 간절하지만 반 아이들의 대화하기는 피터가 원하는 방식이나 수준이 아니다. 피터가 얻을 수 있는 가장 긍정적인 반응은 영화가 꽤 괜찮았다고 생각한 아이들의 감성적인 웅얼거림과 감탄사뿐이었다. 자녀들의 의사소통 능력을 발전시켜주는 것은 진정한 커뮤니케이션을 위한 중요한 첫 단계다.

당신이 가는 곳에서

당신 자녀의 교실은 조용한 스타일인가 아니면 아이들이 서로 대화를 나누는 행복한 웅성거림이 들려오는 게 일반적인 교실인가? 벽에는 어떤 그림들이 걸려 있고 협력적인 커뮤니케이션의 원동력이 될 수 있는 어떤 활동들이 이뤄지고 있는가? 학생들이 구석에서 함께 작업할 때 보통 아이들은 풍부한 어휘를 사용하고 배워가면서 많은 말을 하고 줄거리를 만들고 공동 과제를 구축하는 법을 배운다. 이런 상호교류는 일부 학교들의 오랜 특성 때문에 보통 쉬는 시간이나 놀이시간 그리고 점심시간에 일어난다.

집에서도 우리는 의사소통의 기회를 높여줄 수 있다. 만약 8세 이상의 아이들이 하루에 8시간 동안 스크린 앞에 앉아 있다면(이것이 카이저 재단의 연구조사에서 보고된 현실이다) 아이들은 의사소통 능력을 연습할 기회를 얻지 못하고 있는 것이다.[48] 만약 아이들이 디지털 스크린이라는 달콤한 유혹에 빠져 있는 시간을 제한하고 진짜 사람들과 놀이를 한다면 아이들의 의사소통 능력을 꽃피울 수 있을 것이다. 토론과 의견충돌은 의사소통의 장에서 중요한 부분이다. 만약 우리가 불협화음이 결여된 환경을 만든다면 아이들은 대화를 통해 협상하는 법을 결코 배우지 못할 것이다.

의사소통 능력을 장려하는 환경을 만드는 방법

우리 가족은 가족회의를 좋아해서 이를 통해 대화의 기회를 가졌다. 아이들의 TV시청 시간이 제한적이었기 때문에 서로 어울려 놀기도 하고 서로 방해가 되기도 했다. 그런 경우 항상 갈등이 일어났다. 아이들을 그저 떼어놓는 것으로 문제를 해결할 수도 있지만 대신 우리는 모든 가족들을 불러모아(이것은 의무적이었다) 상황을 설명하고 함께 문제를 토론했다. 문제를 일으킨 장본인이 날뛰긴 하지만 '피해자'에게 먼저 발언의 기회가 주어진다. 문제를 일으킨 사람은 상대방의 말을 듣는 자기 통제력을 가져야만 한다. 자기 차례가 올 테니 말이다. 이런 방법은 아무도 상처받지 않고 모두가 서로를 위한 존중심을 키운다. 의사소통이 분쟁을 해결하는 도구가 되는 것이다. 가족회의는 아이들이 징징거리지 않고 토론할 수 있게 해줬다.

예절을 가르치는 것은 너무 구식처럼 들릴지 모르지만 다른 이들에게 말할 때 눈을 보고, 머리카락을 만지작거린다거나 딴청부리기를 멈춰야 한다는 것을 가르쳐주지 않으면 아이들은 그럴 필요가 있다는 것을 알지 못한다. 말을 걸어도 꼭 대답을 하지 않는 아이들이 있다. 말을 거는 상대방에게 듣고 있다는 반응을 보이지 않고 무시하는 것은 매우 무례한 일이다. 만약 우리 아이들이 화면을 보는 데 더 많은 시간을 보낸다면 우리는 의사소통이 작동하는 방법을 알 수 있도록 기본 틀을 가르쳐줘야 한다. 아이들과 대화할 때 집중해주는 것으로 행동을 통해 모범을 보여줄 수 있다. 우리는 또한 아이들에게 앞서 설명한 의사소통의 황금률을 따를 수 있도록 격려해줄 수 있다. 자녀 양육에서 너무나도 많은 부분이 언어를 사용해서 우리가 기대하는 바를 전달하는 활동이다. 그리고 이는 단지 일방적으로 말하는 것이 아니라 아이들과의 대화에 집중하고 아이들이 '왜' 그런지 '어떻게' 해야 하는지 질문할 수 있도록 해줘야 한다. 다른 사람의 집에서 냉장고를 열기 전에 허락을 구하는 것이 왜 중요할까? 친구 루에게 루가 여는 파티에 갈 수 없다고 어떻게 말하면 좋을까? 결국 아주 뛰어난 마음이론을 가지고 있는 아이라 할지라도 문화적인 관습은 배워야만 한다.

여기서 강조하고 싶은 것은 부모로서 우리들이 의사소통의 기회를 열수도 있고 닫을 수도 있는 환경을 만들 수 있다는 것이다. 우리가 계획적으로 곱셈에서 나눗셈 그리고 분수를 순서대로 가르치는 것처럼 아이들이 의사소통의 발달 과정을 차근차근 경험해 4단계 수준의 의사소통 능력을 키우고 환영받고 존중받는 대화 상대가 될 수 있도록 어떤 경험을 제공할 수 있을지 사려 깊게 생각해봐야 한다.

제7장

'지식 습득이 최고'라는 환상

콘텐츠

나에게 말하면 잊어버릴 것이고 가르쳐주면 기억할 것이다.
내가 참여할 수 있게 한다면 나는 배울 것이다.
_벤저민 프랭클린

2005년 초 플로리다 주지사 젭 부시(Jeb Bush)는 모든 4세 아이들을 위한 자발적인 유아원 교육을 재가하는 법령에 서명했다. 그는 조기교육에 대한 국민적 태도의 변화라는 해일에 처음으로 올라탄 이들 중 하나다. 불과 몇 달 후 우리는 플로리다 주의 '조기교육 품질 계획'이라는 기관의 초대로 회의에서 발표를 하게 되었다. 아주 완벽한 장소 같았다. 과학과 야자수 나무들이 함께 있다니 말이다. 햇볕에 보기 좋게 그을린 교사와 정책입안자들이 뇌의 읽기 영역에 대한 새로운 최신 발견과 어휘력을 폭발적으로 향상시킬 수 있는 방법에 대해 들으려고 진지한 얼굴로 청중석에 앉아 있었다. 그들은 이렇게 새롭게 발견된 내용들을 새 학기가 시작된 교실에 적용하고 싶어 했다. 발표 후에 청중들로부터 질문을 받는데 젊은 3학년 선생님이 손을 들고 질문을 했다.

"FCAT 서약에 대해 들어보신 적이 있나요?"

약간 어리둥절한 표정으로 우리는 둘 다 들어본 적이 없다고 대답했다.

그녀는 벌떡 일어나 오른손을 가슴에 얹고 3학년부터 매년 봄 학생들이 치르게 되는 중요한 시험인 플로리다 주의 종합 학력 평가 시험 준비를 위해 아이들이 매일 주문처럼 외운다는 서약을 낭독했다.[1]

- 나는 최선을 다할 것이다.
- 나는 집중할 것이다.
- 나는 숙면을 취하고 든든한 아침 식사를 할 것이다.
- 나는 포기하지 않을 것이다.
- 나는 서두르지 않을 것이다.

심각하게 충격에 빠진 우리 모습을 상상해보라. 어린 학생들에게 배움에 대한 사랑을 심어주는 재미있고 흥미로운 방법을 공유하고 서로 배우기 위해 학회에 모였는데 이 주의 3학년 학생들은 매일 학력 평가를 가장 중요한 일로 머릿속에 되뇌며 충성의 맹세 대신 이런 서약을 매일 외운다는 것이다. 새로운 밀레니엄의 시작에서 성취란 개념은 이런 어린아이들에게도 시험 점수로밖에 평가될 수 없는 것일까?

지식이 많으면 21세기에 적응할 수 있을까

분명히 밝히지만 우리는 시험이나 평가에 반대하지 않는다. 우리보다 앞서 수많은 이들이 말한 것처럼 만약 시험이 진정한 학습을 평가할 수 있다면 시험은 매우 훌륭한 제도다. 아마도 학습 경험이 될 수도 있을 것이다. 채즈 선생님의 반 학생들이 실제로 스페인 탐험가 폰세 데 레온(Ponce de Leon)이 젊음의 샘을 찾아 나섰다는 이야기의 출처가 불분명하다는 것을 배웠는지 알아보기 위해서는 반드시 어떤 종류든 평가가 일어나야 한다. 하지만 6C 중에서 콘텐츠(Content), 즉 학습내용이 교육의 유일한 중심이 되면 다른 모든 C들은 방치되고 만다. 또래들과 어울리고 협력할 필요가 없다. 시험은 개별적으로 치르기 때문이다. 의사소통 능력도 불필요하다. 아이들이 하는 일이라곤 빈칸을 채우는 것뿐인데 왜 의사소통에 신경을 쓰겠는가? 우리는 심각하게 뒤로 한 발짝 물러나 우리가 학교 안팎을 통틀어 협력적이고, 창의적이며, 능력 있고 책임감 있는 내일의 시민으로 자라날 행복하고, 건강하고, 생각하고, 남을 살피는 사회적인 아이들을 지원해주는 환경을 만들고 있는지 생각해봐야 한다. 그리고 학습내용은 그 자체로는 충분하지 않다. 아이들이 스스로를 통제하는데 도움이 되는 집행기능 능력은 아이들이 학교에서 또 인생에서 성공하기 위해 핵심적인 요소들을 배울 수 있게 해준다.

우리는 지금 빅데이터 시대를 살고 있다. 어디에나 값싼 정보들이 흔하게 차고 넘친다. 빅데이터를 4개의 V로 생각해보자.[2] 첫 번째, 용량(Volume)이다. 지구상에는 70억 명의 사람들이 살고 있고 그중 60억 명이 휴대폰을 가지고 있으며 게다가 휴대폰은 수많은 전자기기 중 하나일 뿐이다. 두 번째, 속도(Velocity)다. 2016년까지 189억의 네트워크 연결망이 생겨난다. 지구상에 존재하는 모든 인간들이 2.5개의 접속망을 가지는 셈이다. 세 번째는 다양성(Variety)이다. 데이터는 수많은 형태로 존재한다. 마지막으로 진실성(Veracity)이다. 저 수많은 자료들 중 어떤 자료를 신뢰할 수 있는가?

19세기 학교에 다닌 학생들은 나라별 수도, 시, 수학공식 등 온갖 종류의 정보를 모두 암기해야만 했다. 하지만 이제 아이들이 정보를 기억할 수 있을 시점에는 모든 것이 변화해버린다. 9의 제곱근, 노르만 정복 날짜 같이 바뀌지 않는 것들도 있다. 하지만 우리가 10년 전에 알았던 많은 정보들이 더 이상 현실에 적절하지 않다. 예를 들어 MIT는 학생이 시험에서 총점 5점에 5점 만점을 받았다 해도 고교심화과정(Advanced placement, 미국에서 고등학생이 대학 진학 전에 대학 인정 학점을 취득할 수 있는 고급 학습과정_옮긴이)의 학점으로 인정해주지 않는다. 생물학부는 시험 점수가 인정될 즈음에는 이미 그 정보가 유효하지 않은 것이 된다고 선언했다.

빅데이터 시대에서는 다양성이 폭발한다. 비즈니스 거래로 인한 데이터, 센서들을 통해 취합한 건강 데이터(지금 당신은 손목에 운동량을 측정해주는 밴드를 차고 있지 않은가?), GPS 추적을 통해 만든 경로 지도, 트위터에 올린 글 등등 수많은 정보들이 넘쳐난다. 7세 아이들의 머릿속에 100배 또는 1,000배 많은 정보들을 채워넣을 수는 없다. 하지만 여전히 현재의 교과과정은 시험에 나온 한 문제에 맞는 답을 내놓는 것에 중점을 두고 있다. 구글 세대의 아이들은 손끝에 모든 사실정보를 가지고 있다. 카타르에서 가장 높은 빌딩 이름을 7세 아이도 몇 초 만에 찾아낼 수 있다. 정보는 그저 손가락만 몇 번 움직이면 바로 찾아낼 수 있다. 다양한 경제적 스펙트럼을 넘어 아이들은 컴퓨터와 함께 성장하고 있다. 플루타르크(Plutarch)는 말했다.

"교육은 들통을 채우는 것이 아니라 불을 지피는 것과 같다."[3]

그런데도 우리는 아직 들통을 채우고 있다. 그리고 들통은 학습내용으로 차고 넘쳐나고 있다. 그리고 학습내용들을 특정한 종류다. 우리가 학교에서 주로 가장 많이 배우는 것은 읽기와 수학이다. 학습내용에 대해 이야기할 때 아무도 사람에 대한 이해에 대해서 이야기하지 않는다. 프라산나는 인도에서 왔다. 프라산나의 신념과 관습은 집이 불과 한 블록 떨어진 곳에 있는 페티와는 전혀 다르다. 하지만 읽기와 수학에 대한 강조로 사회학습에는 신경도 쓰지 않는다.

21세기 직장에서 주목해야 할 단어는 '적응성' 또는 구글에서 표현하는 바에 따르면 '학습민첩성(learning agility)'이다. 배우지 못하거나 다시 배우지 못하는 사람, 학습 전략이 전무한 사람은 사회적으로 낮은 위치에서 낮은 임금을 받는 처지로 전락하고 궁극적으로는 컴퓨터나 기계로 대체되고 말 것이다. 하이패스로 대체된 톨게이트 요금 징수원들이나 스마트폰으로 찍어대는 수천 장의 사진들로 시장이 사라져버린 불쌍한 사진사들을 생각해보라. 그럼에도 불구하고 여전히 학교에서 우리는 아이들에게 "어떻게 배우고", "어떻게 정보를 분석하며", "어떻게 통합적이고 혁신적인 결론을 도출할 것인가"를 가르치기보다는 단순한 학습정보들을 가르친다. 프랭크 스미스(Frank Smith)가 적은 것처럼 "모든 교실에서 째깍거리고 있는 시한폭탄은 모든 학생들이 교사가 가르친 그대로를 배운다는 것"이다.[4] 교육을 매일 변화하는 정보를 가르치는 것으로 제한하는 것은 아이들이 고등학교를 졸업하기도 전에 이미 구식이 되게 만드는 것이다.

우리는 학습내용이 중요하지 않다고 말하는 것이 아니다. 학습내용을 머릿속에 기억하는 것은 우리가 문제를 해결할 수 있도록 자유를 준다. 구구단을 생각해보라. 우리는 10억 분의 1초처럼 느껴지는 짧은 시간에 즉각적으로 '9×6'은 '54'라는 것을 자동적으로 기억할 수 있다. 이것은 믿을 수 없을 정도로 효율적이다. 이런 능력은 가든파티 때 9달러짜리 양초를 몇 개나 사야 할지 재빠르게 계산할 수 있게 해준다. 아니면 읽기는 어떤가. 우리는 자동적으로 단어의 의미를 이해한다. 간판내용을 보지 않으려고 해도 자동으로 읽어버려 무시하고 지나갈 수가 없다. 버스나 기차에 앉아서 문제를 풀려고 애를 쓰는 데도 광고에 자꾸 눈이 가는 것을 멈출 수 없었던 경험을 기억하는가? 애를 써서 단어들을 소리 내어 읽지 않고 지나친다 해도 글의 내용이 무엇이었는지 머릿속에서 씨름한다. 우리는 자녀들이 속독가가 되길 바란다. 캔디를 소리 내어 읽는 것도 어려워한다면 어빈은 캔디가 무료라는 문장의 뜻을 이해하지 못하고 넘어갈 수도 있다.

콘텐츠는 매우 중요하다. 하지만 우리는 이미 알려진 사실을 가르치는 데에 그치지 말고 더 나아가야만 한다. 만약 우리 자녀들이 학습민첩성을 배워야 한다면 창의적으로 생각하는 법을 배워야만 한다. 그래야 새로운 기능을 위해 오래된 조각들을 새로 맞춰낼 수 있을 것이다. 또한 (이미 알려진 정답이 없는) 모호하게 정의된 문제를 풀어내기 위해 변화에 유연한 정신을 가져야 한다. 그리고 확실하게 정의된 문제와 함께 이런 모호하게 정의된 문제를 제시하는 환경에 있어야 아는 바를 재활용할 수 있다. 이건 한 가지 정답만 있는 시험문제를 푸는 것만으로는 불가능하다. 매일 FACT 선서를 외우게 해서 그 중요성이 턱도 없이 과장된 그런 시험들로는 안 된다. 우리에게 필요한 것은 더 깊은 사고력이지 얕은 공부가 아니다.

캐나다의 심리학자 퍼거스 크레이크(Fegus I. M. Craik)와 로버트 록하트(Robert S. Lockhart)는 현대 직업들에 필요한 더 깊은 학습에 대해 생각해보는 방법을 개발해냈다. 그들의 처리 수준 모형(level of processing model)은 1972년에 발표했지만 오늘날에도 여전히 매우 유효하다.[5] 그들의 모델은 '안다는 것'이 무엇을 의미하는지에 관한 것이다. 단순히 '서론의'라는 뜻의 새로운 단어 'Prodromal'을 몇 페이지에서 보았는지를 기억하는 것 또는 그 글씨가 이탤릭체로 쓰였다거나 어떻게 소리 나는지를 아는 것은 아주 얕은 수준의 정보처리 또는 피상적인 학습에 지나지 않는다. 우리는 단어의 뜻을 배우지 못했다. SAT시험 준비를 위해 공부하며 500단어를 암기했던 것을 기억하는가? 하지만 지금 당신이 대립 개념을 의미하는 삭망(syzygy)이나 시너지(synergy)라는 단어를 사용한 문장을 쓸 수 없다고 내기를 걸어도 좋다. 깊은 학습은 우리가 실제로 'Prodromal(전구 증상의)' 이라는 단어의 의미를 배우고 그것을 사용할 수 있을 때 일어난다.[6] 고등학교나 대학교에서 치르는 에세이 시험은 사지선다형의 시험문제와는 다르다. 에세이 시험은 우리가 진정으로 이해한 내용이 무엇인지를 평가한다. 우리가 개별적으로 배웠을 수도 있는 사실들을 설명하고 서로 연관을 짓도록 한다.

우리는 깊은 학습내용이 필요하다. 단지 로봇과 인공지능(AI)이 루틴화된 일자리를 점점 더 많이 차지하고 있을 뿐만 아니라 심지어 로봇들도 더 깊이 '사고'하기 시작했기 때문이다. 캘리포니아 몬트레이 베이의 아실로마 컨퍼런스 그라운드에 선도적인 컴퓨터 과학자들이 모여 로봇들이 지나치게 영리해지고 있는 것이 '과연 우리를 위해 좋은 것일까' 아니면 '로봇을 위해 좋은 것인가'를 걱정하는 모임을 갖는 것을 보면 우리는 실제로 이미 멋진 신세계를 살고 있다.

연구가들은 자율주행차량, 소프트웨어 기반의 개인 비서, 가정의 도우미 로봇 등이 인간의 일자리를 위협할 가능성에 대해서 토론했다.[7] 우리는 이 글을 쓰면서 이런 목적들이 달성되는 것을 보고 있다. 구글의 자율주행차량이 이미 출시됐다. 로봇은 이미 실험적인 의료 시스템 같은 분야에서 일하고 있다. 상상할 수 있는가? 가벼운 수술을 받기 위해 병원에 입원한 당신이 간호사 호출 버튼을 누르면 로봇이 미끄러지듯 들어와 "무엇을 도와드릴까요?"라고 하고 당신이 "목이 말라요"라고 하면 로봇이 "물론입니다" 하고 물 한 방울 흘리지 않고 물을 따라서 가져다준다.

이제 별로 특별한 일이 아니라고 생각할지 모르지만 미래학자 셰리 터클(Sherry Turkle)은 회사들이 사회적 로봇을 개발하고 있다고 경고한다. 당신의 손을 잡아주고, 공감하고, 기분이 좀 나아지게 위로해줄 수 있는 소프트 스킬을 가진 로봇들이다.[8] 이사회실에서 공장 바닥까지 세계 최고의 교육을 받고 유연하고 가장 창의적이며 혁신적인 인재가[9] 아니고는 우리 자녀들은 자동화에 일자리를 잃을 것이며 보다 복잡하고 지적인 데이터 프로세싱이 필요한 일자리조차 빼앗기고 말 것이다. 이런 일자리들은 기계로 쉽게 대체될 수 있다.

웬일인지 우리 문화는 학습내용만이 유일하게 가치 있는 능력인 것처럼 속임을 당해왔다. 학부모, 학교 그리고 교육 산업은 학습내용의 가치를 지나치게 높이 평가해왔다. 이제는 어떻게 아이들에게 보다 깊이 사고하는 능력을 키워주는 방식으로 교육할 수 있을지를 자문해봐야 할 때다. 우리는 학습내용의 정의를 넓혀 문제를 해결하기 위한 답을 어떻게 찾고 그것을 실현할 수 있는 정보와 자원을 어떻게 조합할 것인지를 포함시켜야 한다.

다윈의 생각은 옳았다.

"가장 강력한 종이 살아남는 것이 아니다. 가장 지적인 종이 살아남는 것도 아니다. 변화에 가장 빨리 적응하는 종이 살아남는다."[10]

우리는 여기서 2가지 질문을 해볼 수 있다. 처음부터 우리는 어떻게 콘텐츠를 배우는가? 그리고 어떻게 하면 세상에서 활용할 수 있도록 더 깊게 콘텐츠를 배울 수 있을까? 교육과학 분야에서 아기들에 대한 연구부터 시작해서 25년 동안의 연구 결과가 우리에게 콘텐츠를 배울 때 활용하는 프로세스들에 대해 풍부한 통찰력을 제공한다.

1단계 : 조기학습과 특정 상황

사람들이 아기들의 세상은 "알록달록 하고 윙윙거리는 혼돈 속"일 거라고 여겼던 적이 있었다.[11] 아기들에게는 측량할 수 없을 만큼 거대한 만화경 안에 들어있는 것처럼 물체와 사람들이 여기저기서 움직이고 있는 듯 보일 거라고 생각한 것이다. 이제 우리는 아기들이 태어나기도 전에 콘텐츠를 배운다는 사실을 안다. 아기들은 아직 자궁 안에 있는 동안에도 엄마로부터 들은 이야기와 노랫소리를 기억한다.[12] 그 의미를 이해하지 못할지 몰라도 멜로디는 확실하게 기억한다. 그리고 일단 태어나면 아기들의 학습은 급성장한다.

아기들은 대체 조지 삼촌은 재미있고, 보잉 삼촌은 무섭다는 걸 어떻게 알게 되는 걸까? 아기들은 어떻게 엄마가 점심을 먹이기 위해 높은 의자에 앉히고 점심을 만들고 먹여줄 거라는 걸 알고 좋아할까? 그리고 "작고 작은 거미" 노래가 늘 같은 방식으로 끝난다는 걸 아는 걸까? 아기들은 보고 듣고 냄새를 맡고 만지고 맛보는 모든 오감을 통해 배우고 작은 과학자들처럼 손과 입을 통해 실험하면서 세상을 배워나간다.

복잡한 세상을 좀 더 잘 이해할 수 있도록 아기들은 일정한 규칙을 포착하고 반복되는 패턴을 찾아낸다. 아기들은 태어나면서부터 천부적인 패턴 사냥꾼이다. 아기들은 연관을 지음으로써 패턴들을 찾아낸다. "조지 삼촌은 미소와 웃음", "보잉 삼촌은 찡그린 표정과 멈칫거림"이라는 패턴을 알아차리는 것이다.

또한 어떤 일이 동시에 얼마나 자주 일어나는지 통계적인 확률을 계산한다. 예를 들면 점심시간이 규칙적으로 돌아온다는 사실처럼 통계적인 확률은 사건 간의 예측 가능한 연관성을 알아차릴 수 있게 도와준다. 위스콘신

대학교의 제니 사프란(Jenny Saffran) 같은 과학자들은 8개월밖에 안된 신생아들이 반복되는 사건을 이해할 수 있다는 사실을 발견했다.[13] 생후 8개월 된 로렌의 시점으로 점심은 규칙적인 반복으로 이뤄져 있다. 먼저 아빠가 점심시간이라고 말한다. 아기에게는 거의 "어쩌고 저쩌고… 로렌" 그리고 아마도 자주 들어서 귀에 익은 "점심"이란 단어가 들릴 것이다. 아빠가 로렌을 안아 올려 높은 의자 위에 앉히고 턱받이를 채운 후 냉장고로 간다. 병뚜껑을 열어서 로렌 앞에 놓고 노란 덩어리(과일)로 가득 찬 아주 멋진 수저를 가져온다. 그리고 이런 일이 하루에 세 번 또는 간식이 곁들여지면 세 번 이상 일어난다. 이런 일련의 사건을 구성하는 부분들은 동시에 일어나는 것처럼 보인다. 아기들은 9개월이 되면 (수저를 아기 입 대신 머리 위로 가져간다든가 하는 식으로) 연속되는 순서가 틀렸을 경우도 알아챈다. 그리고 이런 순서 위반이 일어나면 숨넘어갈 정도로 재미있어 한다.

아기들이 배우는 또 다른 방법은 모방이다. 앤디 멜조프(Andy Meltzoff)는 어른이 혀를 쏙 내미는 것을 보여주면 신생아들이 이를 따라서 혀를 내민다는 사실을 보여줌으로써 과학계를 뒤흔들었다. 아기들은 매우 예리하고 주의 깊은 관찰자이며 다른 이들로부터 배울 준비가 되어 있다.[14] 아기들과 이런 게임을 해본 적이 있을 것이다. 당신이 이렇게 말한다.

"(사자는) 얼마나 크지? 진짜 커!"

그리고 팔을 들어올린다. 아기도 이렇게 하는 법을 따라 배운다. 아기도 즐거워하고 우리도 기뻐한다. 하지만 어떻게 할까? 아기는 먼저 우리가 움직이는 신체 부분이 어디인지를 파악해야 한다. 자기 손을 치켜들면서 보는 것은 우리가 손을 올리는 모습을 보는 것과 완전히 다르다. 그럼 어떻게 연관을 짓는 걸까? 놀랍게도 우리가 손을 들어 올리는 것을 보면 아기 두뇌의 팔 부분에 불이 들어온다. 거울 뉴런이라고 부르는 것이 반응하는 것이다. 그럼 아기는 자기 팔을 들어올린다.

점심을 먹는 아기 로렌에게로 돌아가보자. 로렌은 이런 단편적인 내용들을 이해하고 (아마도 통계와 연관 짓기를 통해서) 그 내용들이 어떻게 연결되는지도 인식한다.

그리고 이를 더 많은 학습을 위한 기반으로 활용한다. 초기 단어 학습에 관한 이런 이야기가 있다. 아기들은 자기 이름을 많이 듣는다.

"로렌, 젖 먹을까? 우리 로렌은 너~무 귀여워!"

아기들이 소리 패턴을 배울 수 있다는 생각을 그 누구도 하기 전인 6개월에 이미 자기 이름을 안다는 연구 결과가 있다.[15] 만약 익숙한 이름에 특별한 관심을 보인다면 아마도 아기들은 이것을 언어 시스템으로 들어가는 쐐기로 활용할 수도 있을 것이다. "로렌의 젖병이 비었어"라는 말을 들으면 로렌은 말할 수 있기 전에 이미 젖병이라는 단어를 배운다. 이는 매우 중요하다. 로렌이 더 많은 단어를 인식할수록 더 많은 새로운 단어들이 튀어나오고 더 쉽게 새 단어들을 배울 수 있기 때문이다.

아기들에게는 예부터 전해오는 오래된 놀이들을 통해 학습의 대부분이 이뤄진다. 높은 의자에서 수저를 던지면 어떻게 될까? 아래로 떨어질까? 위로 올라갈까? 아기들은 모든 가능성을 탐구해보고 사소한 현장 실험을 한다. 어른들을 정말 화나게 하는 아기들의 행동 중 일부는 세상에 대한 실험을 하느라 그런 것이다. 아기들은 진정으로 작은 '요람 속의 과학자들'이다.[16] 아기들은 이런저런 방법들로 천천히 지식정보를 축적해놓기 때문에, 아기들의 학습은 급속하게 힘이 커져서 지식이 갑자기 눈덩이처럼 점점 크게 불어나는 것처럼 보인다.

아기들은 눈 깜짝할 사이에 걷고 재잘대는 유치원생이 된다. 분명히 이런 종류의 학습은 특정 상황적이며 대개 그다지 유연하지 않다. 아이들은 물론 1단계에서 무언가를 배우고 있는 성인은 자신들의 지식 조각들을 각각 분리된 통에 저장한다. 이해는 부족하다. 예를 들어 1단계에서 때로 사람들은 다른 사람들이 하는 행동을 보고 따라하지만 왜 그렇게 하는지는 알지 못한다. 수년 동안 맨디는 추수감사절 칠면조를 종이봉투에 넣어 요리했다. 자기가 왜 그러는지 그 이유는 전혀 몰랐지만 단지 엄마가 항상 그렇게 했기 때문이다. 닭고기 요리를 할 땐 절대로 그런 방식으로 요리하지 않았다. 만약 맨디가 왜 엄마가 종이봉투를 사용했는지 이해했었더라면 (그건 사실 칠면조 살을 촉촉하게 유지하기 위해서다) 오븐을 사용하는 다른 요리를 할 때 비슷한 방법을 여러 가지로 활용하거나 종이봉투를 다른 요리에 적용해서 음식의 촉촉함을 유지할 수 있었을 것이다.

아기들도 이와 마찬가지다. 장 피아제의 유명한 사례에서처럼 아기는 맨 처음 발코니 밑을 걸어가는 그 고양이만을 가리켜 고양이라는 단어를 사용하기 시작한다. 피아제는 자신의 딸이 그림 속의 고양이를 볼 때나 심지어 다른 고양이 실물을 볼 때도 고양이라는 단어를 사용하지 않는다는 사실을 눈치챘다. 1단계에서 지식은 유연하지 않고 오직 자신이 배운 의미만을 최소한도에서 이해할 수 있다.

1단계에서는 규칙적인 반복이 정말 중요하다. 20개월 아기 알바의 엄마는 외출을 해야 해서 잠자기 전 알바에게 책을 읽어줄 수가 없다. 알바는 강력하게 항의한다. 알바의 세계에서는 잠자기 전에는 무조건 책을 읽어야 한다. 반복과 규칙은 아이들이 다음에 어떤 일이 일어날지를 예상할 수 있게 해준다. 잠자기 전에는 책 읽기 같이 확실하게 알고 확신할 수 있는 뭔가가 있다는 것이 정말 중요하다.

1단계는 새로운 분야를 배우고자 할 때 우리 모두가 거치는 과정이다. 물리를 배우든 뜨개질을 배우든 초보 학습자는 예측가능성을 찾는다. "다음엔 뭐지?" 그리고 "시험을 치르려면 뭘 공부해야 하지?"는 초보자의 질문이다. 초보자는 다른 분야들을 교차해서 살펴보며 함께 묶어보려 하지 않는다. 물리에서 배우는 것은 생물에서 배우는 것과 완전히 분리된 내용으로 보인다. 물리에 대한 지식이 어떻게 축적되는지는 생물학자가 어떻게 생물에 대해 연구하는지와 관계가 없어 보인다. 초보 학습자들은 안내를 받기 위해 전문가들을 살핀다. 전문가들을 주의 깊게 관찰하고 모방한다.[17] 그렇다, 우리는 성인이 되어서도 모방을 한다. 멋진 친구의 새로운 스타일을 보았을 때 우리는 친구를 따라 더 두꺼운 테의 선글라스를 산다.

1단계는 대학에서도 대학을 졸업한 후에도 일어날 수 있다. 1단계는 시험을 위해 벼락치기 공부를 한다. 우리는 전 학기 동안의 필기노트를 6시간 만에 복습해서 B학점으로 시험을 통과한 적이 있다(졸음 방지 약과 커피의 도움을 좀 받았다). 하지만 만약 1주일 후 다시 그 시험을 봤다면 분명히 낙제했을 거라고 다들 인정한다. 에세이 형식의 시험은 보통 1단계 이상의 학습을 증명하도록 설계되기는 하지만 때로 학생들이 제출하는 답안지는 1단계다. 이런 답안지를 읽는 것은 유쾌한 작업이 아니다. 우리 분야인 발달심리학에서 이는 기본적으로 자료를 별 생각 없이 연결되지 않은 조각의 형태로 반복하는 것이다.

"처음에 다윈이 있었다(그는 이런 말을 했다). 그리고 피아제가 있었으며(피아제는 이런 말을 했다) 그 다음에 비고스키(Vygotsky)가 있었다."

이런 식이다. 무슨 말인지 알겠는가. 여기에는 이런 각각의 사실들을 통합하려는 시도나 이론가들을 종합적으로 살펴보려는 시각이 부재한다.

콘텐츠를 다루다 보면 실수하는 것은 시간문제지만, 사람들은 실수하기 전에 사전에 콘텐츠가 가질 수 있는 의미를 헤아리는 데 신경을 쓰지 않는다. 기업들의 사례를 들어보자면 2011년 앨라배마에서 살인적인 토네이도가 몰아친 다음날 백컨트리닷컴(BackCountry.com)이라는 이름의 회사에서 광고 메일이 날아왔다. 이메일 내용은 이랬다.

"대자연은 당신을 증오합니다. 이 문제를 해결하세요."

물론 이 광고는 토네이도가 불기 이전에 만들어진 것이었다. 하지만 이런 광고 메일을 보내는 책임을 맡고 있는 사람들은 자연 재해에서 겨우 도망쳐 살아남은 사람들이 이런 이메일 광고를 받고 어떤 느낌일지를 결코 생각해 보지 않았다. 그저 자기가 맡은 일을 했을 뿐이다. 너무 터무니없는 일이라서 이 회사의 CEO는 그 즉시 사과해야 했다.[18]

조지 부시는 친구이자 전 선거 캠페인 매니저였으며 연방위기관리국장을 역임했던 조 올바우(Joe Allbaugh)의 추천을 받아 브라운을 연방위기관리국 국장으로 임명했다.[19] 브라운은 이전에 국제 아라비아 말 협회 의장에서 강제로 물러나야 했던 경력이 있었다. 이번에도 브라운은 새로운 일을 수행하는 데 필요한 지식이 확실히 부족했다. 브라운이 무해하게 보고서나 발간하며 임기를 채웠다면 그의 부족한 지식을 알아채지 못하고 넘어갈 수도 있었을 테지만 불행하게도 태풍 카트리나가 몰아쳤고 그 뒤 어떤 일이 있었는지는 우리 모두가 다 아는 사실이다.

1단계에 있다는 것은 당신이 별로 아는 게 없고 당신이 알고 있는 지식은 피상적이라는 걸 의미한다. 1단계는 당신이 연관 짓기와 귀납법을 통해("저기 전자레인지에서 삑 소리가 나네! 아마 삑 소리가 나는 건 전부 전자레인지일지도 몰라!")

배운다는 걸 의미한다. 매일 반복해서 일어나는 일들에 대한 통계를 산출하고(아기 로렌의 점심 이야기 또는 알바의 잠자리 책 읽기처럼) 그리고 다른 이들을 모방함으로써 배운다. 아빠가 "부, 부, 부"라고 하면 10개월 아기는 엄청난 노력을 들여야 하지만 아빠를 따라한다. 그리고 둘이 시끌벅적하게 배꼽을 잡고 웃는다. 십대 청소년들과 성인들조차도 이와 똑같은 1단계 학습 방법을 사용한다. 우리는 모방하고 통계를 산출하고 연관성을 만들어낸다. 하지만 만약 그게 다라면 우리의 학습은 지극히 피상적인 수준에 머물게 될 것이다. 실제로 혹독하게 요구사항이 많은 수업에서는 낙제만 면해도 다행일 것이다.

2단계 : 폭넓고 얕은 이해

우리는 2단계에서 보다 많은 것을 안다. 1단계에서 알았던 것보다 더 많은 주제들을 선택할 수 있는 더 넓은 식탁에서 샘플을 고른다. 여기 다양한 과목들에 대한 정보들을 인용할 줄 아는 한 유치원생이 있다. 공룡이름, 동물의 종류, 50까지 숫자 세기 그리고 심지어 자기 이름이나 정지 신호에 적힌 'STOP' 같은 몇 가지 단어도 읽을 줄 안다. 공룡에 대해 이야기하는 세상에서 가장 사랑스러운 소녀를 보려면 유튜브에서 스텔라의 동영상을 한번 보라.[20] 공룡들의 이름이나 생김새에 대해서는 많은 것을 아는 것처럼 보이지만 스텔라는 공룡들이 포유류가 생기기 이전에 있었는지 새끼를 낳았는지 어떤 소리를 냈는지 전혀 모른다. 6,500만 년 전 지구에서 공룡들이 살았었다는 사실을 알고 있을 것 같지도 않다. 6,500만 년 전이란 말이 무엇을 의미하는 것인지의 문제는 차치하고 말이다.[21]

2단계에서 조금 더 안다는 것은 단지 몇 가지 변화가 일어났다는 것을 말한다. 아이들은 이제 언어를 습득했다. 그리고 학습의 도구로 언어를 활용해 질문을 던짐으로써 많은 것을 배운다. 때로 이런 질문들은 정말 돌아버릴 정도여서 "왜?"라는 무한궤도에 갇혀 버린 것 같은 기분이 든다. 아이들은 또한 이제 추론을 할 수 있고 만약 뭔가가 살아있다면 그건 분명 호흡을 하고 아기를 낳을 거라는 것을 유추할 수 있다. 그리고 2단계에서는 지식이 보다 분명하다. 우리가 아는 것이 무엇인지에 대해서 더 잘 인식한다. 이는 아이들이 뭔가 정확하지 않을 때 바로 눈치를 챈다는 뜻이다. 한 엄마가 커뮤니티 게시판에 늘어놓은 하소연을 들어보자.

> 세 살이 넘은 우리 아이는 누가 잘못된 사실을 말하거나 잘못 말하면 너무 짜증을 내고 속상해해요. 두 살 때는 어른들에게 "아니요! 그건 XXX가 아니예요. 그건 XXX라구요!" 라고 소리를 질렀어요… 그리고 지금은 몇몇 아이들이 이것이 아이를 약 올릴 수 있는 방법이란 걸 깨닫고 일부러 아이의 반응을 보려고 틀리게 말해요.[22]

아이들은 이제 뭐가 맞는 것인지에 대한 감각이 있다. 이 세 살 아이처럼 모든 것을 준수해야 하는 것처럼 보인다. 콘텐츠는 맞거나 틀리다는 생각 또한 2단계 사고다. 이때는 아이들이 망치는 도구이기도 하다는 사실을 부정하는 때다. 어린아이들에게 그것은 한 가지 물건일 수밖에 없다. 바로 망치 말이다.[23] 아이들은 또한 가끔씩 그 무엇보다 자신들이 본 것에 의지한다. 사라의 엄마가 유치원에 사라를 데리러 왔을 때 사라는 신경질적이 되어 엄마와 함께 집으로 가려고 하지 않는다. 왜 그러는 걸까? 그건 사라의 엄마가 파마를 해서 머리 모양이 달라 보이기 때문이다.

1단계에서 아이들은 지식의 겉 표면만을 더듬거렸다면 2단계에서 여전히 사물이 어떻게 보이는지 그 겉모습에 속을 수는 있지만 이제는 보는 것 이상을 이해할 수 있다. 다섯 살 데릭은 2단계의 렌즈로 세상을 바라본다. 그에게 뭔가를 가리키며 뭔지 물으면 (친구에서 섬 그리고 삼촌에 이르기까지) 그는 그게 어떤 모양인지를 알려줄 가능성이 높다.[24]

"친구는 어린이야."

"섬에는 야자나무가 있어."

"삼촌은 파이프를 입에 문 좋은 남자야."

이런 식이다. 보통 보이는 외관이 중요한 2단계에서 아이들은 주유소에서 휘발유를 넣어주는 남자 직원을 보고 여성이라고 생각한다. 단지 그 남자의 머리가 길기 때문이다. 이건 오래전 한 아이가 우리에게 말해준 내용이다. 2단계에서 아이들은 많은 것을 안다. 하지만 언제나 상호연관성을 찾지는 못한다. 그들은 이제 막 추론을 시작했을 뿐이고 보이는 외향이 전부는 아니다.

수전 겔맨(Susan Gelman)교수와 엘런 마크먼(Ellen Markman)은 4세 아이들에게 3가지 사진을 보여준다. 노란색과 검은 무늬가 있는 예쁜 열대어, 상어 그리고 돌고래 사진이다.[25] 상어는 돌고래랑 몹시 비슷하게 보이고 열대어와는 전혀 닮지 않았다. 하지만 아이들은 상어와 열대어 모두 물고기라는 소리를 들었다. 그리고 열대어는 물속에서 숨을 쉴 수 있지만 돌고래는 공기를 호흡해야 한다는 것을 들었다. 이제 아이들에게 질문을 던진다. 아이들은 상어가 어떻게 숨을 쉰다고 생각할까? 물속에서 숨을 쉰다고 생각할까 아니면 공기를 호흡해야 한다고 할까? 아이들은 돌고래가 공기로 숨을 쉬어야 하니까 상어도 돌고래처럼 공기를 호흡해야 한다고 할 수도 있다. 아니면 상어랑 열대어 모두 물고기라고 불리기 때문에 열대어처럼 물속에서 숨을 쉰다고 할 수도 있다. 아이들은 놀랍게도 상어가 열대어와 마찬가지로 물고기이기 때문에 물속에서 숨을 쉰다고 대답했다. 4세 아이들은 단지 이 생물들의 겉모습만을 보고 대답하지는 않았다. 대신 물고기라는 단어를 더해서 결정적인 연결 고리를 만들고 상어와 열대어는 겉모습은 다르게 보일지 몰라도 둘 사이에 보다 깊은 유사성이 있다는 것을 추론해냈다. 같은 종류에 속한다면 아마도 둘 다 물속에서 숨을 쉴 거라는 사실이다. 2단계에서 아이들은 (물고기 같은) 언어를 활용해 더 깊이 파고드는 데 도움을 받을 수 있다. 만약 2가지가 같은 이름으로 불린다면 눈으로 볼 수 없지만 반드시 유사성을 공유하고 있는 것이다.

아이들이 표면적인 지식에서 넘어설 때 유사성을 활용해 생각할 줄 아는 것이다. 우리는 여기서 SAT에 등장하는 흑백이나 명암 같이 공식적인 문제들을 말하는 것이 아니다. 아이들이 생활 속에서 뭔가에 대해 생각하고 그것이 다른 사람의 생활 속에서는 어떨지 추론해본다는 것을 의미한다.

헥터의 엄마는 변호사로 정장 차림을 하고 회사에 간다. 헥터의 친구 로미오의 엄마는 운동 트레이너로 일을 할 때 운동복을 입고 간다. 2단계에서 헥터는 로미오의 엄마가 일을 한다는 것을 부정한다. 외관이 어떻게 보이느냐가 그 무엇보다 중요한 문제다. 그래서 만약 운동복을 입는다면 로미오의 엄마는 일을 할 수가 없다고 생각한다.[26, 27, 28] 헥터는 머릿속에 유사점의 첫 번째 조건을 만들었다. 엄마가 정장을 입는다. 엄마는 일한다. 물론 이 유사성을 로미오의 엄마에게 적용할 수 없다. 로미오의 엄마는 정장을 입지 않고도 일할 수 있다. 사람들은 일할 때 다양한 옷을 입는다. 우리는 헥터가 2단계를 넘어서 로미오의 엄마가 무엇을 입든지 상관없이 일한다는 사실에 동의함으로써 3단계가 될 때까지 기다려줘야만 한다.

유사성을 활용하는 것은 학습의 기본적인 방식이다. 일이 어떻게 돌아가는지 알아내거나 굳이 말하지 않고도 사람들이 무엇을 공유하고 어떤 생각들이 같은지 깨닫는 데 도움이 되었다. 이것이 유사성의 위력이다. 그리고 우리는 교실에서 유사성의 원리를 항상 활용하고 있다. 데드레 선생님은 다섯 살 마빈에게 "구름이 스펀지 같다"고 말한다. 선생님은 마빈이 스펀지가 물을 빨아들이듯 구름도 그렇다는 것을 깨달을 거라고 생각한다. 하지만 마빈은 "아, 둘 다 부드럽고 푹신푹신해요"라고 말한다.[29]

어른이고 아이고 비슷하게 유사성을 활용하지만 2단계에서 생각하는 사람은 특별히 따로 다르게 말해줘도 물리적인 특성에 집중한다. 상어와 돌고래의 사례에서처럼 특별히 따로 말해주지 않는 이상은 그렇다. 아이들이 대상들이 공유하는 관계성에 대해서 집중하게 하려면 아이들이 3단계 수준의 학습에 이르기까지 기다려야 한다.

만약 내가 몇몇 어른들과 5세 어린이들에게 다음 쪽 그림 7.1의 맨 위에 있는 그림을 보여주고 묘사를 해보라고 하면 어른들도 아이들도 모두 "고양이가 쥐를 쫓고 있어요"라고 답할 것이다. 아직까지는 아주 좋다. 그럼 어른들과 아이들을 두 그룹으로 나누고 양쪽 모두에게 위의 그림과 같은 고양이가 이번에 개에게 쫓기고 있는 그림을 보여준다. 성인들과 5세 어린이 2개의 팀으로 나눠서 중립적인 언어 조건의 한 팀에는 위쪽 그림의 고양이를 손가락으로 가리키면서 이렇게 물었다.

"이 고양이 보여요? 아래쪽 그림에선 이 역할이 어떻게 되나요?"

관계적인 언어 조건의 다른 팀에는 똑같이 고양이를 손가락으로 가리키

그림 7.1 언어발달 테스트에 사용된 그림

기본 – 고양이가 쥐를 쫓는다.

대조본 – 개가 고양이를 쫓는다.

출처 "relational Language helps Children reason analogically," by D. Gentner, N. Simms, and S. Flusberg, 2009, 31st Annual Conference of the Cognitive Science Society, p. 1055. Copyright 2009 by D. Gentner, N. Simms, and S. Flusberg.

면서 이렇게 물었다.

"여기 쫓고 있는 게 누군지 보이나요? 다른 그림 속에서 어느 쪽이 해당되나요?"

당신이라면 각각의 환경에서 뭘 고르겠는가. 중립적인 언어 조건의 팀에서 모든 사람이 목표 그림에서 고양이를 선택했다. 하지만 관계적 언어 조건의 팀에서는 고양이가 쫓는 자라는 사실에 주목하도록 유도한 그룹에서 성인들은 전부 개를 골랐다. 똑같은 쫓는 자로서 말이다. 하지만 5세 아이들은 여전히 고양이를 선택했다. 이건 단지 이 과제에 2단계 사고력을 가진 이들이 접근하는 방식이다. 쫓는 쪽이라는 관계보다는 보이는 겉모습에 집중한다.

2단계에서 어린이들은 이와 동일한 이유 때문에 은유를 이해하는 것을 매우 어려워한다. 가족 방문 후 루앤은 네 살인 딸 질리언에게 물었다.

"마벨 이모는 정말 너무 달콤하지?"

그녀는 말뜻을 이해하지 못한 질리언이 이렇게 묻자 깜짝 놀랐다.

"이모 몸이 초콜릿으로 만들어졌어요?"[30]

우리는 어린이들의 너무도 사랑스럽고 순수한 2단계 사고에 대한 또 다른 사례들을 말하지 않고는 못 배기겠다. 수년 전 엄마 헬렌은 네 살 조안 때문에 정신을 못 차렸다. 조안은 일어서서 여러 가지 다른 방법으로 넘어지고 쓰러졌다. 네다섯 번 시도해보고 나서 조안은 일어서더니 아주 궁금해하는 표정으로 엄마에게 이렇게 물었다.

"엄마, 이렇게 하면 사랑에 빠지는 거예요?"

학교에서 2단계는 어떻게 보일까? 중요한 시험들을 잘 보게 하는 것이 목적인 학습은 아이들을 2단계에 묶어놓는다. 우리 아이들은 수학을 조금, 읽기를 조금, 그리고 과학을 조금 알지만 다른 분야들에 대해선 거의 아무것도 이해하지 못한다. 과학과 수학 같은 주제가 실제로 연관이 있다는 것조차 이해하지 못한다. 이런 피상적인 학습은 시험에 대한 책임과 밀접하게 연관돼 있으며 여기에는 4가지의 안타까운 결과가 따른다.

첫째, 이런 접근법은 스탠퍼드대학교의 교육학 교수 린다 달링 해먼드의 비판과 같은 결과를 만든다.

"교과과정을 편협하게 만들고 성공적인 프로그램들을 뿌리 뽑고 성적이 낮은 학생들을 학교 밖으로 쫓아 내버리는 복잡한 시험점수 따기 게임에 얼마 남지 않은 자원들을 낭비한다."[31]

아이들이 미술시간에 정말 좋아하던 단원에 대해선 잊어버려라. 교사들의 존재이유가 반 아이들의 시험점수에 달렸는데 미술시간이 필요하겠는가. 그리고 추가적인 학습 지원이 필요한 특수교육 학생들은 어떻게 할까? 일부 교사들과 교장들의 경우 이런 아이들의 부모에게 시험날 아파서 결석해도 상관없으며 어쩌면 '아이들에게 필요한 더 좋은 보호매트'가 되어줄 수 있는 학교로 전학을 권할지도 모른다. 낮은 시험 점수가 위험한 결과를 초래한다는 것은 교사들에게나 학생들에게나 마찬가지다.

예를 들어 2015년 뉴욕 주지사 쿠오모(Cuomo)는 교사 평가의 40퍼센트를 반 학생들의 주립학업성취도 평가 점수를 근거로 평가하겠다는 주예산안을 승인했다.[32] 최상급의 교육 연구가들이 다음과 같은 결론을 내렸음에도 불구하고 여전히 입시 시험의 중요성을 강조한 것이다.

> 통계학자들, 계량심리학자들과 경제학자들 사이에서는 학생들의 시험 점수만으로 매우 중요한 개인적인 결정사항이 될 교사를 평가하는 것은 신뢰도나 유효 지표적 측면에서 충분치 않으며 가장 복잡하고 통계적인 부가가치 모델링을 적용한다 해도 부족하다.[33]

둘째, 윗선에서의 압박을 생각해볼 때 교사들은 거의 시험을 위한 수업을 하게 되기 십상이다. 이것은 정해진 과목들에 대한 학습이 암기를 통해 매우 폭이 좁게 해석되는 것이 강조될 것이라는 뜻이다. 물론 때로 필요하지만 암기를 통한 교육은 아이들에게 의미 있는 진짜 문제를 통해 달성되지 않는 이상 결국은 피상적인 학습이 될 수밖에 없다. 기계적인 반복에 의한 암기는 아이들이 자신의 지식을 새로운 상황에 적용할 수 있게 해주지 않는다. 세 살짜리 조카가 2단계 지식으로 25에서 50까지 세는 것을 좋아하는 이모라면 그 모습을 보고 감탄할지 모른다. 하지만 아이는 25가 무슨 의미인지 50과 어떤 관계가 있는지를 알고 있을까? 아마도 아닐 거다.

셋째, 학습내용과 시험을 강조하는 것은 아이들을 끔찍할 정도로 괴롭게 만든다. 불안으로 인한 복통, 눈물, 공포 그리고 좌절감은 학교로 가는 버스 안에서 아이들을 괴롭히기 일쑤다. 수많은 아이들에게 안전하고 재미있는 곳이었던 학교가 두려운 장소가 되어버렸다. 수업시간의 압박에서 긴장을 풀고 친구들과 뛰어놀 수 있는 쉬는 시간은 어떤가? 저소득층 학교일수록 특히 아이들에게 놀 시간이 거의 주어지지 않는다.[34]

넷째, 중요도가 높은 시험들은 부정 시험을 장려한다. 학생들의 부정을 말하는 게 아니다. 애틀랜타 학교 시스템의 대표는 불명예스럽게 사직했는데 아래 직원들에게 아이들이 작성한 시험지 답안을 수정하라고 촉구했기 때문이다.[35]

이렇게 좋은 의도를 가진 교육 개혁들(낙오아동방지법이나 커먼 코어 정책)을 구축한 이들은 이보다 더 많은 것을 바랐다. 하지만 아이들의 학습은 1단계보다는 폭넓어지긴 했어도 여전히 대부분 보다 깊은 이해는 생략된 채 2단계를 반영하고 있다. 다양한 과목들에 걸친 피상적인 얕은 학습을 강조하는 것은 또한 교사들의 불만사항이 되기도 한다. 델라웨어에서 온 한 교사는 교실에서의 자율성을 잃어버렸다고 불만을 제기했다. 일부 학교의 행정가들은 "학생들이 매일 같은 내용을 공부하고 있다"라는 표현에 완전히 새로운 의미를 부여했다.

"만약 교육행정가들이 교실에 들어왔는데 정해진 진도표대로 공부하고 있지 않으면 힐책을 당하게 돼요."

이 교사는 애석해하며 이렇게 말했다.

"가끔 아이들이 저를 쳐다보는데 아이들 눈을 보면 이해하지 못했다는 걸 알 수 있어요. 하지만 진도 나가는 걸 멈추고 설명할 시간이 없어요. 정해진 진도에 따라 수업을 해야 하거든요."

그저 그날 주어진 교재를 다 처리해야 하는 것이다.

린다 펄스테인(Linda Perlstein)은 《시험을 치르다(Tested)》에서 메릴랜드 주 아나폴리스의 초등학교에 대해 적으면서 이 델라웨어 선생님의 말을 되풀이한다.[36] 펄스테인은 교과과정의 책임자들은 교사들이 얼마나 승인받은 수업계획을 철저하게 준수하고 있는지를 보기위해서 수업을 관찰한다고 한다. 이런 책임자들은 각 학년 별 교실에서 똑같은 어휘력 단어들을 사용하는지 단어카드는 혹시 다 같은 사이즈인지를 신경 쓴다고 한다. 이건 완전히 2단계다. 학교가 따분하고 특히 중요도가 높은 시험 전후로 학생들이 느끼는 좌절감은 걷잡을 수 없이 만연해 있다는 주장이 놀라운가? 2,000억 달러 규모의 과외시장이 부상했고 이 중 22퍼센트의 수익은 3~5세 사이의 가장 어린아이들 대상이라는 것이 놀라운가?[37] 우리가 이야기해본 부모들은 모두 자녀들이 이런 표준화된 시험에서 형편없는 점수를 받으면 자녀들의 미래에 아무 희망도 없을 거라고 생각했다.

대부분의 시험들은 아이들에게 단순히 사실을 되풀이해보거나 암기한 수학 공식을 새로운 숫자들로 구성된 문제에 적용해 풀어보게 한다. 하지만 교육과학에 대한 연구는 우리에게 암기가 가장 최적화된 학습 전략이 아니라는 것을 알려준다. 아이들은 기계적으로 암기하고, 의미에 별로 신경

쓰지 않고 자료를 반복할 수 있다.[38] 이에 대한 훌륭한 사례가 바로 실제 아이들이 하는 국기에 대한 맹세다.

"나는 미합중국의 국기에 대한 충성은 물론 국기가 상징하는 하나님의 가호 아래 단일 국가로서 분리 될 수 없으며 국민 모두를 위한 자유와 정의가 있는 공화국에 대한 충성을 맹세합니다."

암기 자체는 분석이나 기억을 유지하는 것을 장려하지 않으며 학생들을 비판적인 분석가로 만들기보다는 수동적으로 지식을 삼키게 만든다. 하지만 비판적 사고(바로 다음에 분석해볼 C)는 성공적인 학습의 필수적인 요소다.[39,40]

콘텐츠 지식의 얕은 수준에서 아이들은 많은 것을 알지만 제한적이고 분열된 방식으로 안다. 이해도가 얕은 수준일 때 약간의 지식을 가지는 것은 오히려 위험할 수 있다. 〈내가 믿었던 것들(I Used to Believe)〉이라는 웹사이트에서는 어른들이 자신들이 어린 시절 믿었던 생각들을 공유한다. 사라는 이렇게 적었다.

> 여동생과 내가 어렸을 때 우리 아빠는 우리에게 언덕에 있는 소들은 "언덕 암소"이고 두 다리가 다른 두 다리보다 짧아서 만약 평지로 오게 되면 제대로 서지 못하고 넘어진다고 말했었죠.[41]

자신을 전화교환수라고 칭한 누군가는 이렇게 썼다.

"저는 예전에 전화교환수의 허가를 받지 않고 전화를 가지고 놀면 전화기 구멍으로 교환수가 튀어나와 귀를 찌를 거라고 생각했어요."[42]

2단계에서 지식이 얕고 제한적일 때 그리고 사물이 어떻게 보이는지에 초점을 두고 있을 때는 온갖 불가능한 일들을 믿을 수 있다.

오늘날 세상이 어떻게 돌아가는지, 오로지 딱 오늘에만 초점을 맞춘다는 것이 사실 지금 정부와 교육과 비즈니스에서의 큰 문제점이다. 지금은 다리가 멀쩡해 보이는데 왜 인프라 수리에 투자를 한단 말인가?[43] 교육에서 표면적인 것에 초점을 둔다는 것은 즉 아이들이 공식적인 방식의 학습을 일찍 시작할수록 더 좋다는 뜻이다. 이런 생각이 바로 유치원을 새롭게 초등 1학년으로 만든다는 전체 학교시스템을 주도했다. 하지만 교육과학은 아이들이 학교에서의 교육의 기초를 다지기 위해서는 먼저 탐구할 시간이 필요하다는 것을 알려준다. 매사추세츠 케임브리지에 위치한 레슬리대학교에서 명예교수직을 맡고 있는 낸시 칼슨-페이지(Nancy Carlsson-Paige)는 이런 트렌드에 대해 이렇게 말했다.

"아이들이 학습하는 법에 대한 근본적인 오해를 보여준다. 나는 정말 많고 많은 수많은 교실에서 아이들에게 가만히 앉아서 그저 글씨를 따라 쓰라는 지시를 받는 것을 보았다. 아이들은 그게 뭐하는 건지 모른다. 정말 가슴 아픈 일이다."[44]

모든 일이 잘 풀리고 있어도 회사가 어떻게 되어 가고 있는지 검증하지 않는다면 그것은 2단계 수준에 해당된다. 계속해서 질문을 던지고 모든 것에 의문을 갖지 않는 CEO가 있다면 기업은 결국 정체되고 궁극적으로 실패하기 마련이다. 블랙베리 제조사 리서치인모션의 경우를 보라. 블랙베리는 잘나가고 있었고 이들은 성공에 눈이 먼 나머지 아이폰과 구글 안드로이드의 등장을 무시했다. 두 명의 공동 대표이사들은 태블릿과 스마트폰 시장에 대해 전혀 아무런 실마리가 없는 것처럼 보였고 회사의 급작스런 쇠퇴에 아무런 책임을 지지 않았다. 대표이사들이 현 상황에 대해 도전하지 않고 성공에 매료돼 버린다면 회사는 빠르게 방향을 잃게 된다. 블랙베리는 시장으로 복귀했지만 마치 절벽을 향해 달려가는 것처럼 위태롭고 힘든 시간들을 겪어내야 했다.

또 우리가 제프와 주시의 약혼식 장면을 담을 수 있게 해줬고, 아이의 첫 걸음을 그 즉시 바로 간직할 수 있게 해줬던 폴라로이드가 있다. 폴라로이드사는 자체적으로 디지털 카메라를 발명했는데도 불구하고 그냥 기존의 사업을 계속해나갔다. 폴라로이드는 궁극적으로 그들의 제품을 쓸모없게 만든 새로운 디지털 기술의 물결을 깡그리 무시했다. 다른 기업들이 재빨리 사진을 찍고 바로 수정하고 컴퓨터에 올리는 동안 폴라로이드사가 찍은 사진이라고는 경영진의 우울한 얼굴뿐이었다. 2001년 폴라로이드사는 파산하고 해체됐다. 그들이 2단계 수준에서 운영을 했기 때문이다. 모든 것이 좋아 보이는데 왜 현 상태를 유지하면 안 된단 말인가? 기업은 계속해서 자신들이 어디로 가고 있는지 왜 그리로 가고 있는지를 자문해야만 한다. 상어들이 숨을 쉬기 위해 쉬지 않고 헤엄을 쳐야 하듯이 기업들도 마찬가지로 계속해서 질문하지 않으면 죽고 말 것이다.

과학 분야에서는 매우 지적인 고생물학자들도 보이는 것에 속을 수 있다. 한 중국 농부가 화석처럼 보이는 새 모양을 만들어냈다. 그것은 깃털 흔적이 아주 또렷하게 보여서 마치 공룡과 새 사이에 진화과정에 있었던 생물의 화석처럼 보였고 명망 높은 〈내셔널지오그래픽소사이어티(National Geographic Society)〉에서는 새가 공룡에서 진화됐다는 사실을 입증할 연결고리를 찾았다고 기사화했다. 그러나 어처구니없게도 '필트다운 닭(Piltdown chicken)'은 가짜였다.[45]

3단계 : 연관 짓기

3단계에서는 사고 과정에서 큰 발전이 일어난다. 이제 열 살이 된 토니아는 상징적으로 말하자면 날개를 활짝 펴고 배움의 새 지평을 향해 날아갈 준비가 되었다. 다섯 살 데보라가 여전히 2단계에 머물러 있는 동안 말이다. 저명한 영국 발달심리학자 아네트 카밀로프 스미스(Annettee Karmiloff-Smith)는 탁월한 그리기 연구로 이 중요한 전환점을 보여준다.[46] 그녀는 토니아와 데보라에게 모두 집을 그려보라고 한다. 아네트가 다음과 같은 이상한 주문을 하기 전까지 아이들은 둘 다 즐겁게 그림을 그려나간다.

"존재하지 않는 집을 그려봐."

아네트는 아이들의 생각이 얼마나 유연한지 보고 싶었다. 그러니까 아네트는 아이들의 학습민첩성을 시험한 것이다. 아이들은 자신들이 집에 대해 알고 있는 정보를 새로운 방식으로 활용할 수 있을까? 일반적으로 알고 있는 지식에서 벗어나 집에 새로운 특징을 그려 넣을 수 있을까?

다섯 살 데보라는 힘차게 과제에 도전해서 재미있게 그림을 그렸다. 하지만 데보라의 존재하지 않는 집은 문을 없애고 좀 더 많은 창문을 그려 넣은 것을 제외하고는 처음 그린 그림과 매우 비슷했다. 아직 2단계 수준에 머물고 있는 데보라는 더 독창적인 생각을 할 수 없었던 것이다. 그러나 열 살 토니아는 집의 형태를 바꿔 삼각형의 조합으로 만들었다. 창은 가장 위쪽의 삼각형에만 내고 문은 텐트의 입구 같은 모양만 남기고 없애버렸다. 데보라가 근본적으로 같은 디자인을 가지고 계속 그림을 그리는 동안 토니아는 존재하지 않는 집을 상상하는 데 그다지 어려움을 겪지 않았다. 토니아의 그림은 유연성이 살아있다. 토니아와 다른 3단계 수준의 사고를 가진 아이들은 집이 어떻게 변화할 수 있을지 여러 가지를 머릿속으로 그려볼 수 있었다.

실행기능과 자기 관리 및 배우는 법을 배우는 능력

데보라가 존재하지 않는 집으로 금방 사고를 전환할 수 없었던 이유 중 하나는 실행기능 능력의 수준이 아직 낮기 때문이다. 데보라의 뇌는 아직 이전의 반응(집 그리기)에서 새로운 반응(존재하지 않는 집)으로 사고를 전환하는 데 필요한 만큼 발달하지 못했다. 계속 반복해서 하는 걸 멈출 수 있는 능력과 새로운 것을 어떻게 만들어낼지 생각하는 법, 이 2가지 생각의 특성은 생각의 유연성에서 매우 중요하다.

실행기능 발달에 대한 최근 보고서를 보자.

> 집중하고, 기억하고, 머릿속에서 정보를 가지고 작업을 하고, 방해되는 것들을 거르고, 마치 여러 개의 활주로가 있는 분주한 공항에서 비행기들의 이착륙을 관리하는 관제탑이 있는 것처럼 생각의 기어들을 전환한다. 뇌 속에서는 이런 관제탑의 항공 통제 메커니즘을 실행기능이라고 부른다.[47]

우리가 어렸을 적에 똑같은 수학문제를 매번 틀리곤 했던 일을 기억해보라. 그것은 생각의 기어를 변환할 수 없었기 때문이다. 어른들이라도 이런 식으로 생각의 루프에 빠질 수 있다. 우리는 가끔씩 몇 주 전에나 일어났던 기분 나쁜 사건에 대해서 계속 생각하고 또 생각하는 것을 멈출 수 없을 때가 있다.

때로 '자기 제어성'이라고도 불리는 이 실행기능 능력은 학교에서의 학습을 가능하게 하는 아주 중요한 능력이다. 램프 선생님의 말에 집중하지 못하고 자리에 앉아 계속 꼼지락거리고 몸을 뒤트는 에밀리를 한번 떠올려보자. 에밀리는 가까운 나뭇가지에 큰 메뚜기가 앉아 있을 걸 발견하고 수업 시간의 대부분을 창밖을 보면서 보낸다. 수업 중 램프 선생님이 반 아이들에게 읽어주고 있는 책은 귀에 들리지도 않는다.

에밀리는 또한 자기 차례가 아닌데 번번이 끼어들어 불쑥 불쑥 말을 해서 램프 선생님에게 다른 아이들에게도 말할 기회를 주어야 한다고 주의를 받는다. 오후가 되어 선생님이 모든 학생들에게 미술 수업을 마치고 난 후 뒷정리와 청소를 도와달라고 한다. 에밀리는 그림 도구 몇 개를 치우는 시늉을 하다가, 곧 퍼즐 놀이를 하는 데 정신이 팔려 결국 끝까지 자기 자리를 정돈하지 않는다. 램프 선생님이 퍼즐 놀이를 그만하라고 하자 즉시 울음을 터뜨리고 불만스럽게 마룻바닥에 드러누워버린다. 에밀리의 이야기에서 수많은 유치원 교사들(그리고 부모들)이 비슷한 경험을 떠올릴 수 있을 것이다. 사실 램프 선생님 같은 유치원 교사들의 가장 큰 골칫거리는 "지시를 따르지 못하는" 아이들이라고 하는데, 평균적으로 반 아이들의 절반 또는 그 이상이 교사의 지시를 잘 따르지 못한다고 한다.[48]

그러면 대체 우리는 왜 실행기능 능력에 관심을 가져야 할까? 유치원생들의 자기 제어성은 조기 문해력, 어휘력 그리고 수학 능력과 밀접한 관련이 있으며 유치원에 진학 후 보다 조직적이고 공식적인 학교 환경으로 전환해갈 수 있도록 도움을 준다.[49]

유치원에서 우수한 자기 제어 능력을 보였던 아이들은 초등학교에서 읽기와 수학 성적이 더 뛰어나다.[50] 실제로 이런 능력들이 일반적인 지능지수들보다 더 중요할 수도 있다.[51] 아이들에게 스스로 자기 행동을 제어할 수 있도록 가르치는 것은 학업적인 기술을 가르치는 것보다 더 중요할 수 있다. 만약 가능한 몇몇 훈련 프로그램에 참여할 수 있는 기회가 있다면 에밀리는 훨씬 더 나아질 수 있을 것이다.[52] 실행기능 능력은 학습이 가능하다. 교육산업에서는 실행기능 능력에 대한 이야기를 별로 하지 않지만 교육과학자들은 계속해서 주의집중을 할 수 없는 어린이들은 주의집중을 할 수 있는 아이들만큼 공부를 잘할 수 없다는 것을 보여줬다. 아직 어려워하는 아이들도 있을 수 있지만 3단계 수준에서는 배우는 것을 배우는 능력, 즉 '학습의 학습(learning to learn)' 능력이 있어야 한다. 이러한 능력들에 대한 자질은 유치원에서부터 볼 수 있다.

열 살이 되면 실행기능 능력의 스위칭 기능들이 좀 더 수월해진다. 이를 통해 아이들은 자신들이 가진 지식을 새로운 환경에서 확장해서 적용할 수 있게 된다. 3단계에서 아이들은 관계에 주의를 기울인다. 그저 외양만 보는 것이 아니라 사물들이 서로 공유하는 연관성을 생각할 수 있게 된다. 앞서 다뤘던 여러 연구 결과들이 보여주는 것과 마찬가지로 언어는 의심할 나위 없이 큰 도움이 된다. 이제 아홉 살인 데릭은 3단계 수준이다. 2단계일 때에 물어봤던 것과 똑같은 질문을 하면 아마 대답은 달라졌을 것이다.

"친구란 나와 노는 아이를 말해요."

"섬은 사방이 물로 둘러싸여 있어요."

"삼촌은 우리 엄마의 남동생이에요."

하지만 아직 완전한 3단계는 아니다. 친척관계란 어렵지 않은가? 하지만 이제 데릭은 야자수가 있어야만 섬인 것은 아니라는 사실을 이해한다. 어쩌면 어떤 섬에는 야자나무가 없을 수도 있다. 이제 데릭은 섬이란 땅과 물 사이의 관계에 관한 뭔가를 의미한다는 것을 알아챘다.

유사점에 관한 고양이와 개의 예를 보여준 실험에 참가했던 그 아이들이 이제 자라서 두 살을 더 먹고 일곱 살이 되었다. 이 아이들에게 똑같은 실험을 하니 관계적 언어 조건 하에 대부분의 아이들이 목표 그림의 쫓는 자(개)를 선택했다. 첫 번째 그림의 두 캐릭터 사이의 관계에 집중하기 때문이다. 언어는 아이들이 그렇게 할 수 있도록 도와준다. 3단계에서 아이들은 자신이 배운 것을 실제 상황에 적용할 수 있다.

8학년 탈리아는 자기가 배운 수학 지식을 바탕으로 자기방의 벽을 모두 칠하려면 페인트가 몇 통이나 필요할지 계산할 수 있다. 대부분의 학교들이 아이들이 해결하고 싶은 이런 문제 같은 진정한 문제를 활용한다면 정말 좋을 것이다.

실제로 예술은 콘텐츠 학습과 실행기능 능력에 원동력이 된다. 페인트에 대해 말이 나왔으니 말이지만 예술은 많은 학교에서 뒷전이 되었다. 콘텐츠를 학습에서 가장 중요한 요소로 왕 대접을 할 경우, 예술과목들은 가장 먼저 뒷전이 된다. 하지만 예술은 3단계의 더 높은 수준에서 아이들이 자료를 이해할 수 있는 좋은 자료가 된다. 예술을 통해 아이들은 자신들이 알고 있는 바를 확장하고 새로운 분야에서 관련성을 찾을 수 있기 때문이다. 예술은 아이들이 크레이크와 록하트가 연구한 정보 처리 수준보다 더 깊은 수준의 이해력을 키울 수 있게 해준다.

랩을 하는 6학년 타일러는 리듬과 라임을 만들어내기 위해 어떻게 언어를 사용하는지에 대해 많은 내용을 글로 작성했다. 이는 또한 클레인 선생님이 후드 속에 가려진 타일러의 머릿속에 무슨 생각이 오고가고 있는지를 엿볼 수 있게 해줬다. 콘텐츠에 대해 말해보자면 이 작문은 언어와 문해력과 사회공부가 하나로 합쳐진 것이다. 드라마는 아이들이 연극을 통해 인물과 상황 간의 비유를 찾을 수 있게 해주고 또 아이들이 실생활에서 마주치는 사람들과 상황에 대한 비유를 볼 수 있게 해준다. 이것이 '딥 러닝(Deep Learning)'이다. 드라마는 아이들이 다른 사람들과 공감할 수 있는 능력을 키워준다. 배우는 누군가의 입장에 서봐야 하기 때문이다.[53] 노숙자 역을 맡아서 연기한다면 다시는 노숙인을 전처럼 무심히 보지 않게 될 것이다. 뉴욕시의 '공립 94 학교'처럼 자폐범주성 장애를 가진 아동들을 대상으로 연극을 활용하는 학교들도 있다. 이 학교는 연극을 해보는 것이 이런 아이들에게 이전에는 볼 수 없었던 수준의 역량을 발휘하게 해줬다고 주장한다.

신경과학자들과 심리학자들이 최근에 발표한 보고서 〈학습, 예술 그리고 뇌(Learning, Arts, and the Brain)〉는 모든 사회경제 계층의 아동들이 예술을 통해 3단계 수준의 사고력으로 발전할 수 있다고 제시한다.[54] 그림 그리기, 댄스, 음악 그리고 연극은 아이들이 정보를 보다 깊이 학습할 수 있는 능력을 높여준다. 이야기 속의 한 장면을 그림으로 그리고 교사에게 설명하는 것은 이해력을 향상시킬 수 있는 강력한 방법이다. 아이들에게 나라를 세우는 것이 얼마나 어려운 일인지 느낄 수 있게 도와주고 싶은가? 우리 조상들이 감내해야 했던 어려움을 주제로 연극을 해보라. 스스로 집을 짓고 음식을 찾고(뭐라고요? 슈퍼마켓이 없었어요?) 옷을 만들어 입어야 했던(아동용 갭 매장도 없어요?) 시절을 연극으로 해보면 개척자들이 어떻게 나라를 세웠는지를 느낄 수 있다. 예술에 관한 공부는 그것이 어떤 형태든지 어린이들의 3단계 수준 학습 기회에 지대한 영향을 끼친다. 이것이 바로 STEM(과학, 기술, 공학 및 수학)에서 예술(Art)의 A를 추가해 STEAM이 된 이유다. 미국 테크놀로지 기업들이 부족한 인재를 충당하기 위해 해외로 나가야만 할 때 우리는 안타까움과 한탄의 소리를 듣는다. 왜 우리는 이렇게 수준 높은 기술직을 위해 충분한 인재들을 훈련시키지 않는가? STEM 교육은 마치 러시아인들이 스푸트니크를 발사시켰을 때처럼 최근 미국 교육의 좌우명이 되었다. 하지만 STEM을 새롭게 강조하다보니 결과적으로 예상치 않게 영어, 사회, 예술 교육을 뒷전으로 하게 되었다. 플로리다 주의 주지사 릭 스캇(Rick Scott)은 투자한 만큼 좋은 실적을 내지 못하는 교양과목에 대한 교육과 학위에 대한 예산을 삭감할 것을 제안했다.[55]

운 좋게도 스토리텔링 예술가의 학교 방문 특강을 듣게 된 5학년을 보자. 아이들은 예술가의 강연에 너무 몰입해서 눈도 한번 깜박이지 않았다. 강연자는 언어와 역사 그리고 스토리텔링이 생활에 미치는 강력한 영향에 대해 이야기했다. 강연을 들은 아이들은 강연을 들은 그 다음 날 그 학기 전체를 다 합친 것보다 더 많은 책을 대출했다. 예술은 학생들에게 콘텐츠에 대한 깊은 이해를 장려하고 북돋아 줌으로써 3단계로 발전해갈 수 있는 기회를 제공한다. 이것은 일부 실행기능 능력 연습을 통해서 생긴다. 플로리다 주의 5학년들이 스토리텔러의 이야기에 깊이 빠져들어서 교실은 마치 바늘을 떨어뜨리는 소리까지 들을 수 있을 정도로 조용했다.

굉장히 아이러니한 것은 교육과학이 오랜 세월동안 '좋은 학습은 어떻게 일어나는가'에 대해 잘 알고 있었다는 것이다. 3단계와 4단계로 발전을 촉진하는 학습의 4가지 핵심은 단 한 줄로 요약할 수 있다. 활동, 참여, 의미 그리고 사회적 상호작용이다.[56, 57, 58] 이러한 학습은 1단계나, 2단계 수준을 뛰어넘는 크레이크와 록하트 같은 인물로 만드는 깊은 학습을 장려한다는 뜻이다.

콘텐츠를 적극적으로 익힌다는 의미는 재료를 가지고 무엇인가를 해본다는 것이다. 강의실에서 그냥 교사의 말을 듣는 것은 조별 과제를 하는 것보다 훨씬 정신적인 노력이 든다. 연극을 하고, 공동 보고서를 작성하고 자선적 기부를 권하는 에세이를 쓰는 것은 모두 아이들이 어떻게 활동을 통해서 배울 수 있는지를 보여주는 사례들이다. 그러나 이런 방향으로 수업을 하는 학교들은 많지 않다. 꿔다 놓은 보릿자루 같이 가만히 수동적으로 앉아서 수업을 듣는 이른바 '카우치 포테이토(Couch-potato)' 학습이 학교 수업의 주를 이룬다. 만약 학생들이 자발적으로 질문하고 답을 해볼 수 있다면 학교가 얼마나 더 신나는 곳이 될 것인가?

아이들은 대개 불에 매료된다. 그래서 우리는 성냥을 숨겨두곤 한다. 아이들이 매료되는 지점을 건드려주면 심화된 학습으로 이끌어줄 수 있다. 만약 아이들이 불에 대해 배우고 싶어 한다면 소방서를 견학하고 소방관들을 인터뷰할 수 있다. 미리 소방관들에게 물어볼 질문들을 준비하고 인터뷰를 녹음한 후 녹취록을 작성할 수 있다. 내연제에 대해 읽어보고 내연제가 얼마나 많은 곳에 사용되고 있는지 그리고 아이들의 건강을 위협할 가능성에 대해서 발견할 수 있을 것이다. 또한 소화기의 작동 원리를 공부하면서 더 많은 과학을 배울 수 있다. 누가 불을 발견했는지를 상상해서 글로 쓰고 그림으로 그리면서 상상력을 키울 수도 있다. 필라델피아에 있는 프렌즈 센트럴 스쿨은 불을 주제로 이런 접근법을 사용했다. 교사들은 매년 다른 주제를 선정한다. 학습 활동이 여러 가지 다른 수련법을 통해 자연적으로 이뤄질 때 학습은 유기적이 되고 아이들이 흥미를 가지고 즐거워한다.

불에 관한 학습에 대해 우리가 묘사한 활동들은 또한 학습 참여를 이끌어낸다. 아이들은 자신이 진짜로 관심이 있는 주제에 관해 배울 때 높은 동기부여를 갖는다. 아이들이 소방관을 인터뷰할 때, 교사가 소화기 사용 시범을 보일 때 등 매순간 참여와 몰입을 볼 수 있다. 참여 학습은 아이들의 관심사를 바탕으로 한다. 하지만 아이들이 항상 뭔가에 대한 흥미를 가지기 시작하는 것은 아니다. 시내 중심에 있는 학교의 예일러 선생님 반 6학년 학생들은 과일에 대해서 배우는 게 얼마나 멋진 수업이 될 수 있을지 미처 몰랐다. 일부 아이들은 과일이 뭔지에 대해서도 확신이 없었다. 오이는 과일일까? 오이도 단맛이 나는데. 토마토도 과일 같은데? 하지만 예일러 선생님은 시내에 있는 다양한 소수민족들의 시장을 방문해 아이들이 한 번도 보지 못한 세계 각지의 과일들을 사가지고 왔고 학생들은 이제까지 한 번도 보지 못한 과일들을 맛보고 과일에 관해 더 배우는 것에 너무나 신나했다. 좋은 교사들은 아이들이 아직 알지 못하는 관심사를 끌어내는 법을 안다.

의미 있는 학습이 되려면 '학습이 어떻게 실생활에 적용될 수 있는가'를 탐구해야 한다. 수년 동안의 연구 결과는 우리가 이미 아는 것에 새로운 학습을 더하는 것이 배운 내용을 잊어버리지 않게 도와준다는 것을 시사한다. 우리가 원하는 것은 오래도록 머릿속에 남고 유연한 학습이다. 왜 이민자에 대해서 배울까? 아이들에게 자신들이 아는 이민자를 인터뷰하라는 과제를 내줬을 때 새로운 나라로 이주한다는 생각이 아이들에게 실제 현실로 다가왔다. 언어의 장벽? 고립? 거주할 집과 일자리를 찾기? 실제로 이런 문제를 겪은 누군가를 알고 있다면 이러한 문제에 대해서 아이들이 이해할 수 있는 가능성이 훨씬 높다. 이민이라는 주제는 이런 경험을 통해 아이들에게 뭔가 의미가 있는 것이 될 수 있다.

성인들에게도 이것은 마찬가지다. 오피오이드(opioid, 아편 비슷한 작용을 하는 합성 진통 마취제_옮긴이)를 한번 살펴보자. 절대 먹어보라는 건 아니다. 의사들이 오피오이드 처방 규칙을 어떻게 가장 효과적으로 배울 수 있는지를 확인하기 위해 설계된 한 실험을 살펴보자. 한 그룹의 의사들에게는 단지 오피오이드 처방 시 주의해야 할 규칙에 대해서 말해주고 1주일 후에 그 내용들을 얼마나 기억하고 있는지 물어봤다.[59, 60] 의사들은 자신들이 배웠던 내용을 잘 기억하지 못했을 뿐만 아니라 실제로는 배우지도 않은 새로운 규칙들을 머릿속에서 만들어냈다. 다른 그룹의 의사들에게는 가상의 환자에 대한 이야기를 통해 똑같은 정보를 제공했다. 이 그룹은 규칙을 매우 잘 기억했다. 단지 추상적으로 가르치는 것보다는 배우는 사람에게 의미 있는 학습과정을 만드는 것이 훨씬 더 효과적이다. 오피오이드의 규칙을 특정한 환자에게 적용해 저절로 연상되게 하는 것이 훨씬 더 규칙을 쉽게 기억하게 해준다.

딥 러닝은 사회적인 상호작용을 통해 일어난다. 사회적인 상호작용이라는 것은 레이먼드와 캐럴이 그저 함께 앉아 있다는 것이 아니라 함께 배워야 할 주제를 가지고 학습내용을 함께 만들어간다는 것을 뜻한다. 교육과학자들은 오랫동안 이 사실을 알고 있었다. 사람들은 다른 사람들과 함께 배울 때 가장 효과적으로 배운다. 우수한 학생(레이먼드)과 미숙한 학생(캐럴)이 짝꿍이 되었다. 여러 종류의 암석들에 대해 캐럴과 함께 공부한 레이몬드는 뒤처지기는커녕 캐럴을 가르쳐주면서 오히려 자신이 가진 변형된 암석들에 대해서 더 잘 이해할 수 있게 되었다. 캐럴은 반 전체 수업에서 손을 들고 퇴적암이 어떻게 형성되는지 모르겠다고 물어보는 것보다는 레이먼드에게 개인적으로 물어보는 편이 훨씬 더 마음 편하게 느껴졌다.

사회적 상호작용이 어떻게 학습에 도움이 되는지에 대한 최신 뉴스는 하버드대학교의 물리학 교수 에릭 마주르(Eric Mazur)에게서 들을 수 있다. 마주르 교수는 물리학 교실에서 너무나 널리 활용되는 강의 모델에 의문을 느끼기 시작했다. 그는 애리조나주립대학교의 물리학자인 데이비드 헤스테네스(David Hestenes)의 연구를 발견한다. 헤스테네스는 자신의 강의를 듣는 학생들의 물리에 대한 개념적 이해를 분석하는 테스트를 개발했다. 이 테스트 설문 중 하나는 다음과 같다.

> 2개의 공이 있다. 2개는 같은 크기지만 한쪽의 무게가 다른 한쪽 보다 2배 더 무겁다. 이층 건물 위에서 2개의 공을 동시에 떨어뜨렸을 때 더 가벼운 공이 땅에 닿을 때 까지 걸리는 시간은…[61]

질문에 대한 답은 뉴턴의 두 번째 운동법칙에 의해 "2개의 공은 동시에 땅에 떨어진다"이다. 이것은 물리의 기본적인 개념이다. 하지만 A학점을 받은 학생들도 포함해서 대부분의 학생들이 이 문제를 틀렸다. 같은 테스트를 전세계의 수천 명 학생들에게 실시해봤더니 결과는 충격적이었다. 전통적이고, 수동적인 강의 기반의 물리 수업들은 대부분의 학생들이 물리학적인 세계의 작동에 대한 아주 근본적인 이해에 전혀 영향을 끼치지 못한 것이다. 헤스테네스는 이렇게 언급한다.

"학생들은 능동적으로 자신의 지식을 발전시켜나가야 한다. 단지 수동적으로는 완전히 이해할 수 없다."[62]

마주르는 이 수동적인 교실을 바꾸기 위해 수업 중 소그룹으로 나눠서 함께 문제를 풀게 했고 학습 성과는 눈부시게 향상했다.[63] 우리는 머릿속에 지식이 오래 남는 딥 러닝을 촉진하는 방법을 알고 있다. 교육과학은 3단계 수준 그 이상으로 학습을 향상시키는 훨씬 더 많은 방법을 제공한다.

4단계 : 전문성

3단계 수준에 이르는 것은 커다란 발전이다. 아이들은 이제 자신들이 아는 지식들 간의 새로운 연결점을 볼 수 있고 자신들이 배운 내용을 새로운 방향이나 관점으로 확산해볼 수도 있다. 자신이 아는 것을 점점 더 유연한 방법으로 활용할 수도 있다. 4단계에서 우리는 이 분야의 전문성을 얻는다. 작은 식당을 운영하든, 팀을 코칭하는 입장이든 아니면 택시를 몰든지 간에 관계 없다. 전문성은 우리가 아는 지식을 어떻게 개선하고 변화해서 활용할 것인지에 대해 생각하지 않을 수 있게 해준다.

"얘기 좀 할까요?"

최근 조앤 리버스(Joan Rivers)가 많은 관중들에게 마치 친한 친구인 듯 물은 것처럼 말이다. 베스트셀러 작가 말콤 글래드웰에 대해 이야기해보자. 《아웃라이어(Outlier)》에서 글래드웰은 심리학자 앤더스 에릭슨(Anders Erickson)이 제안한 '1만 시간의 법칙'에 대해 말한다. 어떤 분야의 전문가가 되려면 1만 시간이 필요하다는 것이다. 글래드웰조차 자신의 커리어를 개척하기 위해 1만 시간의 법칙을 따랐다고 주장한다. 처음 시작할 때는 자신이 아무것도 모르고 무능력하다고 느꼈지만 결국엔 전문가가 되었다고 느낀다는 것이다. 그렇게 되기까지는 10년의 시간이 걸렸고, 즉 어떤 분야의 전문가가 되기 위해서는 1만 시간이 필요하다.[64] 말콤 글래드웰이든 또는 발군의 테니스 실력을 지닌 길 건너에 사는 소년이든 전문성은 타고난 재능이나 역량과는 상관없이 그냥 저절로 발현되는 것이 아니다. 글래드웰의 말을 다시 한 번 들어보자.

"성과는 재능과 훈련의 조합이다."

그리고 그 훈련에는 굉장히 많은 시간이 필요하다. 분야에 따라 훈련에 필요한 시간은 다를 수 있지만 처음으로 수술실에 들어와 맹장을 제거할 수 있는 외과의사는 없다. 비틀즈의 화이트 앨범을 십대들이 만들 수 없다. 열심히, 꾸준하게 연습하고, 근성을 가지고 실패를 거듭하고(이 책 후반에 자신감에 대해서 이야기를 할 것이다) 땀 흘리는 노력이 전문성을 만든다. 물론 전문가가 되려면 재능도 필요하지만 노력만큼 중요하지는 않다.

존 리버스(John Rivers) 같은 전문 코미디언이 되려면 어떻게 해야 할까? 아니면 글래드웰 같은 작가가 되거나 웰던 같은 프로 테니스 선수가 되려면 어떻게 해야 할까? 전세계 14세 무렵의 아이들을 대상으로 시행되는 PISA 시험을 통해 우리는 초보적인 지식과 숙련된 지식의 차이가 무엇인지를 살펴볼 수 있다. 아주 높은 점수를 받은 학생들은 자신들이 대수에서 배운 것을 삼각법에 적용시켜 볼 줄 안다. 문제를 풀 때 제약적인 조건을 파악할 수 있으며("이런 문제에는 이 전략을 사용할 수 없어") 다른 종류의 해답들 사이를 유연하게 변환할 수 있다. 이들은 문제해결에 도움이 되는 새로운 관계를 구축하기 위해 즉각적으로 이해한 통찰력을 적용하기까지 한다. 4단계라는 것은 자신이 아는 것을 확장하는 것(3단계)을 넘어서 문제해결을 위한 새로운 방법을 생각해낼 수 있다(4단계)는 의미다.

실제로 교육과학에서는 초보자에서 전문가를 구별하는 연구 분야가 따로 있다. 어린아이라도 전문가가 될 수 있다. 애리조나주립대학교의 미키 치(Micky Chi)는 체스의 전문가인 어린이들을 연구했다.[65] 그녀의 연구에서 어른들은 어린이들보다 더 많은 숫자를 기억할 수 있었다(IQ 테스트에서 소위 '숫자 암기 테스트'라고 불린다). 어른들이 기억할 수 있는 용량이 더 크기 때문이다. 이건 놀라운 일이 아니다. 하지만 체스 전문가인 어린이들은 성인들보다 더 많은 체스 수를 기억할 수 있었다. 체스 챔피언인 어린이들에게 체스 판에 늘어놓은 말을 보여주면 나이가 두세 배 많은 성인들보다 훨씬 말의 위치를 더 잘 기억했다. 전문가들 그리고 어떤 분야에서든 4단계의 지적수준을 활용하는 사람들은 그들의 전문 분야에서 더 뛰어난 문제해결 능력을 가지고 있다(체스 게임에서 외통수에 몰려서도 벗어난다). 또 초보자들이 보지 못하는 특징들을 인식하며(폰을 전략의 일부로 활용할 수 있다) 문제를 더 깊게 분석하고 빨리 해결한다. 이는 그들이 자신의 분야에서 더 많은 것을 기억하기 때문이다('예전에 이런 식으로 말을 움직여서 살았지').[66]

또 다른 소박한 사례는 골프다. 골프는 능숙하게 게임을 하려면 몇 년씩이나 걸리기 때문에 답답할 수 있다. 새로운 골프 코스의 페어웨이에서 홀에 접근할 때 깊은 이해력을 가진 전문가들은 새로운 상황에 자신의 기존 지식을 적용할 수 있다.[67] 로이스는 페어웨이 중간을 가로지르는 개울 너머로 공을 넘겨 치려고 시도하는 것이 좋을까, 잘못 치면 공을 빠뜨릴 위험을 감수하고서라도? 어떤 클럽을 사용하는 게 좋을까? 바람이 방해가 될까, 도움이 될까? 골프 선수들이 이런 다양한 변수들을 고려한다는 사실만도 대단하다. 로이스는 그저 이전 단계의 엉터리들이 하는 것처럼 마구잡이로 골프채를 휘두르는 것이 아니라 최선의 행동 방침을 생각하고 있다. 주어진 과제가 불가능하다고 생각하고 손을 털거나 골프채를 던지고 포기하지 않는다.

전문가들은 이렇다. 전문가들은 자신들이 아는 지식을 적용해 문제를 해결한다. 자신의 행동을 검토하고 다른 방법들을 생각한다. 1단계와 2단계의 초보 골프 선수들은 로이스가 하는 것처럼 스스로에게 질문을 던지지도 않는다. 그들은 그저 골프공을 무작정 치고 개울에 공이 빠지는 것을 지켜

본다. 3단계의 골프선수는 아마도 클럽을 바꿔서 사용할지 모르지만 모든 관련 요소들을 다 고려하지는 못할 것이다. 아직 영향을 끼칠 수 있는 모든 변수들을 고려한 큰 그림을 보기에는 부족하며 그런 결과들을 즉각적으로 가늠해서 머릿속으로 분석하는 것이 어려울 것이다. 그러나 로이스는 할 수 있다. 4단계의 골프선수인 그녀는 아마도 클럽 토너먼트에서 승리할 것이다.

로이스가 나중에 페어웨이를 갈라놓는 모래 함정이 있는 비슷한 홀에서 골프를 하게 된다면 개울이 없더라도 이번 홀과 5번 홀에서의 경험을 연결시킬 것이다. 전문가들은 문제의 보다 깊은 구조를 보고 표면적으로는 골프 홀들이 매우 다르더라도 넘어야 할 걸림돌이 있는 다른 상황이라는 것을 인식할 것이다. 실제로 이렇게 깊은 지식을 가지고 있는 전문가는 자신이 생각하는 과정을 초보 친구들에게 가르쳐줄 수 있다. 초보인 친구가 이해할 수 있게 도와주는 더 낮은 수준에서 자신의 지식을 재구성해서 알려줄 수 있다.[68]

바로 이것이 우리가 자녀들이 4단계의 전문가들에게서 가르침을 얻고 배우기를 바라는 이유다. 전문가들은 설명하고 증명해보이며 여러 가지 사례들을 들어줄 수 있다. 초보자들은 교과과정 가이드에 적혀진 대로의 진도만을 따라갈 수 있다. 코크란 선생님 같은 전문가는 분수 문제에서 8학년 마시가 1/4이 1/15보다 크다고 생각하는 이유는 통분하면 1/4의 분모가 더 크기 때문이라는 것을 알아차린다. 코크란 선생님은 마시가 4학년에서 처음 분수를 배웠을 때 놓친 부분을 바로 바로잡아준다. 코크란 선생님은 바로 문제를 해결하고 마시가 더 높은 수준의 이해에 도달할 수 있도록 도와줄 것이다.[69,70]

올슨 선생님은 어떻게 샘이 곱셈의 필요성을 깨달을 수 있도록 도와주는지 한번 보자. 샘은 구구단을 조금 알기는 하지만 그게 무슨 소용이 있는지 관심이 없다. 올슨 선생님은 샘에게 반의 다른 학생들을 위해 스티커 나눠주는 것을 도와달라고 요청한다. 하지만 먼저 스티커를 몇 개나 주어야 할지를 샘이 말해줘야 한다. 각 장마다 6개의 스티커가 붙어 있는 8장의 스티커 용지를 샘 앞에 늘어놓는다. 샘이 스티커를 세기 시작하자 올슨 선생님은 어떻게 하면 훨씬 더 빨리 셀 수 있는지 다른 방법을 물어본다. 샘은 더 빨리 세어보려고 하지만 마침내 마치 머릿속에 전등불이 켜진 것처럼 깨닫는다.

"곱셈을 하면 돼요!"

그리고 그 후부터 구구단을 열심히 배운다.

아이들, 대학생들 심지어 3단계와 4단계에 도달하려고 하는 성인들에 이르기까지 배움에 도움을 줄 수 있는 방법은 정말 많다. 우리는 또한 마치 우리가 태블릿을 구입할 때 그저 예쁜 상자에 담겨 있다고 덥석 사는 게 아니라 우리의 필요에 가장 잘 맞는 제품을 신중하게 고르는 것과 마찬가지로 의미를 부여하고 표면적인 것을 넘어서 이해할 수 있다.

3단계와 4단계는 상거래에서도 중요하다. 스타벅스의 바리스타는 손님들을 대할 때 특정하게 말하는 방식이 정해져 있으며 주문 결제 시스템 사용법을 배워야 한다. 어떤 분야에서든 판매원들은 수백 가지 제품들의 명칭과 특징들을 배워야만 한다(예를 들어 '톨 라테 모카'와 '스키니 밀크'라는 명칭을 기억해야 하듯이). 그리고 정확한 정보와 열정을 가지고 제품을 소개해야 한다. 이벤트 기획자들은 결혼식이나 축제가 엉망이 되지 않도록 수만 가지 결정들을 내리기 위한 세부사항들을 꼼꼼히 확인하는 한편 큰 그림을 그려야 한다. 과학자들은 대학원에서 멘토들의 지도와 비평을 통해 예를 들어 발달 심리학 같은 전공분야를 공부하는 데 수년의 시간을 보낸다. 4단계 수준의 지식에 도달하기 위해 이 발달심리학자들은 전공분야에 대한 자신만의 감각을 발전시키고 만들어내야만 한다. 각자의 직업을 위한 콘텐츠는 다 다를지 몰라도 이 사실만은 필수 불가결하고 핵심적이다.

하지만 콘텐츠는 고정돼 있지 않다. 어떤 사업이라도 앞으로 나아가지 않고 자신의 전략을 검토하고 또 검토하기만 한다면 취약할 수밖에 없다. 고객에 대한 정보를 수집하는 데 있어 4단계에 도달하기 위해서 회사는 항상 고객의 채워지지 않은 욕구가 무엇인지 살펴봐야 한다.

애플은 이 분야에서 뛰어나다.[71] 애플의 연구원들은 고객들의 의견과 불만 그리고 관심사를 살펴보기 위해 채팅 룸에 들어간다. 혹시 줄리아가 시드니에게 핸드백에 넣고 다닐 수 있는 컴퓨터가 있다면 얼마나 멋지겠냐고 채팅 메시지를 보낸 것에서부터 태블릿 PC가 탄생한 건 아닌지 누가 알겠는가? 콘텐츠를 향한 애플의 열정은 이들이 컴퓨터 시장에서 큰 부분을 차지하게 해줬다.

또 다른 4단계의 기업 사례는 코닝(Corning)이다. 세 살짜리 아이가 내던져도 깨지지 않는 훌륭한 접시들을 만들어내는 회사다. 코닝은 새로운 사업 기회, 신기술 간의 연결고리를 포착하고 문화적 역사적인 면에서 자사의 제품을 검토한다. 매년 산학계의 전문가들이 참석하는 컨퍼런스를 개최한다. 코닝은 어떻게 사업을 해왔고 어디로 가고 있는지를 고려하며 계속 앞으로 나아갈 뿐만 아니라 지나온 과정도 돌아본다. 2015년 10월 54회 연례 유리잔 세미나에서는 〈미국이 가장 사랑한 접시(America's Favorite Dish)〉라는 제목의 전시회를 개최했다. "음식은 사랑이다"라는 주제, 건축과 음식에 관한 성역할에 대한 이야기를 들으며 코닝사의 디자이너, 마케터 그리고 엔지니어들이 어떤 아이디어를 얻게 될지 누가 알겠는가.

새로운 콘텐츠를 배우는 것은 어떤 직업이든 막론하고 일생동안 계속되는 프로젝트다. 인도의 철학자 지두 크리스나무티(Jiddu Krishnamirti)의 말이 이를 가장 잘 표현해준다.

> 교육에 끝이란 없다. 당신이 책을 읽고, 시험을 통과한다고 교육을 다 마치는 건 아니다. 당신이 태어난 그 순간부터 죽는 순간까지 온 인생이 배움의 과정이다.[72]

어쩌면 우리는 일생의 배움을 위해 새로운 FCAT 서약이 필요한지도 모른다. 오른손을 가슴 위에 올리고 말하라.

- **나는 사실을 넘어 더 깊은 개념을 배울 것입니다.**
- **나는 정보가 폭발적으로 넘쳐나고 있기 때문에 배우는 방법을 배울 것입니다.**
- **나는 숙면을 취하고 영양 있는 아침 식사를 할 것입니다.**
- **나는 포기하지 않고 내 이해수준을 높이기 위해 다른 이들과 협력할 것입니다.**
- **나는 내가 배운 것을 어떻게 적용할지 늘 방법을 연구할 것입니다.**

이 새로운 서약으로 계속해서 배우고 즐길 수 있을 것이다. 콘텐츠를 확장하라.

아이가 성장할 수 있는 길

콘텐츠, 즉 학습내용만을 최고로 여기고 추구해서는 안 된다. 하지만 당연하게도 콘텐츠를 배우는 것은 아이들에게 중요하다. 그러나 아이들이 어떻게 하면 배우는 법을 배울 수 있는지 그리고 부모들처럼 일생동안 배움을 멈추지 않는 사람이 되는 법을 가르치는 것도 매우 중요하다. 만약 당신의 자녀가 당신이 "배우는 것을 즐긴다"는 것을 본다면 대부분의 경우 자녀들은 자연스럽게 부모를 따라하기 마련이다. 만약 당신의 자녀가 "부모가 자신의 질문을 진지하게 받아들이고 대답해주거나 함께 답을 찾는 걸 도와준다"고 느낀다면 스스로도 그렇게 하는 법을 배울 것이다. 그리고 만약 당신이 콘텐츠가 4개의 벽으로 가로막힌 학교 교실에서 뿐만 아니라 사방팔방 어디에나 있다는 사실을 깨닫는다면 우리의 삶과 아이들의 생활을 풍요롭게 만들 수 있을 것이다.

아이가 성공으로 가는 길은 당신이 자녀와 공유하는 경험으로 다져져 있다. 그리고 이런 경험들은 그다지 비싸지도 않고 세금을 내야 하는 것도 아니다. 아이들은 우리가 이러한 가르침의 순간들을 포착하게 한다. 아이들과 시간을 보낼 때 그리고 아이들이 질문을 던지고 더 캐물으려고 할 때 도움을 주려고 한다면 더욱 성장하고 성공할 수 있을 것이다.

· SCAFFOLDING ·

콘텐츠 습득을 도와주는 방법

핵심은 콘텐츠가 단지 아이들이 학교에서 수업으로만 배우는 것이 아니라는 것이다. 아이들은 학교 밖에서 많은 것을 배울 수 있다. 약국이나 슈퍼에서 당신과 나눈 대화를 통해 그리고 기차나 버스를 타고 여행하면서도 배울 수 있다. 아이가 세상에 대해 보다 깊이 이해할 수 있도록 가르쳐주고 질문하도록 격려하고 북돋아 줄 수 있는 순간들은 언제나 있다. 학교 밖에서 배움의 즐거움을 느낀 아이들은 학교에서도 기꺼이 배우려고 할 가능성이 크다.

부모의 입장에서

콘텐츠가 중요하다는 데는 이견이 없다. 당신이 이 책을 읽고 있다는 사실은 당신이 배우고 싶어 한다는 것을 의미한다. 동기부여가 핵심이며 당신은 이미 동기부여가 되어 있다. 그럼 콘텐츠의 기준선상에서 당신은 어떤 단계에 있다고 스스로를 평가하겠는가? 모든 사람들은 어떤 부분에서든 전문성을 가지고 있으므로 자신을 인정해주길 바란다. 하지만 아마도 당신은 관심이 있는 특정 분야에서만 전문성을 가지고 있을 것이다. 혹시 콘텐츠 분야에서 본인이 원하는 것보다 더 배움의 폭이 좁다고 느끼는가? 배우자가 직장에서 시작한 새로운 프로젝트에 대한 이야기를 시작하면 머리가 멍해지는가? 당신은 새로운 곳에 가서 새로운 것을 배우는 것에 개방적인가? 당신이 모든 분야의 전문가일 수는 없다는 걸 안다. 아무도 그럴 순 없다. 하지만 우리 모두는 새로운 정보를 배우기 위해 최대한 능력을 발휘해야 할 때가 있다. 결국 학교에서 아이들에게 늘 요구하는 것이 바로 이것이다.

배우자가 시작하는 새로운 프로젝트에 대해서 좋은 질문을 던지면 당신이 듣고 있다는 것을 보여줄 뿐만 아니라(의사소통), 다음번 관련된 주제로 이야기할 때 자연스럽게 더 흥미를 가질 수 있다. 쉬는 날을 활용해서 꼭 보고 싶어 했던 인상파 전시회를 보러 미술관에 간다면 기분이 좋아질 것이다. 그리고 갈 때 꼭 자녀들도 데려가자. 아이들에게 형태가 없는 그림들 속에서 무엇을 보았는지 또는 어떤 장면을 그려낸 그림에서는 어떤 일이 벌어진 거라고 생각하는지 물어보라. 만약 당신이 스스로 새로운 것을 배우기 위해 마음을 활짝 연다면 자녀들도 당신처럼 하길 원할 것이다.

당신이 잘하는 일들에 대해서 자신의 지식을 가지고 다른 사람을 도와주려고 시도해본 적이 있는가? 알고 싶어 하는 다른 사람에게 설명하는 것은 자신의 전문성을 이어가기에 매우 좋은 방법이다. 이 또한 자녀들에게 매우 유용하게 적용될 것이다. 당신은 혹시 전문 제빵사인가? 아이들을 참여시키고 과제를 내주고 함께 작업하면서 아이들이 당신의 기술을 배울 수 있도록 하라. 외국어를 할 줄 아는가? 아이들이 알고 싶어 하는 단어를 외국어로 어떻게 소리 내는지 알려줘라(일종의 비밀 언어처럼).

아이들의 질문에 솔직하게 바로 응답해주고 배우는 것이 얼마나 큰 선물인지 열정을 보여줘라. 모든 아이들은 점차 당신이 대답해줄 수 없는 질문을 하게 되기 마련이다. 그 유명한 "하늘은 왜 파래요?"라는 질문을 포함해서 말이다. 이런 질문들을 가지고 놀며 즐거운 시간을 보내라. 아이들에게 하늘이 무슨 색이면 좋을지 물어보라. 그 이유도. 그러고 나선 인터넷이나 도서관에서 궁금한 점에 대한 답을 어떻게 찾을 수 있는지 시범을 보여줄 수도 있을 것이다. 우리는 우리 자녀들이 모두 평생 배우는 사람이 되기를 원한다. 우리가 그렇듯이 말이다. 어떻게 하는지 아이들에게 모범을 보여주자.

아이의 입장에서

우리의 친구 중 한 사람이 전화를 걸어 아들이 매일 밤 부모에게 15분 동안 큰소리로 책을 읽어줘야 하는데 그것 때문에 너무 괴롭다고 하소연했다. 왜냐고? 그 부모는 바쁘고 (아마 핸드폰을 들여다보느라) 이 일을 재미있게 함께할 수 있는 기회가 아니라 굉장히 귀찮은 일로 생각했기 때문이다. 물론 아이는 부모가 이끄는 대로 따랐고 이를 조정하기 위해 구슬려야 했다. 단지 다른 접근법을 시도해보기로 결정한 것만으로, 이야기에 몰두해서 등장인물에 대해 토론하고 이야기가 아이의 삶과 어떤 연관성이 있는지 연결지어 봄으로써 책 읽기는 재미있는 시간이 되었다. 부모들은 자신들이 얼마나 즐거운 시간을 가지고 있는지를 깨닫고 깜짝 놀랐다.

우리가 설명했던 배움에 원동력이 되는 네 기둥을 떠올려보라. 능동적으로, 몰두해서, 의미를 부여하고, 사회적으로 상호작용하는 것은 학문적인 관념이 아니라 아이들이 자신이 배우는 것에 보다 깊이 몰두하는 데 도움을 주는 매우 실질적인 방법들이다. 오늘 학교에서 배운 내용을 제스가 좋아하는 것과 어떻게 연관을 지을 수 있을까? 순례자들을 주제로 한 수업을 들은 제스를 역사 유적지에 데려가줄 수 있을 것이다. 아니면 음식이 어떤 경로로 식탁에 오르는지 초점을 두고 수업을 하고 있다면 가까운 농장에 데려가서 채소와 과일들을 직접 만져보게 해줄 수 있다.

대학이나 지방자치단체들은 대개 아이들이 매우 좋아하는 박물관을 운영한다. 델라웨어대학교에는 기증을 통해 만들어진 작은 암석과 광물 박물관이 있다. 우리 아이들은 어렸을 때 거기 가는 것을 무척이나 좋아했다. 수많은 농업학교들은 아이들이 무료로 꿈틀거리는 애벌레들을 볼 수 있는 곤충학과를 운영한다.

우리들 중 한 명은 아이들과 함께 숙제를 하고 아이들이 공부하는 동안 오렌지나 사과 아니면 핫 초콜릿 같이 건강한 간식을 챙겨주는 것 외에는 간섭하지 않았다. 아이들이 어렸을 때는 엄마 옆에서 함께 공부를 하며 배운 것에 대해 함께 신나했다. 콘텐츠는 영감을 줄 수 있다. 그리고 만약 아이들이 집중하는 데 도움이 되는 상황을 만들어준다면 아이들이 학습하는 법을 배울 수 있도록 또는 실행기능 능력을 갈고 닦을 수 있도록 도와주는 것이다.

당신이 가는 곳에서

공원을 잊지 마라. 동네 공원에는 재미있게 놀 거리는 물론 학습의 원동력이 될 수 있는 거리들이 정말 많다. 가을에는 아름다운 낙엽들을 주워 집에서 종이에 붙여보거나 본을 뜰 수 있다. 봄에는 꽃망울을 터뜨릴 준비를 하고 있는 꽃들이 언제 피어나나 보기 위해 매일 들르게 된다. 우리 주위에는 온통 배울 수 있는 훌륭한 기회가 많이 있다. 예부터 전해 내려오는 말마따나 "인생에서 가장 좋은 것들은 다 공짜"다.

설령 자녀의 학교에서 예술 프로젝트에 참여할 기회가 별로 없다고 하더라도 아이가 배우고 있는 콘텐츠를 가지고 집에서 함께 예술 작업을 해볼 수 있을 것이다.

수채화 물감으로 아이가 새 책에서 방금 읽은 장면을 표현해볼 수도 있다. 아이들이 함께 숙제를 하고 있을 때 다 같이 숙제에 나온 상황을 연극으로 해보자고 할 수도 있다! 아이들이 배워야 하는 내용들을 춤 그리고 작곡 등과 연결 지을 수 있는 여러 가지 방법들이 있다. 그리고 부모가 함께 참여한다면 배우는 것이 얼마나 즐겁고 재미있는 일인지 몸소 보여줄 수 있다. 자녀의 교육에 참여하는 것은 아이를 양육한다는 것에 완전히 새로운 의미를 부여하고 배움을 즐거운 것으로 만들 수 있다.

부모와 양육자들은 만약 아이들이 원한다면 방과 후 프로그램이나 수업 또는 여름 캠프 등을 통해 아이들의 예술적인 측면을 개발할 수 있게 도와줄 수 있다. 많은 아이들이 연극 캠프에 참여하고 싶어 한다. 좀 더 수줍음이 많은 아이들은 미술 캠프를 더 좋아할 수 있다. 미술을 통해 아이들의 상상력을 키워주는 것은 사고력을 풍부하게 해주고 실행기능 능력을 키워주는 아주 훌륭한 방법이다. 각자 자기 악기를 하나씩 들고 박자를 맞추는 드럼 서클에 참여한 아이들을 본 적이 있는가? 신경을 곤두세우고 집중하고 방해요소를 차단해야 한다. 아이들은 완전히 몰두해서 참여하고 집중력을 키우고 '주의 지속주기'를 늘려간다. 연구 결과는 이런 종류의 음악적 활동들이 아이들의 실행기능 능력을 확장해주고 아이들에게 필요한 '배우는 법을 배우는 능력'을 키우도록 해준다는 것을 보여준다.

콘텐츠를 장려할 수 있는 환경을 만드는 법

아주 쉬운 답은 TV를 끄고 아이들이 스크린에 달라붙어 있지 못하게 하는 것이다. 하지만 약간의 시청 시간은 나쁘지 않다. 화면에 나오는 내용이 어떤 것이냐에 따라 다르다. 심시티 같은 컴퓨터 게임에서 아이들은 자기가 만든 도시에 무엇을 건설하고자 하는지 계획할 수 있고, 손과 눈의 협응력을 날카롭게 해주는 비디오 게임들도 있다. 전자기기를 꼭 배척하자는 말은 아니다. 특히 고학년 아동들의 경우는 영상을 통해 여러 가지를 배울 수 있다.

아이들이 배우는 것을 좋아할 수 있게 도와줄 때 가장 중요한 것은 아이들의 관심사를 진지하게 받아들여주는 것이다. 아이들이 흥미를 가지는 주제를 진지하게 받아들여주면 몰입하게 할 수 있다. 이미 아이들에게 의미가 있는 주제이기 때문이다. 당신의 자녀가 거미에 매료돼 있는가? 우리 중 한 명은 어렸을 때 자기가 찾을 수 있는 거미에 관한 책이란 책은 모조리 다 읽었다. 만약 돈이 걱정이라면 별 문제가 아니다. 공공 도서관은 가족들에게 정말 훌륭한 곳이다. 아이들이 어릴 때 그리고 자녀가 혼자 도서관을 다닐 수 있기 전 초등학교 때도 우리 가족은 매주 도서관에 가서 책을 빌렸다. 아이들이 스스로 책을 고를 때 느끼는 자신감을 상상해보라. 우리는 아이들이 좋아한 것만큼 그 책들을 좋아했고 다음번 도서관에 반납하러 갈 때까지 같은 책들을 읽고 또 읽고 했다.

우리는 또 예술 공연에 아이들을 데려갔다. 이것도 비용을 걱정할 필요가 없다. 무료로 관중 앞에서 공연을 즐기는 지역 오케스트라나 합창단, 댄스 그룹들도 있다. 아이들은 일반적으로 예술을 좋아하고 아이들에게 흥미를 주어 뭔가에 관해 책을 읽거나 그림을 그리고 싶어 할 것이다. 우리들 중 한 명은 아이에게 〈42번가(42nd Steet)〉 공연을 보여주러 뉴욕에 데려갔다. 그리고 밤새도록 함께 탭댄스를 추었다.

아이들의 학습에 대한 애정을 불러일으킬 때 어린이 박물관을 빼놓을 수 없다. 어린이 박물관은 놀이처럼 즐거운 학습의 마지막 보루이며 동시에 아이들의 상상력에 불을 지피는 원동력이다. 아이들이 흥미를 느끼고 매료되는 주제를 중심으로 하고 있어 어린이 박물관은 콘텐츠, 사회적 상호작용, 신체적 활동(우리는 아직도 볼티모어의 포트 디스커버리 박물관에서 그물을 타고 올라가는 것을 좋아한다) 그리고 의자에 앉아 다른 아이들의 속도에 맞추지 않고서도 배울 수 있는 기회를 제공한다. 나아가서 많은 박물관들에 무료 관람일이 있다. 이 날을 잘 확인해서 활용하자. 캐서린 해이든(Catherine Haden)과 동료들은 집에 와서 서로 "오늘은 무엇을 보았니?" 하며 이야기를 나누는 것이 아이들의 기억력을 키워준다는 것을 연구 결과로 보여줬다.[73,74]

또는 단순히 세탁소에 다녀와서도 자녀의 기억력을 자극시킬 수 있다. 커다란 통이 있는 기계와 소음과 동전을 넣는 구멍 등이 모두 세탁소에 처음 와보는 아이에게는 이야깃거리가 된다.

"엄마 아빠에게 세탁소에 가보니 어땠는지 말해보렴. 조용한 곳이었니? 아니면 시끄러운 곳이었니? 그곳 특유의 냄새가 너한테는 어떻게 느껴졌니? 거기서 빨래가 다 되길 기다리는 동안 만난 네 새 친구에 대해 말해줄래?"

어딜 가든지 당신이 아이라면 배울 수 있는 모험이 펼쳐진다. 특히 만약 당신이 뭘 깨달았는지에 대해 말하는 것을 좋아하고 스스로의 질문에 대한 답이 옳은지 계속 추적한다면 그럴 것이다.

제8장

사실을 넘어 진실을 찾는 힘

비판적 사고

어떤 생각에 동의하지 않더라도 이리저리 생각해볼 수 있는 것이
바로 교육받은 정신의 특징이다.
_아리스토텔레스의 《니코마코스 윤리학(Nicomachean Ethics)》에서

롱아일랜드에서 350명의 사람들을 대상으로 조기교육에 대해 연설을 마친 후, 리무진 뒷좌석에 쓰러지다시피 앉은 우리 모습을 상상해보시라. 첼시 21번가에 도착할 때쯤 우리는 거의 낮잠을 잘 태세였지만 낮잠 대신 옷매무새를 고치고 재빨리 카페인 한 잔을 들이킨 후 전혀 보수되지 않은 낡은 브라운스톤 하우스의 삐걱거리는 계단을 올라가서 마크 시몬(Marc Simon)을 만날 수 있었다. 그는 〈유치원 전쟁(Nursery University)〉[1]이라는 흥미로운 다큐멘터리 작업을 하고 있었다.

마크는 우리에게 질문했다.

"대체 어떻게 고등교육을 받은 부유층 부모들이 자기 자녀가 뉴욕의 특정한 일류 유치원을 들어가야만 명문대학에 입학할 수 있다는 맹신에 사로잡혀 버리게 되는 걸까요?"

이건 널리 알려져 있는 현상이다. 맨해튼에는 부모들이 5세 자녀를 유치원에 입학시킬 때 제출하는 지원 에세이를 수정해주는 일로 먹고사는 전문

컨설턴트들로 넘쳐난다. 그 부모들은 자녀가 전문직으로서의 인생 여정을 시작할 수 있도록 연간 등록금이 무려 4만 2,960달러에 육박하는 뉴욕의 명문 사립 달턴 스쿨에 자녀들을 반드시 입학시키려 한다. 다큐멘터리 〈유치원 전쟁〉은 이러한 사회적 문제를 폭로하고 있다. 몇 가족들이 자녀들을 명문 유치원에 지원하고 대학에 입학하기까지의 전 과정을 보여준다.

유치원부터 시작되는 대학 입시 전쟁

〈유치원 전쟁〉은 그것이 자녀 문제일 경우 설령 선택권이 많은 사람들조차 온갖 잘못될 수 있는 경우에 대해서 얼마나 걱정을 하게 되는지를 다큐멘터리 영화로 만들었다. 그러나 〈유치원 전쟁〉은 또한 우리 모두와 우리 사회에 관한 이야기다. 어떻게 모든 부모들이, 아이들의 머리에 많은 양의 정보를 주입하는 것이 곧 성공으로 가는 티켓을 주는 것이라 생각하게 되었는지를 보여준다. 사실 이러한 문화적 만트라(주문, 의식)는 너무도 자주 반복돼 왔기에 거의 모든 사람들이 이를 믿는다. 그러니까 이 만트라는 이런 식이다.

당신의 자녀가 대학에 들어가기를 바란다면 자녀가 유치원에 들어갈 준비가 되었는지 먼저 확인해야 한다. 확인을 했다면, 이제 읽기와 쓰기, 수학을 철저하게 가르쳐서 4세에 파닉스를 시작하고 5세에 책을 읽을 수 있어야 하며 코팅된 카드에 그려진 돌고래를 세고 쑥쑥 성장하는 수학 실력을 보장해줄 명문 유치원을 잘 선택해야 한다.

작가 프랭크 브루니(Frank Bruni)는 이러한 현상을 '대학 입시 광증(mania)'이라고 이름 붙이고 그 현상이 유치원 입학에서부터 시작된다고 했다. 그의 저서 《어떤 대학에 가는지가 당신이 어떤 사람이 될지 말해주지 않는다(Where You Go Is Not Who You'll Be)》에서 그는 명문대학으로 이끄는 명문 사립학교는 자녀나 부모의 삶에 반드시 중요한 것은 아니라고 주장한다.[2] 우리가 발간한 책 《아인슈타인은 플래시카드로 공부하지 않았다》에서도 교육과학에 대한 비슷한 사례가 실려 있다. 유치원 아이들이 훗날에 대학을 가기 위해 당장 컴퓨터 과학이나 프랑스어를 공부할 필요는 없다. 아이들이 행복하고 건강하고 분별력 있고 배려하는 사회적인 사람으로 성장해 미래에 협력할 줄 알고 창의적이면서 유능하고 책임감 있는 시민이 되도록 돕기 위해서 우리는 그들의 학습과 사회성과 체력이 잘 발전하는 것에 초점을 맞춰야 한다. 아이들은 머리만으로 성장하지 않는다.

〈유치원 전쟁〉은 수많은 유행이 시작되는 맨해튼에서 명문 유치원을 찾는 열풍이 아이의 출생과 함께 시작되는 순례가 되는 극단적인 사례를 잘 보여줬다. 그러나 아이의 머리에 지식만을 쑤셔 넣는 이러한 교육적 행태는 우리가 지향하는 '비판적 사고'에 있어서는 학습의 블랙홀을 만들어낼 뿐이다. 어느 누구도 이러한 현상을 극복할 면역력을 가지고 있지 않다. 우리가 처한 이 곤경에서 벗어나려면 문제를 직시하고 해답을 찾는 것이 매우 중요하다.

우리가 현재 직면하고 있는 빅데이터의 세계에서는 수많은 정보가 폭발적으로 증가하고 있기 때문에 비판적으로 사고하는 것은 매우 필수적이다. 우리가 미래에 맞닥뜨릴 수많은 선택의 기로에서 어떻게 선택하고 조직화할 것인지를 배워야 한다. 그렇지 않다면 온라인에서 신상품 세탁기를 구매할 때 사고 싶은 몇 가지 모델을 두고 고민하다 비합리적인 소비를 하고 말 것이다. 심리학자 다이앤 할펀(Diane Halpern)은 거의 20년 전에 실렸지만 그 내용은 여전히 신선한, 한 사설에서 비판적 사고를 최고의 가치로 두었다.

> 이제 사람들은 컴퓨터에서 인터넷이나 다른 원격서비스를 통해 잠시 검색을 하고 나면 문자 그대로 그들의 손끝에서 마음대로 다룰 수 있는 무지막지한 양의 정보들을 얻게 된다. 문제는 이 엄청난 양의 데이터를 가지고 무엇을 할 지 아는 것이다. 컴퓨터 화면에 있는 그 정보들이 필요에 따라 선택되고 해석되고 요약되고 평가되고 이해돼 적용되지 않는다면 도서관 책장에 있는 것보다 더 쓸모없는 것일 뿐이다.[3]

그녀는 그 첫 본문 내용을 보낸 지 6년 만에 이 원고를 작성했고 그해 구글은 하나의 회사로 설립됐다. 할펀은 앞으로 일어날 일을 몰랐다. 우리가 이 책을 쓰고 있는 수년 내에 엄청난 유용한 정보들이 거의 10배가 되었다.

선택은 단순하다. 우리에게 다가오는 콘텐츠와 정보의 바다에서 항해하는 법을 알아가든지 아니면 정보의 홍수에서 익사하든지 둘 중 하나다. 믿어지지 않을 만큼 괜찮은 거래를 할 때 적절하게 질문하는 법을 익히든지 아니면 〈유치원 전쟁〉에서처럼 메아리치는 그 어떤 가능성만을 위해 힘겹게 번 돈을 지불하든지 말이다. 비판적 사고는 우리를 둘러싼 빅데이터 속에서 길을 찾아갈 수 있는, 교육과학이 제시하는 해답이다. 그렇다면 우리는 어떻게 비판적으로 사고하는 법을 배울 수 있으며 그것은 우리에게 무엇을 의미하는 걸까?

비판적 사고는 우리가 회의적인 태도를 취할 때 발현된다. 해리 트루먼(Harry Truman) 대통령은 미주리 주 출신이다. 미국 하원에 종사했었고 미주리 주 국회의원이었던 윌리엄 던컨 밴디버(William Duncan Vandiver)는 1899년 한 연설에서 이렇게 말했다.

"나는 옥수수와 목화 그리고 우엉을 재배하는 주에서 왔으며 민주당과 실속 없는 웅변가들에게는 그 어떤 확신도 만족도 느끼지 못했습니다. 나는 미주리 주 출신입니다. 당신들은 나에게 보여줘야 할 거요."[4]

우리 친구 로리(Laurie)가 "아기들도 읽는 것을 배울 수 있다"고 하는 주장에 우리가 "정말?"이라고 반응하고 싶을 때 빠뜨리지 않고 쓰는 말이 "그럼, 어디 그 증거를 보여줘요"이다. 그러고는 그 주장을 의심하고 스마트폰에서 "책 읽는 아이(baby reading)"를 검색한다면 우리는 이미 비판적 사고에 관여하고 있는 것이다. 무조건 수용하는 것이 아니라 의문을 가져보고 좋은 교육에 이르는 조건이 무엇인지를 캐묻게 될 때 반쪽짜리 진실과 왜곡에 사로잡히지 않을 가능성이 커진다.

비판적 사고를 가르쳐야 한다는 외침은 교육 현장에서 늘 있어왔다. 베리 바이어(Barry K. Beyer)는 이러한 요청에 대해 "우리는 단순한 정의를 받아들여야 한다"라고 제안하면서 비판적인 사고는 "논리 정연한 판단"[5]을 사용한다고 했다. 그리고 비판적 사고를 가르치기 위해서는 아이들이 "관찰, 경험, 숙고, 추론 및 의사소통"[6] 등의 다양한 출처로부터 정보를 분석하고 종합하고 평가하는 법을 배우는 것이 필요하다.

모든 정보가 진실은 고사하고 균등하지도 않고 점검되거나 평가되지 않았다는 사실을 알려줘 아이들이 정신적으로 무장할 수 있게 해줘야 하지 않을까? 인터넷은 쓰레기 정보로 가득하다. 도깨비불처럼 퍼져가는 기괴한 소문들의 정체를 드러내기 위해서 도시형 전설을 소개하는 사이트들도 있다. 오프라 윈프리가 자살했다며 페이스북에 거짓기사를 올린 장난은 어떤가? 또는 뉴욕 시의 하수관에 산다는 악어에 대한 이야기에 대해서는 또 어떻게 생각하나? 불행히도 요즘 학생들은 기이하게 여겨지는 정보들에 의문을 품을 수 있도록 훈련을 받은 적이 거의 없다.

아이들에게 '사실정보'를 가르치고 문제를 제시하지 못하도록 한다면 그들은 어른들이 말해주는 정보는 어떤 것이든 틀림없이 진실일 거라고 생각할 것이다. 아이들은 회의적인 자세를 가질 필요가 있다. 비판적 사고의 소유자는 열린 사고를 가지고 있고 다른 관점을 고려하기도 한다. 그리고 증거를 이용한다. 그들이 새로운 것을 배울 때는 서슴지 않고 자신의 위치를 바꿔보기도 한다.

그러나 비판적 사고가 널리 장려되지는 않는다. 텍사스 공화당의 2012 공약에는 이러한 문구가 포함돼 있었다.

> 우리는 지식 기반 교육인 고차적 사고기능(Higher Order Thinking Skills)을 가르치는 것을 반대한다… 그것은 태도를 수정하는 것에 초점을 맞추고 있으며 학생들의 확고한 신념에 도전하고 부모의 권위를 약화시키는 데 그 목적이 있다.[7]

물론 이것은 그 주제에 관한 모든 공화당의 견해도 민주당의 견해도 아니다. 그러나 학생들의 '확고한 신념'에 도전하는 데 실패하는 것은 매우 심각한 문제가 될 수 있다. 어린아이들은 산타클로스나 이빨 요정이 아니더라도 모든 종류의 것을 쉽게 믿는다. 세상을 배운다는 것은 위장에 작은 사람이 일한다고 믿는 것이 아니라 음식이 소화되는 과정을 이해하는 것이다. 자동차 엔진 내부에 말이 있을 거라고 믿는 것이 아니라 자동차가 움직이는 메커니즘을 이해하는 것이다. 또 세상에는 없는 마녀의 존재를 믿는 유치한 믿음에서 벗어나 어떤 사람이 비열한지를 이해하는 것을 의미한다.

우리는 아이들에게 비판적으로 사고하도록 격려해줘야 한다. 그렇지 않으면 우리의 아이들이 우리나 다른 권위자들의 말을 무비판적으로 수용하게 만들어 그들의 장래를 아주 어둡게 만드는 꼴이 될 것이다.

1단계: 보는 대로 믿는

우리는 비판적 사고를 가진 사람으로 태어나지 않았다. 우리는 새로운 정보를 진단할 수 있는 무언가(예를 들어 콘텐츠)를 알아야만 한다. 영유아는 세계를 배우고 있고 그것은 매우 복잡한 과정이다. 돌이 지난 유아들조차 이치에 맞는 행동이든 아니든 그 모든 것을 판단하고 있다. 올가(Olga)는 14개월에 걷고 말하기 시작했다. 헝가리 과학 아카데미에 있는 게르게이 유아연구실(Gergely baby lab)에서 그녀는 상냥한 대학원생을 만난다. 그 연구원은 마치 얼음 통에[8] 앉아 있기라도 한 것처럼 양손으로 감싼 담요를 쥐고 있었다. 연구원은 올가에게 인사를 하고 머리를 숙여 이마로 탁자 위에 크고 둥근 등의 불을 켠다. "전조등!" 한 주 뒤 올가가 그 연구실에 다시 방문했을 때 연구원은 그 등 앞에 앉아 있었다. 올가가 어떤 행동을 할까? 1주일 전 그 연구원이 이마로 등을 켠 것처럼 올가도 그렇게 할까? 아니면 손을 사용할까? 올가가 이마를 사용한다면 올가는 그 연구원을 맹목적으로 모방하는 것이다. 그러나 올가가 손을 사용한다면 자신이 본 것을 평가하고 있다는 것을 의미한다. 마치 저 연구원이 담요를 손에 쥐고 있기 때문에 머리를 사용하고 있는 것이라고 판단하고 있는 것처럼 말이다. 80퍼센트의 유아들은 그들의 손을 사용했다. 아이들은 그 연구원이 보여준 행동을 비판적으로 판단했고 무턱대고 모방하지 않았다. 어린 아기들조차 핵심적인 비판적이고 합리적인 사고를 가지고 있는 것이다.

1단계에서 아이들은 앞서 묘사된 것과 달리 매혹적인 설명이 있더라도 주로 그들이 보는 것과 듣는 것을 믿기 시작한다. 아기들은 누군가 신뢰할 만한 정보전달자일 때에 민감함을 보여준다. 커다란 눈을 가진 매력적인 14개월 아이, 다이애나는 두 명의 친절한 여인들과 인사한 뒤 유아용의자에 앉는다. 첫 번째 연구원이 양동이를 들여다보며 "우~", "아~"라고 소리를 낸다. 그리고 그 양동이에 있는 장난감을 다이애나에게 보여준다. 그리고 나서 다이애나는 두 번째 연구원이 다른 양동이를 들여다보며 역시 "우~", "아~"라고 한다. 그러나 그녀는 다이애나에게 양동이의 내부를 보여주지 않는다. 다이애나는 '왜 그녀가 빈 양동이에서 "우~", "아~"라고 할까?'라고 생각할지도 모르겠다. 그런 뒤에 첫 번째 연구원이 스크린 뒤편을 바라보니 다이애나 역시 목을 쭉 빼고 들여다보지만 아무것도 볼 수가 없었다. 두 번째 연구원이 다른 스크린 뒤를 바라볼 때에는 다이애나는 시도조차 하지 않는다. 빈 양동이에 대고 "우~", "아~"를 말한 그 연구원의 행동을 누가 신뢰하겠는가? 아이들은 이렇게 일련의 정보를 판단하고 계산해간다. 그들이 조금 더 성장해서 세 살이 되면, 심술궂은 인형이 아니라 멋진 인형을 신뢰하는 것처럼, 정보제공자의 인격까지 고려하게 될 것이다. 누가 사악한 사람의 말을 경청하겠는가?

보는 대로 믿는 것이다. 네 살 노아에게 고양이를 보여준다. 노아는 고양이를 토닥여주고 이내 그 고양이를 매우 좋아하게 된다. 그리고 한 연구자는 고양이 얼굴 전면을 가려줄 개 그림 가면을 씌운다. 그리고 노아에게 "이 동물은 여전히 고양이일까, 아니면 이제는 강아지일까?"라고 질문한다. 노아는 매우 권위 있게 대답한다. "오, 이제 개가 되었네"라고 말이다. 믿을 수 없다. 보이는 것에 속은 것이다! 세이지에게 회색 투명 플라스틱을 보여준다. 그것을 하얀 플라스틱 계란 앞에 놓으면 그 계란이 바위처럼 보인다. 세이지는 그것이 바위라고 말한다. 그리고 그것이 바위여서 집어 들기엔 무거울 거라고 확신한다. "자, 봐! 플라스틱을 치우니 다시 계란이 되네."[9]

네 살 이하 아이들은 1단계의 제목처럼 보는 대로 믿는 것 같다. 어떤 측면에서 이것은 말이 된다. 결국 이 아이들은 어린아이에 불과하고 대체 아이들이 뭘 알겠는가? 하지만 아이들은 점차 사물이 항상 보이는 것과 같지 않다는 것을 인식하게 된다. 이렇게 되기까지는 시간과 경험이 필요하다. 이 단계에 있는 아이들은 오즈의 마법사를 보며 사악한 마녀의 몸에 물이 닿아 몸이 쪼그라들어 찐득찐득한 것으로 변했을 때 소름끼치게 무서워할지도 모른다. 그 모든 것이 실제라면 세상은 너무 무서운 곳이니까. 우리 중 한 명은 영화가 시작될 때 MGM 로고의 포효하는 사자가 스크린에서 튀어나올까 봐 걱정했던 것을 기억한다. 그녀의 부모님은 빙긋이 웃으며 이것은 현실이 아니며 전혀 문제가 없다고 그녀를 안심시켰지만 그녀는 여전히 떨면서 코트를 머리끝까지 뒤집어썼다. 또 우리 중 한 명은 두 살인 애덤이 쉬는 시간에도 밖에 나가는 것을 거부하고 나뭇잎이 바람에 바스락거리는 것을 무서워했던 것을 기억한다. 3개월이 지나서야 애덤이 서쪽 마녀가 바람이 불 때 학교에 나타날까봐 두려워하고 있다는 걸 알게 되었다.

아이들은 그들이 보고 있는 대부분을 믿기 때문에 쉽게 주변의 영향을 받는다는 전제를 바탕으로, 전 하버드대학교 교수 수전 린(Susan Linn) 박사가 창립한 비영리 단체가 있다. 아동 대상의 상업광고 단절을 주장하는 그들의 캠페인은 아이들이 지나친 상술의 대상이 되는 마케팅을 중단하고 이익 창출이 아니라 아이들에게 최선이 무엇인지를 목적으로 '새로운 아동기(Modern Childhood)'를 홍보하도록 기획됐다.[10] 만일 아이들이 광고의 내용이 매우 편향적이며 호도되고 있다는 것을 인식하고 비판적으로 판단할 줄 안다면, 슈퍼마켓 통로에서 달콤한 시리얼을 사달라고 조르는 아이들이 확연히 줄어들 것이다.[11]

만일 내가 지구는 평평하다고 말한다면 당신들은 내가 잘못된 신념에 사로잡혀 있다는 것을 안다. 그것은 당신이 이 책의 앞부분에서 언급한, 마음이론(Theory of Mind, ToM)을 가지고 있기 때문이다. 마음이론은 비판적인 사고에서 매우 중요한 능력이다.[12] 이 마음이론의 한 사례를 들어보면 이렇다. 스탠퍼드대학교에서 존 플라벨(John Flavell)과 그의 동료 연구원들이 세 살 아이들을 대상으로 식탁에 발을 올리기를 좋아하는 로빈이라는 여자아이에 대해 이야기를 해줬다. 그 직후 연구원들이 아이들에게 질문했다.

"로빈이 식탁 위에 발을 올려도 된다고 생각할까?"

놀랍게도 대부분의 아이들이 그렇지 않을 거라며 로빈 스스로도 그 행동이 옳지 않다고 생각할 거라고 대답했다.[13] 그들이 테이블에 발을 올리는 행동을 할 수 없다면 로빈도 그럴 거라고 생각한다. 콜롬비아대학교 심리학자인 디애나 쿤(Deanna Kuhn)은 이러한 아이들을 현실주의자라고 불렀다. 왜냐하면 다른 사람들이 그들과 다른 신념을 가질 수 있다는 것을 그 아이들은 상상할 수 없다는 것을 알았기 때문이다.

아이들이 다음 단계인 2단계의 시기가 되면 자신들이 이제 친구나 엄마와 다르게 생각할 수 있다는 것을 깨닫게 된다. 마음이론은 바로 이러한 상황에서 일어나는 것이다.[14] 이 책의 저자인 우리는 독자들이 지금쯤 이 책에 완전히 몰두해 있을 거라고 생각하고 싶지만 사실 독자들이 한편으로는 건조기에서 세탁물을 꺼내야 한다거나 오늘 오후 5시에 마무리해야 하는 사업거래에 대해서 생각하고 있을지도 모른다는 사실을 기억해야만 한다.

비즈니스 세계에서 1단계적인 사고는 "내 담당이 아닙니다"라는 태도를 유발시킨다. 이러한 말을 자주 사용하는 직원들은 그들의 한 팀의 일부라는 것을 잘 깨닫지 못한다. 또한 고객을 어떻게 도와주고 그 고객의 필요에 맞는 담당자가 올 때까지 고객을 어떻게 상대해야 할지를 알아야 한다는 것조차 모른다. 그들이 말하는 "내 담당이 아닙니다"는 "나는 그럴 시간이 없는걸"이라거나 "거기에 일일이 응대하는 것은 내 위신을 떨어뜨리는 거야"라는 것을 뜻한다. 비즈니스 책 저술가인 로라 스택(Laura Stack)은 그것이 무엇을 의미하든, 그러한 태도는 "오늘날 비즈니스의 세계에서는 매우 구차한 변명"이라고 말한다.[15] 감사하게도 서비스에 대한 자부심이 높은 일부 백화점이나 다른 영업장에서는, 고객의 요청이 영업사원의 관할 밖이더라도 고객들에게 이러한 말을 하지 않는 것을 그들의 서비스 정책으로 삼고 있다. "내 담당이 아닙니다"라는 말을 뒤집으면 "나는 내부규칙을 따르고 있을 따름입니다"라는 말이다. 이것이 1단계의 사고가 지닌 제한적인 반응이다.

2단계 : 사실을 비교하기

2단계의 시기에 다다르면, 사람들은 다양한 관점이 있다는 것을 인식하게 된다. 일부의 사람들은 콜럼버스가 미대륙을 발견했다고 말한다. 일부는 신대륙을 발견한 사람은 아메리고 베스푸치라고 주장한다. 또 다른 일부는 아메리카 원주민이 이미 거기에 있었기 때문에 그 명예가 콜럼버스나 베스푸치에게 돌아가서는 안 된다고 주장한다. 2단계에서 우리는 다양한 의견이 있다는 것을 알고 그중 하나를 그저 선택해야 한다. 우리는 그 증거를 따져보기보단 흑백논리를 따른다.

그러나 2단계의 과정은 이렇다. 아이들은 자신이 알고 있는 사실이 어떤 사람들에게는 다를 수 있다는 것을 이제 알게 된다. 리즈의 아빠는 그녀에게 수박씨를 삼키면 리즈의 배 속에서 수박이 자랄 수 있다고 말했다. 리즈는 이 정보를 친구 개비에게 매우 자랑스럽게 전달한다. 그러나 개비는 그 사실을 다르게 알고 있었다. 수박씨를 삼키면 아이가 생긴다고 말이다. 2단계에서 리즈와 개비는 두 진술 중 하나는 진실이거나 거짓일 수 있다고 생각하고 그것에 대해 계속 논쟁할 것이다.

아이들은 이제 들은 것과 세상에서 본 것을 비교할 수 있게 되면서 어느 정도의 비판적 사고에 관여할 수 있게 된다.[16] 어른들과 같은 권위자는 여전히 존경의 대상이므로 리즈는 의사인 아빠의 말을 신뢰할 것 같다. 그러나 자기 배 속에 수박이 자란다고 말하는 사람을 만나지 않게 될 것이고 리즈는 점차 아빠가 한 말을 의심하기 시작할 것이다. 리즈와 같은 어린이들은 특히 어른으로부터 얻은 정보는 진실이라고 믿어버리는 편견을 가진다. 그러나 4세쯤부터는 아이들이 무엇이 진실인지를 결정하는 개인적인 습득(기술)의 단계(an individual's level of expertise)에 무게를 두기 시작한다. 그래서 우리가 두 아이의 언쟁을 엿듣게 된다면, 리즈가 아버지가 의사고 우리 몸에 대한 모든 것을 잘 알기 때문에 자기 아빠의 말이 옳다고 말하는 것을 듣게 될 수도 있다.

비판적 사고는 의문을 제기하는 것에서 출발한다. 우리는 대부분 아이들이 모든 것에 질문하는 것을 원치는 않는다. 때로는 아이들이 경청할 필요가 있다. 왜 뜨거운 솥은 만지면 안 되는지, 왜 지붕에 올라가면 안 되는지, 왜 혼자 길을 건너면 안 되는지와 같은 질문을 아이들이 네 번씩이나 묻지 않았으면 좋겠다. 하지만 아이들이 스프를 만들 때 밀가루를 넣는 이유나 브라우니 반죽을 섞을 때 다른 방법이 있는지를 질문할 수 있다.

위대한 과학자들과 대부분의 아이들은 이 세상을 연구실처럼 바라보며 자신들이 보는 많은 흥미로운 것에 대해 주저하지 않고 질문한다. 왜 산은 마치 케이크처럼 여러 층을 가진 것처럼 보일까? 그렇게 만들면 무슨 일이 생길까? 슈퍼마켓에 있는 저 빨간 사과가 초록색 사과와 같은 나무에서 자랄까? 이 두 사과들은 같은 맛일까? 이러한 질문들은 아이들이 자신들이 아는 것과 모르는 것을 깨닫게 되는 방법이다. 일단 그들의 한계를 인식하게 되면 아마도 다른 이들의 한계도 알게 될 가능성이 높다. 비판적 사고는 당신의 생각뿐만 아니라 당신의 친구들과 부모의 생각에 대해서도 한번 의심해보는 것을 의미한다.

4~5세의 아이들은 다른 사람의 마음을 의식한다. 흥미롭게도 다수의 자폐 아이들에게는 편차가 크긴 하지만 이러한 능력이 부족하다. 줄리아 페리시-모리스(Julia Parish-Morris), 베스 헤논(Beth Hennon), 헬렌 테이거-플러스버그(Helen Tager-Flusberg)와 함께 우리는 다른 사람이 생각하는 것을 잘 유추할 수 있는 자폐아들은 새로운 단어를 더 잘 습득한다는 것을 발견했다.[17] 당신이 아이들에게 주변 사물의 이름을 알려줄 때(예를 들어, 큰 원형 시계) 아마도 그 사물은 당신이 있는 곳의 반대편 벽에 있을 것이다. 당신이 무엇에 집중하고 있는지 잘 간파하는 이 시기 아이들은 그렇지 않은 아이들보다 시계라는 단어를 더 잘 배울 수 있을 것이다. 따라서 마음이론을 개발하는 것이 비판적 사고를 하는 데 매우 중요하고 배움에도 또한 유용하다.

비판적 사고는 자신의 생각과 감정에 의문을 제기하는 것과 관련된다. 좋은 선생님은 아이들이 이렇게 사고하도록 돕는다. 우리는 유치원 교사가 아이들에게 이렇게 질문하는 것을 본 적이 있다.

선생님: 오늘은 무슨 요일이니?

아이: 월요일이에요.

선생님: 오, 그건 어떻게 아니?"

아이: 왜냐하면… 어제는 주말이었고 오늘은 우리가 유치원으로 돌아온 첫 날이니까 월요일이에요.

아이들에게 그들이 가진 지식의 출처를 물어보는 것은 들은 것을 앵무새처럼 그대로 옮기는 것은 충분하지 않다는 것을 암묵적으로 가르치는 것이다. 우리가 어떻게 아는지를 아는 것이 필요하다.[18]

가족들은 저마다 다 다르다. 어떤 가족들은 농담과 말장난을 좋아한다. 유머를 많이 구사하는 가정에서 자란 아이들은 사람들이 반드시 그 의미대로 말하거나 행동하지 않는다는 것을 잘 안다. 이것은 왜 중요할까? 영국 카디프대학교 심리학자인 메러디스 가티스(Meredith Gattis)는 그녀의 네 살인 딸 엘라에게 한 허구적인 비극을 어떻게 만들었는지를 설명했다.[19]

가티스는 부엌을 지나 냉장고로 이동하면서 마치 빈 달걀 곽을 떨어뜨리는 것처럼 연기했다. 엘라는 가티스가 달걀을 냉장고에 넣는 것을 보았지만 엄마(가티스)가 그 곽을 거칠게 다루다가 다시 균형을 유지하고 나서는 그것을 마치 쓰레기통에 넣을 것처럼 연기할 때 잠시 어리둥절해했다. 이윽고 엘라는 발작적으로 웃었다. 그 지점에서 가티스는 이 시나리오가 엘라에게 왜 그렇게 재미있는 것인지를 생각했다. 가티스는 엘라가 엄마의 행동이 일반적이지 않다는 것을 알아챘어야 했다는 것을 깨달았다. 연필심 대신 연필 끝 지우개로 글을 쓰려고 하는 것처럼 말이다. 엘라가 사람들이 장난을 치기 위해 의도적으로 이상한 짓을 할 수 있다는 것을 인식하려면 마음이론을 가져야 한다.

아빠가 어린 아들에게 컵케이크를 내놓으라고 요구하거나 자기 머리에 피자 한 조각이 놓여있는 것처럼 행동할 때 아이들은 종종 그것을 매우 재미있어한다. 유머는 다른 사람들이 일부러 이상한 행동을 하고 생각할 수 있다는 것을 아이들에게 암묵적으로 가르쳐준다. 가티스는 그것이 아이들에게는 매우 어려운 개념인 이중성(duality, 하나의 행동이 하나 이상의 의미를 가지고 있다는 개념)에 쉽게 입문하는 길이라고 했다. 아마도 유치함을 즐기는 부모가 있다면 도움이 될 것이다.[20]

쿤은 2단계에 있는 사람들을 팩트가 진실이거나 아닐 수 있다고 생각하는 '절대론자'로 여겼다.[21] 2단계의 사람들은 그들이 보고 있는 현실이 매우 명확하다고 여긴다. 그리고 사실과 세상을 비교한다. 이런 사고를 지닌 세계관으로 보면 지구 온난화는 개선될 기회가 줄어들 것이다. 왜냐하면 그 영향과 변화가 당장 명확하게 드러나지 않기 때문이다. 우리는 지구온난화 그 자체를 알 수는 없고 그것이 초래하는 현상을 볼 뿐이고 지구온난화 문제가 우리의 일상적인 경험과 바로 연결되지 않는다. 장기적인 관점을 갖기는 쉽지 않지만, 절대론자라면 보이지는 않아도 기후를 엄청나게 파괴시키고 있는 힘이 있다는 것을 인정한다.

이렇게 2단계 식으로 사고하다 보면 우울해질 공산이 있다. 메타인지(metacognition)는 우리가 사고하는 것에 대해 생각하는 방식을 포착한다. 예를 들어, 사울이 자기 삶의 사건들을 부정적으로 표현하는 경향이 있다면 약국에서 케니한테 받은 무시에 대해 집착하거나 계속 생각할지도 모른다. 사울이 자신에게 일어난 일들을 부정적으로 표현하는 방식을 자세히 살펴보고 그가 생각하는 방식을 평가하도록 진단받을 수 있다면 사람들이 종종 자신에게서 발견하는 그 반복적인 짜증과 우울감에서 벗어날 수 있을 것이다. 이 메타인지의 개념을 근거로 한 치료법이 있다. 아이들에게도 그들이 생각할 때 스스로에게 말하는 부정적인 것들을 곰곰이 생각해보도록 권할 수 있다.[22]

미국 민간 기업에서는 비판적 사고를 매우 가치 있는 기술로 내세운다. 필요는 어떻게 일하는지 배우는 데 도움을 준다. 비즈니스를 하는 사람들이 비판적으로 사고하도록 훈련시키는 강의나 워크숍, 세미나들을 웹사이트 전역에서 발견할 수 있다. 하버드 경영대학원의 데이비드 가빈(David Garvin)은 사람들은 자신의 사고 기술이, 가설에 문제를 제기하고 있는지 아니면 다양한 관점에서 문제를 바라보고 있는지, 더 예리해질 필요를 느낀다고 생각한다.[23] 그러나 2단계에서 현실이 당신을 응시하고 있고 모든 것이 부풀려진다고 믿는다면 "가설에 문제를 제기하는 것"은 매우 어려운 일이다. 2단계에서 사전기획은 필요 없다. 브리티시 페트롤륨(British Petroleum, BP)[24]의 예를 들어보자.

2010년 BP의 석유 굴착용 플랫폼이 폭발해서 수백만 갤런의 석유가 멕시코 만으로 흘러들었을 때 BP는 이런 사태에 대해 아무런 준비가 되어 있지 않았다. 그들은 자연재해가 일어날 가능성을 전혀 고려하지 않았고 그것을 다룰 어떤 사전 대책을 마련해두지 않았다. 비판적 사고의 실패로 그들은 대략 12.5조 달러의 막대한 손해를 입었다.

네일 가블러(Neil Gabler)가 〈뉴욕타임스〉에 쓴 비판적으로 사고하는 것이 2단계에 갇혀 버린, 눈먼 신념에게 자리를 양보했다는 기사를 올렸을 때 우리는 그가 과장하고 있다고 생각했다.

> 합리성, 과학, 증거, 논리적 논쟁과 토론이, 많은 영역에서 그리고 대개 사회에서 조차, 미신과 신념, 여론(opinion)과 통설에 맞서 싸우지 않는 후기 계몽주의 시대를, 특별히 여기 미국에서, 우리가 살고 있는 것은 누구나 잘 알고 있다.[25]

3단계 : 견해 갖기

어떤 충고나 신약(新藥) 발표 또는 자녀를 예일대학교에 보내는 방법 등에 대해 말하는 서두에서 "사람들이 말하길"이라는 문구를 사용하는 것을 자주 듣는다. 그런데 거기서 그 "사람들"이 누구인지 늘 궁금하지 않나? 3단계의 사고를 하는 사람들은 2가지 이유에서 "사람들이 말하길" 앞에서 잠시 멈추고 싶어 한다.

첫째, "사람들이 말하길"이라고 말하며 그 증거에 대해 하한 설정을 해둔다. 둘째, 그렇게 말하므로 화자는 부족한 증거로 인해 발생되는 곤경에서 살짝 빠져나올 여지를 남기는 것이다. "나에겐 이 주장에 대한 어떤 증거도 없지만 어떤 이들은 그렇다고 합니다"라는 의미인 셈이다. 여론은 종종 "그 말하는 사람들"을 충분히 만족시켜준다. 사람들은 자신만의 견해 갖기에 많은 곤란을 겪기도 한다.

사업상 과오는 이 단계에서 많이 발생한다.[26] 카타르에서 판매되는 티즈(Tiz)라는 면도기를 예로 들어보자. 본사 소재지인 이란에서 티즈라는 브랜드명은 "예리하다"를 의미했고 고객으로부터 좋은 반응을 얻었다. 문제는 이란 회사에 있는 어느 누구도 티즈가 카타르에서는 무슨 뜻인지를 점검하지 않았다는 것이다. 카타르에서는 그 단어가 "궁둥이"라는 속어였다. 그런 사례를 찾기 위해 중동으로 갈 필요는 없다. 영국 스포츠용품 제조회사 엄브로(Umbro)는 2002년 새로운 스니커즈를 출시했다. 불행히도 새 모델의 이름은 자이클론(Zyklon)이었다. 발음이 친숙하게 느껴지나? '자이클론 B'는 나치가 수백만 명의 유대인을 학살한 가스실 이름이었다. 어떻게 이런 실수가 발생할 수 있는지 의아하겠지만 그런 일들은 항상 있어 왔다. 그것은 그런 아이디어가 적절한지를 샅샅이 살펴볼 생각을 하지 않았기 때문에 발생한다. 그저 그 아이디어를 채택하기만 했다.

여론의 3단계에서는 사람들이 다른 관점들이 있다는 것을 알지만 여전히 자신의 개인적인 현실에 더 전적으로 의지하는 것을 보게 된다. 심지어 그들이 의지하는 현실이 그리 명료하지 않고 다른 사람들은 다른 현실을 경험한다는 것을 알 수도 있는데 말이다.[27] 책 앞부분에서 언급한 적 있는, 비판적 사고 심리학자, 할펀은 〈USA투데이〉에 실린 한 사설을 회상했다.[28]

그것은 탁아소가 어린 자녀에게 미치는 영향에 대한 광범위한 연구였다. 우리 중 한 명도 이 연구에 참여했다. 연구에 따르면 어린이집의 질이 아이들에게 악영향을 주지 않았음을 발견했다. 지금까지 수많은 연구들이 같은 결론에 도달했다. 그 사설의 저자는 독자들에게 자신의 직감을 신뢰하라고 설파했다. 자녀들이 다니는 어린이집을 평가할 때 자신의 직감을 믿어야한다는 의미에서가 아니라, 어린이집의 부정적인 영향에 대해 이미 스스로 믿고 있는 것을 신뢰해야 하고 이 연구는 무시해도 된다고 말했다.

이것이 3단계의 비판적으로 생각하는 방식이다. 그 칼럼은 많은 다른 견해들이 있다는 것을 인지하고 개인적 신념들을 대규모의 과학적 연구에서 파악된 증거들과 같은 단계로 끌어올렸다. 3단계에서는 여론이 지배한다. 증거? 그것은 무엇인가?

어린아이들에게도 분석할 줄 아는 희미하지만 비판적인 사고 능력이 있다. 위대한 심리학자 피아제는 아이들의 행동, 특별히 이 사례에서는 자신의 딸 쟈클린을 관찰해 유아의 사고 능력에 대해 멋진 사례를 발표했다. 20개월 된 쟈클린은 문을 닫으려고 문에 다가가고 있었다. 그러나 양손에 유리컵을 들고 있었기에 그녀는 문을 닫을 요량으로 문지방에 그것을 내려놓은 뒤 잠시 멈추고 유리컵과 문을 번갈아 바라봤다. 그녀는 유리컵을 문이 움직이는 위치로부터 이동시키고 나서 문을 닫았다. 그녀는 확실하게 계획했고 행동하기 전에 그 일을 깊이 생각했다.[29] 그것이 바로 '가시적인' 사고 능력이다. 쟈클린은 그저 행동만 하지 않았다. 그녀는 자신이 행동해야 할 것을 생각했고 일련의 비판적 사고를 하고 있다는 것을 보여주며 일어날 문제를 마음속에 그렸다.

래리는 한 시간 거리에 살고 있는 조숙한 세 살 손자 보우를 만나러 갔다. 래리가 주중에 손자를 방문하지 않는다는 것 말고는 특이한 건 전혀 없었다. 보우는 할아버지에게 물었다.

"어째서 할아버지가 여기에 있어요? 빵빵!"

"우리 손자 보러 왔지."

"아니, 정말 왜 여기에 있어요?"

보우는 할아버지의 대답을 믿지 않았다. 할아버지가 보우를 방문하는 패턴을 벗어났기 때문에 거기에는 틀림없이 다른 이유가 있을 거라고 보우는 생각한다. 이 역시 비판적 사고다.

비판적 사고는 "누가 누구에게 무엇을 말하는가?"를 숙고하는 것과 연관된다.[30] 우리는 그 '누구'에 대해서 충분히 알고 있는가? 아이들은 4세쯤 되면 어떤 사람들은 다른 사람들보다 더 많이 알고 있다는 것을 인식할 수 있다. 자전거를 수리할 필요가 있나? 그러면 자전거 전문점으로 가지 수제신발가게로 가지 않는다.[31, 32] 어른들은 종종 정보의 출처도 평가한다. 그러나 이 단계에서 우리는 자칭 권위자인 줄 착각할 수 있다. 우리 중 누군가는 2008년 대선 캠페인 기간 동안 "배관공 조(Joe the Plumber)"라는 이름으로 출마했던 후보를 기억할 것이다. 그가 정말 배관공은 아니었지만 배관사업을 동경했기 때문에 "배관공 조"라는 별명이 붙여졌다. 그의 진짜 이름은 사무엘 부르첼바허(Samuel Wurzelbacher)다. 그는 대선 당시 오바마에게 그가 낼 세금이 오바마 정권에서는 상향될지 아닐지를 질문했다. 공화당측 매케인(McCain)과 페일린(Palin)은 그를 비웃으며 오바마 체제 하에서는 세금이 인상될 거라고 주장했다. 조는 조가 본명도 아니고 배관공도 아니었지만 우리 모두는 그를 의심하지 않고 신뢰했다.

정보 그 자체에 해당하는 '무엇'을 평가하는 것은 그 정보가 우리와 얼마나 관련이 있는 것인지에 달려있을 것이다. 우리가 연극에 관심이 있다면 연극광이 아닌 누군가의 의견보다 신작에 대해 온라인에 올라온 후기나 평을 더 면밀히 검토할 것이다. 아이들은 그 '무엇'에 대해서 어른들보다는 잘 모를 수 있다. 특히 과거에 어떤 오류가 있었는지 말이다. 로즈 이모는 일곱 살 소피에게 하누카(Hanukah, 봉헌절을 뜻하는 음력에 따른 유대인의 축제일)와 추수감사절은 '같은 날'에 열린다고 말할 때 소피는 그 주장을 터무니없다며 묵살해버린다. 그녀는 로즈 이모가 눈을 '가운데로 모으기'를 하면 영구적으로 사시가 된다고 말한 것을 기억하기 때문이다. 엄마는 로즈 이모에게 한 말을 바로잡아줬다.

3단계에 갇혀버리면 우리 삶의 모든 측면에서 나쁜 결론에 도달할 수 있다. 텍사스대학교 교수 캔디스 밀(Candice Mills)은 다음과 같은 글을 썼다.

> 부정확하고 근거 없는 주장을 믿는 것은 모든 결과에 도달할 수 있다. 교육적인 것(예를 들면, 위키피디아를 믿을만한 자료로 다뤄 시험에서 문제를 놓친다거나)에서부터 대인관계(잘못된 소문으로 같은 반 친구와 언쟁을 하게 되는 것), 건강과 관련된 문제(미심쩍은 인터넷 자료를 신뢰해서 의학적 결정을 내린다거나) 그리고 기타 등등.[33]

아, 이건 정말 말도 안 되게 두려운 일들이다. 견해와 과학의 차이를 분별하는 데 실패하면 사람들이 커닐링거스(cunnilingus, 혀나 입술로 여성의 성기를 애무하는 행위_옮긴이)를 하다가 치료를 받기는커녕 구강암에 걸리기도 한다. 이건 농담이 아니다. 배우 마이클 더글라스(Michael Douglas)는 커닐링거스 행위가 구강암을 유발하지만 이후에는 오히려 구강암을 치료한다고 주장했다.[34] 다행히도 그는 단지 여기에 의존하지 않고 다른 의학적인 치료를 받았다.

의료적 문제에서 성인에게서 나타나는 비판적인 사고 능력 부족의 한 주요한 예는 어린이의 생명에 심각한 결과를 초래한다. 어떤 사람들은 백신이 자폐를 유발시킨다는 부정확한 사실을 계속 주장한다. 런던에 거주하는 폴리 토미(Polly Tommy)의 예를 살펴보자. 그녀에게는 자폐 범주성 장애(Autism spectrum disorder, ASD)를 가진 아이가 있다. 그녀는 과학자가 아닌 배우이지만 스스로를 자폐에 관한 세계적 권위자로 칭하며 《자폐증 파일

(The Autism Files)》이라는 저서를 출간했다. 하나의 표본이 된 쟁점은 백신과 자폐가 인류가 직면한 절대 용납할 수 없는 일이라는 주장과 그 이유 및 배경 설명이다. 우리는 그녀가 과연 천연두나 소아마비를 앓았는지 궁금하다. 질병관리예방센터와 매체들이 백신의 성분과 자폐 범주성 장애는 아무런 연결점을 가지고 있지 않다고 보고했음에도[35] 많은 사람들이 백신이 자폐를 일으킨다고 여전히 믿고 있다. 백신을 접종하지 않은 아이들은 홍역 같은 예방 가능한 질병에 걸려 오히려 죽음에 이를 수도 있다.

"비접종한 개인들이 샌프란시스코에서 최근 발견된 132건의 홍역 발병 사례의 75퍼센트[36]에 이르는 대량 발병 사태를 유발시켰다."

성인들의 비판적인 사고의 부재가 대중의 건강에 직접적인 충격을 주는 것이다.

쿤 교수가 이름 붙이길, 작가들이 사실보다 자신의 견해를 피력하고 있다는 것을 아는, 다중주의자(Multiplists)로 분류되는 아이들이 있다. 많은 역사가들이 노예제도가 남북전쟁을 일으킨 주요 원인이라고 말하지만 다른 사학자들은 노예제도 그 자체보다 경제적인 이유가 더 컸다고 반박하기도 한다. 다중주의자들은 그 차이를 식별할 줄 안다(서로 다른 사람들은 서로 다른 의견들을 합당한 방식으로 가질 수 있다). 쿤이 평가자라고 명명한 개인들이 반드시 4단계에 이르러야 나타나는 것은 아니다. 모든 사람은 다른 신념을 지닐 수 있지만 그 신념들을 점검하는 데 쓰이는 증거의 기준들이 사실상 있다는 것을 아이들이 깨닫게 될 때이다. 비록 사람들이 자신만의 관점을 가질 수는 있지만 모든 것이 똑같이 옳다고 할 수는 없다.[37]

비판적 사고에 관여하는 핵심은 어떤 사실에 어울리는 첫 번째 '해답'을 그저 수용하지 않고 그것에 의문을 제기해보는 것이다. 사물이 존재하는 방식이나 이치가 어떠한 타당한 방식으로 이뤄지는지 질문해봄으로써 우리의 이해는 더 풍성해진다. 우리는 어떤 현상("멀리 떨어져 있는 사람과 대화를 나눌 수는 없을까", "우리는 새처럼 날 수는 없을까?")에 대해 순전한 의문을 가져보는 사람들을 존경한다. 이제 여러분은 이 사고의 취지를 이해할 것이다.

학생들이 어떻게 저곳에 도착할 수 있을까? 비판적 사고는 교육될 수 있다. 의문을 가져보는 것은 비판적 사고의 그저 한 부분이다. 우리는 더 나아가 어린이들에게 비판적 사고의 증거를 고민해보도록 독려할 필요가 있다. 어린이들은 쉽게 용납되거나 물리적인 힘에 의해 처벌되지 않고도 왜 그런 것을 하는지 이해하게 된다. 스티브는 활동적인 소년이고 규칙을 가볍게 치부하는 경향이 있다. 하지만 엄마와 즉석에서 규칙에 대해 짧게 대화를 나누게 되면 더 진보된 비판적인 사고 능력으로 나아가게 되고 더 좋은 행동을 하게 되니 일거양득이 아닌가.

아이가 부모에게 문제 제기하고 도전하는 행동은 사춘기가 되면 네 배 더 심해진다. 이제 다른 현실이 존재하는 것을 상상할 수 있는 사춘기 자녀들이 비판적으로 따지기 시작하면 어떤 것도 쉽게 넘어갈 수 없다. 때로는 그들의 성가신 자질을 활용해 대안이 될 것들을 찾을 수 있도록 유도할 수 있다. "거실을 어떻게 잘 설계(배치)할 수 있을까?"처럼 말이다. 3단계와 사춘기 자녀들에게 행운이 있기를 빈다. 이 질문의 새로운 단계를 환영해줘라. 이것은 당신 자녀의 사고력이 발전해가고 있다는 것을 의미하기 때문이다.

3단계에 있는 학생들에게는 서로의 의견을 교환하고 토론하도록 격려하고 어린이들은 논쟁하는 법을 알도록 도울 수 있다. 예를 들어 "이번 장에서는 왜 남북전쟁이 발발했다고 말하고 있나요?" 하고 질문을 던질 수 있다. 각 의견들을 브레인스토밍을 하게 한다("우리는 어떻게 사람들이 더 많이 자선을 베풀도록 유도할 수 있을까?"). 그리고 각자의 의견을 지지할 근거들을 책을 읽고 찾게 한다("백신이 자폐를 일으킨다는 너의 주장을 뒷받침할 근거들을 찾아볼까?").[38] 웹사이트는 교실에서 학생들에게 양측의 의견을 지지할 증거를 찾도록 하고 도발적인 질문을 제공해 비판적 사고를 증진시킬 아이디어로 가득 차 있다. 고등학교 토론의 주제가 "학생들이 '학교의 밤' 행사기간 중에 학교 밖을 나가는 것이 허가돼야 한다"라면 토론의 열기가 한층 더 뜨거워질 것이다.[39]

3단계의 비판적 사고란 사람들이 대안적인 관점을 인식하고 모든 측면을 바라볼 수 있는 것을 의미하지만 그들이 비판적으로 사고하는 것에 여전히 성공하는 것은 아니다. 4단계에서 우리는 어떤 답변들은 다른 것보다 좋다는 것을 알게 된다. 증거를 찾다 보면 어떤 문제들에 대한 결론에 도달할 수도 있다. 우리는 단순한 견해를 넘어설 수도 있다.

4단계 : 증거 찾기와 "복잡한 의혹들 다루기"[40]

하버드대학교 생물학자 E. O. 윌슨(E.O.Wilson)은 "우리는 정보의 바다 속에 빠져 허우적대면서 지혜에 더욱 굶주려 갈 뿐이다"라고 말했다. 세상은 이제부터 적당한 시기에 올바른 정보를 조합하고 그것을 비판적으로 받아들이며 지혜롭게 중요한 정보를 잘 선택해가는 정보종합처리기술(synthesizers)을 가진 사람들에 의해 움직일 것이다.[41] 국립과학연구소는 《삶과 일을 위한 교육》이라는 책을 통해 비판적 사고의 중요성에 대한 광범위한 동의와 문제해결 능력을 확실히 지지하고 있다는 것을 발표했다.[42] 21세기에 요구되는 기술이 거의 다 드러나 있다. 모두가 4단계에 이르지는 못하겠지만 빠르게 변화하는 직업상 요구되는 특성과 사회 전역에 침투되고 있는 로봇과 함께 4단계에 이른 사람들은 앞의 단계에 머문 사람들을 능가하는 중요한 이점을 가지게 될 것이다.

비판적 사고는 사람들의 전파탐지기에 그저 갑자기 튀어나와 포착되지 않았다. 그것은 오랜 기간 귀하게 다뤄져 왔다. 작업현장에서는 계속 변화하도록 요구돼 왔고 비판적 사고에는 프리미엄이 높게 매겨져 있다. 비판적 사고가 많이 요구되지 않는 생산직은 사람이 운영하는 도로요금소의 전철을 밟고 있다. 2009년 미국 내 모든 직업의 고작 5분의 1이 생산직이었다. 당신 자신의 작업 환경을 생각해보라. 문서정리원이나 비서와 같은 중간층 직업이 문서 캐비닛이 운반되듯 사라지고 있다. 미국의 한 대학에서 4명의 인력 당 1명의 보조 인력이 있었다. 그러나 지금은 24명 당 1명으로 비율이 대폭 떨어졌다. 의료서비스 지원이나 경비원과 같은 전산화되지 않은 사회적 지위가 낮은 서비스직이 지속적으로 증가하는가 하면, 전문가 사고에 대한 요구도 증가하고 있다. 중간층이 빠져나가고 우리 아이들의 미래에는 비판적 사고가 필수적인 상위 직업군과 상대적으로 특별한 기술이 필요 없는 하위 직업군이 커져가는 양상을 보일 것이다.

'지능(intelligent)'의 의미에 대해 오랜 기간 열심히 연구해 온 하워드 가드너(Howard Gardner)는 미래에는 5가지의 사고방식이 필요하다고 한다. 그 중 하나는 '종합하기(synthesizing)'다.

"이질적인 자료로부터 얻어낸 정보를 논리 정연한 전체로 밀접하게 결합시키는 능력이 오늘날은 필수적이다."[43]

이것은 "엄청난 양의 유용한 정보에서 중요한 정보를 선택하고" 그 다음엔 현재 진행 중인 작업에 그것을 사용하는 능력과 연관된다. 레시피에서 재료의 수가 증가한다고 근사한 수플레가 만들어지지는 않는다. 요리사 자크(Jacques)가 어떤 연구나 요리 경험 없이 재료만으로 새로운 레시피를 얻어내지 않는 것처럼 가드너는 사람들이 비즈니스든, 의학이든, 공학이든, 자신의 영역에서 생각하는 훈련된 사고를 획득할 필요가 있다고 말한다. 그리고 한 가지 이상의 영역의 지식이 점점 더 요구된다. 요리사 자크는 화학과 농업분야에 대해서 계속 연구한다.

학문 간 연구는 영역 간 지식의 경계가 불분명해지듯 이제 일반적인 것이 되어간다. 의학에서 마음이 사람의 육체적 행복에서 가변성의 근원으로 점차 인식되듯이 말이다. 교육에서는 교사와 행정직원과 정책 수립자들은 식품 불안정과 다른 빈곤 관련 문제들이 실행기능을 다루는 뇌 영역에 과부하를 일으켜 "어떻게 아이들의 불안과 연결되는가"를 인식해야 한다.[44]

캔디스 밀이 언급하듯, 4단계에서 사람들이 "복잡한 의혹들"을 다룬다.[45] 우리는 문제해결을 위해 최선을 다해 정보를 모은다. 그러나 정보는 그 자체로 완벽하지 않다는 것을 깨닫게 된다. 스탠퍼드대학교 교수 린다 달링 해먼드는 모든 학교들이 이해를 위한 교육에 초점이 맞춰지기를 원한다.[46] 무슨 의미인가? 암기가 아이들이 해야 하는 교육 수단이기는 하지만 그들이 이해하지 않는다면 그들의 배움은 "매우 얇고 넓기만한" 지식에 지나지 않을 것이기 때문이다. 이는 2단계의 사고에 머무는 것일 뿐 4단계가 추구하는 분석적이고 종합적인 사고는 성취되기 어렵다. 2008년에 출간된 그녀의 책, 《강력한 학습(Powerful Learning)》에서 해먼드는 〈뉴욕타임스〉에 나란히 실린 두 편지를 인용했다. 하나는 유럽의 한 학생으로부터 다른 하나는 미국인으로부터 온 편지다. 그 유럽 학생은 유럽에서 고등학교를 졸업한 뒤 미국의 한 대학의 학부에서 공부하고 있다. 그는 이렇게 말했다.

"미국의 학생들은 암기해야 할 사실들과 계산(figures)에 온갖 시간과 에너지를 다 쏟아붓고 있는 반면, 유럽의 학생들은 같은 주제를 배우더라도 암기보단 그것을 이해하도록 요구됩니다."

그는 또한 이렇게 주장했다.

"비판적인 사고, 분석… 조사하는 기술은 유럽의 고등학교에서 배웠고 여기 대학에서는 그렇지 않습니다."[47]

흥미롭게도 미국의 학생들은 이를 인정했다.

"우리가 교육에 있어 하위에 머무르는 이유는 10학년, 11학년까지도 기본적으로 교과서를 암기하도록 배우기 때문입니다."

그 학생이 하소연하듯 이렇게 질문했다.

> 우리가 문제를 어떻게 분석하는지 모른다면 현실에서 어떻게 경쟁할 수 있을까요? 우리가 직면할 모든 문제들이 교과서 뒷부분에 수록된 해답과 함께 교과서에 기록돼 있지는 않습니다.[48]

우리는 고등학교가 학생들을 비판적 사고에 참여시키는 방식으로 교육할 때까지 기다려야 한다. 쿠비(Kooby) 선생님은 3학년 학생들에게 공원이 어떻게 설계됐는지를 읽도록 시켰다. 그리고 잠시 멈추고는 학생들이 읽은 부분에 대해 퀴즈를 출제했다. 공원을 설계한 사람의 이름은 무엇인지, 이 공원은 어떤 기후를 위한 것인지 등등. 그녀는 질문을 마쳤지만 아이들이 보다 적극적으로 참여하고 그들이 읽은 내용에 대해 보다 비판적인 자세로 접근하게 하진 못했다.

그녀는 학생들을 세 명이 한 조인 작은 그룹으로 나누어 그들에게 그 공원에 빠져 있는 것이 무엇인지 나누도록 했다. 그녀는 그들이 보다 더 크게 생각하도록 (무엇이 공원을 더 위대하게 만들 수 있을지) 격려했다. 그녀는 아이들의 창의력이 샘솟게 했다. 그들이 원하는 것을 적게 하고 새로운 구성요소를 그리게 했다.[49] 학생들이 잠시 작업한 후 그녀는 그들이 생각하고 그린 것들을 이어질 문맥 속에서 연결 지어 서로 생각을 나누도록 했다. 그리고 그 공원에서 추가되길 원하는 3가지가 무엇인지를 결정하도록 했다. 그들은 원하는 게 무엇이고 왜 그러한지를 그 사례를 만들고 서로 논의한 후 모든 의견을 보드에 적었다. 그 수업은 그 공원에 포함돼야 할 3가지 새로운 요소를 투표하는 것으로 마쳤다.

당신은 아이들이 토의하고 서로 분투하고 다른 의견에 비평을 하면서 얼마나 흥미로웠을지 상상할 수 있는가? 이것이 알고 있는 맥락 속에서 비판적으로 사고하는 방식이다. 아이스크림을 무료 제공하는 영구적인 아이스크림 트럭? 음악을 연주하는 공원 벤치? 왜 전자는 좋은 의견인데 후자는 그렇지 않나? 이런 식으로 당신이 원하는 토론을 해보자.

쿤과 같은 연구원들은 4단계에서 사용된 종류의 사고를 진전시키는 것이 무엇인지 파악하기 위해 고군분투하고 있다. 학교가 그 역할을 담당할 수 있을까? 나이가 들어가면서 사고는 더 진전되나? 뭔가 다르게 훈련된 사람들이 그렇지 않은 사람들보다 더 진보된 사고를 하는가? 어떤 질문들은 도덕적인 문제를 가진다. 성인들은 '평가적 사고(evaluative thinking)'를 가치 있는 것으로 여길까? 결국 그것은 인내와 수용이라는 사회적 가치와 다소 충돌한다.

"서로 자기방식대로 살아가는 것(live and let live)"과 "각자 알아서 사는 것(to each his own)"은 평가적 사고를 발전시키는 것을 방해할 수도 있다. 그러나 "그것은 모든 사람은 자신의 견해를 가질 권리가 있다는 신념에서 모든 의견은 똑같이 옳다는 신념으로 슬로프를 타고 짜릿하게 내려가는 것"[50]이다. 3단계적 사고는 우리 사회의 요구(지능적인 디자인을 진화론과 함께 가르치거나 모두가 기후 변화에 대한 자신의 견해를 가질 자격이 있다)에 의해 형성되는 것이다.

4단계에서 평가자는 그 증거를 토대로 자신의 입장을 선택한다. 그들은 어떤 문제에 대한 입장을 모으고 종합하기 위해 다양한 자료들을 읽는다. 한 친구가 고관절을 대체해야 해서 의사에게 가장 좋은 고관절 재료가 무엇인지 문의했다. 의사가 고관절 대체물에는 스테인리스 스틸 한 종류밖에 없다고 했을 때 그녀는 웹사이트에 검색해서 다양한 이식 재료들을 찾아냈다. 그녀의 회의적 태도가 아니었다면, 그녀가 만일 금속 민감성을 가지고 있지 않았다면, 스테인리스 스틸 이식물이 매우 큰 문제가 될 수 있다는 것을 알게 된 후 비탄에 빠질 수도 있었을 것이다.

심리학자 할펀은 비판적 사고 기술을 가르치는 데에는 몇 가지 요소가 있다고 피력했다.[51] 첫째는 성향적(기질적)이고 태도와 관련된 요소다. 비판적 입장을 추정하는 것과 일맥상통한다. 오래된 금언 "권위를 의심하기"를 기억하는가? 권력이나 권위를 가진 사람들조차 모든 것을 알지는 못한다. 그래서 그녀는 고관절 대체물이 무엇으로 만들어졌는지 구글 검색을 한 것이다. 전문가라도 다양한 이유로 최신 정보를 가지고 있지 않을 수 있다는 것을 상상할 수 있다. 당신이 비판적 입장을 가지고 정보를 검색할 수 있는 구글이 있는 한 발생 가능한 일이다.

둘째, 코넬대학교 교수 로버트 스턴버그(Robert Sternberg)가 주장해온 것처럼[52] 비판적 사고 기술을 가르칠 방법이 있다. 학생들이 TV광고처럼 그들이 들은 것에 대해 비판적 입장을 가지도록 돕는 것은 이것에 접근하는 한 가지 방식이다. 최근 한 결혼정보업체의 권유 광고를 들으며 우리는 깜짝 놀랐다. 그 문제의 사이트는 결혼 성사율에서 1위, 결혼 만족도에서도 1위이며 자신의 고객들이 결혼으로 많이 이어지고 있다고 말한다. 그런데 무엇과 비교해서 1위일까? 비교 그룹이 전혀 제공되지 않았다. 그 고객들이 그 사이트를 이용하지 않는 고객보다 결혼을 더 많이 할까? 아니면 신부나 수녀들보다?

비판적 사고를 고무시키는 다른 방법은 문서로든 직접 소통을 통해서든 주장들을 찾아내고 평가하며 그 전제를 바탕으로 가설을 만들도록 돕는 것이다. 위의 결혼정보업체가 결혼 성사율이 1위라면 학생들은 다른 업체들은 결혼 성사율이 비율적으로 그 업체보단 낮은 것으로 보고해야 한다는 것을 전제로 해야 한다.

정보가 폭발적으로 증가하는 이러한 세상에서 사업을 할 때, 비판적 사고야말로 성공의 핵심이다. 엘리자베스 에더샤임은 즉시 이용할 수 있는 모든 정보들은 회사를 보다 더 쉽게 운영할 수 있게 만든다는 것은 어느 정도 설득력 있다고 했다.[53] 그와 대조적으로 에더샤임이 컨설팅해주는 모든 고객들은 방대한 정보들 중에서 유용한 정보를 찾고 또 그 방법을 알아내기 위해 열심히 발버둥치고 있다. 이렇게 정보를 평가하고 종합할 수 있는 4단계의 지식근로자(정보취급자)들은 그들의 가치를 높일 수 있다.

우리가 정보의 폭발적 증가를 생각할 때, 많은 사람들이 자녀들의 컴퓨터 과학 교육을 보장한다는 유치원의 광고에 쉽게 속는다는 것이 그리 놀랄 만한 사실이 아니다. 결국 우리 모두는 우리의 자녀가 성공하기를 원한다. 그러나 아이가 컴퓨터 과학을 공부해 영재원에 들어가서 구글에 취업할 가능성은 매우 희박하다. 콘텐츠가 왕이라는 환상에서 벗어나고 광활한 콘텐츠의 바다에서 정보종합처리기술(Synthesizer)을 가지고 내비게이터 역할을 하는 사람이 성공할 것이라는 점을 인식해야 한다. 아무도 이전에 접해보지 못한 문제해결에 있어 정보를 새롭게 다루는 법을 모른다면 비판적 사고에도 한계가 있을 것이다. 그래서 우리는 훌쩍 뛰어서 다음의 C단계, 창의적 혁신에 도달해야 한다.

아이가 성장할 수 있는 길

어려운 상황에서 돌파구를 찾은 발명가, 창업가, 과학자, 기술자들은 누구인가? 그들은 바로 우리이고 우리의 아이들이며 다른 사람이 보지 못한 문제를 보는 비판적 사고에 참여하는 모든 사람들이다. 이러한 사람들을 우리는 선견지명이 있는 사람들 또는 미래학자라고 부르는데 그들은 우리가 그 한가운데 있어도 깨닫지도 못한 세상의 흐름을 읽어내고 나아갈 방향을 짚어낸다. 그들 중 일부는 비판적 사고를 새로운 단계로 끌어올린 아마존 기업에서 발견된다.

아마존 CEO 제프 베조스(Jeff Bezos)의 원칙에는 "동의하지 않기와 헌신하기(disagree and commit)"가 있다.[54] 많은 작업현장에서 조화로움에 지나친 가치를 두는 경향이 있다. 출시될 제품과 아이디어가 더 뛰어날 수 있다면 직설적이거나 심지어는 고통스러울 수 있는 피드백은 가치 있는 것이다. 아마존이 더 빠른 배송 체계를 가질 수는 없을까? 스테파니 랜드리(Stephenie Landry)라는 한 간부가 도시 고객들에게 매우 신속하게 배송될 수 있는 방법을 알아냈고 약 3개월 내에 랜드리는 브루클린 서비스 총괄 수석(Prime)이 되었다. 그 자리는 아마존에 물건을 주문하고 그들의 소중한 엘사 인형과 토스트기를 최대한 빨리 배송받기 원하는 사람들을 위한 서비스를 제공하는 분야다.

다음 장에서는 문제해결에 필요한 창의적 혁신에 대해 풀어가려 한다. 어떤 문제도 인식되지 않는다면 해결될 수 없다. 비판적 사고는 그것을 가능하게 하는 것이다.

· SCAFFOLDING ·

비판적 사고를 계발하는 방법

우리는 어떤 사실을 접했을 때 어떻게 비판적으로 사고할 수 있을까?

부모의 입장에서

당신은 스스로가 잘 속아 넘어가는 사람이라고 생각하는가? 때때로 우리는 1단계에서 사고하기도 한다. 물론 영역에 따라 다르기도 하지만. 프랭크는 그의 심리학 강의 수강생들에게 정확하게 같은 무게를 가진 두 점토덩어리를 보여주며 그 하나를 팬케이크처럼 납작하게 만드는 것을 보라고 한다. 그리고 이 두 점토는 여전히 같은 무게가 나갈지 아니면 하나가 더 무거워졌을지 질문한다. 학생들은 화성에서 온 것 같이 황당한 질문을 하는 그를 바라본다. 당연히 두 점토는 여전히 같은 무게가 나갈 것이다. 이것이 피아제의 고전적인 대화 과제다.

6세 이하 어린이들은 보이는 것에 쉽게 속기 때문에 틀린 답을 말할 수 있지만 성인은 대개 바른 대답을 한다. 그러나 매우 똑똑한 어른이라도 때로는 속기도 한다. 프랭크는 그 납작해진 점토를 다시 둥근 형태로 뭉치고 난 뒤 두 점토 중 하나에 감마선을 방출시킬 거라고 말한다. 그래도 두 점토는 같은 무게가 나갈까? 학생들은 어려움에 부딪힌 듯하다. 왜냐하면 감마선의 영향에 대해 잘 알지 못하기 때문이다. 이 같은 상황에서 우리는 쉽게 속을 수 있다. 우리가 일단 그 영역에 대해 무언가를 안다면 우리는 질문을 하고 비판적인 입장을 취할 줄 알게 된다.

수술이나 치료가 필요한 상황에 놓이게 될 때 우리는 비판적인 태도를 가지기 싫을 때가 있다. 실비아는 제이슨을 자기가 신뢰하는 의사에게 데려가 매우 어렵고 까다로운 질문을 하게 했다. 왜냐하면 그 수술에 대해 고민하는 데 너무 혼란스러워 그녀 스스로는 질문하기 어려웠기 때문이다. 다른 영역에서 실비아는 일단 추진하고 조사하는 편인데도 말이다.

당신은 의견을 말할 때 "사람들이 말하길…"이라는 표현을 자주 하는 편인가? 그렇다면 당신은 지금 3단계에 머물러 있다는 것을 뜻할 수 있다. 의문을 제기하는 것이 항상 쉽지는 않다. 그러나 위험성이 높은 문제에 대해 결정을 내려야 한다면, 4단계로 들어가 그 주장에 대한 근거를 잘 따져보는 것이 매우 중요하다.

브랜든은 논문을 쓸 때 글의 마지막에 본인의 주장을 기술할 때 평가를 아끼는 경향이 있다.

"이 실험들이 제대로 진행되지 않았다."

그리고 더 이상의 평가가 내려지지 않았다. 이것은 매우 불충분한 결론이다. 4단계의 사고를 하려면, 브랜든은 왜 그 연구가 기회를 놓쳤다고 생각하는지 그 이유와 무엇이 잘못됐는지 상세히 나열해야 한다. 그의 생각과 글에서 보다 비판적인 입장을 고수하게 되면 그의 연구를 더 빛나게 할 것이다. 더 좋은 주장을 펼치는 법을 아는 것은 배움에 있어 매우 필요한 것이다. 안타깝게도 그는 아직 그것을 모른다.

우리 모두는 비판적 사고 능력을 향상시킬 수 있으며 일상에서 우리가 직면하는 문제들에 대한 해답을 찾을 수 있다. 인터넷은 우리가 터치 하나로 그러한 해답을 즉시 찾도록 해준다. 예를 들어, 보증 기간에 대해 질문을 하는 것은 신차를 구입하는 것과 헌차를 가지고 있는 것에 따라 차이가 있을 것이다.

아이의 입장에서

'보드게임', '스토리텔링', '독서', '이유 물어보기' 등 이런 것들은 아이들의 비판적 사고 능력을 자극하는 방법들이다. 아이들이 게임을 할 때 규칙을 어겨도 보면서 게임 규칙을 이해해 가는 과정은 비판적 사고를 북돋운다. 그에 앞서 규칙을 먼저 배워야 하는 건 당연하다. 아이들은 누가 먼저 시작하는지 왜 이동하는 걸 세지 않았는지, 그리고 수많은 의견불일치에 대해 주장하는 걸 보아왔다. 그렇지만 의견불일치는 잘못된 것이 아니고 오히려 비판적 사고를 계발하도록 북돋아준다. 때리거나 소리치지 않고 서로를 존중하는 방식으로 서로의 입장을 주장해가다 보면 그들이 형제나 친구들과 문제를 해결하는 것을 보게 된다. 협상하는 것을 배우는 것도 의사소통의 일부고 비판적인 방법을 배우는 것은 아이들이 앞으로 학습해가는 데 매우 중요한 능력이 된다.

스토리텔링은 잊혀져가는 기술이다. 그러나 좋은 이야기꾼은 청취의 재미를 가져다준다. 부모와 아이를 돌보는 사람은 자신만의 이야기를 해줄 수 있다. 아이들은 부모와 어른들이 자신의 나이였을 때 했던 일들을 들려주는 것을 매우 좋아한다. 아이들은 늘 수백 가지 질문을 가지고 있다. 질문을 하는 것은 세상을 배워가고 비판적인 태도를 발전시키는 데 필요하다. 스토리텔링은 전혀 비용이 들지 않을 뿐더러 아이들과의 돈독한 유대감을 형성시켜준다.

독서는 비판적 사고를 적용할 매우 좋은 영역이다. 이야기가 놀라운 전환점을 가질 때 아이들은 종종 "그런 일이 정말 생긴 거야? 어째서 그들이 절벽에서 떨어졌어? 왜?" 등 이런 질문들을 쏟아낸다. 당신은 어느 지점에서 질문이 튀어나올지 잘 안다. 책은 대안적 현실을 만들어낸다. 그 안에서 헤매는 것도 재미있지만 "그렇게 되면 어쩌지?(네가 공주가 되었는데 지루하면 어쩌지? 네 왕관을 던져버릴 거야?)"하며 질문하는 것은 또 다른 재미다. 이야기의 다른 결말도 상상해보는 것은 창의력과 의사소통 능력과 비판적 사고 능력을 길러준다. 책 속의 이야기처럼 결말이 꼭 그럴 필요가 없다고 아이들에게 전달한다. 완전히 그럴듯한 다른 선택이 있다.

우리 아이들은 사람들이 실생활에서 하는 행동들의 이유를 종종 질문했다. "왜 바비는 캐롤에게 나쁜 이름을 지어줄까?"와 같이 아이들은 사람들이 표시하는 것을 대단히 이해하고 싶어 한다. 다른 사람들이 이상한 방식으로 행동하는 이유를 알 수 있다면 사회적 관계에서 예측 불가능한 것들이 없어질 것이다. 우리가 "왜냐하면 그 소년은 나쁜 아이니까"라고 말해서 입을 닫게 만들지만 않는다면 엄청난 대화의 기회를 가질 수 있다. 무엇이 바비를 그렇게 행동하도록 만들었을까 아이들에게 생각해볼 기회를 줄 수 있다. 바비가 그런 행동을 했을 때 무엇을 느꼈을까? 캐롤에게 상냥하게 말할 방법이 있을까? 바비가 다르게 행동할 수 있었을까?

이 모든 것들이 우리가 아이들을 비판적으로 사고하도록 고취시키고 그 곤혹스러운 질문을 공동으로 해결해가는 방법들이다. 그들이 그런 부정적인 현상을 무턱대고 수용할 필요는 없다. 오히려 모든 사람들이, 화가 났다고 해서 나쁜 이름을 갖다 붙이거나 다른 사람의 약점을 이용하거나 하지는 않는다는 것을 알 필요가 있다.

당신이 의욕적이라면, 가족 여행 중에 비판적 사고를 개발할 새로운 게임을 고안할 수 있을 것이다. 우리 중 한 명은 세 자녀와 함께 그런 작업을 했다. 1년 동안 그 아이들이 아서 왕이 실제 존재했는지를 증거를 찾는 데 도전했다. 영국 시골지역을 이리저리 여행하면서 아서 왕의 무덤, 왕비 기네비어의 흔적 또는 카멜롯에 성이 있을지 등에 대한 증거들을 찾아다녔다.

다른 한 해 동안은 이스라엘을 횡단하면서 색인 카드에 진술들을 기록했다. 아이들이 할 일은 그 진술이 사실인지 아닌지를 우리에게 말하고 그들이 선택한 것들에 대한 증거를 공급하는 것이다. 좀 더 도전하도록 북돋우기 위해, 쉬운 증거(그 지역을 다닐 때 안내를 하면 1점 보상)와 어려운 증거(건축물의 벽돌을 특정 시대와 연결 지어 설명하면 3점 보상)로 나누어 점수를 주었다. 모든 소년들이 더 많은 점수를 얻기 위해 노력했고 이 마을에서 다른 곳으로 이동하는 버스 안에서 열심히 작업하느라 골몰했다. 이러한 게임은 어느 곳에서나 할 수 있고 아이들에게 역사를 가르칠 뿐 아니라 비판적인 사고 능력의 향상을 가져온다. 해외에서만이 아니라 당신이 사는 도시나 마을 어디에서나 할 수 있는 게임이다.

당신이 가는 곳에서

비판적 사고를 고취시킬 수 있는 기회는 도처에 있다. 사만다는 어떤 이의도 질문도 허용되지 않는 수업을 듣고 있다. 통제형 교사나 부모는 아이들의 질문을 차단하는 경향이 있다. 변화를 갖기 어려운 그런 환경에서 사만다의 비판적 사고 능력을 길러줄 방법은 무엇인가? 미술 수업이 유용할 수 있다. 우리는 그림을 그릴 때 사물을 정확하게 표현하려고 애쓰는 것을 염두에 둔다. 그런데 우리가 그 기준에 미치지 못할 때 이런 생각을 한다.

"어떻게 더 잘 만들 수 있을까?", "'더 잘'이 의미하는 바는 무엇일까?", "더 좋은 연주라는 것은 어떤 관점이 주입된 연주일까?"

연극은 비판적 사고에 있어 또 다른 영역이다. 연극을 하는 아이들은 등장인물의 심리를 이해해야 한다. "왜 리나는 차 안으로 뛰어들어가 그렇게 급히 타고 갔을까?"와 같은 상황들은 토론을 부추기고 서로 간에 의견이 일치하지 않는 일을 만들 수도 있다.

당신이 아이와 어디를 가든 아이들이 질문할 기회는 늘 있게 되고 그것이 아이들의 사고를 확장시킨다. 그들은 그들의 눈앞에 벌어진 현재 상황들에 늘 의문을 가진다. 그들이 근로자의 날 이후 근처 수영장으로 갈 때 수영장 문이 닫힌 것을 발견한다. 아이들이 "왜?"라고 물을 때 우리는 오히려 아이들에게 되물을 수 있다. "왜 수영장 문이 닫혔다고 생각해?"

필리스가 빨간 불에서 멈춰서고 마가렛이 "왜 신호등이 필요해?"라고 묻는 상황에서는 아이들에게 신호등의 기능이 무엇일지를 생각해보도록 할 수 있다. 이러한 일상의 작은 대화들은 아이들에게 생각하고 질문하게 만드는 소중한 기회가 되며, 아이들이 비판적으로 사고하게 만드는 모든 전제조건이다.

비판적 사고를 장려하는 방법

첫 번째로 꼽는 것은 '존중'이다. 아이들이 존중받고 그들의 의견이 소중하게 다뤄진다면 그들은 편하게 질문하고 그들이 아는 정보 그 이상으로 나아가게 된다. 두세 살배기 어린아이일지라도 아이들은 그들의 관심과 의문은 존중받아야 한다. 민감하게 즉각 대응해주는 양육이나 아이들의 관점을 고려하고 그들이 이해할 수 있는 방식으로 대답해주는 양육 태도가 핵심이다. 이러한 양육에 투자한 시간과 노력은 언젠가 그 10배를 보상받게 될 것이다. 왜냐하면 아이들이 당신의 지혜와 코칭이 믿을 수 있다는 것을 알게 될 것이고 동시에 그들의 비판적 사고를 길러주고 있다는 것도 알게 될 테니까.

제9장

낡은 것으로 새로운 것을 만들다

창의적 혁신

젊음의 샘이 있다. 바로 당신의 마음, 재능 그리고 삶에 가져오는 창의성과 당신이 사랑하는 사람들의 생명들이다. 이 자원을 꺼내 쓰는 법을 배우면 진정으로 나이를 물리친 것이다.

_소피아 로렌

종이컵의 사용법을 얼마나 여러 가지 생각해낼 수 있는가? 음료를 마시는데 그리고 식물에 물을 줄 때, 종이 클립을 담아두는 용도로 사용할 수 있다. 그리고 또 어떻게 사용할 수 있을까? 어떤 아이디어를 떠올릴 수 있을지 잠시 한번 생각해보라.

2010년 〈뉴스위크〉의 표지에는 새로운 세계적 문제가 발표됐다. 바로 '창의성의 위기'였다. 창의성은 21세기 역량들에 관한 모든 검토에서 핵심 대상으로 부상했다. 〈하버드에듀케이셔널리뷰〉에서부터 〈비즈니스뉴스데일리〉까지 미국 교육가들, 산업계 그리고 기업가들은 "번영은 창의적인 발견의 끝자락에서 머문다"는 것을 안다. 우리의 노동력이 보다 창의적으로 혁신하지 않으면 우리 아이들은 자동화와 해외업무위탁으로 일자리를 잃게 될 것이다. 기업가 존 실리 브라운(John Seely Brown)은 이런 말을 했다.

"나는 만든다, 고로 존재한다."[1]

20년간 점점 낮아진 창의성

우리 아이들은 최고의 기업들이 요구하는 창의적인 생각에 통탄할 만큼 전혀 준비가 되어 있지 않다.[2] 실제로 하버드대학교 다음으로 미국에서 가장 오래된 윌리엄앤드메리칼리지(College of William and Mary)에서 가르치는 김경희 교수는 전통적인 '창의적 사고 토랜스 테스트(Torrance Test of Creative Thinking)' 점수 30만 개를 살펴봤다.[3] 1990년까지는 점수가 오르다가 지난 20년간 점수가 낮아지기 시작했다. 이 시험에서 모든 연령대의 사람들은 처음 보는 미니멀 디자인에 선과 모양을 그려 넣어 그림을 완성해야 한다. 1990년부터 사람들은 과거보다 점수가 낮아지기 시작했다. 그것은 이전만큼 독창적이고 개성 있는 디자인들을 많이 그려내지 못했다는 소리다.

컵의 새로운 사용법도 이전만큼 많이 생각해내지 못한다. 몇 가지 사용법이나 생각해낼 수 있었나? 그 중에 다른 친구들이 생각해낸 것과 완전히 다른 독창적인 사용법은 몇 가지나 되는가? 컵이나 디자인에 대해 누가 신경을 쓰냐고? 교육과학자들이 신경을 쓴다. 왜냐하면 어떤 경향이 줄어든다는 발견은 우리들이 빠르게 변화하는 환경에 전보다 더 잘 적응하지 못하고 있다는 의미이기 때문이다. 자녀가 새로운 장난감을 사달라고 할 때 쿠킹호일과 화장지로 뭔가 장난감을 만들어줄 수 있겠는가? 당신의 차가 얼음에 갇혀버렸다면 뒷바퀴에 널빤지를 넣어 견인력을 높여줄 생각을 할 수 있겠는가? 그리고 이런 일들은 단지 매일 우리가 맞닥뜨리는 일상적인 문제일 뿐이다. 창의성 없이 우리 사회가 직면한 환경 변화와 기아 문제를 어떻게 해결할 것인가?

창의력은 지성 또는 그저 영리한 것과는 다를까? 영리하다는 건 절대 손해나는 일은 아니지만 창의성은 지성과 같지는 않다. 우리는 모두 천재적이지만, 길이 막혀 있으면 어쩔 줄 모르고 당황하거나 남은 음식들로 새로운 요리를 만들어내는 방법은 전혀 생각해낼 줄 모르는 사람들을 알고 있다. 우리는 매우 강력한 비판적 사고가가 되어야 한다. 그렇지 못한다면 지적인 사고가가 되지 못할 것이다. 하지만 설령 우리가 비판적이고 지적인 사고를 할 수 있다고 해도 만약 오래된 부품들을 가지고 새로운 해결책을 만들어낼 수 없어 최상의 사고가가 되지 못한다면 충분치 않을 것이다.

과학 문헌과 유명 언론에 실린 김 교수의 논문들은 창의성에 대해 초점을 맞췄다. 이 장을 여는 인용구인 소피아 로렌(Sophia Loren)의 말에 따르면 창의적으로 생각한다는 것은 자신의 효율성과 젊음을 유지하는 방식이다. 하지만 과연 창의성은 무엇일까? 이 분야를 조사해보면 창의성이라는 정서 밑에 흐르는 특징을 포착하기 위해 12개도 넘는 용어들이 사용된다는 것을 발견할 수 있을 것이다. "확산적 사고", "창의적인 가능성", "창의적 인지 능력", "통찰력" 그리고 "독창성"은 서로 겹치는 부분이 있어서 넓은 의미의 유의어다. J. P. 길포드(J. P. Guilford)는 창의성을 "새로운 문제에 대해 몇 가지의 다른 대응책을 만들어낼 수 있는 능력"이라고 정의하고 있다. 앞서 말한 종이컵 문제의 사례처럼 말이다. 길포드는 확산적 사고(창의성)가 "주어진 정보에서 정보를 얻어내고 다양한 부분에 중점을 두어 양적인 결과를 산출해내는 것"[4]이라고 묘사한다. 이를 분석하려면 우리는 종이컵 문제에서 당신이 얼마나 많은 사용법의 예를 들 수 있었는지 물어보고 사용법의 종류가 얼마나 다양했는지(예컨대 용기로 사용 vs 장식물로 사용) 그리고 당신의 대답이 얼마나 독창적이었는지(귀걸이로 사용할 수 있다고 대답한 사람이 있는가?) 살펴볼 수 있다. 이런 과제는 현대 창의성 조사가 세워진 기둥이 되었다. 창의적인 사람은 많은 답을 만들어낼 수 있는 사람(능숙함) 많은 다른 종류를 생각해낼 수 있는 사람(다양성) 그리고 좀 다르거나 영리한 사람(독창성)들이다.

창의성에 관한 3가지 오해

《내 안의 창의력을 깨우는 일곱 가지 법칙(Out of Our Minds)》이라는 책을 쓴 영국의 창의성 전문가 켄 로빈슨 경(Sir Ken Robinson)은 창의적인 사람이 된다는 것에 대한 3가지 오해가 있다고 말한다.[5]

첫 번째 오해는 많은 사람들이 "창의성은 특별한 사람들에게나 있다"고 생각한다는 것이다. 누구나 창의적일 수 있다는 생각을 하지 않는다. 이 신화를 믿는 것은 일반사람들의 손에 닿지 않는 곳으로 창의성을 밀어놓는다.[6] 리처드 플로리다(Richard Florida)는 "3,830만 명의 미국인들 또는 노동자들의 30퍼센트가 계속 발전하는 '창의적인 클래스'이며 복잡하고 높은 수준의 문제해결 능력을 발휘해야 하는 직업을 가지고 있다"고 말한다.[7]

우리 경제는 전통적인 산업에서 개인 및 협력적인 창의성이 점점 더 중요해지는 산업들로 중심이 옮겨가고 있다. 다행스럽게도 "실제로 모든 사람들이 다양한 지식 분야에서 창의성을 발휘할 수 있는 능력을 가지고 있다. 창의성은 어느 한 가지 특성이 아니다."[8] 우리는 모두 거대한 창의성의 천막 아래 살고 있다.

두 번째 오해는 예술과 관련돼 있다. 창의성은 특별한 사람들만을 위한 것(오해 1)일 뿐만 아니라 예술 활동처럼 '특별한 활동'을 위한 것(오해 2)이라는 생각이다. 물론 예술은 창의성을 바탕으로 피어난다. 하지만 로빈슨이 말하고자 하는 바는 창의성은 어디에서나 필요하며 우리가 하는 모든 행동에 영향을 준다. 사람들은 종이상자처럼 보이지만 실제로는 유리섬유로 만들어진 트롱프뢰유(trompe-l'œil, 사람들이 실물인 줄 착각하도록 만든 그림과 디자인_옮긴이)를 만드는 화가 이빈 발렌(Ivin Ballen)이나 〈웨스트 사이드 스토리(Westside Story)〉의 안무를 만든 안무가 제롬 로빈슨(Jerome Robbins) 아니면 〈크리스마스 이야기(Christmas Story)〉의 악보를 쓴 작곡팀 파섹앤폴(Pasek and Paul) 같은 예술가들에게나 필요한 것이 창의성이라고 국한시킨다. 이런 생각은 창의적 혁신은 어디에나 필요하며 모든 사람들이 일정 수준 이상의 창의성을 발휘한다는 것을 인식하지 못하는 것이다. 이건 단지 예술작품들 속에서 창의성을 즉각적으로 인식할 수 있는 것뿐이다. 이 책을 만들어낸 인쇄기의 배경에도 그리고 내 생각과 다른 사람의 생각을 공유하는 아이디어들에도 창의성은 발휘되고 있다.

이탈리아에서 창의성이 어디에나 있다는 생각을 진정으로 실감할 수 있었다. 우리는 볼로냐와 밀란 사이의 한적하게 위치한 작은 마을 레지오 에밀리아(Reggio Emilia)를 찾았다. 교육학자 로리스 말라구치(Loris Malaguzzi)가 창안한 조기 아동 교육과정으로 유명한 마을이다.

아이들(그리고 어른들)에게 교사들은 나무와 대화를 나누라고 한다(맞다. 잘못 들은 게 아니다. 당신이 생각하는 바로 그 나무다). 이런 이야기가 좀 이상하게 느껴지는가? 아이들은 이 생각을 받아들이는 데 전혀 문제가 없으며 우리보다 그리고 노래하기 위한 상상력을 사용하는 것보다 훨씬 더 잘한다. 그리고 레지오 팀이 "창의적인 상상력을 통한 배움의 100가지 언어들"이라고 부르는 말로 나무와 이야기를 나눈다. 이탈리아에서 열린 최근의 학회에서 우리 친구들이 나무들과 말 그대로 대화를 나누고 소개를 통해 나무에 대해 배워야 한다는 사실에 대해 심적 충격을 극복하고 진행한 프로젝트 활동을 보았어야 한다. 항상 창밖에 서 있는 일상적이고 평범하고 아름다운 나무들에 대해서 생각할 시간을 가지고 난 후 나무들을 완전히 다른 방식으로 볼 수 있었다. 우리 동료들 중 한 명은 나무 탐험 활동을 하는 동안 사업적인 전화를 받았는데 친구에게 이렇게 말했다.

"미안해, 지금 전화를 할 수가 없어. 나무와 이야기를 하고 있거든."

레지오의 시범학교에서 보여준 또 다른 수업 계획은 아이들이 그림자가 어떻게 생기고 그림자를 길게 또는 짧게 만들려면 어떻게 해야 하는지에 대한 지식과 상상력을 발휘하는 활동이었다. 마지막으로 손전등을 꺼내 들고 벽에 불빛을 비추고 놀이를 한 게 언제인가? 침실 벽에 손가락으로 만들어낸 그림자 실루엣들과 두 동물들이 서로 어떤 대화를 나누는지 이야기를 만들어내곤 했던 기억이 나는가? 창의성이 특별한 재료로 작업하는 특별한 사람들의 전유물이라는 두 번째 오해를 바로잡아야 할 때다.

세 번째 창의성에 대한 마지막 오해는 이것이다. 창의성이라는 단어를 사용할 때 사람들은 대부분 광대 모자를 쓴 사람이 미친듯이 고함을 질러대며 원을 그리고 뛰는 (아니면 가위를 들고) 어떤 광적인 한 천재의 모습을 떠올린다. 아마도 몇몇 창의적인 사람들은 이럴지도 모르겠지만 99퍼센트는 이렇지 않다. 왜냐하면 창의성에는 교육, 기술, 상상력과 규율이 필요하며 창의적인 모든 사람들이 아인슈타인의 헤어스타일이나 마돈나의 짧은 상의를 입어야 하는 건 아니기 때문이다. 거울을 한번 들여다보라. 거울 안에서 창의적인 사람을 볼 수 있을 것이다. 창의적인 사람들은 그냥 우리랑 똑같다. 창의성에 대한 책을 쓴 마크 룬코(Mark Runco)의 말 그대로와 똑같다.

"모든 사람들은 창의적이 될 수 있는 가능성을 가지고 있다. 하지만 모든 사람들이 그 가능성을 발휘하는 것은 아니다."[9]

창의성은 어떻게 발달되는가?

창의성은 가르칠 수 있는 것일까? 선을 넘어가 그림을 그리기 시작하는 것은 왜 괜찮은가? 우리는 어떻게 아이들이 발명가, 창업가 그리고 미래의 사상가로 자랄 수 있도록 도와줄 수 있을까? 어떻게 하면 심리학자들이 상상할 수 없다는 말을 그럴듯하게 말하는 방식으로 '기능적 고착(functional fixedness)'이라 부르는 상태를 버릴 수 있을까? 예를 들어 못을 박는 것 외에 망치를 또 어떤 용도로 다르게 사용할 수 있을까? 망치는 문을 고정하는 용도로 또는 종이를 고정하는 문진(文鎭)으로 사용할 수 있다. 창의적이라는 것은 또한 고정된 틀에서 벗어나 독창적인 생각을 하는 것을 포함한다.

9개의 점 문제를 알고 있는가? 아마도 이 문제에서 "고정관념에서 벗어나라(think outside of box)"라는 표현이 생긴 것 같다. 9개의 점이 3개씩 3줄 같은 간격으로 정사각형 모양의 대열로 서 있다고 생각해보자. (그림 9.1 참조) 문제는 펜을 종이에서 한 번도 떼지 않고 단 4개의 직선만을 그려 모든

그림 9.1

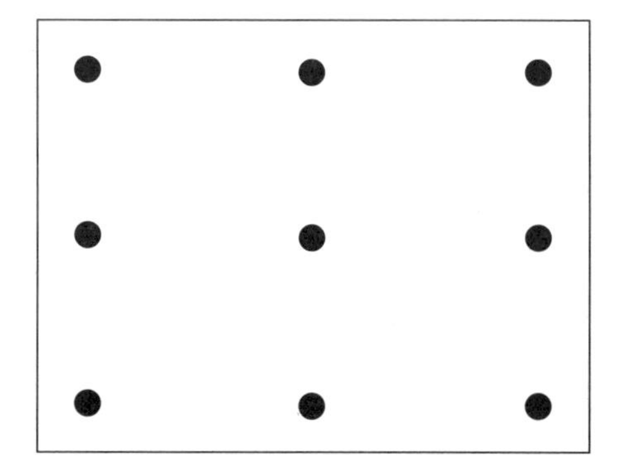

점들을 연결하는 것이다. 이렇게 할 수 있는 유일한 방법은 3줄의 점이 교묘하게 만들어낸 상자 모양 밖으로 나가는 방법뿐이다. 우리는 대부분 내재적으로 상자 안에 머물러야만 한다고 생각하고 갈팡질팡 헤맨다. 일단 이 문제에 대해 다르게 생각해볼 수 있는 방식이 있다는 것을 보여주면 성공이다.

꼭 선을 넘어가지 않고 색을 칠하거나 상자 안에 머무르지 않아도 된다고 스스로에게 자유를 주는 건 얼마나 중요한가? 시드니대학교의 생각 센터(Center of mind) 알란 스니더(Alan Snyder) 교수는 이것이 그가 챔피언 마음가짐(Champion mind-set)이라고 부르는 상태의 핵심적인 특징이라고 한다. 어떤 분야에서든 최고의 챔피언들은 (그는 전세계의 운동선수들과 정치인들을 연구했다) 현 상태에 만족하는 법이 없다. 그들은 다양한 관점으로 생각을 확장한다. 지구 온난화, 기아 그리고 다 떨어져가는 항생제 등 우리는 여러 분야에서 당연한 지금 이 상황에서부터 자유롭게 벗어나서 앞으로는 다르게 될 수도 있다는 것을 개념화할 수 있는 사상가들이 필요하다. 진짜 사람의 팔다리처럼 움직일 수 있는 인공 수족을 발명할 생각을 누가 했겠는가, 달팽이관 이식을 통해 완전히 귀가 안 들리는 상태로 태어난 아기들에게 청각을 돌려줄 생각 또는 일반 사람들이 달에 갈 생각은 누가 했겠는가?

새로운 세상의 질서 속에서 성공하기 위해서 우리는 창의적 혁신과 비판적 사고를 가치 있게 여기는 비즈니스 환경과 학교를 육성해야 한다. 비유를 빌려보자면 애플은 자사의 상징적인 제품들을 개발했다. 아이팟, 아이폰 및 수많은 제품들이 있다. 애플은 1997년 "다르게 생각하라"라는 광고 캠페인을 쓰면서 자신들의 임무를 기념했다.[10] 알베르트 아인슈타인, 존 레논, 테드 터너 같이 세상을 바꾼 상징적인 얼굴들의 사진을 빠르게 보여주면서 단 1분 동안의 광고로 애플을 세상을 바꾼 최고의 뛰어난 인물들과 같은 선상에 놓는다. 이 캠페인은 엄청난 성공을 거뒀다. 그들은 또한 이런 인물들의 얼굴로 포스터를 제작하고 창의적인 혁신가들이 어떤 일을 겪는지를 포착한 다음과 같은 인용구를 넣었다.

> 여기 미친 사람들이 있다. 부적응자들, 반역자들, 말썽꾼들. 네모난 구멍에 맞지 않는 동그란 못과 같은 존재들. 사물을 다르게 보는 이들. 그들은 규칙을 찾지 않는다. 그리고 현 상태에 만족하지 않는다. 당신은 그들을 인용하고, 반대하고, 찬양하거나 비난할 수 있다. 하지만 그들을 무시할 수는 없다. 왜냐하면 그들이 세상을 바꾸니까. 그들이 인류의 진보를 이끌어가니까.[11]

우리는 어떻게 자녀들이 창의적인 사고를 하게 교육할 수 있을까? 심리학의 과학은 창의성이 어떻게 발달되고 육성될 수 있는지에 대한 실마리를 제공한다.

1단계 : 실험하기

얼마나 멋지게 색과 선을 사용했는지 이 예술가는 특출나다. 그는 1954년에 태어나 두 살 때 연필과 카드를 쥐었다. 네 살이 되었을 때는 이미 400장의 소묘와 회화작품을 그렸다. 그 중 어느 이미지에도 이름을 붙일 수는 없는 것이 사실이었지만 색감이 뛰어나고 매우 흥미로운 작품들이었다. 이 예술가는 영국 TV에도 출연했다. 이 유명하고 많은 사람들이 열광하는 예술가가 누구냐고? 그의 이름은 콩고. 침팬지다. 콩고는 1단계 실험하기의 멋진 사례다. 콩고의 장기는 자신에게 주어진 재료를 탐색하고 이리저리 가지고 노는 것이기 때문이다. 물론 우리가 틀린 것일 수도 있고 콩고가 차세대 모나리자 같은 작품을 만들어내려고 하는지도 모르겠지만 그럴 것 같진 않다. 콩고는 탐구에 빠져 있다.

탐구자 그리고 발견자들은 커다란 계획 없이 재료를 가지고 논다. 같은 방식으로 우리는 처음으로 블록 세트를 받은 엘레나가 어떻게 블록들을 서로 끼워 맞출 수 있는지 탐색하기 시작하는 것을 엿볼 수 있다. 엘레나는 열심히 시도해보고 주변의 모든 다른 것들을 무시한다. 완전히 몰입의 황홀 상태에 빠져 있다. 실험을 하면서 엘레나는 이 작은 블록들로 뭘 할 수 있는지를 발견한다.

“어떤 블록들이 서로 맞고 어떤 것들이 안 맞지? 무너지기 전에 이 블록들을 얼마나 높이 쌓아올릴 수 있을까?”

놀이와 창의성의 전문가 샌드라 루스(Sandra Russ)가 다음처럼 기술한 바와 같다.

“놀이는 창의적이다… 아이는 놀이를 통해 아무것도 없는 상태에서 뭔가를 창조한다.”[12]

아이들이 놀이를 할 때는 규칙이 없다. 단지 자신의 창의적인 영감을 따를 뿐이다. 1단계의 창의성은 우리의 “경험과, 행동과, 사건들을 새롭고 의미 있는 방식으로 해석”[13] 한다. 엘레나가 새로운 책략을 시도해보는 것처럼 말이다.

1단계에서 아이들은 관습을 잘 알지 못하므로 관습에 얽매이거나 구속되지 않는다. 여전히 세상이 어떻게 돌아가는지를 배우고 있다. 아이들은 보통 신발을 신고 학교에 간다. 이것은 관습이다. 어떤 아이들은 (특히 날씨가 더

울 때) 이런 관습에 대해 저항하려고 시도하고 "관습은 이런 것이다"라는 말을 듣는다. 어른들이 당연하다고 생각하는 수많은 기준들이 아이들에게는 당연한 기준이 아니다. 어린이들이 선 안쪽에만 색을 칠해야 한다(관습)는 말을 듣기 전에는 온갖 아이디어를 자유롭게 발산하며 놀 수 있다. 이것이 바로 우리가 레지오 에밀리아 프로그램의 교육에서 배운 점이다. 만약 아이들에게 자신들이 뭔가를 만들어낼 수 있다는 것을 알려주면 아이들은 실험을 할 수 있고 시작부터 창의적이고 예술적인 사고방식을 발전시켜나가기 시작한다.

영국 쉐필드대학교의 엘레나 호이카(Elena Hoicka) 교수와 제시카 부처(Jessica Butcher) 교수의 최근 연구는 부모가 자녀의 창의적인 발달을 촉진시키는 데 또는 가로막는 데 지대한 역할을 한다는 것을 보여준다.[14] 그들의 연구에서 16개월에서 20개월 아기들의 부모들은 장난감 오리인형이 모자인 척 아니면 블록 조각이 전속력으로 달리는 말이라고 가정했다. 아이들은 재빨리 이에 동참했고 그저 다른 것인 척 가장하는 놀이(예를 들어 나는 왕이다 같은 놀이)와 농담 "이 오리를 모자라고 하자" 간의 차이를 구별하는 법을 배웠다. 아이들은 더 창의적이고 더 많은 가능성을 상상해볼 수 있는 허락을 받았다.

어른들은 아이들에게 놀이의 권한을 줄 수 있다. 하지만 엄격한 감독은 아이들의 창의적 표현을 가로막을 수도 있다. 실제로 대가족의 어린이들은 창의적 잠재력이 더 높은 것으로 나왔는데 아마도 더 자주 놀이의 기회가 있고 지속적인 성인들의 감독을 덜 받기 때문일 것이다. 아이들의 독립성을 지원하는 부모들은 그렇지 않은 부모들보다 자녀들이 더 창의적이 될 가능성이 높다.

하지만 1단계가 아이들에게만 해당되는 것이라고 짐작하지 말길 바란다. 새로운 것을 만들어내거나 새로운 아이디어를 떠올리는 성인들도 대부분 이것저것을 가지고 실험하기부터 시작한다. 새로운 아이디어들을 자유롭게 펼치는 대신 너무 검열을 많이 하거나 물리적인 모델을 너무 일찍 만들기 시작하면 창의적인 과정을 가로막을 수 있다. 예를 들어 제품 개발과정에서는 빠르게 대강의 프로토타입을 만드는 경우가 흔하다.[15] 자동차 산업에서 너무 일찍 프로토타입을 만들면 사람들의 관심이 프로토타입의 특징들을 개선하는 데 쏠려버리고 가장 먼저 출발점인 신상품이 무슨 의미를 가지는가에 대한 문제에서 벗어나버린다. 아마도 이것이 최근 연구 결과들이 아이들이 공상적인 접근법을 통해 가장 잘 배울 수 있다고 제시하는 이유일 것이다.[16]

기업세계에서 창의성과 혁신성은 과거에는 작은 비밀 실험실에서 소수의 사람들이 맡아야 할 임무였다. 보통 다른 훈련을 받은 사람들이 새로운 아이디어를 도출해내도록 임무를 부여받았다. 하지만 요즘 세상에서 이것은 1단계 수준이다. 심리학자이자 작가인 하워드 가드너는 회사 내부의 소그룹의 인재들이 고립적으로 창의성을 분할 정복한다는 전략이 더 이상 효과가 없다고 말한다.

"만약 창의성이 조직 전체의 DNA에 녹아 있지 않다면 회사에 합류하는 차세대들에게 전달될 수 없을 것이다."[17]

3M이 아주 좋은 예다. 3M사는 누구든 좋은 아이디어를 가지고 오는 사람에게 포상을 한다. 창의성을 보장하는 분위기가 반드시 장려돼야 함을 알고 있기 때문이다.

창의성을 발휘하기에 안전한 환경을 만드는 것은 또한 노력을 장려한다는 것을 의미한다. 우리는 최종 제품이 아니라 초안에 박수를 쳐줘야 한다. 그리고 창의성을 수반하는 노력을 격려해줘야 한다. 구글, 아이디오(IDEO), 그리고 애플 같은 회사들은 이것을 잘 이해하고 있다. 직원들이 빈둥거리는 시간을 갖는 것을 장려한다. 놀아도 괜찮다는 것을 명확하게 해줌으로써 혁신을 환영하는 분위기를 만든다. 어린이들이 크레용으로 그린 그림들이 그렇듯 처음 봤을 때는 그저 낙서에 불과해 보일 수도 있다. 하지만 더 면밀히 검토해보면 자기 가족을 그린 네 살 어린이의 그림에는 풍부한 의도가 반영된 상징적인 표현들이 살아있다. 비록 손이나 손가락은 찾아볼 수 없어도 말이다. 초안을 보고 놀라운 발견을 하지 못하는 우리의 태도는 창의성을 말살시켜왔다. 전국의 학교 벽들은 이미 그려진 나무에 이미 그려진 사과를 오려내어 붙인 그림으로 덮여 있다. 이런 작품들은 진정한 창의성과는 별 상관이 없다.

창의성은 또한 일부 컴퓨터 게임에서처럼 다른 사람이 만들어낸 창의적인 작품을 소화하는 것이 아니다. 창의적인 혁신은 가장 재미없고 일상적인 장소들에서 발견할 수 있다. 아이가 할 일이 없어서 시간을 때워야 할 때 창의성이 발현된다. 파일 서랍이나 부엌 찬장 또는 테이블 위에 빛나는 새 마커펜을 통해 창의성이 발현될 수 있다. 인터넷상에서도 쉽게 창의성의 발현을 볼 수 있다. 인터넷 세상은 우리 모두를 하나의 정보를 찾으려다가 예상치 못한 재미있는 이야기나 토막 뉴스들에 빠져버리게 되는 탐험가들로 만들어버렸다. 개러지밴드(GarageBand) 같은 프로그램들을 예로 들면 누구나 작곡가가 될 수 있고 음악가가 될 수 있다. 그리고 미치 레스닉(Mitch Resnick)의 스크래치(https://scratch.mit.edu) 같은 멋진 프로그램들은 누구나 창의적인 프로그래머이자 스토리텔러가 될 수 있게 해준다. 스크래치 프로그램은 현재 세계 150국 이상에서 8~16개 크라우드의 700만 명이 넘는 팔로워가 있으며 스크래치 커뮤니티의 멤버들은 매년 학회를 열어 자신들이 만든 프로그램을 공유할 수도 있다.

2단계 : 수단과 목표 갖기

1단계의 실험하기에서 우리는 블록을 처음 가지고 놀고 어떻게 부품들이 서로 맞춰지는지 연결하는 방법들을 배운 엘레나를 만났다. 우리는 또한 자동차 산업계의 브레인스토밍 미팅에서 현재의 자동차 디자인에서의 문제를 파악하고 궁극적으로 극복하기 위해 다양한 아이디어들을 내는 지식근로자들을 생각해봤다.

2단계에서 우리는 수단과 목표를 가진 창의적 혁신을 살펴볼 것이다. 엘레나는 이제 특정한 목표를 가지고 자신의 창의적인 충동을 활용해서 집을 만들 수 있다. 그리고 아니를 보자. 세 살의 아니는 물감을 흘리고 발견 과정에서 길을 잃어버리는 대신, 이제 탐험을 통해 배운 지식을 활용해 목적을 가지고 작품을 설계할 수 있다. 아니는 오늘 보트를 그리고 싶지만 내일의 예술적 목적은 괴물을 만드는 것이다. 오늘 그린 보트 그림이 내일은 괴물로 변신할지도 모른다. 또 다른 아이는 손가락 페인트로 풍경을 그려내거나 엄마의 초상화를 그리고 실제로 왜 그 그림을 그렸는지 이야기할 수 있다. 2단계 수준에 도달한 아이들은 더 늘어난 시간동안 창의적인 활동에 본인의 의도를 가지고 몰두하고 자신이 파악한 목적을 향해 연출할 수 있다. 우리는 2단계는 같은 재료를 가지고 다양한 결과물을 만들어내는 것이라고 생각할 수 있으며 또한 같은 목표의 결과물(털투성이 무시무시한 괴물)을 만들어내기 위해 다른 도구들(블록, 물감, 찰흙 등)을 사용한다고도 생각해볼 수 있다.

흥미롭게도 아이들이 창의적으로 "무엇이 어떻게 작동하는지를 찾아보라"고 하면 "무엇을 하라"고 지시를 받았을 때보다 더 잘한다. 엘리자베스 보나위츠(Elizabeth Bonawitz)와 그녀의 동료들은 유치원생들에게 정말 멋지게 보이는 장난감을 보여줬다. 튜브와 파이프, 거울과 보드가 달려 있으며 한 파이프를 잡아당기면 삑 소리가 나고 다른 부분을 보면 자기 얼굴이 보인다. 이 프로젝트에 참여한 대학원생 에이미가 아이들에게 처음 장난감을 보여주면서 각각 다른 말을 해줬다. "내 장난감 좀 봐! 어떻게 가지고 노는지 보여줄게!"라고 말하고 장난감의 부분별로 각각 어떻게 활용할 수 있는지를 시범으로 보여줬다. 보라색 튜브 밖으로 노란색 튜브를 잡아당기면 "삑삑거리는 소리가 난다"는 식으로 말이다. 또 다른 그룹의 아이들에게는 (단순그룹이라고 부르자) "와, 내가 이 장난감을 발견했어"라는 식으로 말하고 테이블 밑에서 장난감을 꺼내서 마치 우연히 노란 튜브를 보라색 튜브 밖으로 잡아당긴 것처럼 행동한다. 삑삑거리는 소리가 나면 "우와? 이거 봤어?" 하고 놀라는 척 한다. 그리고 각각의 아이들에게 장난감을 주고 홀로 남겨뒀다. 장난감이 어떻게 작동하는지 더 많은 방법을 알아낸 것은 어느 쪽 아이들이었을까? 처음 사용방법에 대한 안내를 받은 아이들은 에이미가 처음에 보여준 기능만을 계속해서 반복했다. 일부 아이들만 다른 기능들을 찾아봤다. 반면 단순그룹에 있던 아이들은 계속해서 탐험을 하며 장난감을 활용할 수 있는 더 많은 방법들을 찾아냈다.[18]

그러므로 아이들에게 장난감 사용법을 가르쳐 주는 게 가장 효율적인 방식이긴 하지만 이는 또한 탐험과 발견의 기회를 박탈한다. 왜 그럴까? 당연히 지식이 많은 성인이 뭔가를 알려준다면 그 장난감의 작동법을 그 성인이 알고 있다는 것이 분명하다. 왜 더 많은 기능이 있는지 찾아봐야 한단 말인가? 아이들이 탐색적이고 창의적인 경험을 할 수 있는 기회를 준다면 2단계의 목적과 수단 과제의 결과를 향상시킬 수 있다. 이와 같은 발견들을 통해 앨리슨 고프닉(Alison Gopnik) 교수와 그녀의 동료들은 실험 과제에서 어린이들이 대학생들보다 새로운 전자기기의 사용법을 더 잘 유추해낼 거라고 추측했다.[19] 만약 컴퓨터에서 새로운 프로그램들을 사용하는 것이 증거라면 우리는 이게 사실이라는 것을 안다. 우리 자녀들은 디지털 랜드 스케이프 속에서 새로 소개되는 새로운 기능들을 파악하고 활용하는 데 성인인 우리보다 훨씬 빠르고 뛰어나다.

2단계의 어린이들은 이미 창의적인 방식으로 새로운 조합들을 찾아낸다. 네 살 레나의 예를 들어보면 스스로에게 '버섯공주'라는 별명을 붙인다. 2단계의 창의성은 우리의 "매일 비전문가들이 참여하는 창의적인 활동 같은 일상적인 활동들"을 포착하기 위해 설계됐다.[20] 레나의 엄마는 버섯연구가 전문인 미생물학자다. 공주는 레나가 즐겨하는 역할이다. 이 2가지 아이디어를 함께 조합한 것은 레나 엄마의 관심을 끌었다.

학교에서 이런 아이들은 문제에 대해 해결가능성을 탐색할 때 정답을 듣거나 단계별 지시사항을 들은 아이들보다 더 창의적인 답을 내놓을 가능성이 훨씬 높다.[21] 우리는 이와 동일한 현상을 건축 장난감을 가지고 노는 아이들에게서 볼 수 있다. 어떻게 왕궁이나 기차역을 지어야 하는지, 방법에 대한 설명이 있는 상자들은 그냥 일반적인 블록들을 가지고 노는 방식처럼 창의성을 키워주지 못한다. 다른 문제해결 유형에서도 마찬가지다. 이미 배운 것을 새로운 현상에 적용해보거나 전환해보라. 전환은 교육에서 성배와 같다. 아이들에게 같은 교실환경에서 같은 유형의 문제만을 맞출 수 있는 것을 가르치는 것이 어떤 유익이 있을까? 교육가들은 아이들이 자신들의 지식을 세상에 가지고 나가 새로운 도전과제들을 해결하기 위해 생산적으로 사용하길 바란다. 예를 들어 분수의 경우 4학년에서 아이들은 '3/5 + 7/9'처럼 분수를 더하는 법을 배운다. 미국의 국가시험은 많은 아이들이 수학 교실을 벗어나면 비슷한 문제들을 풀지 못한다고 한다. 실생활에서 문제를 해결하는 데 사용할 수 없다면 분수 덧셈을 배우는 것이 무슨 소용이 있단 말인가? 분수는 식당에서 돈을 나눠 낼 때나 새로운 의자가 거실에서 얼마나 공간을 차지할지를 계산할 때 활용할 수 있다. 전환은 2단계 수준을 넘어갈 때 가장 효과적으로 일어난다.

2단계 수준의 학교들은 종종 국가적·국제적 문제들이 커져가고, 다른 나라들 곳곳에서 경제가 급부상하고 있는 요즘, 혁신이 그 무엇보다 중요한 이때, 21세기와는 어긋나는 잘못된 방향으로 가고 있다. 2006년 12월 10일자 〈타임〉은 클라우디아 윌리스(Claudia Wallis)의 글을 통해 위기의 시선을 보여준다.

> 반체제의 흔적과 함께 교육가들이 주고받는 암울한 농담이 있다. 윙클이 21세기에 100년의 잠에서 깨어난다면 당연히 눈에 보이는 것들에 깜짝 놀라고 당황할 것이다. 남자와 여자들이 총총거리며 작은 금속기기에서 시선을 떼지 못하고 젊은이들은 집안의 소파에 앉아 전자 스크린 속에서 미니어처 운동선수들을 조종한다. 나이 먹은 노인들은 죽지 않고 장애가 있는 사람들은 금속과 플라스틱으로 만든 둔부에 가슴속에는 메트로놈이 재깍거린다. 공항, 병원, 쇼핑몰 어느 곳에 가도 윙클은 넋이 나갈 거다. 하지만 마침내 교실에 들어오면 그제야 이 노인은 자기가 어디 있는지 정확히 알

수 있을 것이다. "오 여기는 학교잖아. 1906년에도 이거랑 똑같은 교실에서 공부를 했지. 칠판색만 녹색으로 바뀌었구먼."[22]

아이들이 줄맞춰 앉아 무표정한 얼굴로 손을 머리에 올린 채 집중해보려고 하고 있는가? 교사가 교단 앞에 서서 조용한 반을 대상으로 가르치는 것은 정말 지혜를 전수하고 있는 것일까? 이는 점점 더 과거로 회귀하는 것처럼 보이는 부분이다. 미국인들은 교육 개혁을 원한다. 또 누가 교육 개혁을 원하는지 아는가? 바로 중국이다. 하지만 여기에 엄청난 모순이 있다. 중국은 마치 우리가 19세기 교육방법으로 돌아가서 암기를 장려하듯이 창의성을 장려하길 원한다. 실제로 미네소타 주의 세인트스콜라스티카칼리지(College of Saint Scholastica)의 교육학 교수 베티 프레우스(Betty Preus)는 중국에서 방문한 교수의 말을 그대로 인용해서 들려준다.

"우리가 당신들에게 배우고 있는 게 바로 당신들이 바꾸고 싶어 하는 거라는 게 흥미롭네요."[23]

중국은 보다 학생 위주의 교육을 만들고 싶어 한다. 그들은 또한 학생들을 수동적이고 자기 동기부여 없이 오로지 시험에 합격하는 데만 관심 있는 학생들을 양산하는 주입식 교육을 없애고 싶어 한다. 정말 괴롭지만 너무 익숙한 이야기 같지 않은가. 우리에게도 중국에서 쓰이는 표현과 비슷한 표현이 필요할지도 모르겠다. "가오펀 디멍(高分低能, 고분저능)", 말 그대로 "점수는 높지만 능력은 낮다"[24]는 뜻이다.

무엇을 만들기에 안전하다는 것은 창의성이 발현될 때 그 싹을 짓밟지 않고 장려한다는 것을 의미한다. 우리가 놀이방을 만들고 학교건물을 지을 때 우리는 반드시 자문해봐야 한다. 이 장소들이 창의성을 장려하고 있는가? 답은 전폭적으로 "그렇다!"이다. 캐스 홀맨(Cas Holman)이 발명한 라가마직(http://www.rigamajig.com)을 살펴보면 아이들이 서로 연결될 수 있는 커다랗고 아름다운 목재 조각들로 구조물을 만든다. 소개 영상만 잠깐 보아도 도구와 안전한 공간 그리고 탐험할 시간만 주어진다면 아이들이 무엇을 할 수 있는지에 대한 이야기를 들을 수 있다. 아이들은 유기적으로 공학자로 변신한다. 유명한 건축가 데이비드 록웰(David Rockwell)과 비영리단체 카붐(Kaboom)이 진행한 프로젝트는 이와 동일한 관점에서 아주 영리한 방식으로 상상 놀이터를 만들어냈다(http://www.imaginationplayground.com). 솔직히 말해 캐스도 상상 놀이터에 손을 댔었다. 상상 놀이터는 자신만의 놀이터를 상상해서 새로 만들어낼 수 있는 재료와 공간과 시간이 주어진다면 아이들이 자신들만의 세상을 창조해낼 수 있을 것이라는 생각에 기반하고 있다. 그리고 아이들은 실제로 자신들만의 놀이터를 창조해냈다. 창의성을 실현할 수 있는 가능성들을 보여주는 동영상을 꼭 한번 보기 바란다. 아이들은 스스로 도구를 얻고 무엇을 할 수 있을지 공동의 비전을 발전시킨다.

마지막으로 샌프란시스코의 익스플로라토리움에 있는 팅커링 스튜디오(http://tinkering.exploratorium.edu)는 아이들이 오래된 부품들로 새로운 물건을 만들어낼 수 있는 축제의 장이다. 집과 박물관 곳곳에 놓여 있는 고물들은 새로운 발명의 원동력이 되고 우리 모두가 더 높은 단계의 창의적인 사고로 나아갈 수 있게 해준다. 카렌 윌킨슨(Karen Wilkinson)이 운영하는 팅커링 스튜디오(tickering studio)는 샌프란시스코 만에 살지 않는 사람들도 재미를 위해 참여할 수 있는 웨비나들도 운영한다.

물론 창의적인 생각을 장려하기 위해서는 일상적인 과제들과의 엎치락

뒤치락 씨름에서 벗어나 놀이와 생각을 할 수 있는 공간을 만드는 것이 필요하다. 때로 우리는 아이들을 다음 운동 행사, 어학 수업 또는 미술 수업으로 서둘러 데려가기에 바쁜 것처럼 보인다. 이런 활동들은 일반적으로 아이들이 주도적으로 이끌기보다는 성인들의 통제 하에 진행된다. 물론 동네 축구팀에서 활동하는 것은 아이들에게 큰 도움이 되지만 스타 운동선수들을 지나치게 통제하는 것은 창의적인 사상가들의 싹을 잘라버리는 대가를 치러야 할 수도 있다.

미래의 올림픽 대표선수가 될 가능성이 있는 어린이들을 훈련시키는 축구코치 매튜 로빈슨(Matthew Robinson)에 따르면 보통의 미국 선수들은 기계적이며 축구장에서 별다른 창의성을 보여주지 못한다고 한다(M. 로빈슨, 개인적인 대화에서 인용, 2013년 10월 1일). 이들은 가르쳐준 전략은 배울 수 있지만 시합이 계획한 대로 진행되지 않으면 전략을 응용하는 데 어려워한다는 것이다. 빨리 반응하지 못하고 망설이며 축구장에서 서성인다. 아이들에게 모든 축구에서 일어날 수 있는 상황을 가르쳐 줄 수는 없기 때문에 자신들이 마주한 문제를 어떻게 해결할지는 배울 수 없는 것처럼 이들은 보다 깊은 이해와 창의성을 발휘하는 법을 배워야 한다. 지난 시대의 선발 게임이 없이 성인들은 운동 경기들을 주도하며 어린이들이 새로운 방식으로 축구라는 도전과제에 접근해볼 기회를 박탈하고 있다. 아이들은 어떻게 새로운 놀이를 발명하는가? 기본적인 훈련을 넘어서서 축구선수가 관중을 열광케 하는 건 무엇인가? 3단계 자신만의 목소리 내기는 이런 창의적인 본능이 하나로 합쳐지면서 일어난다.

3단계 : 자신만의 목소리 내기

창의력은 많은 노력을 요한다. 템플대학교의 창의성 전문가 로버트 웨이스버그(Robert Weisberg)가 논쟁하듯이 무에서 유가 창조될 수는 없다.[25] 그의 견해에 따르면 창의성은 거대한 깨달음이나 영감의 경험이라기보다는 증가시켜 가는 과정이다. 더 높은 수준의 창의성에 도달하기 위해서 아이도 성인도 기술이나 테크닉을 완벽하게 마스터해야 하며 일반적으로 그 분야에 대한 지식을 가지고 있어야 한다. 3단계 수준에 도달하는 것은 하룻밤 사이에 되는 게 아니다.

예를 들어 어떻게 하면 3단계 수준의 요리사가 될 수 있을까?[26] 마이클은 1단계에서부터 시작한다. 요리를 좋아하지만 따로 요리를 배운 적도 없고 요리법을 보고 따라하고 싶지도 않아서 대부분의 시간 자유롭게 재료를 가지고 실험을 해본다. 가끔씩은 깜짝 놀랄 만큼 멋진 요리가 완성되기도 하고 때로는 완전히 망쳐버려서 요리를 버리고 대신 요거트로 저녁을 때울 때도 있다. 하지만 일단 커민, 코리엔더 그리고 커리의 차이점을 배우고 끓이기와 찌기가 어떤 식으로 요리되는지를 배우고 나자 2단계에 접어든다. 이제 대부분의 경우 새로운 식재료를 조합해서 독특하고 맛있는 요리들을 만들어낼 수 있다. 이전에 실험 단계의 대가로 실패 확률은 현저히 줄어들었다. 이제 마이클은 요리하는 것을 매우 즐겨서 몇 가지 요리 교실을 수강하고 있다. 심지어 세계적으로 유명한 요리 학교인 르 꼬르동 블루에서 일주일간의 과정을 체험하기 위해 프랑스까지 다녀왔다. 주방에서 그는 3단계로 올라간다. 어머니가 자랑스러워할 만큼 뛰어난 요리를 만들어낸다. 친구들은 저녁 식사에 초대해달라고 졸라대고 마이클이 자신이 배운 것을 바탕으로 새로운 음식을 개발하면 서로 기니피그 역할을 하겠다며 발 벗고 나선다. 요리 학교에 다니거나 요리책을 충분히 읽지 않았다면 마이클은 3단계로 발전해나갈 수 없었을 것이다. 마이클이 4단계까지 도달하지 못하고 유명 요리연구가인 제임스 비어드(Janes Beard)의 수준까지 도달하지 못한다 할지라도 그는 물론 높은 수준에서 요리를 하고 있다. 제임스 카우프먼(James C. Kaufman)과 로날드 베게토(Ronald A. Beghetto)는 이를 프로페셔널한 창의성의 수준이라고 부른다. 그 분야의 혁신을 가져오지는 못할지라도 독창성과 개성을 보인다.[27] 만약 심리학 대학원이 잘 맞지 않는다면 미래에 요리사가 될 수도 있을 것이다!

음악과 작곡을 전공한 캐시는 왜 대학에서 '바흐'나 '베토벤' 같은 음악을 작곡하라고 하는지 잘 이해하지 못했다. 그리고 겸손하게 인정했듯이 바흐나 베토벤 같은 곡을 작곡하는 것은 그녀에게 불가능했다. 하지만 왜 그런 추궁을 받아야 할까? 그건 대가들의 기술을 배우지 않는 이상 이런 기술들을 응용하고 자신만의 목소리를 찾을 수 없을 것이기 때문이다. 캐시는 어린이 음악 앨범을 만들기 시작했다.

엘리오는 어리지만 동물들에 관한 전문가다. 모든 동물들에 통달해 있고 수많은 지식을 가지고 있다. 바늘 두더지는 오래 못산다. 에뮤는 믿을 수 없을 만큼 큰 알을 낳는다. 엘리오는 일반인들이 책장에 가지고 있는 책보다 훨씬 많은 수의 동물 모형들을 가지고 있다. 언제나 더 많은 것을 배우려고 하고 여섯 살까지 글을 읽지 못했지만 동물들이 지구 곳곳의 다른 장소에서 어떻게 적응하며 살게 되었는지 이론을 세울 정도로 충분한 깊이의 이해력과 지식을 가지고 있다. 엘리오는 어느 날 엄마에게 동물들이 최선의 먹이를 찾기 위해 움직인다고 말했다. 가장 좋아하는 먹이를 찾으면 거기 머물면서 번식을 한다고 말이다. 엄마는 깜짝 놀랐다. 그것이 맞는 말일까? 꼭 그렇진 않을 수 있다. 하지만 엘리오가 놀라운 창의성을 보이는가? 당연히 그렇다.

3단계에서 사람들은 자신들이 일하는 분야에 대해 많은 것을 알고 있다. "머릿속이 준비"돼 있어서 더 좋은 기회를 포착할 수 있고 비판적인 사고 능력을 통해 성과를 얻을 수 있는 좋은 생각을 떠올린다. 예를 들면 포스트잇 노트는 3M에서 일하는 스펜서 실버 박사에 의해 실수로 발명됐다. 그는 상사에게 접착력이 떨어지고 표면에 붙였다 뗐다 할 수 있는 접착제가 쓸모가 있다는 것을 설득했다. 그는 포스트잇의 활용 가능성을 떠올릴 수 있었고 그의 상사는 그러지 못했다. 그러나 실버 박사는 운이 좋았다. 그의 발명은 실제로 세상의 빛을 보았고 지금도 우리 모니터에는 포스트잇이 빼곡하게 붙여져 있다. 하지만 모든 새로운 발명들이(또는 창업 계획들이) 세상에 선보이는 것은 아니다. 로버트 스턴버그는 창의성이 또한 실용적인 기술에 달려 있다는 점을 지적한다.[28] 새로운 쥐덫의 프로토타입을 만들기 위해서는 올바른 쥐덫 제조사의 관심을 끌어야 한다. 또 궁극적으로 브랜드를 홍보하고 시장에 판매하는 것은 디자인을 발명하는 창의성을 넘어선 다른 추가적 기술이 필요하다.

자신의 전공 분야에 대해서 많은 지식을 보유한 박사학위를 가진 과학자들도 3단계일 수 있다. 우리는 그들이 수행하는 새로운 연구에서 1/4정도에만 기여를 하는 친근한 표현으로 "크랭크를 돌리는" 데 전문인 동료들을 안다. 그들은 능력이 있는가? 물론이다! 그들은 창의적인가? 그렇다. 하지만 진실을 밝혀내기 위한 질문을 던지고 심지어 새로운 크랭크들을 발명해내기까지 하는 과학자들만큼 창의적이지는 않다. 이런 과학자들은 아마도 4단계의 수준일 것이다. 그들은 새롭고 창의적이고 그 분야의 다른 이들에게 영향을 주는 작업을 한다. 이런 종류의 작업은 보통 오랜 기간 동안 가치가 지속되며 유효하다. 이런 연구들은 비슷비슷한 결과들을 보여주며 크랭크를 아주 약간 돌리는 정도의 수준을 유지하는 다른 연구들을 뛰어넘어 발전시킨다. 컴퓨터의 개발은 이전에 존재한 모든 기술들을 뛰어넘는 엄청난 혁신이었다. 더 안전한 안전벨트를 설계함으로써 수천 명의 목숨을 살릴 수 있었다. 그리고 당신이 지금 읽고 있는 종이는 2세기경 고대 중국의 한 나라에서 발명됐다. 그 이전에 종이를 만든 재료는 파피루스, 양피지 그리고 야자수 잎이었다. 우리는 나무와 해진 천들처럼 더 값싼 재료로 종이를 만든 혁신을 통한 혜택을 누리고 있다.

관습을 넘어서 3단계에서 우리는 개인적인 표현을 녹여 넣을 수 있다. 소설가는 다른 이들이 이제까지 쓴 주제들의 결정적인 부분을 변주해서 새로운 형식의 소설을 써낸다. 시스템 분석가들은 가구 사업에서의 지속적인 개선을 관리하는 데 도움을 주는 소프트웨어를 개발한다. 그리고 열 살 존은 어린이용 조립완구 이렉터 세트를 가지고 이전에 존재하지 않았던 공항을 건설하는 건축가가 된다. 더 이상 상자에 그려진 대관람차를 만드는 것에서 벗어나 이제 새로운 모델을 만들어낸다. 일단 자기 도구를 이해하고 자기 분야의 지식을 충분히 쌓고 나면 사람들은 창의적인 표현을 위해 스스로의 도구를 개발할 수 있다.

로버트 스턴버그가 논쟁하듯이 아이들에게 결과물을 바꿔볼 수 있는 기회와 완전히 새로운 방식으로 시도해보는 꿈을 꿀 수 있는 기회를 제공한다면 창의성을 가르쳐 줄 수 있다.[29] 왜 마라톤 선수인 할머니는 늑대를 앞지를 수 없는가? 왜 둥그런 모양의 집을 지을 수 없는가? 창의적 혁신의 마지막 두 단계에서 우리는 많은 지식을 알고 비판적 사고를 공유하고 더 나은 해결책이 있을 수 있다는 것을 뼛속까지 잘 알고 있다. 창의성이 훈련으로 길러질 수 있는 것이란 건 좋은 일이고 이 시대에 걸맞은 일이다.

켄 로빈슨 경이 설득력 있게 말하듯이 "우리는 엄청난 예측 불가능성의 시대를 살고 있다."[30] 혁신은 점점 더 가속화된다. 마치 우리가 생산해내는 정보들이 폭발적으로 늘어나는 것과 마찬가지다. 두 명의 MIT 비즈니스 교수들은 기술 발전에 따라 인간의 일자리가 위협받는 현실을 진단한 《기계와의 경쟁(Race Against the Machine)》이라는 책을 썼다.[31] 문제해결 능력과 창의성이 없다면 미래에 우리들의 일자리는 기계들의 차지가 되고 말 것이다. 디지털 테크놀로지가 일자리들을 완전히 바꿔놓고 있기 때문이다. 기술이 가속화되면서 점점 더 많은 일들이 기계들에 의해 수행될 것이고 우리가 창의력과 혁신 능력을 키워주는 데 집중하지 않는 이상 우리 자녀들이 성인이 될 무렵에는 일자리를 찾기 힘들 정도로 거대한 구조조정이 있을 것이다. 이 책의 작가들은 자신들을 디지털 낙관주의자들이라고 부르지만 우리 학교들이 창의적인 사고력을 장려하는 환경으로 바뀌지 않는다면 어떻게 평범한 아이들이 일자리를 찾을 수 있을지는 막막하다. 21세기 역량을 위한 파트너십 같은 기관들도 이에 동의한다. 그들은 "반복적이고 예상 가능한 과제들은 이미 자동화됐다"고 한다. 만약 컴퓨터나 로봇이 과제를 설계할 수 있게 된다면 인간은 더 이상 필요 없는 존재가 될 것이다. 모든 노동자들이 복잡하고 다층적이며 개방적인 문제를 해결할 수 있어야만 한다. 결국 노동자들이 해결해야 하는 과제는 사지선다형 질문의 답을 고르는 것이 아니며 한 가지 정답만 있는 것도 아니다.[32]

4단계 : 비전 품기

고든과 수전은 미시시피로 자전거 여행을 떠났다가 고든의 약을 집에 두고 왔다는 것을 깨달았다. 어떻게 하면 좋을까? 그들은 딸에게 전화를 걸어 페덱스로 약을 부치라고 했다. 프레데릭 스미스(Frederick Smith)는 예일대학교에서 경제학 리포트를 작성하다가 페덱스의 개념을 떠올렸다. 이 리포트는 A학점을 받지 못했는데 실현 불가능한 아이디어처럼 보였기 때문이다. 페덱스 같은 회사를 세우는 것은 엄청난 자본이 필요하고 수많은 정부 규제를 바꿔야 한다. 실제로 이 아이디어를 접한 모든 사람들이 실패할 거라고 예언했다. 그러나 결과가 어떤지는 우리 모두 잘 알고 있다.

19세기 중반 산욕열은 심각한 문제였다. 아기를 갖는다는 것은 스스로 자기 목숨을 위태롭게 한다는 의미였다. 1842년 오스트리아의 빈 제너럴 병원의 한 진료실에서만 아기를 낳은 산모의 15퍼센트가 산욕열로 사망했다(이전에는 해산열이라고 했다). 산과 전문 레지던트 이그나즈 세멜베스(Ignaz Semmelweis) 박사는 왜 다른 입원실에 비해 이 입원실에서만 이렇게 산욕열의 발생 비율이 높은지 그 이유를 밝혀내기 위해 많은 노력을 기울였다. 균에 의한 질병의 이론이 발명되기도 전에 그는 외과의들이 손을 깨끗하게 씻으면 감염율과 젊은 산모들의 사망률이 현격히 낮아진다는 사실을 발견했다. 하지만 의학계는 그의 생각을 완전히 무시해버렸다. 나이가 많은 일부 독자들은 지난 세기의 암흑시대에 어떻게 문서들을 복사했는지 기억할 것이다. 우리 중 한 명이 대학원 과정을 밟았던 코넬대학교에서 우리는 이런 화학제 냄새가 진동을 하는 복사지들을 '자줏빛 위험(Purple peril)'이나 '위와 같음(ditto)'이라고 불렀다. 등사기는 공학도이자 법학도였던 체스터 칼슨

(Chester Carlson)에게는 너무 느리게 느껴졌고 그는 1938년 제록스 프로세스를 발명한다. 체스터는 사람들이 이 새로운 발명을 진지하게 받아들이도록 설명하는 데 어려움을 겪었다. IBM과 US 아미 시그널 코퍼레이션도 그의 발명을 묵살했다. 이제 우리는 곳곳에서 3D 프린터가 급증하는 것을 보고 있다. 올해만도 한 제약회사가 3D프린터가 제약계의 변혁을 가져올 거라고 제안했다. 알약을 우편으로 부치는 대신에 그저 시트 형태로 압착한 약을 보내면 어떤 형태나 사이즈의 알약으로도 만들어낼 수 있을 것이다.

이런 서로 상관없어 보이는 사례들은 3가지 중요한 공통점을 가지고 있다. 먼저 엄청난 모순이다. 최고의 아이디어들은 대부분 처음에 거절당했다. 그 아이디어들은 사람들이 안전하게 느끼는 영역에서 완전히 벗어나 이상해 보이는 진정으로 혁신적인 생각들이었기 때문에 당연히 거부당할 수밖에 없었다. 그것이 예술 분야든(수많은 출판사들이 《해리포터》의 출판을 거절했다) 과학 분야든(궤양은 스트레스로 발생하는 것이 아니다) 공학 분야든(아타리와 휴렛패커드는 스티브 워즈니악의 퍼스널 컴퓨터 제안을 거절했다) 막론하고 말이다.

두 번째 공통점은 이들이 모두 4단계 수준의 창의력, 즉 비전을 보여줬다는 점이다. 이 발명가들은 각각 특정한 문제를 해결하기 위해 발명을 했다. 하룻밤만에 배송되는 안전한 우편배달 시스템에서 문서를 빠르게 복사할 수 있는 방법에 이르기까지 말이다. 해결해야 할 문제를 인식하지 않고서는(즉 비판적 사고) 이런 발명은 결코 실현되지 않았을 것이다. 이런 발명가들은 현 상황을 분석한 후 더 잘할 수 있다는 것을 깨달았다. 그들은 어떻게 하면 될지 그 결과를 보았고 개선 없는 상황을 지속하려 하지 않았다.

마지막으로 이 혁신적인 사례들은 또 다른 공통점이 있다. 바로 준비과정이다. 이 단계까지 성공한 개인들은 거의 현재의 솔루션에서 잘못된 부분을 이해하고 더 나은 해결책을 제시할 수 있는 해당분야의 교육을 받았다. 《아웃라이어》에서 글래드웰은 심리학자 에릭슨의 연구에 기반을 둔 '1만 시간의 법칙'이란 표현을 사용했다. 어떤 일에 성공을 거두기 위해서는 1만 시간의 연습이 필수적이라는 것이다. 페니실린을 발견한 알렉산더 플레밍은 이 1만 시간의 법칙에 대한 위대한 사례다. 플레밍은 이미 놀라운 약품을 찾고 있었고 휴가에서 돌아와 페트리디시를 씻기 시작했다. 한 접시에는 흰색 곰팡이가 자라고 있었다(이상한 점은 없었다. 싱크대에 둔 빵에도 곰팡이가 핀다는 걸 우리는 다 잘 알고 있다). 하지만 그 곰팡이가 배양접시에 자라고 있던 스타필로코커스 아우레우스 균을 죽인 것을 발견할 수 있었다. 유레카! 다른 과학자들이 어쩌면 이미 그냥 지나쳐버렸을 수도 있는 일이었지만 플레밍은 그 긴 시간 동안 공을 들였다.

하지만 잠깐만, 우리가 지금 롤링스나 칼슨, 워즈니악정도만이 4단계 수준에 도달할 수 있다고 하고 있는 건가? 일부 연구가들이 빅 C(Big C)라고 부르는 창의성은 어쩌란 말인가?[33] 어른들만 가장 높은 창의적 혁신의 수준에 도달할 수 있다는 건가? 우리는 모두 창의성을 발휘할 능력이 있다. 우리는 모두 아인슈타인과 같은 순간을 경험한다. 현 상태에서 벗어나는 순간, 일상의 문제들을 뛰어넘어 완전히 새로운 해결책을 떠올리는 순간들 말이다. 때로 이것은 두 아이가 머리를 맞대는 순간에 일어나기도 한다. 두 명의 캐나다 청소년들이 비디오카메라와 크레그 리스트에서 구입한 장비들을 사용해서 레고 맨을 우주로 보냈다. 소년들은 4개월 동안 매주 토요일마다 이 프로젝트에 매달렸다. 의심할 여지없이 협력이 이들의 창의적 혁신에 원동력이 되어줬다. 인터넷에는 사회에 유익한 발명을 해낸 어린이들의 사례가 넘쳐난다. 예를 들어 파멜라 시카(Pamela Sica)는 14세에 위클리

리더 전국 발명경진대회에서 버튼 하나로 자동차 바닥을 올렸다 해서 짐을 싣고 내리는 것을 쉽게 하는 장치로 우승을 했다.[34] 하지만 특허 비용 때문에 자신의 발명에 특허 신청을 하지 못했다.

마스터들도 여전히 성장할 여지가 있다. 85세의 지로 오노(Jiro Ono)는 세계적인 초밥 장인 중 한 사람으로 유명하다. 가장 창의적이고 화려한 장식으로 멋지게 식재료들을 조합해낸다. 〈지로는 스시의 꿈을 꾼다(Jiro Dreams of Sushi)〉라는 다큐멘터리에서 미슐랭 스타를 3개나 받은 초밥을 만든 그는 자신이 하는 일에서 더 뛰어난 결과를 위해 끊임없이 노력하는 모습을 보여준다.[35] 유명한 재즈 피아니스트 페터 네로(Peter Nero)는 여전히 하루에 6시간 이상 연습을 한다.

4단계는 공동체를 통해 달성할 수도 있다. 뉴욕 공원의 공중 공원 하이라인은 뉴욕시 서부의 육류가공 공장 부지를 가로지른다. 1930년에 지어진 뉴욕 중앙철도는 이 고가도로를 통과했었다. 1980년 고가도로 사용이 중지됐을 때 풀과 잡목으로 뒤덮였다. 1999년 두 남자 조슈아 데이비스(Joshua Davis)와 로버트 해먼드(Robert Hammond)가 하이라인을 보존하고 보행자들만 입장할 수 있는 공원으로 만들자는 운동을 시작했다. 5,000만 달러가 들었고 하이라인은 붐비는 도시속의 창조적 공간 활용과 협력의 기념비가 되었다.[36]

이 성공은 다른 도시 시장들에게 너무 놀라운 것이어서 시카고 시장 람 이매뉴얼(Rahm Emanuel)이 하이라인이 동네 젠트리피케이션의 촉매제이자 상징이라고 말하는 이들도 있었다.[37]

IDEO의 창립자 중 한 사람인 팀 브라운(Tim Brown)은 티셔츠와 블레이저와 스니커즈를 신고 IDEO의 디자인 혁신을 이끌어낸 건 진지한 놀이라고

TED 강연을 했다. 왜 IDEO에 창의성을 위한 규칙이 생겼는지 설명하면서 그는 먼저 관객들에게 30초 동안 옆 사람을 그려보라고 한다. 한번 시도해 보고 어떤지 보라. 어른들의 반응은 예측 가능하다. 웃음을 터뜨리고 당황해하거나 프랑켄슈타인 괴물이나 신부처럼 그려서 미안하다고 사과하는 사람들까지 있다. 브라운은 아이들은 이런 반응을 보이지 않는다고 지적한다. 아이들은 자신들의 작은 걸작을 자랑스러워한다. 어른들은 다른 사람들의 평가에 대한 두려움 속에 산다. 이런 통찰력으로 무장하고 브라운과 그의 동업자 켈리는 IDEO의 창의적 규칙들을 만들어 성인들이 어린 시절의 놀이의 즐거움을 되찾을 수 있도록 시도했다. "판단을 보유하라"나 "양으로 승부하라(아이디어를 낼 때)" 같은 슬로건들은 어른들이 자기 검열을 멈추고 자유롭게 아이디어가 흘러넘치도록 할 수 있게 해준다.[38]

창조의 또 다른 규칙은 아이디어를 낮은 해상도의 물리적 프로토타입을 빨리 만들어서 가공하는 것이다. IDEO의 홀은 마치 유치원을 연상시킨다. 색종이와 크레용, 가위 등이 비치돼 있다. 대부분의 기업들의 복도가 병원 복도를 연상시키는 것과는 대조적이다. 롤링 형식의 데오도란트를 사용한 원시적인 프로토타입에서 컴퓨터 마우스의 아이디어가 탄생했다. IDEO는 더 나은 서비스를 설계하기 위해 아이들이 소꿉놀이를 하는 것처럼 롤플레잉도 한다. 아이들이 소방관 놀이를 하면서 어떤 도구들이 있는지 이해하듯이 환자나 소비자 또는 서비스 이용자의 입장이 되어서 어떻게 하면 서비스를 개선할 수 있을지 연구한다. 만약 당신이 털이 많은 남성이라면 가슴털 왁싱의 고통을 상상할 수 있겠는가? IDEO의 직원 중 한 명은 임상적 고통을 느끼며 사는 것이 어떤 건지 이해하기 위해 가슴털 왁싱을 시도했다. 그는 이렇게 말했다.

이 환경에서 성공적이기 위해서 당신은 뛰어난 커뮤니케이터가 되어야 한다. 그리고 자신과 자신의 아이디어, 협력 빌더, 직접적인 협력자들 그리고 최상의 품질이 개개인이 아닌 다른 사람들의 아이디어를 함께 모아 만들어진다는 것을 적극 변호해야만 한다.[39]

창의적인 생각은 커뮤니케이션과 협력에 달려 있지만 여전히 더 많은 것이 필요하다. 창의적인 사람들에 관한 가장 흥미로운 사실들 중 하나는 그들이 포기를 모른다는 점이다. 새로운 것을 시도하고 실패하고 다시 도전할 수 있는 자신감과 의지가 없이는 대부분의 발명가, 기업가, 과학자 그리고 누구든 우리 문화에 변혁을 가져온 사람들 모두 창의적 혁신을 만들어내지 못했을 것이다. 토머스 에디슨의 말을 기억하자.

"나는 실패한 것이 아니라 1만 가지 잘못된 방법을 발견한 것이다."[40]

더 나은 쥐덫을 만드는 데는 수년이 소요될 수도 있다. 어째서 걸음마를 시작한 아기는 매번 세 걸음 째에 넘어지면서도 빨간 플라스틱 쇼핑카트를 짚고 일어나고 또 일어나는가? 우리는 어떻게 리사가 딱 마음에 들 때까지 계속해서 무지개를 그릴 때 보여주는 끈기를 계속해서 키워줄 수 있을까? 창의적인 혁신에는 자신감이 필요하며 이것이 다음 장에서 우리가 이야기할 마지막 C다.

아이가 성장할 수 있는 길

글로벌 경제 세계에서 창의적인 사고가들은 왕이고 여왕이다. 이런 유연한 혁신가들은 자신들이 아는 것을 재빨리 조합해서 미래의 가능성을 구축한다. 지금까지 우리는 아이들이 미지의 세계로 빠르게 움직일 수 있도록 충분히 도와주지 못했다. 우리는 상상력의 사용을 강화해주는 대신 미리 설계된 것을 따라하도록 강요했고 창의성을 학습과 성공의 중심에 놓는 대신 교육의 액세서리 정도로 취급했다. 김 박사의 토렌스 데이터에서 발견한 줄어드는 창의성의 경향은 이런 위기 상황을 보여준다. 하지만 우리는 이런 경향을 뒤집을 수 있다. 창의성은 가변적이다. 창의적 표현을 적극 장려하는 가정, 학교 그리고 공동체 환경을 통해 우리는 모든 아이들이 창의적인 근육을 키우는 훈련을 할 수 있게 도와줄 수 있다. 우리는 그저 공간을 제공하고 모범을 보이고 아이들이 창의성 엔진에 발동을 걸 수 있게 해주면 된다.

마지막 C로 넘어가면서 우리는 한 가지 사실을 생각해봐야만 한다. 혁신적인 사고가들은 남들이 가지 않은 길을 갈 것이다. 우리는 아이들이 창조하는 데 필요한 콘텐츠와 비판적 사고를 가질 수 있도록 대비해줘야 하지만 이것만으로는 충분하지가 않다. 아이들은 앞으로 나가기 위해서 설령 실패의 가능성을 맞닥뜨리더라도 결코 포기 하지 않고 지속적으로 나아갈 수 있는 끈기와 자신감을 가지고 있어야 한다. 창의적인 사고가들은 발견자들이며, 패턴을 찾는 사람들이며, 길을 만드는 사람들이자 창업가들이다. 그리고 그들은 대부분 안 된다는 대답을 받아들이지 않는다!

· SCAFFOLDING ·

창의성을 키워주는 방법

코비 야마다(Kobi Yamada)가 최근 발간한 《아이디어로 무엇을 할 것인가?(What Do You Do with an Idea?)》라는 책은 멋진 아이디어와 그것을 세상에 내놓으려는 아이에 대한 이야기를 소개한다.[41] 계속되는 반대에도 불구하고 인내와 끈기를 가지고 자기 아이디어를 추구할 가치가 있다는 믿음으로 온 생을 자신의 비전과 아이디어의 실현에 바친다. 우리는 이미 우리 주위에 창의적인 삶을 보고 있다. 나무에서 그림자에서 상상력을 통해서 말이다. 하지만 너무 자주 우리는 경계를 넘는 자유를 주지 못한다. 이 장의 근본적인 도전과제는 '우리가 자녀들을 위한 창의성을 시작할 준비가 되었느냐'이다. 우리는 김경희 교수가 보여준 쇠퇴적인 경향을 뒤집을 수 있다. 하지만 그렇게 하려면 종이컵의 사용법과 3D 프린터의 사용법을 몇 가지 더 생각해낼 수 있어야 할 것이다.

부모의 입장에서

첫 단계로 우리는 내면을 들여다보고 우리가 창의성을 위한 허가를 하고 있는지 검토할 수 있다. 창의적이 된다는 것은 위험을 감수하고 실패할 것이 뻔해도 새로운 요리에 도전해본다는 것을 의미한다. 우리는 한 번도 시도해보지 않은 조합으로 새로운 저녁 메뉴를 시도해볼 수 있다. 혼자 그걸 다 먹어야 할지도 모르지만 아이들이 찬사를 보낼지도 모르는 일이다. 우리 중 누군가는 어머니가 만들어주신 보라색 수프를 아직도 기억한다. 맛있었냐고? 아니다. 잊을 수 없는 맛이었냐고? 맞다. 그리고 그 후에 먹은 피자는 아주 맛있었다.

마지막으로 그림을 그려보거나 작곡을 하거나 사진을 찍은 게 언제였나? 요즘은 누구나 사진을 찍는다. 그냥 휴대폰만 꺼내면 된다. 우리 스스로가 창의적이 되고자 할 때 자녀들에게 모범이 될 수 있다. 우리는 너무 자주 시도도 해보지 않고 못한다고 두려워한다. 사과를 그렸는데 그냥 정체모를 낙서 같이 보인다고 누가 신경이나 쓰겠는가? 레지오 에밀리아 센터에서 12명으로 이뤄진 우리 그룹이 나무와 대화를 시도하면서 얼마나 어리석게 느꼈는지 모른다. 도대체 어떻게 지시에 따라야 하는지 알 수가 없었다. 하지만 모두 시도해보고 그래도 괜찮다고 느꼈다. 왜 안 된단 말인가? 이 활동을 통해서 우리는 단순한 영감을 받았다. 남아프리카에서 온 교육가이자 운동가인 한 여성은 나무들에게 충분히 물을 주지 않은 것 같다고 걱정했다. 그리고 예쁜 진흙 양동이를 만들어 나무에 물을 주었다. 또 어렸을 때 나무 가꾸는 걸 좋아하던 어머니의 얘기를 건네는 사람도 있었다. 나무 실험을 통해 그녀는 감정적인 연결고리를 경험했다. 요점은 일상적인 루틴과 규칙과 일정과 기대에서 벗어나 창의적이 될 수 있는 기회를 주어야 한다는 것이다. 그렇게 할 때 우리는 종종 스스로를 위한 새로운 가능성을 열고 덤으로 아이들이 생각을 확산해나가도록 도움을 줄 수 있다.

아이의 입장에서

매일 15분씩만 시간을 내서 아이가 발명할 수 있게 해줄 수 있을까? 고장난 진공청소기나 새로운 식기세척기의 포장을 풀고 남겨진 박스를 활용할 수는 없을까?

종이접시를 헤드라이트 삼아 택시를 만들 수도 있지 않을까? 소파 쿠션으로 성을 쌓고 새로운 이야기를 만들어낼 수도 있지 않을까? 우리 자녀들은 화장지를 함께 말거나 손가락 페인팅을 하거나 그저 가족 초상화를 그려서 자랑스럽게 냉장고에 붙여놓을 기회를 충분히 가지고 있는가? 우리 대부분은 생활 속에서 창의성을 키우려는 노력을 하지 않는다. 그리고는 왜 아이들이 전통적인 다섯 단락 에세이를 써야 하는지 그려진 나무에 오려낸 사과그림을 붙이는 미술을 해야 하는지 이상해한다. 또 해체돼 있는 재료들보다는 이미 만들어진 장난감을 사주는 경우가 더 많다.

우리는 새로운 이야기를 만들어내기보다는 이미 만들어진 이야기를 소비하는 데 그치는 경우가 더 많다. 하지만 이제 이 사실을 알았으니 좀 더 창의력이 숨 쉴 수 있는 여지를 만들어줄 수 있다. 우리 중 한 명은 아들이 셋인데 매일 아침 학교에 가기 전 재미있는 게임을 했다. 나는 일찍 일어나는 게 정말 싫은데 아들들은 7시면 쌩쌩하게 일어나 방으로 뛰어들어온다. 나는 좀 더 시간이 필요한데. 그래서 우리는 상상해보기라는 게임을 한다. 그리고 내가 잠에서 깨어나면서 꿈지럭거리며 기지개를 켜는 동안 아이들은 모두 주문에 홀린 듯 "침대에 누워서 눈을 감았다 떴는데 다른 곳에 가 있다고 상상해봐요. 우린 어디에 있죠?"라고 하거나 자기가 상상할 수 있는 가장 멋진 이야기를 앞다퉈 이야기하곤 한다. 우리는 독일의 숲으로 갔다가 거대한 푸른 대양의 밑바닥까지 갔다가 아프리카에 사파리를 갔다가 몰에 있는 아이들이 제일 좋아하는 가게에 간 적도 있다. 각각의 장소에서 우리는 이야기를 만들고 세 형제 중 한 명은 중간에 끼어들어 그냥 "상상은…"이라고 시작하는 이야기를 꺼내면 장소를 바꿀 수 있었다.

아이들이 학교에 다니고 여행을 할 때 우리 중 한 명은 아이들에게 여행일기를 쓰게 했다. 요리법과, 입장권 그리고 기념품과 아이들이 그린 그림과 우리가 나눈 이야기들로 가득한 여행일기를 썼다. 창의성은 집에서만 일어나지 않는다. 친구를 방문하러 가서 묵은 호텔이나 모텔 방에서도 마찬가지로 창의성을 발휘할 수 있다. 우리는 어디를 가나 일기를 썼다. 아이들이 자란 후에 지금 그 일기들을 들여다보면 정말 재미있다. 아이들은 창의적이 되어도 괜찮다는 것을 알면 천재성을 발휘해 우리를 놀라게 한다. 아침 식사를 차리면서 그 순간을 브로드웨이 쇼의 한 순간으로 만들 수 있을까? 우리는 자주 그렇게 한다. 쇼는 형편없었고 결코 다른 청중들에게 보여주고 싶지는 않지만 스토브에서 달걀이 조리되는 동안 다 함께 노래 부르며 춤을 추었다.

만약 당신이 창의적인 사상가로 자녀를 키우고 싶다면 아이들의 창의적 생각을 북돋아주고 우리도 아이들에게 모범을 보여줘야 한다. 호이카(Hoicka)와 부처(Butcher)의 연구에 참가한 부모들은 바로 이렇게 했다.[42] 이들은 블록을 말로 만들었고 그 외에도 상상력으로 무엇이든 만들 수 있었다. 바나나는 전화기로 컵은 망원경이 되었다. 아마 우리 자녀들은 부모들보다 훨씬 이런 게임을 더 잘할 거다. 나무와 대화를 나눠보라고 했을 때 확실히 어른들보다 훨씬 잘했다.

아이들이 자라고 창의성에 숙련해가면서 우리는 아이들에게 기본적인 것을 배우는 것뿐만 아니라 무엇을 다르게 할 수 있을지 가설을 세워보도록 했다. 축구공을 차는 다른 방법이나 골을 넣는 다른 전략들이 있을까? 뮤지컬 스타일들을 조합해서 새로운 소리를 만들어낼 수 있을까? 우리가 가진 재료들을 섞어서 새로운 페인트 색을 만들어낼 수 있을까?

당신이 가는 곳에서

뒷마당이나 현관입구의 계단은 창의력이 자라는 것을 볼 수 있는 훌륭한 장소다. 나뭇등걸로 무엇을 만들 수 있을까? 나뭇잎을 모아 콜라주를 만들어보면 어떨까? 물로 어떻게 채색을 할까? 아름답게 그려진 콘크리트 위의 수채화에 태양이 따뜻한 햇살을 비추면 어떻게 될까? 그림자는 어디 있나? 그림자를 크게 또는 작게 만들 수 있을까?

통행 도로에 분필로 그림을 그리면서 색과 형태를 실험해보는 건 어떨까? 이 모든 것이 현관문 앞에서 이뤄질 수 있는 일이다.

내면의 창의성은 당신의 손끝에 달려 있다. 냄비와 프라이팬은 드럼이 되고 병은 관악기가 되며 집은 즉석 오케스트라의 소리로 떠들썩해진다. 가장 좋아하는 이야기로 연극 무대를 꾸며라. 하루에 딱 15분만 아이들은 TV나 컴퓨터 화면을 들여다보지 말고 보다 창의적인 놀이 시간을 가질 수 있을 것이다. 당신의 집이 창의적인 장소가 되면 아마도 이웃 아이들까지 합세하게 될 것이다. 완전히 새로운 방법으로 양치질을 해본 적이 있는가? 집 밖에서도 뭔가 새로운 것을 하고 일상적으로 쓰이는 도구들의 새로운 사용법을 찾아보고 매일 반복되는 일과를 새로운 활동으로 바꿀 수 있는 기회를 만들어보라.

창의성을 장려하는 환경을 만드는 방법

삶을 창의적으로 만들 수 있는 수많은 방법들이 존재한다. 첫 번째는 창의적인 생각을 장려할 수 있는 공간과 시간을 마련하고 꼭 기대했던 결과대로 되지 않는다고 해도 창의적 시도를 성원하는 것이다. 가족을 그린 그림이 전혀 닮아 보이지 않아도 여전히 냉장고 앞에 자랑스럽게 붙여놓을 가치가 있다. 아이들의 뮤지컬 작품은 비욘세처럼 들리지는 않겠지만 무슨 상관이란 말인가. 아이들이 노래를 만들어냈다면 그것을 즐겨라. 우리 중 한 명은 재즈 바이올린을 배우고 싶어 하는 아들이 있다. 바이올린은 일반적인 재즈 밴드 악기가 아니라서 재즈 바이올린 레슨을 할 만한 사람을 찾는 것은 매우 어렵다. 그리고 바이올린은 연주하기 힘든 악기다. 우리 중 누군가가 "C와 C# 사이에 그렇게 많은 음이 있는지 처음 알았어!"라고 말한 것처럼 말이다. 하지만 소년은 연주를 했고 우리는 모두 박수를 보냈다.

창의성을 보는 것 또한 창의성을 장려하는 열쇠다. 미술관, 학교의 미술 전시회, 커뮤니티 센터의 미술 전시회는 모두 실제 사람들이 그리고 자신을 시각적으로 표현한 작품들을 보여준다. 아이들이 그런 작품들을 본다면 스스로도 할 수 있다. 최소한 시도는 해볼 수 있다.

음악과 드라마 또한 학교 공연들에서 전문적인 공연들에 이르기까지 풍성하다. 만약 제스처 놀이의 게임이라도 이런 공연에 참여한다면 아이도 참여하게 될 것이다.

폐품들을 모아두라. 두루마리 휴지 심이나 마른 꽃들 오래된 옷들을 분장 상자에 넣어두라. 모두 창의성을 키울 수 있는 기회들이다.

창의성에 불을 켜줄 좋은 앱들도 신중하게 찾아보기 바란다. 똑같이 따라 하는 그런 앱들이 아니라 능동적으로 참여하고, 의미 있고 사회적인 상호교류를 장려하는 창의적인 놀이들 말이다. 아주 훌륭한 그림 프로그램, 수리 가게 그리고 작곡 스튜디오 등 아이들이 할 수 있는 범위를 확장해주는 프로그램들이 있다. 정해진 시간동안 현명하게 사용할 때 이런 디지털 기술의 사용은 매우 요긴할 수 있다.

마지막으로 우리는 MIT의 미치 레스닉(Mitch Resnick)의 스크래치 커뮤니티(Scratch community)를 주목하지 않을 수 없다. 미치의 실험실은 '평생 유치원'으로 알려져 있다. 그가 하는 활동들에 대한 가상 투어를 보는 것만으로도 영감을 불러일으킨다. 그는 레고사가 블록에 모터를 장착해서 레고로 만든 장난감이 움직일 수 있게 영감을 주기도 했다.[43] 아이가 충분히 할 수 있는 나이가 되면 이 안전하고 잘 관리된 오픈 소스 프로그램은 창의적인 표현과 학습을 위한 오아시스 같은 공간이다. 또한 당신이 사는 W역의 발명 경진대회를 살펴보라. 버려진 조각들을 사용해서 실생활의 문제들을 해결하려는 혁신가들의 공동체가 성장하는 것을 목격할 수 있을 것이다.

제10장

멈출 것인가, 도전할 것인가

자신감

실패는 성공을 위한 표지판이다.

_C. S. 루이스

처음 노르먼 보간(Norman Vaughan)을 만났을 때 우리는 얼어붙은 알래스카의 툰드라를 1,000마일에 걸쳐 흐르는 아이디타로드(Iditarod, 알래스카의 개썰매 경주_옮긴이)의 시작점을 보기 위해 알래스카를 여행 중이었다. 길고 텁수룩한 수염, 깊은 주름, 그리고 반짝이는 눈빛을 가진 활력 넘치는 92세. 그는 위대한 미국인 탐험가의 표상이었다. 보간은 1928년 버드 제독이 이끈 남극 대륙 첫 탐험대에서 개썰매를 모는 사람들의 우두머리였다. 1973년 그는 놈(Nome)의 어린아이들에게 필요한 약을 샀던 1925년의 혈청을 기념하는 첫 번째 아이디타로드의 출발점에 있었다. 그리고 89세에 그는 자신의 이름을 딴 남극 대륙의 산 정상에 올랐다. 남극대륙의 아이콘인 보간은 5년 만에 아이디타로드 트레일에서 벗어나 옛 동료들과의 만찬에 참석해 그의 새 책, 《내 인생의 모험(My Life of Adventure)》[1]에 관해 이야기를 나눴다. 그는 우리의 카피인 "꿈은 크게, 감히 실패할 용기를 가져라"를 인용했다. 보간은 생존하는 방법과 탐색하고 발견해낼 자신감과 도전 정신을 가지고 있었기 때문에 다른 사람들이 두려움에 발 디딜 수 없는 어떠한 곳도 대담하게 탐험할 수 있었다.

자신감을 이루는 2가지 요소

자신감은 2가지 요소로 이뤄져 있다. 첫 번째는 도전해보는 '의지'다. 우리가 좋아하는 인용구 중 하나인, "시도하지 않는 것은 100퍼센트 실패하는 것이다"[2]에 잘 드러나 있다. 자신감 없이는 본인의 편안한 현실을 넘어선 새로운 도전을 받아들일 수 없다. 자신감의 두 번째 요소는 도전 정신이다. 펜실베이니아대학교 교수인 안젤라 더크워스(Angela Duckworth)가 '그릿(Grit, 끈기)'이라 칭한 이것은 장기적 목표 달성을 위해 지녀야 할 열정과 인내심 그리고 지구력을 의미한다.[3]

자신감 또는 근성은 발명가들이 그들의 아이디어를 계속해서 연구하고 최종 제품의 중간 버전을 실험할 수 있도록 만든다. 이것은 학생들로 하여금 자신들이 처음으로 읽고 어리둥절했던 사실을 이해할 수 있도록 종용한다. 성공한 학생들과 그렇지 못한 학생들의 차이는 바로 자신감과 끈기 일 것이다. 어린 시절 얼마나 자주 "처음 시도해서 성공하지 못하면 시도하고 또 시도하라"라는 오래된 격언을 들어봤는가? 영국의 교육학 저자인 윌리엄 E. 힉슨(William E. Hickson)은 19세기 중반에 그 격언을 대중화한 공로로 유명하다.[4] 이 격언의 완전한 문장은 이렇다.

"T는 당신이 명심해야 할 교훈이다. 시도하고, 시도하고, 다시 시도하라. 만약 처음으로 성공하지 못하면 시도하고, 시도하고, 다시 시도하라."

이 격언이 바로 이번 장의 주제다. 실패는 배척당하고(표준화 테스트의 고득점을 생각해보라) 사소한 업적들에 대해서도 상을 주고 축하하는 우리의 현 문화(아이의 스포츠 팀을 생각해보자. 아이들은 실패와 성공에 상관없이 모두 상을 받는다) 속에서 어떻게 아이들이 시도하고, 시도하고 다시 시도할 수 있도록 격려해 줄 수 있을까.[5]

아이들이 생각의 경계를 넓혀갈 수 있도록 하기 위해서, 우리는 반드시 그들을 실험하고 생각하고 질문하고 그리고 실패하도록, 그래서 아이들이 실패의 교훈으로 다시 시도할 수 있도록 해야 한다. 실패는 어떤 것이 작용하고 어떤 것이 그렇지 않은지 비교할 수 있게 한다. 심지어 이는 테니스에도 적용된다. 만약 당신이 충분히 오랜 시간 동안 테니스를 쳐왔다면, 당신은 아마 라켓을 잡는 다양한 방식과 공을 쳐내는 기술을 시도해볼 것이다. 오직 승부만을 생각한다면, (정답을 맞히는 일에만 집중하는 것과 같은 이치로) 당신은 절대로 스핀을 넣어 공을 내려치거나 조금이라도 라켓을 쥐는 방식을 바꾸지 않을 것이다. 그런데 만약 당신이 감히 새로운 것에 도전하기로 했다면, 때때로 실수도 할 것이다. 하지만 당신의 작은 매일의 실험 정신이 결국 더 좋은 테니스 경기를 이끌어낼 것이다. 이 위대함은 삶 속에서, 산업 분야에서 그리고 실험실에서, 우리가 좀 더 새로운 방법을 시도해 결과를 예측하고 가끔은 실패하는 과정에서 이뤄진다. 확신이 있을 때, 우리는 수정하고 그 결과를 바탕으로 나아갈 방향을 바꾼다. 절대로 그냥 라켓(사업계획서나 시험관)을 싸서 집으로 가지 않는다.

실패에 관한 이야기는 많다. 실패는 아이들에게만 국한된 것이 아니다. 우리들 중 그 누가 많은 출판사에서 거절당했던 《해리포터와 마법사의 돌(Harry Potter and the Sorcerer's Stone)》의 작가인 J.K. 롤링(J.K. Rowling)의 이야기를 들어보지 못했을까? 이제 롤링은 내내 웃으며 은행으로 향하고 있다. 2011년 노벨화학상은 이전엔 아무도 상상하지 못했던 새로운 결정체의 수정을 발견한 70세의 이스라엘 과학자 다니엘 셰흐트먼(Daniel Shechtman)에게 돌아갔다. 그의 최초의 관찰은 1982년 4월 8일 그의 노트에 기록됐다. 대학 연구실에 들어가 자신이 무엇을 보았는지 설명하는 젊은 셰흐트먼을 상상해보라. 그의 동료 과학자들은 "대니, 그보다 중요한 일은 넘쳐난다고" 하며 그를 외면했었다. 그러나 셰흐트먼은 흔들리지 않았다. 그는 자신이 목격한 것에 대한 자신감으로 새로운 수정의 결정체를 입증하는 일에 그의 여생을 바쳤고 그가 지켜낸 자신감과 끈기로 결국 노벨상을 수상했다.

우리는 실패가 패배가 아닌 기회라고 생각해야 한다. 아이들은 좋지 않은 점수를 받은 뒤 보다 나은 점수를 받으려고 노력하는 과정에서, 잘못된 시도로 망쳐버린 미술시간의 조각품의 경험에서, 또는 놀다가 넘어진 일속에서 자신의 힘을 키울 수 있다. 우리는 자라면서 얼마나 많은 상처를 무릎에 안겨줬을까? 그것도 아주 많이.

자신감을 얻고 끈기 있게 시도하는 과정은 몇 가지 단계를 거친다. 그 첫 단계는 아이(또는 성인)의 가짜 자신감(어렸을 적 당신은 절대적으로 무엇이든 할 수 있다고 생각했다)에서 시작해 자신의 성과를 남과 비교하는 단계로 넘어간다. 자신이 무엇을 잘하는지 알기 시작해 필드하키를 포기하고 발리볼로 옮겨간다. '나는 어떠한 일도 할 수 있다'는 생각에 빠진 것은 좋다. 어떤 아이들은 자신이 높은 빌딩에서 뛰어내릴 수 있다고 영원히 믿을 것이다. 그 다음 단계에서 우리는 계산된 위험을 감수하고, 종종 안전망의 도움을 받는다. 스키를 배우기로 작정한 초보자는 자신이 블랙 다이아몬드 코스에서 스키를 탈 수 있을 정도의 실력을 쌓기 위해선 낮은 언덕에서부터 시작해야 한다는 것을 안다. 자, 이제 이 사람을 얼음 같은 공기를 뚫고 수백 피트 떨어진 곳에 착지하는 전문가들과 비교해보자. 그 많은 상처와 멍들은 올림픽의 금메달로 향하는 길이 되어준다.

끈기 또는 신념(자신감)은 아이들만의 것이 아니다. 실패에 관한 교훈은 1985년 "새로운 코크"를 소개한 비즈니스 일화에도 잘 드러나 있다. 코카콜라는 예견된 발표를 준비하기 위해 시장 조사를 하고 내부적인 의사결정을 내렸다. 소비자들은 보다 달콤한 조합을 원했고, 코카콜라는 오래된 제조법을 넘어 새로운 방식을 시도할 준비가 되어 있었다. 이러한 시도는 수백만 달러가 드는 일이지만, 회사는 이것이 펩시로 인해 잃어버렸던 시장 점유율을 회복하는 데 도움이 될 것이라 생각했다. 그러나 시장 조사의 예견과는 반대로 '새로운 콜라'[6]의 출시 의도는 잘 전달되지 않았다. 오히려 많은 사람들이 앞다퉈 기존의 제조방식을 알아내려 몰려들었다. 회사는 실수를 인정하고 기존의 제조법을 강화하고 이전보다 더 많은 시장 점유율을 확보했다. 결국 비참할 뻔 했던 실패가 궁극적인 성공을 이끈 셈이다. 코가콜라는 '시행착오'에서 멈추지 않았고 실패의 수용과 재분석으로 더 많은 시장을 확보한 것이다. 회사는 또한 이번 실패에 책임이 있는 직원들을 해고하지 않고 다른 직원들에게 새로운 도전의 본보기로 삼았다. 새로운 아이디어는 설사 그것이 성공하지 못할지라도 가치 있는 일이다.

1단계: 시행착오 겪기

11개월인 루시는 가만히 앉아만 있지 않을 것이다. 깨어 있을 동안 아이가 원하는 것은 손을 잡고 걷고 어디든 기어오르는 일이다. 만약 우리에게 이 아이가 한 것처럼 걸을 의지가 없었다면 우리는 지금 어떤 종으로 살고 있을까? 보행은 하루아침에 일어나는 일이 아니다. 이는 시간이 걸리고 많은 노력이 필요하다. 이러한 시행착오는 종종 루시의 부모를 고달프게 하겠지만, 루시가 인간으로서 지녀야 할 능력을 갖추는 일에는 필수적이다. 이는 근본적인 자신감의 이점이 된다. 아이들은 진화론적으로 시행착오에 잘 적응한다. 플로리다애틀랜틱대학교의 데이비드 비요크룬드(David Bjorklund)는 유년기는 아이들에게 낭비되는 시간이 아니라고 주장했다.[7] 우리는 인간의 긴 유년기 동안 생존에 필요한 지식을 빠르게 터득할 수 있다. 이에 수반되는 미성숙한 인지 능력과 인내심(지속성)은 진화에 의해 저용된 '방어된 적응'이라 할 수 있다. 아이들이 가진 미성숙함과 고집스러움은 종종 과장되고 무모하다. 이는 잘해내는 것의 어려움을 과소평가하거나 아직 자신 스스로를 남들과 비교해본 경험의 부족에서 비롯된다. 미취학 아동들은 동기생들과 비교될 수 있는 상대적 실패에 예민하지 않다. 아이들은 뜻한 바를 이루지 못한 상황에서도 친구들의 나은 성취를 보고 자존심에 타격을 받지 않는다.[8]

아이들은 자신이 신체적으로나 지적인 일에 탁월하다고 생각한다.[9] 슈퍼맨을 본 아이는 자신도 굉장히 높은 곳에서 뛰어내릴 수 있다고 생각한다. 다른 아이들은 자신이 쉽게 책을 쓸 수 있을 거라고 생각한다. 몇몇 아이들의 몸은 다양한 치유단계에 있는 흉터의 수에 따라 마치 지퍼로 뒤덮여 있는 것 같다. 왜 어떤 아이들에겐 많은 사고가 일어나는 걸까? 아이오와대학교의 주디 플러멧(Jodie Plumert)은 6세 아이들의 병원치료 횟수와 그 아이들이 믿고 있는 그들의 신체적 능력의 상관성에 주목했다.[10] 예를 들어 아이들에게 아주 높은 곳에 있는 장난감을 보여주고 그것을 가지고 올 수 있는지 물었다. 반짝이는 갈매기 모형이 놓여 있는 높은 책장을 떠올려보라. 이 아이가 새로운 장난감을 집어 내려와 가지고 놀 확률은 얼마나 되는가? 플러멧의 연구는 예상한 대로였다. 자신이 이(또는 다른 신체적 업무)를 얼마나 잘 수행해낼 수 있는지에 관해 과도한 자신감을 가진 아이는 집안에서 부상을 당할 가능성이 높다. 옷을 입은 채 도심 수영장으로 그대로 돌진해 들어간 3세 아이의 경우가 그것이다. 뒤따라오던 엄마가 아이의 옷자락을 집어 건져 올리자 이 아이는 자신이 수영하는 법을 알고 있다고 말했다.

자신감은 사회적 상호관계 속에서도 나타난다. 잘 알지 못하는 사람과 교류하기 위해서는 어느 정도의 자신감이 필요하다. 우리가 다른 도시의 파티에 갈 때 사람들에게 다가가고 공통된 화제 거리를 찾아내기 위해 반드시 자신감을 내야 한다. 아는 사람이 한 명도 없는 그 방에 들어갈 때의 기분이 어떠한지는 당신도 잘 알고 있을 것이다. 혹자는 이를 고통스럽다고 여긴다. 우리에겐 이런 상황에서 쩔쩔매는 아주 명석한 친구가 있다. 명석함은 사회적 자신감을 갖는 것과는 다르다. 이러한 새로운 사회적·상호관계적 상황이 그에겐 어렵기만 하다.

시행착오에서 얻어진 자신감은 사람들의 실제 능력보다 더 잘해낼 수 있도록 격려하며 인생 전반에 걸쳐 지속적으로 영향을 미친다. 변기의 작동 원리에 대해 당신은 얼마나 알고 있는가? 우리는 이것을 매일 사용하고 있고 이 원리는 나름 간단한 듯하다. 변기의 작동 원리에 대한 당신의 지식에 1에서 7의 스케일로 점수를 준다면 얼마를 주겠는가? 대부분의 성인은 비교적 높은 점수를 준다. 우리는 화장실의 변기에서 물이 빠져나가고 다시 차오르는 원리를 알지만 우리가 그들에게 그 원리를 서술해보라 요청함으로써 그 점수가 부풀려졌다는 것도 이해할 수 있었다. 배관공이 존재한다는 것은 다행스러운 일이다. 우리는 왜 처음부터 우리가 변기의 원리를 알고 있다고 생각했을까? 예일대학교의 로젠블릿(Rozenblit)과 케일(Keil)은 이러한 초기의 과도한 자신감은 우리에게 유용하다고 말한다. 우리는 복잡한 세상에 살고 있으며 우리가 알고자 하는 모든 것들의 원리에 대한 일반적 설명을 조사해내는 것은 불가능하다. 우리가 알고 있다는 환상을 통해 우리는 우리가 진정으로 알고자 하는 일에만 집중할 수 있게 된다. 그들이 이렇게 쓴 것처럼.

"그러니 우리가 실제 아는 것보다 더 많은 것을 알고 있다는 환상을 인정함으로써 우리는 충분히 만족할 수 있다."[11]

시행착오는 큰 문제를 초래하기도 한다. '잘난 체(거만하다)'라는 말이 흔히 있는 이유가 있다. 만약 당신이 회사의 CEO 또는 CFO라면 이러한 새로운 도전 정신이 당신을 곤경에 빠트릴 수도 있다. 이는 '오만'이라 불리며 2008년의 극심한 대공황 시기에 많이 나타났다. 몇몇 업계의 우두머리들은 심지어 경제가 그렇게 무자비하게 침체될 수 있다고는 상상조차 하지 못했다.[12] 아이러니하게도, 회사들은 실제로 회사에 유익하기보다는 좀 더 자신감 있는 중역들을 선택했다. 대개 시행착오는 마크 트웨인(Mark Twain)의 명언에 가장 잘 묘사돼 있다.

"당신을 곤란에 빠트리는 것은 당신이 잘 알지 못하는 그 무엇이 아니라 당신이 확신해 그럴 리가 없다고 생각하고 있는 것이다."[13]

2단계: 자리 확립하기

타인과 자신을 비교하려 할 때 우리는 "나의 실력은 어느 정도인가?"라는 질문을 한다. 심리학자들은 이것을 사회적 비교라고 부른다. 동료 중 하나는 학교 점수 채점에 많은 정신적 에너지를 쏟아붓는다.

"나는 헨리보다 똑똑하지만 실비아만큼은 아니야. 나는 신시아보다는 잘

뛰지만 베리만큼은 빠르지 않아."

이 연습은 우리가 무엇을 잘하고 그렇지 않은지에 대한 현실적인 평가를 이끌어낸다. 자신감은 우리의 수행 능력을 성향이 비슷한 타인과 비교할 때 '나의 현 위치'가 된다. 만약 당신이 수학에 소질이 있다고 여겨지는 아이라면 상급생이나 하급생의 수학 능력에 비교되는 것보단 동급생의 수학 능력에 비교되는 것이 이치에 맞다.[14] 성인도 경우도 그렇겠지만, 아이는 사회적 비교를 할 때 자신과 비슷한 상대를 선호한다. 그리고 자신보다 조금 더 나은 사람과 비교하게 되는 경향이 있다. 이는 바람직한 일이다. 자신을 반에서 가장 글을 잘 읽는 친구와 비교하는 것으로 자신이 더 나은 읽기 실력을 갖기 위해 노력할 수 있다.[15]

그러나 이는 우리가 할 수 있는 일에 대해 고려할 때 하는 근본적으로 보수적인 방법이기 때문에 자신의 능력을 알고 있는 것이 보다 큰 자신감을 얻는 것을 의미하진 않는다. 만약 우리가 늘 '나의 실력이 어디쯤인가'에만 치중하고 자극을 받는다면 우리는 새로운 것을 시도하기보다는 자신을 타인과 비교만 하게 될 것이다. 우리가 동기들과 비교한 상대적인 위치와 그들이 생각하는 나의 위치만을 걱정한다면, 실패할 가능성이 높은 중대하고 의미 있는 시도를 하지 않을 것이다. 스탠퍼드대학교의 캐롤 드웩(Carol Dweck)의 연구에서 밝혔듯이 사람들은, "실패라고? 어림없지, 나는 내 능력이 돋보이도록 내가 잘할 수 있는 일을 선택" 한다.[16]

아이들은 큰 위험을 감수하고 때론 그 위험이 커다란 대가가 따르기도 하는 사춘기를 겪는다. 이 시기는 타인에게 어필하고 자신의 위치를 확립하는 일 등과 같은 사회적 요소를 가지고 있기 때문에 청소년들에게 사춘기는 '자리 확립'을 하는 일종의 모험이 된다. 사춘기에 위험을 감수하는 일은 집단적이기에 이 시기의 또래 집단은 그 의미가 크다.[17] 차 안의 남자의 수가 늘수록 사고의 위험도도 커진다. 또래들이 성적 경험이 있다고 생각하기 시작한다면 청소년들이 성적 경험에 연관될 확률은 훨씬 더 커진다. 템플대학교의 래리 스텐버그(Larry Steinberg)는 사춘기의 뇌의 발달과 위험 감수의 경향성 그리고 생물학적으로 두뇌의 일부를 움직이게 하는 잘못된 자신감을 연구했다.[18] 자녀들을 통해서도 알게 되겠지만, 위험 감수의 경향성은 성인이 되는 과정에서 감소한다는 것은 다행스러운 일이다. 이에 나아가 지적인 인지 능력을 관장하는 뇌가 변덕스러운 사회적 감정을 관장하는 뇌를 조정하게 된다. 이는 자리 확립하기의 단계가 더 이상 사춘기의 행동의 법칙에 지배되지 않는다는 것을 의미한다. 캐롤 드웩은 자신감에 대한 이해를 이끌어냈다.[19]

그녀는 오랫동안 어떻게 아이들에게서 자신감을 이끌어내고 이를 성인이 습득할 수 있는지 연구하고 있다. 그녀의 연구실에서 당신은 예전 SAT 시험처럼 유추해 풀어야 하는 질문을 받을 것이다. 예를 들어 "빛은 어둠에게는 벌거벗은 듯하다", "푸르다 또는 채색하는 것은 옷을 입히는 것이다"와 같은 선택 문제들을 30분 동안 풀어서 제출해야 한다. 당신이 문제를 잘 푼다면 그녀는 당신이 얼마나 명석한지 칭찬을 해준다. 그러면 당신은 자기도 모르게 고개를 쳐들게 되고 기분 좋은 자신감으로 가슴이 부풀 것이다. 하지만 조금 더 어려운 문제를 준다면 금방 포기하고 중단할 핑계를 찾을 것이다.

왜 그런 것일까? 드웩이 밝힌 바에 따르면 사람은 자신의 노력에 대한 칭찬 대신 능력을 칭찬 받았을 경우, 노력을 덜 하게 된다고 한다. 그녀가 당신의 분명한 능력을 이야기하는 대신 첫 문제지를 풀기 위해 들인 당신의 엄청난 노력에 관해 이야기했다면, 조금 더 어려웠던 두 번째 시험지에 조금 더 끈기 있는 모습을 보였을 것이다. 이는 당신이 더 이상 당신의 명석하다는 명성을 걱정하지 않아도 되기 때문이다. 똑똑하다고 칭찬하는 것은 자신감을 떨어트리는 모순적인 결과를 가지고 온다. 노력에 대한 칭찬이 우리에겐 좋은 원동력이 된다. 아마도 이는 압박감이 배제되기 때문일 것이다. 우리는 우리가 얼마나 똑똑한지 보여줄 필요가 없다. 노력에 대해 칭찬을 하는 일은 노력의 정도가 중요하다는 사실을 말해준다. 정답을 찾아내는 일만이 전부가 아니다.

자신의 능력의 정도를 고려할 때, 사람들은 자신의 능력 밖의 일과 상황을 피하려는 경향이 있다. 다시 말하면, 그들은 새로운 단계를 갱신하기 위한 자신감은 가지고 있지 않다. 이들은 자신이 해결할 수 있다고 믿는 정도의 문제만을 선택한다. 이는 '자존감' 또는 자신이 느끼는 본인 가치의 정도라는 개념과 연관돼 있다. 과도한 자신감을 가진 미취학 아동들은 자존감이 가장 높다. 그리고 학교에서의 타인과의 사회적 비교를 시작하면서 점차 감소하게 된다. 이는 초등학교 4학년 정도에 다시 오르고 중학교와 고등학교에 들어서는 과도기를 겪게 된다.

자존감에는 여러 종류가 존재한다.[20] 우리에겐 "학교에서 얼마나 잘하고 있는가"로 정의되는 학업적 자존감이 있다. 사회적 자존감은 친구들, 부모님과 잘 지낼 수 있는 능력을 의미한다. 신체적 또는 운동적인 자존감은 팀 선발에 먼저 또는 나중에 뽑히거나 캠프에서 친 홈런으로부터 비롯되기도 한다. 또 다른 자존감은 자신의 외모에 대한 감정으로부터 나오기도 한다. 우리의 일반적인 자존감은 자신감을 배양하지만 영역에 따라 어느 정도 다르기도 하다. 자존감의 어떤 프로파일이 개개인의 능력의 위치에 관한 자신감의 정도를 결정할까? 워싱턴대학교의 두 심리학자 조너선 브라운(Jonathon D. Brown)과 키이스 듀턴(Keith A. Dutton)에게 답을 찾도록 맡겨 보자.[21] 학사과정의 학생들을 연구실로 불러 가짜 문제('통합적 오리엔트 문제해결 능력'이라 불리는)에 관해 이야기했다.

"당신이 할 일은 자동차(car), 수영(swimming), 당구 큐(cue) 이 세 단어와 연관되는 단 하나의 단어를 찾는 일입니다. 시도해보세요. 아직 포기 안 했나요? 아마 '풀장(pool)' 정도면 될 것 같은데."

이 실험은 '원격 조정 시험(Remote Associates Test)'[22]이라고 불린다. 대학생들은 이와 같은 10개의 문제를 5분 안에 풀어야 한다. 학생들은 과반수는 쉬운 문제를 나머지 과반수는 아주 어려운 문제를 받았다는 사실은 모른다. 어려운 문제는 진짜 어렵고 쉬운 것은 정말 쉬워서 컴퓨터가 학생들의 풀이 과정을 기록하고 실제로 점수를 매긴다. 그리고 나서 학생들은 점수를 받았을 때 어떤 기분이 들었는지 행복지수를 기록하고 그것이 자신의 가치에 대한 생각의 척도를 기록했다. 그 척도들은 '뿌듯하다', '기쁘다', '수치스러웠다', '치욕스럽다' 등을 포함한다.

브라운과 듀턴은 일반적으로 학생들의 점수의 높고 낮음이 그들이 기록한 행복지수에 영향을 미치지 않았다는 것을 알아냈다. 물론 보다 나은 점수를 받은 모든 학생은 조금 더 행복했다고 말한다. 그러나 정작 자신의 가치에 대한 생각에 영향을 미치는 것은 자존감이다. 자존감이 낮은 학생은 자신의 점수가 낮을 때 수치감이나 모욕감을 느낀다. 실패를 경험한 후 자존감이 낮은 학생들의 자신의 가치에 관한 점수는 곤두박질쳤다. 이것이 무엇을 의미하는가? 자존감이 낮은 사람들은 실패에서 받는 충격이 크다는 것을 알고 있기 때문에 자신의 해결할 수 있는 쉬운 과제를 선택하는 경향이 있다. 낮은 자존감의 사람들은 능력 밖의 일을 추구하거나 선택하지 않는다. 이들은 새로운 것을 시도하거나, 뻗어나가려 하거나 관심을 가지려 하지 않는다. 과거의 실패로 고통받았는데 왜 굳이 또 다른 실패의 기회를 찾겠는가.

자존감이라는 개념은 어디서 온 것이며 우리가 위험을 감수할 자신감을 어떻게 뒷받침해주는가? 아이들은 실패를 경험할 기회가 필요하고 그들의 한계를 찾아내야 한다. 한계를 알기 위해 성공도 실패도 해봐야 한다. 린과 조엘이 실천했던 '헬리콥터 양육자'는 아이들의 자존감 발달에 역효과를 낸다. 린과 조엘은 아이들 곁을 거의 떠나지 않는다. 그들은 항상 아이들을 위해 모든 것이 순조롭고 쉽게 만들며, 해리가 보다 나은 방과 후 축구 교실에 배정돼야 한다고 주장한다. 린과 조엘은 아이들이 딱히 문제라 생각지 않은 일에서조차 그들 앞의 모든 걸림돌을 사전에 치워버리는 부모다. 이는 잘하는 일이다. 그 누가 아이가 고통받길 원하겠는가. 하지만 다른 이들은 자녀들의 편의를 봐주지 않는다. 해리는 왜 가장 좋은 팀에만 들어가야 하는가? 부모는 결국 아이가 당연히 A를 받는다고 여기도록 아이의 숙제를 내내 하게 된다. 종종 대학교 사무실에 전화를 건 학부모에게 우리는 당신의 아이는(사실 이미 성인인) 당신의 잘못이 아닌 본인의 잘못으로 실패한 거라고 이야기한다. 이런 식으로 간섭하는 부모는 아이에게 자신감을 키워줄 수 없다. 이들은 사실 "너는 혼자서는 할 수 없다"는 메시지를 전달하고 있는 것이며, 이는 스스로 해결하는 법을 배워야 하는 해리와 헬리콥터 양육자의 아이들에게 좋지 않은 일이다.

동료 중 한 명의 집 뒷마당에는 20피트 높이에 달하는 바윗덩어리가 있다. 부모들이 편하게 앉아서 지켜보는 가운데 한편 12세 미만의 모든 꼬마

사촌들이 그 돌산에 오른다. 이 아이들은 무엇을 배울 수 있을까? 이는 부모가 지켜보는 가운데 이뤄지는 위험(바위) 통제 상황이다. 아이들은 기꺼이 즐거운 마음으로 바위에 올라 자신이 편안하다고 느끼는 높이를 찾아내고 어디에 발을 디디는 것이 좋은지 여기 저기 시험해본다. 아이들은 자신들의 한계를 배우고 자신이 안전하게 오를 수 있는 높이와 정도가 지나친 높이의 기준을 갖게 된다. 만약 안절부절하지 못하는 부모들이 아이들에게 이렇게 하지 못하게 한다면, 그들의 자녀들은 자신들의 능력과 자신들이 할 수 있는 것과 할 수 없는 것에 관해 배울 수 없다. 이러한 활동은 아이들에게 보다 실제적인 자신의 한계를 평가하는 능력을 갖도록 해주며 이는 곧 아이의 자존감이 된다.

작가이자 심리학자인 웬디 모겔(Wendy Mogel)은 그녀의 베스트셀러 저서인 《상처투성이 무릎의 축복(The Blessing of a Skinned Knee)》에서 같은 이야기를 다뤘다.[23]

부모들이 물러나 있는 것은 아이들의 자신감을 기르는 일을 돕는 일이다. 그녀가 제시한 하나의 유용한 조언은 아이가 종종 무릎이 까지는 상처를 얻는다 하더라도 부모는 아이들이 자유롭게 탐험할 수 있도록 하라는 것이다. 이것이 쉽지는 않다. 우리는 아이들이 하고자 하는 말을 대신하고, 숙제를 해주며, 처음 내는 글짓기를 완성해주고 심지어 대학 입학을 위한 자기소개서를 다듬어 줄 전문가를 찾아 나설 정도로 아이들이 성취를 이뤄내는 일에 치우쳐 있다.

우리는 이제 실패를 통해서 배울 수 있다는 사실을 반드시 알아야 한다. 자신감을 강화시킬 수 있는 또 다른 방법은 일을 수행하는 것에는 여러 방법이 있다는 생각의 전환이다. 우리 모두 대부분 '정답'을 맞힌 사실만을 칭찬하고 문제를 다른 방식으로 풀어나가는 일을 격려하지 않는다. 우리는 가장 간단한 방법을 통해 아이들이 그렇게 할 수 있도록 도울 수 있다. 라라는 일곱 살과 아홉 살 아이들을 데리고 할머니집으로 향했다. 도시에 있는 2개의 고속도로 가까이에 살고 있는 라라는 아이들에게 어느 길을 택할지 도움을 요청했다. 가는 길을 정하면서, 그들은 시간과 교통량과 같이 결정을 내리는 데 고려해야 하는 다양한 요소들에 대해 이야기를 나눴다. 아이들은 말을 사용하지 않고도 이 세상에서 자신의 길을 만들어나갈 수 있는 자신감을 얻었다.

아이들의 자신감을 강화시키는 또 하나의 다른 방법은 정확한 정답이 존재하지 않는 예술(창작) 활동이다. 엘렌 위너(Ellen Winner)와 그녀의 동료들이 보여준 것과 같이, 예술(창작) 활동은 내면의 습관을 쌓을 수 있다.[24] 그중 하나의 습관은 '참여하고 지속하는 일(자신감을 꾸준히 쌓고 실행 기능 개발을 촉진하는 것을 배우는 것)'이다. 또 다른 2가지 방법은 '예견'하고 '표현'하는 것이다. 만약 당신이 볼 수 없는 것을 머릿속에 그려볼 수 있고 예술의 형태로 전달하는 것을 배운다면, 당신은 '반영(본인을 일과 타인의 일을 평가)'하는 것이다. 전시, 뮤지컬, 연극, 또는 그 밖에 자기표현의 형태를 가진 어떤 것이든 창작 활동에서의 사고의 습관은 독특하다. 또한 '습관 스튜디오(Studio Habit)'는 창의성과 새로운 것에 대한 시도를 위한 자신감을 조성하면서 확장하고 탐색하게 한다. 저스티나가 시를 쓰든, 그녀의 꿈의 집을 그리든, 또는 안무를 짜든 간에 창작 활동은 자신감을 만들어낸다. 저스티나는 자신의 일에 관해 남들에게 이야기하면서 자신의 예술적 성과에 대한 자부심을 높이는 데 기여하는 피드백을 받을 것이다. 어떤 아이들은 학교에서의 창작 활동이 없었다면 고등학교조차 마칠 수 없을 것이다.

위험을 감수할 수 있는 자신감이라는 것이 창작 활동에만 해당하는 것이 아니다. 사실은 우리의 경제적 실행 가능성도 이에 해당한다. 이것이 비즈니스 분야의 작가인 크리스 무스화이트(Chris Musselwhite)가 "CEO는 보스가 되기보다 코치가 되어야 한다"고 말하는 이유다.[25] 위험을 감수하고 혁신을 지지하는 환경이 되지 않는다면, 기업은 기존의 상황에 빠져 허우적거릴 경향이 있다. 무스화이트는 기업은 반드시 혁신에 (그것이 실패로 돌아간다 해도) 대해 보상하고 평소 작은 위험들을 겪도록 하면서 현명하게 위험을 감수하는 법을 훈련해야 한다. 만약 실패 이후 얻게 되는 대가가 파면과 질책뿐이라면, 지식근로자들의 자신감은 언제나 자신이 할 수 있는 정도만을 고수하고 혁신을 등한시하게 될 것이다. 그러므로 지식근로자들의 업무 환경은 이 장에서 다루는 어떤 단계의 자신감도 촉진할 수 있어야 한다.

3단계 : 계산된 위험 감수하기

"중재를 위해 분쟁을 일으키는 것은 분명히 계산된 위험이었다"라는 문장과 같이 인터넷 사전에는 '계산된 위험'이라는 용어에 대해 "일어날 결과에 대해 신중하게 분석한 후 시도해보다"[26]라고 정의돼 있다. '계산된'이라는 말은 '미리 생각해 계획한'이라는 의미이며 그 표현 자체는 제2차 대전 당시 폭격작전이 시작되기도 전에 폭격기를 잃게 되는 상황을 고려하는 과정에서 생겨났다. 일반적으로 이 말은 일종의 위험수익에 대한 분석으로 성공을 위한 도전이 실패에 따른 대가를 지불해야 할 수도 있는 상황을 나타낼 때 사용한다.

우리는 '계산된 위험들'을 배우자 선택이나 대학 진학, 이직, 자동차 구입 또는 길을 건너는 일과 같은 실생활 속에서도 쉽게 찾아볼 수 있다. 확신의

3단계는 계산된 위험을 감수하는 일과 실수를 통해 배우는 일과 관련 있다. 필연적으로 우리는 항상 올바른 선택만을 하지는 않지만 위험을 감수하지 않으면 우리가 옴짝달싹 못하게 되고, 깊이 사랑하고 있음에도 결혼하지 못하거나 비전이 없는 대학에 머물게 하고, 형편없는 직장에 안주하고, 고장이 많은 낡은 차를 타게 만든다. 또한 위험에 대해 계산되지 않았을 때 우리는 경제생활과 교육 시스템의 정체를 겪게 된다.

변화할 수 있다는 확신은 개인의 가정이나 학교, 사회생활을 통해서 형성될 수 있다. 만일 전체 인구의 50퍼센트가 정상치보다 낮은 자신감을 나타낸다면 그 50퍼센트는 여성이다. 바비 인형을 운운하며 여성을 성적대상으로 삼고,[27] 어린 소녀들을 자극해 거리의 여자[28]처럼 보이도록 만드는 것은 여성이 반드시 다음 단계 '기꺼이 실패를 감수하는 단계'에 도달해야 한다는 일종의 확신을 갖게 만든다. 사회는 이미 그 영향을 받고 있다. 캘리포니아대학교 산타크루즈의 두 심리학자 오로라 셔먼(Aurora Sherman)과 에일린 주브리겐(Eileen Zurbriggen)은 4~7세 여자아이들에게 닥터 바비, 패션 바비 또는 감자머리 아줌마 인형을 갖고 놀게 하고 일터가 찍힌 사진 10장을 보여주며 어떤 인형이 그곳에서 일하고 있을지 물었다.[29] 소녀들이 과연 맞출 수 있을까? 남자아이들이라면 맞출 수 있을까? 결과는 실로 놀라웠다.

여자아이들은 닥터 바비를 갖고 놀든, 패션 바비를 갖고 놀든 상관없이 오직 6.6개의 일터에서 일할 것이라고 답했다. 동일한 실험에서 남자아이들은 9.5개의 일터라고 답했다. 20분 동안의 인형놀이의 결과로 보기에는 커다란 차이다. 감자머리 아줌마 인형을 갖고 논 여자아이들의 생각은 어땠을까? 아이들이 여성이 할 수 있는 직업들에 대해 더 많은 긍정적인 대답을 한다면 바비인형에 대한 고정관념을 갖고 있다고 해야 할 것이다. 예상대로 감자머리 아줌마를 갖고 논 여자아이들은 여성이 8.3개의 직업을 가질 수 있다고 대답한 반면 남자아이들은 9개라고 대답했다. 아이들은 짧은 시간동안 무엇을 갖고 놀았는지에 따라 그 일을 할 수 있을지 없을지에 대한 확신을 하게 된 것이다.

아동기의 성(性)에 대한 고정관념이 장기적으로 여성의 성공과 자신감에 영향을 주는 것일까? 분명한 것은 사회적으로 성공한 여성들 중에서도 자신감에서 큰 차이를 보인다는 것이다. 케이티 케이(Katty Kay)와 클레어 쉬프먼(Claire Shipman)은 여성은 아직도 비참할 정도로 고위층에서 소외되고 있음을 발견했다. 그들의 주장은 이것이 여성의 자신감의 결여에 따른 산물(産物)이라는 것이다. 아직도 많은 여성들이 실패를 두려워하고 이를 극복하지 못한다.[30]

독일의 수상인 앙겔라 메르켈(Angela MerKel)과 미국 민주당 하원 원내대표인 낸시 펠로시(Nancy Pelosi), 자신의 TV채널을 운영 중인 오프라 윈프리(Oprah Winfrey), 지난 수년 동안 우리에게 뉴스를 전해준 뉴스 앵커 다이안 소여(Diane Sawyer)를 생각해보자. 오스트리아의 매혹적인 여배우 헤디 라마르(Hedy Lamarr)가 현대의 GPS와 Wi-Fi의 전신(前身)인 무선통신을 발명해 제2차 대전을 승리로 이끈 사실을 알고 있는가? 또는 1903년에 자동차 와이퍼를 발명한 메리 앤더슨(Mary Anderson)이나 1970년대에 파괴할 수 없는 건축자재인 지오본드(GeoBond)를 발명한 패트리시아 빌링스(Patricia Billings)를 알고 있는가?

자신감 형성에 있어 학교, 가정 그리고 기질의 역할

지그문트 프로이트(Sigmund Freud)의 이론을 기반으로 한 세계적으로 유명한 심리학자인 에릭 에릭슨(Erik Erikson)은 인간발달의 8단계를 제안했다.[31] 자신감과 가장 관련이 깊은 것은 "근면성 vs 열등감"으로 지칭하는 긴장에 의한 흔적이다. 학창시절 동안 아이들은 새로운 기술들을 습득하도록 이끌어주고 새로운 도전을 시도함으로써 더 많은 일들을 할 수 있게 된다. 읽기, 수학, 혼자서 길을 건너기, 자전거타기, 운동화 끈 묶기, 집안일 돕기와 같은 아이들의 학습과정을 생각해보라. 미국에서는 정신분석적 사고가 더 이상 사람들의 관심을 끌지 않지만 에릭슨은 심오한 무언가를 발견했다. 아이가 매일의 일상생활에서 능숙해질수록 그들이 할 수 있는 일과 할 수 없는 일에 대해 더욱 잘 알게 된다. 이것이 바로 '위험을 계산해보는 것'이다.

학교 수업은 종종 각자의 최선을 다할 것을 요청받기보다는 우리를 같은 반 친구와 비교하는 '어디에 설 것인가(2단계)'의 접근법을 유도한다. 정답의 도출만을 목표로 하는 교육제도에서는 학생들이 학습과정에서 급우를 제치는 것으로 충분하다고 여기고 위험을 감수할 동기를 잃는다. 이런 문제점은 학생들이 정형화된 문제들(예를 들어 산수)의 해결과정에서 쉽게 발견되며, 비교적 제약이 적은 문제들(예를 들어 '앙겔라 메르켈에 대해 기술하시오')과 씨름할 때 좀처럼 나타나지 않는다. 아이들이 위험을 계산하는 법을 배우는 과정에서 아이들은 독립적으로 생각하고, 새로운 것을 받아들이며 그들의 지적·사회적·문화적 세계에 대해 스스로 질문한다.[32]

임상심리학자 낸시 에플러-볼프(Nancy Eppler-Wolff)와 수전 데이비스(Susan Davis)는 그들의 저서 《날아오르는 아이 키우기(Raising Children Who Soar)》에서 자신감과 역량을 성공적으로 키우기 위해 위험을 감수할 필요성에 대해 주장했다.[33] 뒤뜰에 있는 거대한 바위에 올라가보는 아이들은 스스로를 지켜낼 실패를 배우며 실수를 만회할 수 있게 된다. 이 과정에서 어려운 숙제와 같은 문제를 겪고 있는 아이가 실험과정을 멈추지 않고 새로운 시도를 이어갈 수 있도록 자녀에게 용기를 주는 부모의 역할이 크다. 투지는 아이가 포기하지 않고, 아이가 할 수 있는 일을 찾도록 부모가 격려할 때 길러진다. 때때로 부모가 아이가 안고 있는 큰 문제를 몇 개의 작은 문제로 나눠주는 것만으로 자녀가 스스로 성취하도록 유도할 수도 있다.

하지만 부모가 아이들이 갖고 있는 기질적 차이까지 줄여줄 수는 없다. 어떤 아이들은 기꺼이 위험에 도전하는 반면(부모입장에서는 어디로 튈지 몰라 걱정하게 된다) 어떤 아이들(부모가 아이들을 격려해주는 가정을 포함해)은 다른 아이가 먼저 시도해보는 것을 기다린다. 우리가 이탈리아의 플로랑스에 있는 붐비는 수영장에서 여섯 살짜리 아이를 잃어버리고 이성을 잃은 채 여기저기를 찾아다니고 있다고 가정하자. 아마도 다이빙 점프대 위에 있을 것이라고는 생각하기 힘들 것이다. 그러나 아이는 그곳에 있었다. 대담한 아이가 점프를 할 수 있도록 격려해주는 사람들 틈에서 말이다. 반면에 그 여섯 살 소년의 형은 부모와 떨어지는 것을 두려워하며 부모의 손을 잡지 않고는 수영장 안으로 들어가려고도 하지 않았다.

자녀교육의 부분에서 위험회피 성향을 가진 부모들은 자녀의 대학 진학에 소극적이었다.[34] 이것만 보더라도 위험회피 성향의 부모가 자녀의 진로에 어떤 영향을 미치는지 알 수 있다. 6학년인 레이첼과 그녀의 아버지의 대화를 살짝 들어보자.

> 레이첼: 생물학 숙제로 개구리에 대한 수필을 쓰는 것이 좋을까요? 난 개구리에 대해서는 모르는 게 없으니까. 아니면, 벌꿀오소리를 주제로 쓸까요?

벌꿀오소리에 대해 궁금한 게 정말 많거든요.

아빠: (도움을 주고 싶은 마음이 가득한 목소리로) 네가 잘 알고 있는 것에 대해 쓰는 게 좋지 않겠니?

아빠는 사실상 레이첼이 새로운 동물에 대해 공부하는 것을 단념하게 했다. 왜 그랬을까? 아마도 과제물을 잘 해내지 못할 것이라는 걱정 때문이었을 것이다. 왜 그런 선택을 했을까? 레이첼이 새로운 대상에 대해 관심을 갖지 못하게 하는 것은 결과적으로 그녀가 미지의 세계로 떠날 자신감과 자발적 참여 의지를 꺾어버리는 부정적인 영향을 가져온다. 물론 겨우 한 번의 대화로 인해 레이첼이 위험을 회피하는 성향을 갖게 되지는 않겠지만 이런 패턴이 반복된다면 영향을 받게 될 수도 있다. 결국 레이첼은 새로운 동물에 대한 과제물 작성의 위험이 얻게 될지 모르는 혜택보다 더 크다는 것을 계산하게 될 수 있다. 이런 생각을 품으면서 말이다.

'내가 잘 모르는 동물에 대해서 과제물을 해도 과연 좋은 성적을 받을 수 있을까?'

계산된 위험은 근성이다

우리는 장기적인 목표(예를 들어, 공부를 열심히 하거나 건실한 회사를 경영하는 일)를 달성하기 위한 한 가지 방법을 알고 있다. 즉, 새로운 것에 도전하는 일이다.

'일상생활'을 변화시키고자 하는 확신은 새로운 것에 대해 많은 시간을 쏟아 연구하고, 새롭고 값비싼 기계를 마련하는 것이 현재를 개선할 수 있는 유일한 방법이다. 계산된 위험과 그에 관련된 확신은 산업계 전반에 걸쳐 매일 어렵지 않게 찾아볼 수 있다. 회사에서 유능한 직원이 사장에게 동일한 직급의 예산을 훌쩍 넘는 임금인상을 강력하게 요구했다고 가정하자. 신중하게 생각해보지 않고 그 직원에게 원하는 만큼의 급여를 인상해주고 상황을 마무리하는 것은 여러 가지 이유에서 해피엔딩이라고 보기 어렵다. 위험을 생각한다면 직원이 원하는 만큼의 임금인상이 이뤄지지 않았을 때 사업주가 그 직원을 잃을 수도 있지만 그 직원에게 요구한 금액의 절반을 제안해볼 수도 있는 일이다. 비즈니스 전문작가인 W. 브렛 윌슨(W. Brett Wilson)은 사업주가 단순히 위험감수 성향을 갖고 있기 때문이 아니라 위험에 대한 계산이 빠르기 때문이라고 주장한다.

경영자는 "확고한 신념과 집요함이 필요하다. 그러나 그들에게 주어진 책임을 해내야" 한다.[35] 전문경영자는 직원의 요구를 수용했을 때, 일부만 수용했을 때 또는 요구를 거절했을 때 어떤 상황이 전개될 것인지 생각해봐야 한다.

위험이 계산된 상황에서도 때로 좋지 않은 결과를 가져오기도 한다. 중요한 것은 그러한 실패로부터 배울 능력이 있는가 하는 것이다. 하버드 경영대학원의 에이미 에드먼드슨(Amy Edmondson) 교수는 모든 사람들이 실패로부터 교훈을 얻기를 바라지만 실제로는 그렇지 못하다고 주장했다.[36] 회사는 우선 '비난게임'을 피해야 한다. 메신저를 총으로 쏘는 대신 메신저로 그들을 포용하되 질책하거나 무시해서는 안 된다. 회사의 임원들은 만일 누군가에게 책임을 묻지 않는다면 사람들을 다루기 힘들어지고 규정도 허술해질 것이다. 우리는 많은 인력을 투입해 새로운 도전을 시도하는 사람들에 대해 연구한 결과 그 이유를 밝힐 수 있었다.

실험에서 담력을 가진 사람에게는 그동안 사용해왔던 절차는 물론 새로운 방법을 적용하기도 했다. 새로운 방법을 꾸준히 사용한 보조연구원들에게 경의를 표한다. 왜냐하면 그들의 신념은 종종 실험의 성공으로 보답했기 때문이다. 대부분의 연구원은 그 방법을 사용해 좋은 위험과 나쁜 위험으로 구별하고 어느 쪽을 선택할지 결정했다.

4단계: 실패할 용기

자신감의 마지막 단계는 실패할 용기를 가질 때 완성된다. 그 위대한 진화는 자신의 한계를 극복할 때 생겨난다. 사실 위험을 계산한 도전도 종종 실패를 경험하지만 성공을 향해 다시 도전한다. 자신감 있는 사람들은 실패를 통해 교훈을 얻고 배짱으로 어려움을 극복해 성공에 이른다. 그들은 목표를 이루기 위해 어떠한 어려움을 만나도, 얼마동안의 시간이 걸리더라도 부단한 노력을 하는 열정과 끈기, 즉 그릿을 보여준다.[37]

더크워스와 그녀의 동료들은 이러한 능력을 측정하기 위해 '그릿 척도(Grit Scale)'를 마련했다.[38, 39] 펜실베이니아대학교 학생들을 대상으로 한 실험에서 이 12개 항목의 테스트를 통해 대학 입학 성적까지는 아니어도 평균학점은 예측해볼 수 있었다. 더크워스는 1,200명의 미국육군사관학교 입학생들에게 혹독한 하계훈련이 시작될 무렵 이 그릿 척도를 작성하게 했다. 이 평가는 누가 중도에 학교를 그만둘지, 끝까지 이겨낼지 예측하는 데 있어서 사관학교의 후보생 종합평가보다 더욱 높은 신뢰성을 보여줬다.

예상과는 달리, 열정과 끈기를 가질 수 있는 핵심 요소는 도전의 과정에서 실패가 필요하다는 것을 인정하는 것이다. 그릿 척도는 어린이의 학습참여도나 시작한 일을 끝까지 마무리하는 끈기가 있는지 알아보는 개별적 특성의 평가에도 이용된다. 급변하는 세상에서 학생들에게 진취적인 도전 정신을 갖게 하기 위해서는 학교 교육을 통해 실험하고, 가정하고, 질문하고, 실패하도록 가르쳐서 학생들이 실수를 통해 배울 수 있도록 해야 한다.

끈기를 갖는 것과 지나친 자만심과는 미묘한 차이가 있다. 때때로 자신의 생각에 집착해 고집불통이 되기도 하기 때문이다. 그러나 충분한 콘텐츠 지식(Content Knowledge)과 비판적 사고(Critical Thinking)는 아이디어가 유익한지에 대한 평가를 돕는다.

실패는 어떻게 하면 성공할지에 대한 지표를 제공한다. 우리가 오직 정답만을 추구한다면 문제해결을 위해 다른 방식으로 실험하려 하지 않을 것이다. 즉, 실패 속에는 학습의 기회가 있는 것이다. 심지어 학습과정에서의 실수가 새로운 정보를 기억하는 데 도움을 준다는 연구 결과도 있다.

왜 그런 것일까? 그리고 왜 사람들은 실패를 망설이는 것일까? 영국의 두 연구원 포츠(Potts)와 생크스(Shanks)는 성인들을 대상으로 새로운 단어의 풀이를 직접 만들거나(예를 들어 "'aboulomania'가 무슨 뜻일까요?"), 2가지 예시(예컨대 '병적인 우유부단함'과 '개방된 공간에 대한 강한 욕망')[40] 중에서 하나를 고르도록 주문했다. 연구 결과 우리는 2개의 선택지에서 답을 고르는 수동적인 방법보다 잘못된 답을 도출하는 과정에서 보다 많은 것을 배우게 된다는 사실을 알게 되었다. 적극적으로 실수하는 것이 결과적으로 더 많은 단어를 암기하도록 도운 것이다. 설령 그것이 오답일지라도 직접 답을 생각하는 것이 선택지에서 고르는 일보다 깊이 있는 사고를 요구하기 때문이다. 실수하기를 원하는 사람은 없겠지만 실수는 더욱 주의를 기울이게 만든다(참고로 'aboulomania'는 '병적인 우유부단함'을 의미한다).

부모들은 결과에만 초점을 맞추기 때문에 학습과정에 대한 칭찬에 인색한 경우가 많다. 어떤 사람들은 95점짜리 성적표를 아버지에게 자랑스럽게 보여준 일을 기억할 것이다. 그리고 아버지는 "나머지 5점은 어디 갔지?"라고 농담을 했다. 그의 대답은 대단한 성적을 얻기 위해 기울였던 아이의 노력을 깎아내리고 만다. 결과에만 집중하는 일은 아이의 노력을 무시하는 행동이며 우리가 지속해야 할 확신을 줄어들게 하는 이상하고 모순된 결과를 초래한다.

최근 연구 결과에 따르면 학업에 대한 압박이 줄어들면 오히려 학업성취도가 좋아진다고 한다. 캐롤 드웩의 연구 결과를 살펴보면 그렇게 놀랄 일도 아니다. 그녀는 머리가 총명하다고 칭찬받으며 자란 아이들이 기울인 노력에 대해 칭찬받으며 자란 아이들보다 어려운 문제에 직면했을 때 더 쉽게 포기한다는 사실을 환기시켰다.

프레데릭 오틴(Frederique Autin)과 장-클로드 크로이젯(Jean-Claude Croizet) 두 명의 프랑스 연구원은 졸업하는 6학년 학생들을 대상으로 아이들의 자신감과 그들의 성취도에 대한 아주 흥미로운 실험을 진행했다.[41] 연구팀은 우선 모든 아이들에게 어려운 낱말수수께끼를 풀도록 했다.

프랑스어를 알면 쉽게 알 만한 부분을 소개한다. "'nechi'를 순수 프랑스어로 만드시오."[42] 연구팀은 6학년 학생들의 한 그룹에게 마치 연습게임을 하듯 부담을 갖지 않게 하여 낱말 수수께끼를 내줬다. 다른 그룹에게는 어려운 문제들에 대해서도 아이들끼리 상의하지 않고 문제를 풀도록 했다.

그 후 실로 놀라운 일이 나타났다. 각각의 그룹에 속한 아이들에게 전화번호를 잊지 않기 위해서 몇 번이고 되뇌듯이 주어진 정보에 대한 활용기억력 테스트를 실시한 것이다. 활용기억력은 문제해결 능력에 중요한 역할을 수행한다. 문제에 대한 전제를 기억해두지 않으면 성취도가 떨어져서 결국 같은 과정을 반복해야 하기 때문이다. 연습을 많이 하면 실력이 좋아진다고 교육받은 아이들은 성취도를 개선할 방법에 대해 듣지 못한 아이들보다 무작위 기억력테스트에서 훨씬 나은 결과를 보여줬다. 아마도 연습하면 훨씬 잘할 수 있을 거라고 교육받지 않은 아이들은 스스로 바보라고 여기거나 사기가 꺾여 있었을 것이다. 연습의 중요성에 대해 교육받은 아이들은 확실히 모든 노력을 다했고 포기하려 하지 않았다.

노력과 연습이 아이들에게 동기를 부여하고 결국 지속적으로 노력하게 만드는 것이다. 달리 말하자면, 공부가 두뇌를 타고나는 데서 그치거나 순간적으로 이뤄지는 것이 아니라 열심히 끈기를 갖고 임했을 때 보다 좋은 결과를 나타낸다는 사실을 아이들도 알고 있는 것이다.

인터뷰를 통해 연구팀은 현재 미국에서 실시하고 있는 학업성취도 평가방식이 그들의 연구와 정반대로 이뤄지고 있음을 지적했다. 아이들은 이해할 수 없는 상황이 생겼을 때 적응할 여유가 주어지지 않으면 곧바로 포기한다. 오틴은 이렇게 강조한다.

"선생님과 학부모들이 오로지 아이의 학교성적에만 집착하기보다는 아이가 겪는 과정을 눈여겨봐야 한다. 무언가를 배우는 데는 시간이 걸린다. 각각의 단계마다 적절한 보상이 주어져야 하며 특히 아이가 처음으로 실패를 경험하게 되는 학습의 초기단계가 중요하다."[43]

즉, 드웩이 주장한 바와 같이 아이들의 이해를 도와주면 두뇌가 마치 근육이 운동을 통해 단련되는 것처럼 어려운 문제에 부딪쳤을 때 문제해결을 위해 노력하게 된다는 것이다.[44] 사실 학습하는 과정에서 겪는 이러한 노력들은 자신감으로 이어진다. 무언가 배우는 과정에서 일어나는 어쩔 수 없이 경험하게 되는 실패들에 대해 아이들이 이해하도록 배려하면 아이들의 인내심과 사고력이 향상된다. 그러나 연구팀은 과정의 중요성을 다시 한 번 강조하며 자신감은 아이들의 학교생활과 가정환경을 통해 만들어지고 조작된다고 조언했다.

자신감은 성취도에 큰 영향을 미친다. 뉴욕대학교의 스캇 배리 카우프먼(Scott Barry kaufman)은 "기대가 곧 성과에 직접적인 영향을 준다"는 프랑스 연구팀의 연구 결과에 주목했다. 만일 사람들이 실패하게 될 것이라고 예상한다면 그들의 성과는 급격히 떨어질 것이다. 그들은 완전히 다른 사람처럼 사고가 완전히 닫히고 예상했던 실패를 확인하는 데 그칠 것이다.[45] 그러나 반대로 좋은 결과를 얻게 될 것이라고 예상한다면 그들의 예상 또한 들어맞았다. 모(Moè)와 파차글리아(Pazzaglia)는 여성들에게 그림 10.1[46]에서 보는 바와 같은 '마음가짐 바꾸기'를 보여주고 4개의 디자인 중에서 보기와 같은 것이 어떤 것인지 묻는 실험을 했다.

피실험자 중 여성의 절반과 남성의 절반에게 남성들이 더 좋은 결과를 보

그림 10.1

보기

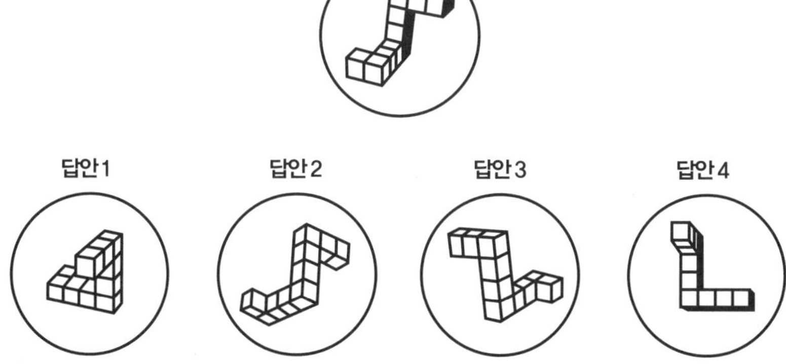

였다고 말하고, 나머지 절반에게는 여성에게 더 유리한 문제라고 말했다. 남성에게 유리한 문제라고 들었던 여성들은 결과가 좋지 않았다. 마찬가지로 여성들이 더 유리한 문제라고 들었던 남성들도 마찬가지로 결과가 좋지 않았다.

이것은 자신감도 적정선에서 얼마든지 조작될 수 있음을 보여준다. 내가 속한 팀이 잘할 수 없을 것이라고 생각한다면, 우리는 부정적인 자기암시를 하게 되고 결과도 나쁘게 나타난다. 반대로 우리 팀이 잘할 수 있을 것이라 믿으면, 성과도 더 좋아진다.

여기에서 우리는 밝은 희망을 볼 수 있다. 긍정적인 메시지를 통해 아이들이 자신감을 갖도록 만들 수 있는 것이다. 실패가 두려운 사람들을 관리해야 된다면 그들의 성과예측에 대한 남들의 관점에 그들이 동요되지 않도록 해야 한다.

"여성은 원래 수학에 강하다"처럼 우리는 아이들이 한계를 스스로 넓혀 나가도록 아이들을 독려해야 한다. 또한 학습과정의 어려움을 참고 이겨내도록 도와야 한다. 실패에 대한 두려움은 용기를 암시한다. 드러커는 회사의 최고경영자도 그러한 능력을 부진한 회사를 살리는 데 사용하고 있음을 확신했다. 회사의 실적이 부진할 때 요구되는 것은 기업의 강점과 약점 그리고 회사의 경영철학에 대한 끊임없는 질문을 통한 넓은 안목이다. 엘리자베스 에더샤임은 1976년 암담한 전망 속에서 놓인 걸스카우트 사업을 기사회생시키기 위해 영입한 프랜시스 헤셀바인(Frances Hesselbein)을 예로 들었다.[47] 1950년대나 1960년대에 걸스카우트는 요리나 바느질을 하고 메리트 배지를 달았다. 헤셀바인은 세상이 급변하고 있음에 주목하고 예전에는 없던 회계와 수학 메리트 배지를 만들었다.

그 밖에도 실패를 두려워하지 않은 예는 많다. 버락 오바마 현상을 떠올려 보면, 유색인종으로서 아무런 정치적 배경도 없이 백악관의 주인이 될 수 있었던 것은 그의 신념 덕분이었다. 엘리너 루즈벨트(Elenor Roosevelt)는 백악관에서 머무는 동안 프랭클린 루즈벨트 대통령의 아내이자 백악관의 안주인으로서의 역할을 수행했다. 가장 걱정이 되었던 것은 백악관의 다기와 차를 대접하는 일이었다. 엘리너 루즈벨트는 제2차 대전 기간 동안 여성에게 주어진 공장 노동이나, 여성인권, 시민운동에 대한 활동을 활발히 펼쳤고 이것이 사회적 인식의 틀을 깸으로써 사람들로부터 많은 비난을 받아야 했다. 그녀는 어디에서 그런 궂은일을 지치지도 않고 해낼 용기를 얻었을까? 그녀는 이렇게 적고 있다.

> 당신은 얼굴에 두려움을 마주하는 모든 경험들로부터 용기와 자신감을 얻게 됩니다. "나는 두려움 속에 살았고, 이로 인해 벌어지는 일을 기꺼이 받아들이겠다"고 자신에게 말할 수 있어야 해요. 당신은 자신이 할 수 없다고 생각하는 일을 해야만 합니다.[48]

엘리너 루즈벨트는 우리 모두와 우리의 자녀들에게 심각한 문제에 당면했을 때 마음에 담아두고 앞으로의 일을 계획할 때 좋은 모델이 되어준다. 비록 다음 이야기에서처럼 모든 사람이 우리의 노력을 알아주지는 않을지라도 말이다.

혹시 고어텍스 소재로 만든 제품을 가지고 있는가? 고어텍스는 1957년에 델라웨어 뉴워크의 한 지하실에서 밥 고어(Bob Gore)와 그의 아들 로버트에 의해 발명됐다. 당시 고어는 듀폰에서 근무하고 있었고 그가 개발한 신소재를 회사에 제안했지만 거절당해서 창업을 하게 된다. 세계 최초로 방수기능과 통풍기능을 갖춘 이 소재는 현재 32억 달러의 매출을 올리며 의료기기에서 신발에 이르기까지 다양한 제품으로 만들어지고 있다.

고어는 회사에서 다음과 같은 원칙을 세웠다.

> 우리는 모든 직원이 자유로운 분위기 속에서 작업하기를 원한다. 그 안에는 실패를 하더라도 두려워하지 말 것에 대한 당부가 포함돼 있다. 실패를 두려워하면 좋은 성과를 얻을 수 없다.[49]

심장질환 치료에 사용되는 인공심장을 개발한 마이클 드베이키(Michael DeBakey)의 경우를 보자. 그는 최초로 우회수술을 집도했고 의과대학 재학 중에 심폐기기의 핵심이 되는 부품을 개발했다. 이것은 의학적으로도 윤리적으로도 위험부담이 큰 사안이었다.

오직 학사학위를 받은 사람만이 실패할 용기를 갖는다고 생각하지 마라. 로사 파크스(Rosa Parks)의 예가 있다. 파크스는 알라배마 몽고메리에서 아프리카계 미국인 재봉사로 일했다. 파크스는 1955년 12월 1일 버스에서 백인남성에게 자리를 양보하는 것을 거절한 일을 계기로 인권운동을 시작했다. 1992년 린 니어리(Lynn Neary)가 진행하는 공영 라디오 방송 인터뷰에서 그녀는 이렇게 말했다.

> 나는 제대로 정당한 대접을 받고 싶었어요. 내가 요금을 지불하고 얻은 좌석을 빼앗기고 싶지 않았어요. 그때가 바로 내가 느낀 그런 부당한 대우에 대해 맞설 기회라고 생각하게 된 순간이었습니다.[50]

그건 배짱이 필요한 행동이었고 그녀는 체포됐다. 그리고 그 사건 이후 일어난 일련의 사건들로 우리 사회는 현격하게 달라졌다.

우리는 이런 사례를 끊임없이 늘어놓을 수 있다. 자신감의 마지막 단계 즉, 실패를 두려워하지 않는 용기의 열쇠는 진정 무엇이 필요한지 깨닫고, 아프리카계 미국인이 정당한 대우를 받고 있는지 또는 심장질환으로 고생하며 살고 있지는 않은지, 고어처럼 자신의 이름을 딴 신소재 개발에 투자하는 것과 같은 열정을 갖는 일이다.

보간(Vaughan)은 혈청을 놈(Nome)까지 전달하는 기념행사에서 개썰매를 몬 20명의 팀원들을 모두 치하했다. 그들은 지도를 만들기 위해 용감하게도 아무도 가본 적이 없는 남극대륙의 황무지를 탐험했고, 실패할 용기를 가진 그들은 지구상의 구석구석까지 잘 알게 되었다.

위대함은 실패의 이유와 실패가 변화와 성장의 계기가 되는 과정에서 그 모습을 드러낸다. 우리가 별을 따려고 하지 않는다면 실패할 일은 없겠지만 인생을 변화시킬 새로운 것을 얻기 위한 용기 또한 갖지 못할 것이다.

자신감을 높여주는 방법

자신감. 큰 꿈을 갖는 일. 실패와 직면하려는 노력. 실패할 용기.

앞에서 언급한 실험들을 통해 자신감은 주변 사람들이 나에게 거는 기대와 우리가 겪은 경험으로 만들어진다는 것을 알 수 있다. 그 경험과 기대로 인해 갖게 된 자신만만한 태도가 성과에 지대한 영향을 미치게 된다.

부모의 입장에서

당신은 자기의 자신감에 대해 평가한다면 다음 중 어떤 단계에 있는가?

1단계에서 시행착오를 언급했듯이 경고신호가 있음에도 이를 무시하고 충동적으로 일을 '해치워버리는' 타입인가? 아니면 추진력이 부족하고 다른 사람들이 나를 어떻게 생각하는지 '눈치를 보는' 편인가?

2단계인 자리 확립하기에서는 "어떻게 하지"라는 걱정으로 스스로를 무기력하게 만들어 아무런 행동을 못하게 될 수 있다. 아마도 당신은 완벽을 추구하며 숙제를 하는 타입의 사람일 수도 있다.

3단계 계산된 위험 감수하기에서처럼 프로젝트가 전개될 방향에 대한 계획을 세워서 진행하거나 4단계인 실패할 용기를 가진 사람으로서 프로젝트에서 발견되는 문제들에 대해 대안을 제시하는 타입일 수도 있다.

당신이 이 중에서 어떤 단계에 있든지 이 질문들은 당신의 자신감이 어떤 단계에 있는지 확인시켜주고 필요하다면 고쳐볼 마음도 생길 것이다. 당신 자신에 대해 생각해봤듯이 당신의 자녀에게 어떤 모습을 보여주고 싶은지에 대해서도 고려해봐야 한다. 아이는 부모의 성향을 닮기 때문에 일을 "대충 해치워버리는 사람"은 아이 또한 그런 성향을 갖게 되고, "쉽게 포기하는 사람"은 그들의 아이에게서 인내심을 찾아보기 힘들다.

엘리너 루즈벨트가 말했듯이, 자신이 바뀌어야 한다.

"두려움을 마주 보세요!"

전에 부정적으로 생각했던 일들에 대해 긍정적으로 생각을 바꿔보자. 당신의 지식을 활용하도록 자신을 몰아붙이고 스스로 새로운 계획을 세워보자. 새로운 도전은 충분한 보상을 해줄 것이다. 우리의 친구들 중에는 새로운 취미에 푹 빠져 지내는 친구가 있다. 혹시 늘 요가를 해보고 싶지 않았는가? 한번 시도해보라. 평소에 부끄러워서 엄두를 내지 못했던 드라마 클럽에 가입하는 것은 어떨까? 다음번 모임이 언제인지 확인해보자. 당신이 새로운 도전을 하고 있다는 것을 자녀에게 알려주면 아이들은 당신에게 자극을 받고 당신을 응원해줄 것이다. 만약 아이들이 바닥에 엎드린 강아지를 처음 보게 된다면 그들은 호기심이 가득한 눈으로 바라볼 것이다.

아이의 입장에서

모든 아이들이 똑같지는 않다. 어떤 아이들은 타고난 자존감이 강하지만 어떤 아이들은 계발이 필요하기도 하다. 자신의 어린 시절을 떠올려보자.

당신은 나무에 오르는 아이였는가 아니면 터널을 탐험하는 아이였는가? 아니면 사람들이 안전하다고 할 때까지 뒤에 남아 기다리는 아이였는가?

아이는 자신만의 보폭으로 성장하지만 우리는 아이들이 자신감을 갖고 친구를 사귀고 어려운 문제를 해결하기 원한다. 우리는 사회활동을 통해 그들의 자신감을 길러줄 수 있다. 어떤 아이들은 새로운 사람(특히 성인)을 만나도 시선을 주변에만 돌린다. 반면 어떤 아이들은 새로운 사람의 눈을 응시하며 손을 뻗어 악수를 한다. 베이비시터를 해본 사람도 있겠지만 이것은 아이들에게 처음 만나는 사람과 눈을 마주치고 손을 내미는 것을 배우는 아주 좋은 연습이 된다. 이러한 훈련을 반복하면 새로운 사람을 만나는 일에 익숙해지게 된다.

우리는 아이들이 실패를 하더라도 용기를 갖기 원한다. 아이들이 무언가 잘못을 하고 실수를 저질렀을 때 혼을 내기보다는 평소의 어조로 어찌된 영문인지 묻는 것이 효과적이다.

아이의 자신감을 길러주기 위해서는 아이의 총명함 대신 아이의 노력에 대해 칭찬해줘야 한다. 아이들은 실패할 가능성이 있는 새로운 것을 회피하려고 한다. 특히 아이의 실수 때문에 부모가 화를 낼 거라는 생각을 하게 된다면 더욱 그렇다.

단지 야단을 치기만 한다면 아이는 스스로 무엇이 잘못된 것인지 생각할 필요가 없게 된다. 우리가 아이 스스로 생각하게 할 때마다 아이들은 다음번에 같은 실수를 덜하게 되는 것과 함께 "다음에는 다른 방법을 써볼까?" 하는 아이 스스로 문제를 해결할 방안에 대해 생각해보게 된다. 좀 더 잘하기 위한 방법을 알게 되면 자신감을 갖게 되는 것이다.

당신이 가는 곳에서

토머스 에디슨이 소유했던 플로리다의 별장은 누구나 이용할 수 있다. 그곳을 방문하기로 했다면 도서관에서 에디슨 관련 책을 몇 권 빌려보자. 성공이 TV에 나오듯 하룻밤에 이뤄지는 것이 아니라는 것을 알려줄 수 있을 것이다.

당신은 아이가 열심히 일하고, 최선을 다하고, 끈질기게 매달리는 성격을 갖게 되기를 바랄 것이다. 그리고 무언가를 배우고, 발명하고 성공하는 일은 물론, 학교에서의 달리기 시합이나 그의 인생을 살아 내는 일도 무척 힘들다는 것을 당신의 아이가 알게 되기를 원할 것이다.

만일 당신의 아이가 좀 더 자신만만해지길 원한다면 아이가 무엇을 좋아하는 지 알아내고 아이에게 더 자주 그것을 시도해볼 수 있도록 해야 한다.

아이가 아이스스케이팅을 좋아한다면 자주 아이스링크에 데려가라. 개인레슨을 시켜줄 여유가 있다면 아이가 적성을 계발해 더욱 자신감을 갖게 될 것이다. 아이가 "못하겠어"라고 말하면 아이스스케이팅을 배우는 데 얼마나 오래 걸렸는지 그리고 지금은 얼마나 잘하고 있는지 상기시켜라. 아이를 평가하는 대신 질문을 해야 한다.

아이가 그림을 그리고 있다면 "강아지를 그린 거니?"라고 묻는 대신 무엇을 그렸는지 아이에게 직접 묻는다면 아이가 왜 강아지의 털 색깔이 초록색인지 말해줄 것이다.

직접 대화하되 평가는 하지 마라. 이러한 교류를 통해 자신감을 형성하고 아이들의 도전의식을 자극할 것이다. 가장 중요한 것은 이것이다.

성과위주의 평가는 아이들의 활동에 자신감을 불어넣는 데 아무런 도움이 되지 않는다.

자신감을 길러주기 위한 환경을 만드는 법

가정에서부터 준비돼야 하지만 가정환경이 전부는 아니다. 최근 〈뉴욕타임스〉에 "수학에 대한 걱정이 세대를 잇다"라는 기사가 소개됐다.[51] 수학 유전자에 대한 이야기가 아니다. 3학년짜리 아이의 수학숙제를 돕느라고 골치를 앓고 있는 학부모를 생각해보자. 돈을 잘 버는 직업을 갖기 위해 수학이 반드시 필요하다는 것을 아직 모르기는 하지만 아이들은 자신이 수학에 대한 재능이 있는지 알아보지도 않고 무조건 멀리하려고만 든다. 기사에 소개된 한 어머니는 적어도 아이가 그녀가 수학숙제를 도우며 고통스러워하는 모습을 보여서는 안 된다는 것을 알고 있었다. 그녀는 문제가 적힌 시험지로 찡그린 얼굴은 숨겼지만 그녀의 감정까지 숨길 수는 없었다.

"문제가 뭐 이래? 선생님들이 다 바보 같아."

원래 잘 못할 거라고 생각하는 일은 결과도 형편없기 마련이다. 마치 감기에 걸렸을 때처럼, 어머니는 아이에게 수학에 대한 두려움은 세균을 전염시키듯 옮기는 것이다. 우리는 아이들에게 두려움을 키우는 대신 자신감을 기를 수 있는 환경을 조성해줘야 한다. 가정 밖에서는 어떻게 아이들의 자신감과 끈기를 기를 수 있을지 생각해보자.

아이가 집안일을 도울 수 있을 만큼 자랐는가? 아이가 주말에 아르바이트를 할 수 있는 나이가 되었는가? 아이가 몸이 불편한 이웃이나 친척을 돌볼 수 있는가? 자원봉사 단체에 지원해 그들을 도울 수 있는가? 아이들이 남을 도울 때 느끼는 기분을 알게 된다면 스스로도 만족하게 될 것이다. 어떤 아이들은 수업시간에 들은 선생님 말씀에 기분 좋아지기도 한다.

"대니, 걱정하지 마. 다음에는 잘할 수 있을 거야."

물론 모든 선생님들이 이렇게 살갑지는 않겠지만 말이다. 우리는 아이들과 대화하지 않으면 아이의 선생님이 어떤 반응을 보이는지 알지 못한다. 시간을 내서 선생님에게 스트레스를 받고 있지는 않은지 학업성취도는 어떤지 대화를 하라. 그런 대화를 시작으로 당신의 아이는 자신감이 만들어지는 과정에 대해 이해하게 되며 인생을 살아가는 데 왜 열심히 공부하고, 끈기와 용기가 필요한지 알게 된다. 쉽게 얻어지는 것은 아무것도 없다는 것을 아이들도 배워야 한다.

제11장

미래형 인재를 만드는 큰 그림

21세기의 성적표

아이들은 미래의 시민이 아니라 태어난 그 순간부터 이미 시민이며 "가능성"을 가져오고 미래를 대표하기 때문에 여기에서 지금의 권리와 가치와 문화를 가진 가장 중요한 시민이다.

– 카를라 리날디

카를라 리날디(Carla Rinaldi)는 선구자다. 로리스 말라구치 센터 재단(Loris Malaguzzi Centre Foundation)의 회장인 리날디는 이탈리아 볼로냐와 밀란 사이에 위치한 작은 마을에서 시작한 레지오 에밀리아의 교육 철학을 실현하고 있다. 레지오 에밀리아의 교육은 단지 아이들을 가르치는 방법이 아니라 삶의 방식에 더 가깝다. 어린이들은 자신들의 학습을 스스로 구축해나갈 수 있는 능력이 있으며 자신의 관심사를 추구할 수 있다고 보고 어른들은 지시하는 사람이 아니라 코치의 역할을 수행할 뿐이다. 그리고 아이들은 미술, 노래, 스토리텔링과 춤 등을 통해 100가지 언어를 할 수 있다고 여긴다.

레지오 에밀리아에서 어린이들은 책상 앞에 가만히 앉아서 정보가 제공되고 소비되기를 수동적으로 기다리지 않는다. 아이들은 자신의 세계를 탐험하는 활동적인 탐험가이고 지속적으로 상호작용을 하며 창조하고 발견하고 실험한다. 부모와 교사가 초점을 아이들이 "무엇을 배우느냐"에서 "어떻게 배우느냐"로 옮기자 일어난 일이다. 이런 환경에서 자란 아이들은 뼛속까지 호기심으로 가득한 사고가들이고 사려 깊고 협력적인 이웃으로 자란다. 리날디가 웅변적으로 우리에게 설명했듯이 레지오 에밀리아 마을의 공동체에서 사는 아이들은 자신이 속한 공동체의 시민으로 성장하는 법을 배우는 동안 그리고 더 크게는 세계의 시민으로 성장하는 법을 배우는 동안 권리, 가치 그리고 문화에 고취된다. 아이들은 성인들에게 그들이 결코 발견하지 못하는 가능성들을 보여준다.

6C 콘서트: 더 넓은 시야를 깨닫기

우리가 이 책의 각 장에서 소개한 6C들은 교육을 학교 안팎에서 일어나는 생각의 역동적인 방식으로 다시 생각할 수 있는 방법들을 찾을 수 있게 도와준다. 이는 0세에서 99세(그 이상까지도)까지의 모든 사람들에게 적용되는 비전이자 지리적인 경계를 쉽게 넘나들 수 있다. 이는 또한 우리 아이들을 위한 가정과 학교와 공동체 환경을 구축하는 방식에 적용될 수 있다.

우리는 2009년 《유치원에서 필수적인 놀이 학습》이라는 책을 내면서부터 6C를 위한 아이디어를 스케치하기 시작했다. 같은 해 '21세기 역량을 위한 파트너십'이 학교 수업에 반영될 수 있는 미래 기술의 모델을 제안했다.[1] 긴급한 조치가 필요하다는 것은 명백했다. 작가, 과학자 그리고 교육자들의 작은 회합에서 우리는 각자 제일 중요하게 생각하는 21세기 역량의 핵심 그룹에 포함시킬 후보들을 펼쳐봤다.

그 브레인스토밍 시간은 생산적이긴 했지만 어떻게 성공적인 교육에 대해서 생각하고 그 필연적인 결과로 교육적 개혁을 이룰 것인지에 대한 일관적이고 과학에 기반을 둔 통합적 모델보다는 대부분 불확실한 목록에 그치곤 했다. 중요한 역량과 기술들을 잘 직조된 태피스트리(Tapestry)처럼 함께 통합해 학습에 대한 객관적인 시각, 학습의 차이를 존중하고 발전 사항을 측정할 수 있는 그런 견해를 제시할 수는 없을까? 그럴 수 있다.

6C는 21세기의 성적표로 나타난다. 이 성적표의 가능성을 완전히 이해하기 위해 우리는 글로벌 시대의 성공의 의미와 우리 자녀들이 성공하기 위해서 필요한 기술들에 대해 매우 진지하게 고민했다. 자녀가 성공하지 않기를 바라는 부모는 만나본 적이 없다. 전세계에 걸쳐 사람들은 성공을 같은 방식으로 정의한다. 우리가 1장에서 말한 바와 같이 우리가 학교 안팎에서 행복하고 건강하고 사고하고 남을 배려하는 사회적인 어린이들이 협력적이고, 창의적이며, 자신 있고 책임감 있는 미래 시민으로 자랄 수 있게 지원하는 환경을 만든다면 사회는 번영할 것이다. 6C는 이런 성공의 비전에 도달하고 가족과 아이들을 지원하는 방식을 통해 사회를 바꿀 수 있는 과학적인 근거를 바탕으로 한 제안이다. 우리는 이러한 시도가 캐나다, 핀란드 그리고 레지오 에밀리아 마을 그리고 미국의 몇몇 모범적인 학교들에 이르기까지 다양한 장소에서 효과를 증명하는 것을 볼 수 있었다.

이런 비전이 모두를 위해 실현되기 위해서는 레지오 같은 접근법을 보다 많이 받아들일 필요가 있다. 전인적인 아이들을 기르고 있다는 인식과 "교육은 무엇을 배우느냐"만의 문제가 아니라 "어떻게 배우느냐"가 중요하다는 사실에 대한 완전한 이해가 필요하다. 6C는 서로 떼어놓을 수 없는 관계로 연결된 일련의 기술들을 이런 관점에서 포착하고 있다. 1장에서 처음 등장한 그림 11.1에 보이는 표에서 우리는 좌에서 우로 위에서 아래로 움직

표 11.1 6C 역량과 각각의 발달 단계

(단계)	협력 (Collaboration)	의사소통 (Communication)	콘텐츠 (Content)	비판적 사고 (Critical Thinking)	창의적 혁신 (Creative Innovation)	자신감 (Confidence)
4	함께 만들기	공동의 이야기하기	전문성	증거 찾기	비전 품기	실패할 용기
3	주고받기	대화하기	연관 짓기	견해 갖기	자신만의 목소리 내기	계산된 위험 감수하기
2	나란히	보여주고 말하기	폭넓고 얕은 이해	사실을 비교하기	수단과 목표 갖기	자리 확립하기
1	혼자서	감정 그대로	조기학습과 특정 상황	보는 대로 믿는	실험하기	시행착오 겪기

이며 상호작용을 확인할 수 있다. 우리의 비유적인 3D안경을 통해 우리는 또한 아이들이 자라면서 이 모델 속에 역동적인 상호작용이 일어나는 것을 상상해볼 수 있다. 우리 머릿속의 이 풍부한 이미지들을 어떻게 현실로 만들 수 있을까?

역량들에 관심 기울이기

믿기 어렵겠지만 6C는 단지 보통 알아채지 못하고 지나쳐버리는 역량들에 관심을 기울이는 것만으로도 우리의 생각을 발전시켜줄 수 있다. 수학이나 읽기 같은 하드 스킬의 기반이 되는 사회적 소프트 스킬들을 기억하는가? 협력 같은 소프트 스킬을 학습의 중점으로 생각하지 않는다면 그룹 활동을 교과활동으로 계획하지 않을 것이다. 그리고 그룹 활동은 빌딩 블록들을 활용하는 것이든 과학 보고서를 함께 작성하는 것이든 우리가 함께 일하는 법을 배우고 다른 사람의 견해를 듣는 법을 가르쳐준다. 사회관계에 기반을 둔 기술이자 감정을 통제할 수 있는 능력이 필요한 협력은 매우 중요하다. 실제로 유치원 교사들은 다른 사람과 함께 작업할 수 있는 능력이야말로 학습을 위한 가장 중요한 방안 중의 하나라고 한다. 하지만 읽기와 수학에 대한 첨예한 관심과 초점은 교육에서 사회적 역량의 역할이 얼마나 중요한지에 대해서 우리를 눈먼 상태로 만든다.

비판적 사고 분야에서도 마찬가지다. 만약 교실 수업이 단지 사실을 가르치는 것이라면, 오로지 사실만을 가르치고 결코 토론의 자유가 용납되지 않는다면 우리는 학생들이 "보는 대로 믿는" 비판적 사고의 가장 낮은 단계만을 익힐 수 있도록 훈련하고 있는 것이다. 역사 연구에서도 사실보다는 트렌드에 관한 것이 훨씬 많다. 우리 자녀들은 페이지에 적힌 글들 같이 재구성되고 다른 이야기를 할 수도 있다는 사실을 알아야 한다. 이런 현상의 계몽적인 훌륭한 사례는 동독의 베를린으로부터 온 우리 학생 중 한 명이 베를린 장벽의 붕괴를 겪으며 살아간다는 것이 어떤 것인지를 재평가한 말일 것이다.

"가장 놀라운 점은 베를린 장벽이 무너진 뒤 역사책이 모두 바뀌었다는 거예요."

동독에서부터의 '사실'은 이제 서독의 이야기로 바뀌었다.

상호 보완적인 6C : 왼쪽에서 오른쪽으로

6C는 수십 년간의 심리학적 과학 연구에 뿌리내리고 있다. 각각의 능력은 서로를 기반으로 하고 있으며 아이들에게 자연적으로 발현된다. 협력이 없이 의사소통은 불가능하다. 커뮤니케이션은 외부에 나와 협력을 원하는

또는 내가 협력을 원하는 다른 사람이 있다는 인식에서부터 시작한다. 설령 그것이 원시적인 소리를 주고받는 것이라고 해도 말이다. 이에 대해 생각할 수 있는 또 다른 방법은 로빈슨 크루소 속의 캐릭터를 상상해보는 것이다. 고립된 섬에서 살면서 로빈슨 크루소는 자신 말고는 이야기를 나눌 사람이 없어서 매우 외로웠다. 커뮤니케이션은 혼자 할 수 있는 스포츠가 아니다. 자신만을 위해 글을 쓰는 작가는 일기를 쓰고 있는 것이다. 그리고 개인적인 일기는 블로그가 되지 못한다. 글을 쓰고 있을 때 어딘가에 있을 독자를 상상하지 않고는 성공적인 의사소통을 한다고 할 수 없을 것이다.

그리고 또 콘텐츠가 있는데 이는 핵심적으로 커뮤니케이션에 달려있다. 비록 걸음마쟁이 아기들이 스스로의 탐험을 통해 단어를 배울 수 있다고 하더라도, 우리는 주위 어른들과의 대화를 통하는 것이 엄청나게 많은 양의 지식을 배우는 길이라는 것을 안다. 만약 어른들의 말을 듣지 않고 책도 읽지 않는다면 세상에 대한 지식을 통달하기는 어려울 것이다. 이 사실은 지금 인기 있는 학년별 수준에 맞춘 '읽기 캠페인'의 원동력이 된 사실이다. 캐이시 파운데이션(Casey Foundation)에 의해 소개된 이 계획은 수많은 주에서 3학년 학생들이 3학년 수준의 읽기를 하도록 하는 방법이 되었다. 정치인들은 학년에 맞는 수준의 책을 읽지 못하는 어린이들과 학습에 필요한 읽기를 못하는 아이들은 공식 학교 교육을 마치기 전에 자퇴할 위험이 많다는 사실을 안다. 3학년은 벤치마크를 위한 학년으로 콘텐츠 학습은 커뮤니케이션 기술에 엄청나게 좌우된다.

비판적 사고가 콘텐츠에 의해 좌우될 수밖에 없다는 것은 약간 놀랄 수도 있는 사실이다. 콘텐츠는 비판적인 사고 능력에서도 중요하다. 아예 아무런 지식도 가지고 있지 않다면 정보를 찾기가 어렵다. 변호사들과 토론가들은 반드시 자신의 말에 무게를 싣기 위해서 증거를 찾아야만 한다. 기업가들은 반드시 무엇인가를 사기 전에 회사의 재정 상태에 대해 면밀한 조사와 검토를 해야 한다. 연구가들은 기존의 연구를 비판하고 새롭고 더 개선된 연구를 설계하기 전에 놓친 것들이 무엇인지를 알아내야 한다. 콘텐츠와 비판적 사고는 창의적인 혁신의 핵심 기둥이 된다. 1만 시간의 법칙을 기억하는가? 창의적인 천재들은 먼저 그리고 가장 중요하게 자신의 분야에서 통달해야 한다. 충분히 전략적인 정보가 있다면 오래된 부품들로 새로운 것들을 만들어내는 사고가들이 될 수 있다. 아니면 새로운 부분들을 스스로 만들어낼 수도 있다. 이런 창의적 사고가들은 또한 요소들을 재구성해 합치는 연습을 해야 한다. 데일 도허티(Dale Dougherty)는 이 점을 실천하기 위해 메이커 페어(Maker Faire)라는 완전히 새로운 운동을 시작했다. 2011년 TED 강연을 통해 도허티는 이렇게 말했다.

> 우리는 모두 만드는 사람들입니다. 우리는 만드는 사람으로 타고났습니다. 우리의 다음 세대들 또한 만드는 사람이 될 것입니다. 그리고 이를 학교에 적용시키고 여러 가지 방식으로 공동체에도 적용해야 할 것입니다. 우리 주위의 것들을 고치고, 형태를 만들 수 있는 능력이 필요합니다.[2]

마지막으로 자신감은 콘텐츠, 비판적 사고와 창의적 혁신에 달려 있다. 실패하고 다시 도전할 각오는 성공을 위해 핵심적이다. 교육가이며 작가이자 하버드대학교의 체인지 리더십 그룹의 창시자인 토니 와그너(Tony Wagner)는 이렇게 말한다.

"가장 혁신적인 기업들은 실패를 축하한다."[3]

그러나 《마지막 강의(The Last Lecture)》의 랜디 포시(Randy Pausch) 교수는 우리에게 실패를 다르게 생각하라고 촉구한다.

"벽돌담이 있는 것은 우리에게 무언가 얼마나 간절하게 원하는 것이 있는지를 보여주기 위한 기회다."[4]

우리는 또한 이스라엘을 여행할 때 현지인이 이렇게 말하는 것을 들었다.

"불가능? 불가능이라고? 불가능이란 건 단순히 그 일을 해내는 데 시간이 좀 더 오래 걸릴 거라는 뜻일 뿐이야."

종합적으로 말해 6C는 단지 독립적인 역량들의 목록이 아니다. 모든 기술들이 통합된 전체를 이루고 내재적으로 연결돼 있다. 그리고 학습과 성공의 중심이 된다. 우리가 제시한 표 그림이 각 C의 일반적인 발달 특징만을 보여주지만 이건 편리를 위한 캐리커처에 지나지 않는다. 각각의 C들은 다양한 방법으로 상호 영향을 준다. 더 많은 책을 읽으면 더 많은 콘텐츠 지식을 쌓을 수 있고 줄거리와 스토리라인을 비평할 수 있다(비판적 사고). 하지만 대통령 토론을 공부하는 것은 커뮤니케이션과 자신감에 대한 전문성을 기르게 해줄 수도 있다. 6C는 그래서 고정된 계단형의 과정이라기보다는 오히려 나선형에 가깝다. 이 나선형이 당신과 자녀를 어떻게 표현해주는지 생각해보라. 이제 우리가 제공하는 3D 안경을 쓰고 마음의 눈으로 그 나선형을 살펴보라. 서로 상호작용하는 6개의 실로 얽혀 있다. 높이와 폭과 두께를 가지고 있다. 이런 실들을 밧줄삼아 계속해서 더 두껍고 더 가느다란 실을 짜내고 있다. 밧줄은 시간이 지나면서 점점 더 튼튼해진다. 아마도 더 날카로워질 수도 있다. 밧줄을 구성하는 실들 중 어떤 것은 다른 것들보다 더 넓을 수도 있다. 우리 중 누군가는 협력에 또 누군가는 비판적 사고에 더 뛰어날 테니 말이다. 하지만 그들은 계속해서 우리가 새로운 환경과 정보를 접하면서 역동적으로 변화할 것이다.

만약 우리가 움직이는 6C를 상상할 수 있다면 학습의 다이내믹한 시스템을 보고 다른 학습 목표들을 위해 방문하고 또 재방문할 수 있을 것이다. 우리가 세운 목표들은 인생을 통해 우리 자신을 변화시키는 것이다. 마르시아는 오케스트라의 초보 지휘자다. 초보 지휘자로서 완전히 새로운 방식으로 오케스트라와 협력하는 방법을 배워야 한다. 아마 바이올리니스트들의 사회적인 신호를 읽는 법부터 새로 배워야 할지도 모른다. 악보를 배우는 것은 먼저 베토벤의 의도가 무엇이었는지 이해하고 유진 오르먼디(Eugene Ormandy)의 작품을 해석하기 위해서는 비판적 사고가 필요하다. 우리는 모두 살아가면서 다른 분야에 접근하면서 새롭게 배우고 성장한다.

초보자에서 전문가까지 6C : 아래에서 위로

6C에 대한 우리의 비전은 학습을 전담하는 데 도움을 줄 일반적인 경향을 포착한다. 교육과학은 우리가 우리의 발전을 측정할 실질적인 측량 도구를 주었다. 우리 모델의 아래에서 위로 가는 구조(1단계에서 4단계의 성공 단계)는 진정한 성장을 포착한다. 하지만 대부분의 경우 이런 역량들은 단지 독립적으로 발전할 수 없다. 이를 육성해줄 신중하게 준비된 환경이 필요하다. 핵심은 발전이 사람의 연령과 수준 그리고 적합한 경험에 노출된 정도에 달렸으며 아이들이 유명한 사다리를 타고 오르게 해주는 경험을 해봐야 한다는 것이다.

언어 발달을 생각해보자. 커뮤니케이션에서 필수불가결한 부분이다. 아기들은 울고, 옹알거리고, 미소를 짓고 웃음을 터뜨린다. 하지만 아이들에게 언어를 많이 제공함으로써, 언어를 배우고 자기가 관심 있는 바를 이야기함으로써 더 빨리 사다리를 오를 수 있다. 이는 또한 아이들이 학교에서 성공적으로 학습내용을 배우는 데 필요한 어휘력을 배울 수 있도록 도와줄 것이다.

또는 비판적 사고를 생각해보라. 쿤 교수는 우리에게 더 훌륭한 비판적 사고가가 될수록 "다른 관점에서 사고하는 법을 연습할 수 있다"고 한다.[5] 실생활에서 쿤 박사 타입의 실험을 하는 자기 확신을 가진 대화그룹을 실험했다. 만약 기독교인이나 유대인 그리고 무슬림이 모두 함께 앉아서 다양한 시각을 토론한다면 서로의 다름을 존중하고 민족적 편견을 버릴 가능성이 높았다. 그것은 어떠한 주제도 마찬가지다. 노예제도에 관한 토론이나 신차 선택에 대한 논의든 우리는 사람들이 단순히 "보는 대로 믿는" 상태에서 "증거"에 기반을 둔 입장으로 옮겨가는 것을 볼 수 있다. 커뮤니케이션과 비판적 사고에서 발전하는 것을 확인할 수 있듯이, 각 C는 각 부분에서 우리의 성과를 정성적인 견해로 볼 수 있게 해준다.

우리 대학 수업에서는 10년 넘게 학습법으로서 6C모델을 활용해왔다. 학기 초에 학생들에게 자신들의 능력을 6C 기반으로 분석해보게 하고 각 학생들의 각각의 역량에 대한 프로필을 작성한다. 우리 수업은 함께 일하고 그룹으로 보고서를 작성하고 그룹 프로젝트를 할 기회를 포함시켜서 설계했다(협력). 그리고 학생들이 읽은 것에 대한 의견을 제시할 수 있게 한다. 우리는 학기 중간고사 시즌이 되기 전에 우수한 쓰기 기술을 최우선으로 수업한다. 또 연구 결과에 대한 구두 발표와 수업 참여도로 학생을 판단한다(커뮤니케이션). 학생들은 〈디지털 당신〉 또는 〈도덕의 심리학〉 같은 주제의 논문들을 읽어야 한다(콘텐츠). 또 자신이 읽은 것을 평가하고 논쟁해야 한다(비판적 사고). 그리고 연구를 수행하면서 스스로의 '창의성'을 개발해야 한다. 우리는 학생들이 스스로의 목소리를 내는 것을 장려하며 지적인 도전과 실패를 각오하는 태도를 가질 수 있게 격려한다(자신감).

맞다. 획일적이고 성적위주의 학교 제도에서 자란 학생들은 이런 교육의 비전에 충격을 받기도 한다. 그들은 성공이 보다 전인적이며 단지 다양한 주제에서 A학점을 취득하는 것은 충분치 않다는 사실을 알아야 한다. 평가하고 의사소통하고 통합하고 자신의 견해를 공유할 줄 알아야만 한다. 하지만 그들은 여기에 적응했고 우리에게 감사를 표했다. 학년말에 우리는 학생들이 다시 6C를 평가해보게 했다. 그들은 자신의 성장을 볼 수 있었고 많은 학생들이 우리에게 말했다.

"그것은 완전히 새로운 학습방식이었어요. 제가 얼마나 많이 성장했는지 모르겠어요."

그리고 경쟁이 치열한 고용시장에서 좋은 일자리를 찾고는 더 기분 좋아했다. 그들은 보다 깊은 수준에서 성공을 이룬 것이다.

우리 자신의 학습과 성공을 반추해보기

학생들에게 스스로의 6C 성적표를 매겨보라고 한 것처럼, 우리 각자는 부모로서 그리고 아이들을 지도하는 사람으로서 스스로를 평가해보고, 지금 어느 정도인지 앞으로 어떻게 나아갈 것인지를 생각해볼 수 있다. 각기 다른 C에 대한 각 장의 끝에서 우리는 당신이 6C 표의 어디쯤 해당되는지 생각해보도록 했다. 스스로에 대해 그리고 다른 이들을 위해 작성한 이 프로필은 또는 기관을 위해 작성한 프로필들은 학습과 교육에 대해 다시 생각하고 상상할 수 있는 첫걸음이 되어줬다. 우리는 모든 사람이 각 C에서 최고의 수준까지 올라가야 한다고 하는 것은 아니다. 물론 그렇게 되길 지향해야 한다고 생각한다. 우리는 새로운 환경에 적응해야만 한다. 어떤 특정 콘텐츠만을 강요하는 교육은 절대 새로운 환경에 적응하는 데 도움이 되지 못할 것이다. 학습을 역량들의 조합으로 본다면 우리가 목표를 정하고 달성하는 데 도움이 될 것이다.

6C 실천하기: 놀이 학습을 통해

처음에 학습에 대해 새로운 관점을 제시하겠다고 약속했다. 또한 우리 사회의 성공에 대한 비전에 도전장을 내밀었다. 성공은 정말 숙제지에 별을 더 받거나 모든 과목에서 A를 맞는 것일까? 아니면 뭔가가 더 있을까? 우리는 학교 교육에만 집중하는 것은 21세기의 아이들을 위해 충분한 교육이 아니라고 생각한다. 먼저 아이들은 학교에서 그렇게 많은 시간을 보내지 않는다. 우리는 나머지 시간에 아이들이 무엇을 하며 보내는지 생각해봐야 한다. 두 번째로 학교에서 일어나는 학습은 아이들이 필요한 모든 분야의 교육을 제시하지 않는다.

성공에는 콘텐츠가 필요하지만 그보다 훨씬 더 많은 것들이 필요하다. 우리는 자녀들이 행복한 평생 학습자가 되길 바라지 않는가? 사회에서 놀이터에서 일자리에서 문제를 해결하는 법을 배울 친구들을 사귀기 바라지 않는가? 또한 사회와 경제발전을 위한 훌륭한 시민으로 자라길 원한다. 만약 우리가 이런 성공을 원한다면 교육에 대해 다시 생각해봐야 하며 보다 전인적인 교육을 생각해야 한다. 이를 달성할 수 있는 한 가지 방법은 놀이를 통해 6C를 보는 것이다.

즐거운 놀이 학습을 통해 6C 키우기

우리 사회에서는 어떻게든 어디서든 놀이와 공부를 분리시키려고 한다. 실제로 한 논문에서는 놀이와 공부가 셰익스피어의 로미오와 줄리엣에 나오는 몬터규 가문과 캐풀렛 가문처럼 분리돼 있다고 비유하기도 했다. 만약 놀고 있으면 공부를 하지 않고 있는 것이다. 하지만 리날디와 다른 수많은 심리학자들과 교육가들은 다르게 생각해야 한다고 경고한다(2015년 8월에 나눈 개인적인 대화).

"놀이와 학습은 완벽히 상호작용을 한다. 마치가 나비가 날갯짓을 할 때 두 날개를 함께 저어야 하듯이 말이다."

나비는 한 쪽 날개만으로는 결코 날 수 없다. 아이들은 놀이를 통해 자유를 얻는다.

리날디는 놀이는 또한 시민정신과 민주주의의 씨앗을 품고 있다고 덧붙인다. 이건 무슨 의미일까? 리날디는 놀이 속에서 우리는 자유롭다고 한다. 놀이의 주권을 가지고 있는 어린이들은 체제의 능동적인 주체가 되고 자신이 만든 것을 관리하는 관리자가 된다. 그러나 놀이 속에서 자유가 전부는 아니다. 놀이 그룹의 규칙에 따른 제약이 있다. 게임에서 이기고 싶다고 뭐든 마음대로 할 수 없으며 자기 마음대로 할 수 없는 건 그런 행위가 함께 놀이하는 다른 이들에게 공정하지 않기 때문이다. 그래서 우리는 반드시 축구장에서 공을 주고받으며 다른 이들과 협력하는 법을 배워야 하며, 다른 이들의 입장에서 경기를 관망하며 동료에게 공을 패스해주려는 자신의 의사를 전달해야 한다. 우리는 게임과 시시각각 진화하는 게임의 규칙(콘텐츠)을 이해해야 하며 분쟁에 대해 비판적으로 생각하고 문제해결을 위한 새로운 해결책을 창조해내야 한다. 그리고 처음의 제안을 포기하지 않고 끈기 있게 매달릴 수 있는 근성과 자신감도 필요하다. 이렇게 들어보니 민주주의와 우수한 시민의식에 대한 교훈 같지 않은가? 아이들의 놀이는 민주주의가 어떻게 작동하는지를 이해하는 무대다.

놀이는 힘이 세다. 하지만 당신은 어쩌면 '학교엔 별로 놀이시간이 없잖아'라고 생각할지도 모르겠다. 그리고 물론 모든 학습이 다 재미있을 수만은 없다. 우리는 실제로 2가지 종류의 학습이 있다고 생각한다. 자유놀이는 나비 같은 것이다. 아이들은 놀면서 자기들이 얼마나 많은 것을 배우고 있는지 깨닫지도 못한다. 장난감산업협회는 유튜브에 '놀이의 천재(https://www.youtube.com/user/TIAssociation)' 라는 멋진 동영상 시리즈를 올리고 있다. 이 동영상들은 아이들이 놀면서 무엇을 배우는지를 보여준다. 상황극 놀이가 커뮤니케이션 능력과 협동심을 얼마나 키워주는지를 보여준다. 예를 들어 블록 만들기 놀이는 공간과 숫자에 대한 지식을 길러준다. 아이들을 놀지 못하게 한다고 상상해보자. 연구가들이 동물들을 격리시켜두고 무리와 어울려 놀지 못하게 하면 그 동물 종들이 당연히 하는 수많은 행동들을 못하게 된다고 한다.[6] 혹시 쥐들도 웃는다는 사실을 알고 있었는가? 심지어 문어도 놀이를 한다.

자유놀이는 6C의 모든 면에서 아이들의 발달에 핵심적이다. 앞의 축구 경기에서 묘사한 것처럼 아이들은 놀이를 통해서 이런 역량들을 얻고 연습하기 때문이다. 혼자서 하는 놀이나 또래 친구들 또는 성인들과 함께하는 놀이 또는 자유놀이는 아이들이 자신만의 목소리를 내고 자기가 뭘 좋아하고 싫어하는지를 깨닫고 학교 공부에 필요한 수많은 지식들을 얻게 해준다. 그리고 놀이를 통해 배우는 소프트 스킬들의 중요성도 잊지 말기를 바란다. 의사소통 능력, 협력, 창의성과 자신감이 필요한 협상은 어떤 놀이에서나 볼 수 있다. 자유놀이는 멋지다. 그러나 약간의 안내지도가 곁들여진 놀이는 특히 어른들이 아이들에게 뭔가 특정한 것을 가르치고 싶을 때 매우 도움이 된다.

부모, 조부모, 보모 그리고 아이들의 생활 속에 존재하는 모든 어른들이 아이들에게 최고의 스승이다. 하지만 꼭 설교를 늘어놓아야 한다고 생각하지 말길 바란다. 가르친다는 것은 어른들이 말하고 아이들은 가만히 듣는 게 아니다. 아이의 관심사를 따라가고, 질문에 답해주고 아이들이 알고 싶어 하는 것을 말해주거나 답을 찾도록 도와주는 모든 것이 보드게임이나 동물원 산책처럼 놀이 속에서 자연스럽게 일어나는 맥락적 학습이다. 이런 활동이 바로 안내지도가 곁들여진 놀이다. 그리고 우리는 놀이의 효과를 과학적으로 실험해봤다. 동일한 지식정보를 가지고 그냥 어른들의 말을 수동적으로 들을 때와 안내지도가 곁들여진 놀이를 할 때 아이들의 학습정도를 비교해봤다. 아이들은 일방적인 지도보다는 안내지도가 곁들여진 놀이를 할 때 더 많은 것을 배웠다. 새로운 어휘를 배우는 것이든, 삼각형을 만드는 조건이 무엇인지에 대해서 배우든 아이들은 직접 참여하고 능동적으로 학습할 수 있을 때 더 잘 배웠다.[7,8] 능동적으로 참여할 때 아이들은 뇌를 활용해서 생각하고 변환한다. 오늘날 많은 학교들이 그렇듯 그저 가만히 앉아 선생님의 말을 듣는 것은 마치 거인들이 소인들에게 거인들의 세상이 어떤지 말하는 걸 듣는 것과 마찬가지다. 아이러니는 소인들이 들은 걸 계속 간직하지 못한다는 거다. 이건 너무나 수동적인 학습 방법이다. 아이들이 학교에서 배워 실제로 적용할 수 있는 학습은 수동적으로 앉아 있기보다는 보다 적극적으로 참가할 때 일어난다. 자유놀이와 안내지도 놀이는 활동적인 참여 학습의 은유법이 되었다. 대수학을 배우는 아이들에게도 말이다. 하지만 이런 환경을 만들려면 어떻게 해야 할까? 우리 학교와 가정과 공동체를 6C 역량이 자라게 하는 환경으로 바꿀 모델이 있을까? 각 장에서 많은 제안을 했지만 지금 좀 더 폭넓게 한번 살펴보자.

학교에서의 학습을 위한 놀이 환경 만들기

필라델피아의 프렌즈 센트럴 스쿨에서 저학년들은 주제기반의 교육을 받는다. 매년 여름 교사들은 내년에 공부할 다른 주제를 선정한다. 어느 해 이들은 가상의 행성을 만들어냈다. '오르비스(Orbis)'라는 행성으로 태양과의 거리는 지구와 비슷하지만 은하의 건너편에 위치한 행성이다. 각 교실들은 오르비스 행성에 위치한 다른 국가들이 되었고 어떻게 재정적으로 살아남고 국민들에게 높은 생활수준을 영위하게 할지를 연구해야 했다. 루나과비아국은 대양 가까이 위치하고 있으며 항구들을 가지고 있었다. 화창한 기후는 오르비스 행성 전체와 나눌 수 있는 식품을 재배하기에 좋았다. 랜드록트 인터스타시스국은 광물이 풍부하지만 다른 자원을 얻기 위해 타국들과 협력해야 했다. 이런 원자재들은 오르비스의 다른 곳에 운송돼 제품으로 생산될 것이었다. 수업이 어떤 식으로 진행되는지 이제 알아챘을 것이다. 아이들은 자신의 국가가 살아남을 수 있도록 협력하고 의사소통을 해야만 했다. 하지만 동시에 다양한 지식정보들도 배웠다. 만약 식품들이 상하기 전에 대양을 가로지르는 배를 만들어야 한다면 배의 크기를 계산해야 하고 어떤 종류의 모터가 필요한지 몇 마일이나 항해해야 하는지를 계산해야 한다. 2~3학년 아이들이 깨닫지도 못한 채로 이미 대수적인 계산을 하게 되는 것이다. 정말 감탄할 만큼 멋진 수업이 아닌가. 아이들은 교과과정의 핵심내용을 신나고 접근 가능한 방식으로 이야기를 통해 배웠다.

다른 예로 샌디에이고의 하이테크고등학교를 살펴볼 수도 있다. 유치원에서 12학년까지 다양한 연령층의 학생들이 함께 배우고 놀고 만들어가면서 실생활의 문제들을 해결해간다. 여기서는 '오리가미 수학(origami math)' 또는 '파괴의 장면들(scenes of destruction)'이라 불리는 학생 주도 수학 교과 과정을 볼 수 있다. 폼페이가 용암으로 뒤덮이는 기념비적인 장면들과 역사적 사건들에 대해 배우는 연극 시리즈를 볼 수 있다. 이 학교에서는 58명의 9학년 학생들이 몇 달에 걸쳐 폼페이 프로젝트를 진행했다. 이 프로젝트에서는 학생들이 "폼페이 사람들이 대피를 하며 가져간 유물들을 통해 사회의 가치에 대해 무엇을 배울 수 있는가?" 같은 질문에 답해야 한다. 2000년에 정부 보조를 받아 교사·부모·지역 단체 등이 설립한 학교로 시작한 이 학교는 이제 5,000명이 넘는 학생들을 관리하는 13개 학교의 연합체가 되었다.

이곳의 학생들은 전통적인 학교 성적에서 또래들보다 뛰어난 성적을 내며 배움을 사랑하고 자신들의 창작물에 대한 주인의식을 가지고 있었다. 놀랍게도 이런 교육은 비전통적인 학생들에게도 동일하게 효과적이다. 맨해튼에 있는 발달장애 학생들을 지도하는 94개 공립학교에서도 예술을 통한 학습으로 큰 성공을 거뒀다. 교사들은 학생들이 〈알라딘〉 같은 뮤지컬을 공연할 수 있도록 지원했고 자폐성 범주 질환이 있는 아이들은 부모들이 가능할 것이라고 상상조차 하지 못했던 수준의 협동 능력과 의사소통 능력을 보여줬다.

이런 시도와 하이테크고등학교는 양쪽 모두 공립학교에서 매우 다양한 연령과 계층의 학생들을 대상으로 좋은 결과를 얻었다. 이것은 과학적이고 교육적인 방법으로 놀이를 통한 학습의 규모를 키워야 한다는 의미다. 또한 좀 더 많은 학교들이 6C 역량의 발달과 성장을 지원하는 맥락적인 환경을 어떻게 만들지 생각해봐야 한다는 것을 증명한다.

가정에서 학습을 위한 놀이 환경 만들기

가정에서는 부모들도 재미있게 놀이에 동참할 수 있다. 가정을 신나는 협력, 의사소통, 콘텐츠, 비판적 사고, 창의성과 자신감을 장려하는 신나는 6C 계발센터로 바꾸는 방법은 정말 많다. 이 책의 각 장에는 부모들이 자신과 자녀를 위해 어떻게 6C를 개발하고 실천에 옮길지에 대한 조언이 덧붙여져 있다. 아이들이 저녁 식사 준비나 식탁 정리에 참여할 때 아이들은 이미 협력과 의사소통을 배우고 있는 것이다. 저녁 식탁의 풍경은 어떤가? 그날 있었던 일을 서로 이야기해보는가? 어떤 대화가 오고가는지 좀 더 의식적으로 주의를 기울일 수는 없을까? 저녁 식사 후 10분이나 15분 정도 따로 시간을 내는 건 어떨까? 퍼즐게임을 하거나 수수께끼 문제를 풀고 좋아하는 노래를 부르거나 학교 토론 시간을 위한 발표안을 의논해보거나 하는 것이다. 그리고 배운 점들을 강화해줄 수 있다. 퍼즐은 공간 능력을 길러 주고 수수께끼 문제는 비판적 사고를 할 수 있게 해준다.

공동체 속에서 학습을 위한 놀이 환경 만들기

공동체 속에서 똑똑한 놀이 공간을 만들 수도 있다. 텔아비브에서 온 건축가 이타이 팔티(Itai Palti)와 함께 우리는 새로운 실험 건축물을 디자인했다. 어반 씽크 스페이스(Urban Think Space)라고 부르는 이곳은 오래된 버스 정류장에 조명을 설치하고 땅에 애니메이션을 투사하고 벤치에는 퍼즐을 비치했다. 윌리엄 펜 재단이 우리와 함께 상상을 현실로 바꾸는 작업을 하고 있다. 슈퍼마켓의 사인보드도 평범한 것을 특별하게 만들려면 어떻게 할 수 있을지 한번 생각해보라. 오클라호마 툴사 지역에서 우리는 카이저 재단과 슈퍼마켓에 모험의 옷을 입히고 아이들이 다른 종류의 사과 찾기 게임이나 야채 통조림 타워를 조사하며 수학과 비판적 사고를 기를 수 있는 행사들을 진행한다.

지역 공원이나 어린이 박물관을 방문해보는 건 어떤가? 어린이들은 자신의 흥미를 쫓고 자유롭게 배우는 이런 장소들을 좋아한다. 6C를 염두에 두고 전시나 활동을 기획해보는 건 어떤가? 우리는 이런 생각을 가지고 뉴욕시의 센트럴 파크에서 최고의 블록 파티(Ultimate Block Party)를 진행했다. 보통은 한적하고 조용한 공원에서 교육과학을 통해 28가지 활동이 만들어졌다. 우리는 아이들이 좀 더 즐겁게 배울 수 있는 새로운 방법에 목마른 5,000명의 참가자들이 나타난 것을 보고 감탄했다. 마스터 디자이너의 레고 빌딩에서부터 콜롬비아대학교의 로봇 전시에 이르기까지 어린이들은 콘텐츠 말고도 너무 많은 것을 배웠다. 실제로 3개 이상의 활동에 참가하고 나서 부모들은 학습을 바라보는 시각이 바뀌었으며 이제 레고 세트에서 공감각 발달의 기회를 그리고 로봇에서 과학 학습의 기회를 본다고 했다. 아마도 이 부모들은 일상적인 주위를 둘러보며 수학, 읽기, 사회 그리고 과학을 공부할 기회들이 널려있는 것을 깨달을 것이다.

아이들이 성공하는 데 필요한 역량들이 무엇인지를 깨닫고 나면, 공부는 학교에서 교과서를 통해서만 할 수 있는 것이라는 생각을 버리기만 하면, 일단 놀이와 이야기가 아이들의 학습에 원동력이 된다는 것을 깨닫기만 한다면 우리는 6C를 통해 놀이와 교육의 연관관계를 볼 수 있다. 가능성은 끝이 없고 배움은 우리가 경험하는 모든 순간들과 장소에 넘쳐난다. 우리는 단지 이런 배움의 순간을 아이들과 공유하고 아이들이 행복하고 건강하고 탐구심 많은 사람으로 활짝 피어나는 것을 지켜봐주면 된다.

가치 있는 교육 만들기

놀이 학습이 일반적인 긍정적 학습의 상징이긴 하지만 언제 어디서든 우리의 시간과 상상력을 사로잡는 과제들을 통해 긍정적인 학습이 일어난다는 것을 우린 모두 알고 있다. 열심히 정원을 가꾸는 정원사에게는 이웃과 협력해 식물을 심거나 여름휴가에서 돌아와 토마토를 수확할 계획을 할 때 6C 역량들을 활짝 꽃피울 수 있다. 운동선수들은 운동장에서 협력을 배우고 언제 계산된 위험을 감수해야 승패를 가를 수 있는지를 배운다. 음악가들은 오케스트라에서 바이올린을 연주하며 목관 악기의 아름다운 선율을 깨닫고 독주곡 연주를 위한 기술을 연마한다.

우리는 6C 역량을 꽃피울 수 있는 수많은 활동을 찾을 수 있다. 어쩌면 바로 이것이 레지오 에밀리아 프로그램에서 리날디가 나무들과 대화를 나누라고 하면서 우리가 스스로 깨닫기를 바란 점인지도 모르겠다. 여러 가지 면에서 '레지오 에밀리아 접근법'은 학교에서의 6C 역량 육성의 완벽한 사례를 보여준다. 6C처럼 레지오 에밀리아 프로그램도 과학을 바탕으로 어린이들을 단지 머리가 아닌 활발하고 사회적인 측면에서 사람들과 활동적으로 어울리는 전인적인 존재로 보는 것에서 탄생했다. 에밀리아 마을에서 아이들은 책임감 있는 공동체의 구성원으로 여겨진다. 그들이 교육하고 양육하는 어린이들은 지금부터 30년 후에 공동체의 리더이자 시민들이 될 것이다. 의심할 나위 없이 이탈리아의 가정들도 우리와 마찬가지로 영리한 아이들로 길러내고 싶어 한다. 하지만 리날디가 가장 먼저 말했듯이 성공은 단지 시험 점수로 평가되지 않을 것이다. 이건 더 큰 생각이다. 어떻게 하면 행복하고, 건강하고, 생각할 줄 알고, 남을 배려하며 사회적인 아이들을 잘 길러낼 것인가 그리고 내일의 협력적이고, 창의적이고, 자신감 있고 책임감 있는 시민으로 자라게 할 것인가에 대한 이야기다. 이 큰 아이디어의 핵심에는 아이들이 협력하는 법, 의사소통하는 법, 풍부한 지식과 비판적인 사고력을 길러 그들이 사는 세상에 변화를 가져올 수 있는 끈기와 자신감을 가지고 창의적인 사람이 되는 법을 배울 수 있도록 지원하는 방법들이 있다. 리날디가 간절하게 말하듯 이것이 우리의 가장 중요한 일이다. 우리는 반드시 우리 아이들에게 가치 있는 교육을 새롭게 만들어야 한다.

나오며

아이들은 어떻게 배우는가

레고 아이디어 콘퍼런스(LEGO Ideas Conference)는 흥분으로 웅성거렸다. 덴마크 빌런드의 작은 마을에 300명의 비슷한 생각을 가진 사람들이 모여 교육적인 운동을 시작하려 하고 있었다. 맨해튼의 창의적인 블루 스쿨을 꿈꾼 사람이 있었고, 요르단 왕을 위한 조기 유아교육 프로그램을 창안하는 책임을 맡고 있는 사람, 모든 학생들이 창의적이고 비판적인 사고 능력을 가질 수 있도록 중국 교육을 새롭게 개혁하려는 비전을 가진 홍콩 과학자도 있었다. 시애틀의 하이테크고등학교 교장, 하버드의 프론티어 오브 이노베이션(Frontiers of Innovation) 대표, 미국을 위한 기술이었지만 최근에는 모두를 위한 기술이 된 TFA(Teach for America)를 만든 웬디 콥이라는 이상가도 있었다. 이들이 한자리에 모인 것은 세계 곳곳에서 아이들을 교육하는 방법과 실제 사회에서 필요가 너무 분리돼 있음을 깨달았기 때문이다. 이 학회는 간단한 과제를 해보면서 시작했다.

"책상 위에 놓인 플라스틱 가방 안에 다양한 색깔의 레고블록 6개가 있습니다. 이 6개 레고블록으로 얼마나 많은 독창적인 조합을 만들어낼 수 있을까요?"

청중들 중 수학자들은 조합의 경우의 수를 계산하기 시작했다. 6개 블록, 각 블록에는 8개 끼움 못이 있으니까 720개? 아니면 4만 8,000개? 틀렸다. 답은 약 10억 개의 조합이다. 981,456,127개로 약 10억에 가까운 조합이 6개의 작은 블록들로 만들어질 수 있다.

이 연습은 어렴풋이 떠오르는 무시무시한 문제를 드러내 보여준다. 우리는 아이들이 탑을 쌓게 교육한다. 빨강 블록 위에 파랑 블록을 파랑 블록 위에 노랑 블록을 하는 식으로 말이다. 만약 아이들에게 이 무한에 가까운 가능성을 드러내는 방식으로 아이들을 교육한다면 어떨까? 우리 아이들은 여전히 탑을 쌓을까 아니면 가능성으로 가득 찬 세계를 보게 될까?

이 책은 사람들이 "어떻게 배우는가"에 대한 과학을 활용해 아이들이 탑을 쌓아올리는 것 이상으로 나아갈 수 있는 새로운 길을 제시한다. 그리고 우리 자녀들이 협력적이고 창의적이고 자신감 있고 책임감 있는 내일의 시민으로 자라기 위해 필요한 역량들로 머리와 가슴을 가득 채워줄 수 있는 새로운 길을 제시한다.

아이들이 어떻게 배우는지를 다시 한번 생각해보고 아이들에게는 지식 말고도 필요한 역량들이 있으며 사회적인 아이가 가장 탁월한 아이가 될 수 있고 창의성이 우리 시대에 가장 중요한 역량 중 하나이며 시도하는 과정에서 실패를 경험하는 것이 최고의 학습이라는 것을 알아야 한다.

만약 우리가 우리 가정과 학교와 공동체를 이런 새로운 학습을 육성하는 장으로 변화시킨다면 어떨까? 6C는 우리의 로드맵이자 성공을 장려하기 위한 성적표가 될 수 있다. 우리 자녀들은 그들의 미래 사회를 설계하고 건설하기 위한 채비를 갖출 수 있을 것이다. 그리고 학교 안팎에서 우리의 교육은 마침내 아이들에게 가치 있는 것이 될 것이다.

다시 한번 고민해보자. "만약 …이라면" 어떨까?

미래를 상상하고, 설계하는 능력이야말로 다른 생물들과는 차별되는 인간의 고유한 특성이라고 합니다. 그리고 교육은 인류가 그간의 축적된 지식을 바탕으로 다가올 미래를 대비하고 새롭게 창조해나가기 위한 가장 근본적인 기반이라 할 수 있겠지요. 그럼에도 불구하고 최근 유독 미래교육, 미래를 위한 교육이 화두로 떠오르는 이유는 뭘까요? 앞으로 다가올 미래는 지금까지와는 비교도 할 수 없을 만큼 빠르게 변화하고 완전히 다른 모습일 것이라고 모두가 공감하고 있기 때문일 겁니다.

이 책은 "미래에 성공의 개념이란 무엇인가"에 대해서 먼저 질문을 던집니다. 수많은 직업이 로봇과 인공지능에 의해 대체되고 4차 산업혁명의 거대한 물결이 이미 우리 발목을 적시고 있습니다. 이런 와중에도 아직까지 자녀의 성공이 국영수 성적과 명문대 졸업장에 달려 있다고 믿는 학부모들이 많은 것 같아 종종 안타까움을 느낍니다. 끝도 없는 경쟁과 입시지옥, 과중한 사교육비 문제에 대한 학부모들의 근심과 불만은 어제, 오늘 일이 아닌데 교과과정과 교육에 대한 우리의 인식은 과거에 비해 과연 얼마나 바뀌었는지도 의문입니다.

이 책에서 말하는 미래를 위한 역량들은 전혀 새로운 개념들이 아닙니다. 올바른 가치관과 개인적 행복 그리고 사회적인 성공을 위해 자녀들에게 6C(협력, 의사소통, 콘텐츠, 비판적 사고, 창의적 혁신, 자신감) 역량을 키워주고 싶지 않은 부모가 과연 있을까요? 그러나 과연 지금 우리 아이들은 학교에서 가정에서 이런 역량을 키워나갈 수 있는 교육을 받고 있는 것일까요?

경제협력개발기구(OECD) 국가 학생들은 주당 33시간 정도 공부하는데, 우리나라 고등학생의 경우는 주당 평균 70시간, 80시간을 넘어간다고 합니다. 무한경쟁의 쳇바퀴 속에 우리나라 아이들의 삶의 만족도는 세계 꼴찌이고 학습효율도 바닥입니다. 2007년 앨빈 토플러가 우리에게 한 말이 있습니다.

"한국의 학생들은 하루 15시간 동안 학교와 학원에서 미래에 필요 없는 지식과 존재하지도 않을 직업을 위해 시간을 낭비하고 있다."

미래를 상상하고 설계하기는커녕 과중한 학습으로 인해 생존의 위협을 받고 있다고 해도 과언이 아닙니다. 아이들의 건강과 관계와 정서와 창의성이 질식당하고 있습니다.

2017년 10월 〈이코노미스트〉에서는 '미래를 위한 교육지수 보고서'를 발간하면서 뉴질랜드를 미래교육 부문 1위 국가로 선정했습니다. 저는 청소년기에 뉴질랜드로 이주하여 중고등학교와 대학을 졸업한 후 뉴질랜드 정부기관에서 오래 근무를 해왔습니다. 그래서 매달 국제교육동향 보고서를 위해 뉴질랜드의 미래교육정책에 대해 좀 더 자세히 조사할 기회가 있었습니다.

조사과정에서 약간 놀라기도 하고 감탄한 부분은 뉴질랜드가 미래교육에 막대한 예산을 쏟아서가 아닙니다. 미래교육을 위한 근본적인 출발점과 철학이 "미래에 무엇을 배우면 우리가 잘 먹고 잘살 것인가?"가 아니라 "인류를 위해 더 나은 미래를 만들고 현재 인류가 당면한 여러 가지 문제를 해결하기 위해 어떤 교육이 필요한가?"이기 때문입니다. 뉴질랜드 교육과정의 기본 원칙 중 하나는 "뉴질랜드 교육과정은 학생들이 지속가능성, 시민의식 등 인류에게 중요한 미래 중심의 문제들을 탐구함으로써 미래지향적인 사고를 하도록 장려한다"입니다.

우리가 대학 입학이라는 근시안적 목표를 가지고 아이들을 입시경쟁으로 내모는 동안 다른 곳에서는 "어떻게 하면 더 나은 미래를 만들기 위한 리더들로 아이들을 성장시킬 수 있는가"를 고민하고 있습니다. 우리는 미래를 위해 공부를 열심히 해야 한다고 아이들에게 말합니다. 미래는 앞으로 우리가 가야할 곳이지만 미래가 어떤 모습으로 찾아올지 우리는 알지 못합니다. 또 미래가 어떻게 변하든지 그 미래를 위해 지금의 우리가 일조하고 있다는 점을 잘 생각하지 못합니다. 이 책의 1장에서 논의한 대로 21세기에 과연 성공의 의미는 무엇인지, 우리 자녀들이 21세기를 살아가기 위해 공유하는 목표가 과연 무엇인지를 생각해보고 가치관을 수립하는 계기만 된다고 해도 이 책은 그 사명을 다한 것이 아닐까 생각합니다.

그러나 이 책의 더 큰 장점은 미래에 필요한 역량에 대한 피상적인 개념들만을 제시하는 것이 아니라 과학적인 연구 결과들을 바탕으로 한 다양한 사례와 증거들을 제시하고 각 장마다 부모로서, 이 사회의 구성으로서 실천할 수 있는 아주 구체적인 가이드라인을 제공한다는 것입니다. 이 책의 원제 'Becomming Brilliant'는 내 자녀를 우수한 아이로 양육하는 것이 결국 우리 인류의 미래를 밝게 한다는 의미도 내포돼 있는 것이 아닐까 싶습니다.

내 자녀의 행복과 성공 그리고 인류의 밝은 미래를 위해 이 책이 독자들에게 교육의 진정한 의미를 고민해보고 또 생활 속 작은 실천부터 실행에 옮길 수 있는 계기가 되기를 바랍니다.

주

제1장

과거의 방법으로 미래에도 성공할 수 있는가_성공의 의미

1. Global Education First Initiative. (n.d.). *Priorities.* Retrieved from http://globaleducationfirst.org/priorities.html, para. 4.
2. Child and Youth Network. (2015). *What is CYN?* Retrieved from http://londoncyn.ca/about/, para. 1.
3. Bornstein, D. (2015, July 24). Teaching social skills to improve grades and lives. *The New York Times.* Retrieved from http://opinionator.blogs.nytimes.com/2015/07/24/building-social-skills-to-do-well-in-math/
4. James, W. (1890). *The principles of psychology.* New York, NY: Henry Holt & Company. http://dx.doi.org/10.1037/11059-000
5. Golinkoff, R. M., & Hirsh-Pasek, K. (1999). *How babies talk: The magic and mystery of language in the first three years of life.* New York, NY: Dutton.
6. Gopnik, A., Meltzoff, A. N., & Kuhl, P. K. (2000). *The scientist in the crib: What early learning tells us about the mind.* New York, NY: William Morrow.
7. Hirsh-Pasek, K., Golinkoff, R. M., & Eyer, D. (2003). *Einstein never used flashcards: How our children really learn—and why they need to play more and memorize less.* Emmaus, PA: Rodale Press.
8. Gardner, H. (2009). *Five minds for the future.* Boston, MA: Harvard Business Review Press.
9. Kuhn, D. (1999). A developmental model of critical thinking. *Educational*

Researcher, 28(2), 16–25. http://dx.doi.org/10.3102/0013189X028002016

10. Siegler, M. G. (2010, August 4). Eric Schmidt: Every 2 days we create as much information as we did up to 2003. *TechCrunch.* Retrieved from http://techcrunch.com/2010/08/04/schmidt

11. Biech, E. (2007). *Thriving through change: A leader's practical guide to change.* Alexandria, VA: ASTD Press, p. 4.

12. Tomasco, S. (2010, May). *IBM 2010 global CEO study: Creativity selected as most crucial factor for future success.* Retrieved from IBM website: https://www-03.ibm.com/press/us/en/pressrelease/31670.wss

제2장

교육은 어떻게 잘못된 길로 들어섰나_교육산업과 교육과학

1. Bracey, G. W. (2007, October 2). The Sputnik Effect: Why it endures, 50 years later. *Education Week.* Retrieved from http://www.edweek.org/ew/articles/2007/10/02/06bracey_web.h27.html, para. 8.

2. A nation at risk. (1983, April). Retrieved from https://www2.ed.gov/pubs/NatAtRisk/risk.html

3. National Commission on Excellence in Education. (1983). A nation at risk: The imperative for educational reform. *The Elementary School Journal, 84*(2). Retrieved from http://www.jstor.org/stable/1001303, para. 1.

4. U.S. Department of Education. (1994). Goals 2000: *Educate America Act.* Retrieved from http://www2.ed.gov/legislation/GOALS2000/TheAct/index.html

5. U.S. Department of Education. (1994). *National education goals.* Retrieved from http://www2.ed.gov/legislation/GOALS2000/TheAct/sec102.html, para.

5, 6.

6. Bronson, P., & Merryman, A. (2013, February 6). Why can some kids handle pressure while others fall apart? *The New York Times Magazine.* Retrieved from http://www.nytimes.com/2013/02/10/magazine/why-can-some-kids-handle-pressure-while-others-fall-apart.html

7. Strauss, V. (2011, August 1). Darling-Hammond: The mess we are in. *The Washington Post.* Retrieved from http://www.washingtonpost.com/blogs/answer-sheet/post/darling-hammond-the-mess-we-arein/2011/07/31/gIQAXWSIoI_blog.html, para. 3.

8. Ravitch, D. (2010). *The death and life of the great American school system: How testing and choice are undermining education.* New York, NY: Basic Books.

9. Organization for Economic Cooperation and Development. (2012). *Programme for International Student Assessment (PISA): Results from PISA 2012.* Retrieved from http://www.oecd.org/pisa/keyfindings/PISA-2012-results-US.pdf

10. Kohn, D. (2015, May 16). Let the kids learn through play. *The New York Times.* Retrieved from http://www.nytimes.com/2015/05/17/opinion/sunday/let-the-kids-learn-through-play.html?_r=0, para. 5.

11. National Center on Education and the Economy. (2007). *Tough choices or tough times: The report of the Commission on the Skills of the American Workforce.* San Francisco, CA: Jossey-Bass.

12. Marshall, K. (2014, April 1). Tutoring preschool children growing in popularity. *The Age.* Retrieved from http://www.theage.com.au/victoria/tutoring-preschool-children-growing-in-popularity-20140331-35u6b.html

13. Miner, B. (2004/2005, Winter). *Keeping public schools public: Testing companies mine for gold.* Retrieved from Rethinking Schools website: http://

www.rethinkingschools.org/special_reports/bushplan/test192.shtml, para. 1.

14. Quart, A. (2006, August). Extreme parenting. *Atlantic Monthly, 298*(1). Retrieved from http://web.fmk.edu.rs/files/blogs/2009-10/I/Engleski/Extreme_Parenting.pdf

15. Little & King Co. (2010). *The transformational toy manufacturing industry.* Retrieved from http://www.littleandking.com/white_papers/toy_manufacturing_industry_today.pdf

16. Rideout, V. J., Foehr, U. G., & Roberts, D. F. (2010). *Generation M2: Media in the lives of 8- to 18-year-olds.* Menlo Park, CA: Kaiser Family Foundation.

17. Calman, L. J., & Tarr-Whelan, L. (2014). *Early childhood education for all.* Cambridge, MA: MIT Press.

18. Edersheim, E. H. (2006). *The definitive Drucker: Challenges for tomorrow's executives.* New York, NY: McGraw-Hill.

제3장

아이들의 무대는 글로벌하다_혁신적인 교육

1. Heckman, J. (2015, June). Keynote address. In R. Winthrop (Chair), *Soft skills for workforce success: From research to action.* Symposium conducted at the meeting of the Brookings Institution, Washington, DC. Retrieved from http://www.brookings.edu/~/media/events/2015/06/17-soft-skills-workforce-success/0617_transcript_soft-skills.pdf, p. 67.

2. The New York Academy of Sciences. (2015). Global STEM Alliance. Retrieved from Global STEM Alliance website: http://globalstemalliance.org/, para. 1.

3. Cisco and The New York Academy of Science grow global STEM alliance to meet the demand for future scientists, entrepreneurs and innovators. (2013,

November 18). *The Network: Cisco's Technology News Site.* Retrieved from http://newsroom.cisco.com/press-releasecontent?articleId=1290739, para. 13.

4. Hirsh-Pasek, K., Golinkoff, R. M., & Eyer, D. (2003). *Einstein never used flash cards: How our children really learn—and why they need to play more and memorize less.* Emmaus, PA: Rodale Press.

5. Ministry of Education, Singapore. (2015). *Desired outcomes of education.* Retrieved from https://www.moe.gov.sg/education/educationsystem/desired-outcomes-of-education, para. 2.

6. Ministry of Education, Singapore. (2015). *Our education system.* Retrieved from https://www.moe.gov.sg/education/, para. 6.

7. Organisation for Economic Co-Operation and Development. (2010). *Strong performers and successful reformers in education: Lessons from PISA for the United States.* Retrieved from http://www.oecd.org/pisa/pisaproducts/46581035.pdf, p. 121.

8. Sahlberg, P. (2011). *Finnish lesson: What the world can learn from educational change in Finland.* New York, NY: Teachers College Press.

9. Abrams, S. E. (2011, January 28). The children must play. *New Republic.* Retrieved from http://www.newrepublic.com/article/politics/82329/education-reform-Finland-US, para. 11.

10. See note 9.

11. Programme for International Student Assessment. (2012). *Country note: Results from PISA 2012.* Paris, France: OECD.

12. Pascal, C. E. (n.d.). *Every child, every opportunity: Curriculum and pedagogy for the early learning program.* Retrieved from https://www.cpco.on.ca/files/6213/8142/6952/Every_Child_Every_Opportunity.pdf, p. iii.

13. Pascal, C. E. (n.d.). *Every child, every opportunity: Curriculum and pedagogy for the early learning program.* Retrieved from https://www.cpco.on.ca/

files/6213/8142/6952/Every_Child_Every_Opportunity.pdf

14. Hirsh-Pasek, K., Zosh, J. M., Golinkoff, R. M., Gray, J. H., Robb, M. B., & Kaufman, J. (2015). Putting education in "educational" apps: Lessons from the science of learning. *Psychological Science in the Public Interest,* 16, 3–34. http://dx.doi.org/10.1177/1529100615569721

15. Goldin, A. P., Hermida, M. J., Shalom, D. E., Elias Costa, M., Lopez-Rosenfeld, M., Segretin, M. S., . . . Sigman, M. (2014). Far transfer to language and math of a short software-based gaming intervention. *Proceedings of the National Academy of Sciences of the United States of America, 111*, 6443–6448. http://dx.doi.org/10.1073/pnas.1320217111

16. Heckman, J. (2015, June). Keynote address. In R. Winthrop (Chair), *Soft skills for workforce success: From research to action.* Symposium conducted at the meeting of the Brookings Institution, Washington, DC. Retrieved from http://www.brookings.edu/~/media/events/2015/06/17-soft-skills-workforce-success/0617_transcript_soft-skills.pdf

제4장

하드 스킬과 소프트 스킬의 균형_21세기 역량

1. Lippman, L. H., Ryberg, R., Carney, R., & Moore, K. A. (2015). *Workforce connections—Key "soft skills" that foster youth workforce success: Towards a consensus across fields.* Washington, DC: Child Trends, p. 4.

2. Lippman, L. H., Ryberg, R., Carney, R., & Moore, K. A. (2015). *Workforce connections—Key "soft skills" that foster youth workforce success: Towards a consensus across fields.* Washington, DC: Child Trends.

3. The choice: Getting into college and paying for it (2013, June 14). *The New*

York Times. Retrieved from http://thechoice.blogs.nytimes.com/?module=BlogMain&action=Click®ion=Header&pgtype=Blogs&version=Blog%20Main&contentCollection=U.S

4. Sifting your Harvard questions, looking for parenting (and other) lessons. (2009, September 21). *The New York Times.* Retrieved from http://thechoice.blogs.nytimes.com/2009/09/21/harvardquestions/?_php=true&_type=blogs&_r=0#more-8381, para. 19.

5. Edersheim, E. H. (2006). *The definitive Drucker: Challenges for tomorrow's executives.* New York, NY: McGraw-Hill.

6. Ritchie, R. (2013, October 12). *History of the iPad (original): Apple makes the tablet magical and revolutionary.* Retrieved from http://www.imore.com/history-ipad-2010

7. Pink, D. (2005). *A whole new mind.* New York, NY: Riverhead Books, p. 1.

8. Pink, D. (2019). *Drive.* New York, NY: Riverhead Books.

9. Casner-Lotto, J., & Barrington, L. (2006). *Are they really ready to work? Employers' perspectives on the basic knowledge and applied skills of new entrants to the 21st century US workforce.* Retrieved from http://www.p21.org/storage/documents/FINAL_REPORT_PDF09-29-06.pdf

10. Casner-Lotto, J., & Barrington, L. (2006). *Are they really ready to work? Employers' perspectives on the basic knowledge and applied skills of new entrants to the 21st century US workforce.* Retrieved from http://www.p21.org/storage/documents/FINAL_REPORT_PDF09-29-06.pdf, p. 24.

11. Bond, T. J., Galinsky, E., Kim, S. S., & Brownfield, E. (2005, September). *2005 national study of employers.* Retrieved from http://familiesandwork.org/site/research/reports/2005nse.pdf

12. Adams, S. (2013, October 11). The 10 skills employers most want in 20-something employees. *Forbes Magazine.* Retrieved from http://www.

forbes.com/sites/susanadams/2013/10/11/the-10-skills-employersmost-want-in-20-something-employees/

13. Partnership for 21st Century Learning. (n.d.). *Framework for 21st century learning.* Retrieved from http://www.p21.org/about-us/p21-framework

14. see note 13.

15. Hirsh-Pasek, K., Golinkoff, R. M., Singer, D., & Berk, L. (2009). *A mandate for playful learning in preschool: Presenting the evidence.* New York, NY: Oxford University Press.

16. Sifting your Harvard questions, looking for parenting (and other) lessons. (2009, September 21). *The New York Times.* Retrieved from http://thechoice.blogs.nytimes.com/2009/09/21/harvardquestions/?_php=true&_type=blogs&_r=0#more-8381

17. Galinsky, E. (2010). *Mind in the making: Seven essential life skills every child needs.* New York, NY: HarperCollins.

18. Organisation for Economic Co-Operation and Development. (2015). *Skills for social progress: The power of social and emotional skills*. Washington, DC: Author, p. 2.

19. Dalton, D. (2013, September 23). *The hard truth about soft skills.* Retrieved from http://dorothydalton.com/2013/09/23/professionalsummary-soft-skills/, para. 1.

20. Mathews, J. (2009, January 5). The latest doomed pedagogical fad: 21st-century skills. *The Washington Post.* Retrieved from http://www.washingtonpost.com/wp-dyn/content/article/2009/01/04/AR2009010401532.html

21. Meltzoff, A. N., Kuhl, P. K., Movellan, J., & Sejnowski, T. J. (2009). Foundations for a new science of learning. *Science, 325,* 284–288.

22. Zernike, K. (2000, December 7). Ease up: Top colleges tell stressed applicants. *The New York Times.* Retrieved from http://www.nytimes.com/2000/12/07/us/

ease-up-top-colleges-tell-stressed-applicants.html?pagewanted=all, para. 6.

23. Jones, D. E., Greenberg, M., & Crowley, M. (2015). Early social–emotional functioning and public health: The relationship between kindergarten social competence and future wellness. *American Journal of Public Health, 105,* 2283–2290. http://dx.doi.org/10.2105/AJPH.2015.302630

24. Carnegie, D. (1936). *How to win friends and influence people.* New York, NY: Pocket Books.

제5장

아무도 교향곡을 홀로 연주할 수 없다_협력

1. Radsky, J. S., Kiston, C. J., Zuckerman, B., Nitzberg, K., Gross, J., Kaplan-Sanoff, M., . . . Silverstein, M. (2014). Patterns of mobile device use by caregivers and children during meals in fast food restaurants. *Pediatrics, 133,* e843. http://dx.doi.org/10.1542/peds.2013-3703

2. Tomasello, M. (2014). The ultra-social animal. *European Journal of Social Psychology, 44*, 187–194. http://dx.doi.org/10.1002/ejsp.2015

3. Wade, N. (2011, March 14). Supremacy of a social network. *The New York Times.* Retrieved from http://www.nytimes.com/2011/03/15/science/15humans.html?pagewanted=all&_r=0

4. Tomasello, M. (2009). *Why we cooperate.* Boston, MA: Boston Reviews Books.

5. Tomasello, M. (2001). *The cultural origins of human cognition.* Cambridge, MA: Harvard University Press.

6. Tomasello, M. (2001). *The cultural origins of human cognition.* Cambridge, MA: Harvard University Press, p. 202.

7. Chase, Z. (2011, March). *Want a job? You ought to be a tech geek.* Retrieved from the National Public Radio website: http://www.npr.org/templates/transcript/transcript.php?storyId=134236010, para. 24.

8. Daly, M., Delaney, L., Egan, M., & Baumeister, R. F. (2015). Childhood self-control and unemployment throughout the life span: Evidence from two British cohort studies. *Psychological Science, 26*, 709–723. http://dx.doi.org/10.1177/0956797615569001

9. Mischel, W., Ayduk, O., Berman, M. G., Casey, B. J., Gotlib, I. H., Jonides, J., . . . Shoda, Y. (2011). "Willpower" over the life span: Decomposing self-regulation. *Social Cognitive and Affective Neuroscience, 6*, 252–256. http://dx.doi.org/10.1093/scan/nsq081

10. Meltzoff, A. N. (1995). Understanding the intentions of others: Re-enactment of intended acts by 18-month-old children. *Developmental Psychology*, 31, 838–850. http://dx.doi.org/10.1037/0012-1649.31.5.838

11. Rummler, G., & Brache, A. P. (1991, January). Managing the white space. *Training*. Retrieved from http://www.performancedesignlab.com/wp-content/uploads/2012/04/43.-Managing-The-White-Space.pdf

12. Rosen, E. (2010, February 5). Smashing silos. *Bloomberg Business*. Retrieved from http://www.businessweek.com/managing/content/feb2010/ca2010025_358633.htm, para. 2.

13. Rezac, D. (n.d.). Silo syndrome: When leadership alone is not enough. *Rezac's Engaged Leadership Matrix*. Retrieved from http://rdmmatrix.blogspot.ca/2009/02/silo-syndrome-when-leadership-alone-is_10.html

14. see note 10.

15. Warneken, F., & Tomasello, M. (2006, March 3). Altruistic helping in human infants and young chimpanzees. *Science*, *311*, 1301–1303. http://dx.doi.org/10.1126/science.1121448

16. Warneken, F., Chen, F., & Tomasello, M. (2006). Cooperative activities in young children and chimpanzees. *Child Development*, *77*, 640–663. http://dx.doi.org/10.1111/j.1467-8624.2006.00895.x

17. Warneken, F., Hare, B., Melis, A. P., Hanus, D., & Tomasello, M. (2007). Spontaneous altruism by chimpanzees and young children. *PLoS Biology*, *5*, 184. http://dx.doi.org/10.1371/journal.pbio.0050184

18. Warneken, F., Lohse, K., Melis, A. P., & Tomasello, M. (2011). Young children share the spoils after collaboration. *Psychological Science*, *22*, 267–273, http://dx.doi.org/10.1177/0956797610395392, p. 271.

19. Bakan, J. (2011, August 21). The kids are not all right. *The New York Times*. Retrieved from http://www.nytimes.com/2011/08/22/opinion/corporate-interests-threaten-childrens-welfare.html, para. 1.

20. Dahl, R. (1996). *James and the giant peach*. New York, NY: Random House.

21. Deslauriers, L., Schelew, E., & Wieman, C. (2011, May 13). Improved learning in a large-enrollment physics class. *Science, 332*, 862–864. http://dx.doi.org/10.1126/science.1201783

22. Schrage, M. (1990). *Shared minds: The new technologies for collaboration*. New York, NY: Random House.

23. Denise, L. (1999). Collaboration vs. C-Three (Cooperation, Coordination, and Communication). *Innovating, 7*(3). Retrieved from http://www.keeppabeautiful.org/downloads/communicationattachments/collaborationstri.pdf

24. Merrill, P. (2008). *Innovation generation: Creating an innovation process and an innovative culture*. Milwaukee, WI: Quality Press, p. 184.

25. Mantle, M. L., & Lichty, R. (2013). *Managing the unmanageable: Rules, tools, and insights for managing software people and teams*. Boston, MA: Addison Wesley, p. 196.

26. Ramachandran, V. S. (n.d.). *The astonishing Francis Crick*. Retrieved from http://cbc.ucsd.edu/The_Astonishing_Francis_Crick.htm, para. 4.

27. Parten, M. B. (1932). Social participation among pre-school children. *The Journal of Abnormal and Social Psychology, 27*, 243–269. http://dx.doi.org/10.1037/h0074524

28. Gladwell, M. (2006). *Blink: The power of thinking without thinking*. New York, NY: Back Bay Books.

29. Wikipedia. (2015, March). In *Wikipedia*. Retrieved from http://wikieducator.org/Wikipedia, para. 3.

30. Tapscott, D., & Williams, A. D. (2008). *Wikinomics: How mass collaboration changes everything*. London, England: Penguin.

31. Tapscott, D. (n.d.). *TomPeters!* Retrieved from http://tompeters.com/cool-friends/tapscott-don/

32. Tomasco, S. (2010, May). IBM 2010 global *CEO study: Creativity selected as most crucial factor for future success*. Retrieved from IBM website: https://www-03.ibm.com/press/us/en/pressrelease/31670.wss

33. Edersheim, E. H. (2006). *The definitive Drucker*. New York, NY: McGraw-Hill, p. 135.

제6장

커뮤니케이션 없이 무엇을 하겠는가_의사소통

1. A quote by Edward R. Murrow, 1908–1965. (2015). *Qotd*. Retrieved from http://www.qotd.org/search/single.html?qid=25925

2. Joseph Priestley. (n.d.). *BrainyQuote*. Retrieved from http://www.brainyquote.com/quotes/quotes/j/josephprie335782.html

3. Richtel, M. (2011, December 17). Reframing the debate over using phones

behind the wheel. *The New York Times*. Retrieved from http://www.nytimes.com/2011/12/18/us/reframing-the-debate-overusing-phones-while-driving.html?_r=0, para. 19.

4. Smith, A. (2011, September 19). How Americans use texting. Retrieved from Pew Research Center website: http://www.pewinternet.org/2011/09/19/how-americans-use-text-messaging/
5. Worthen, B. (2012, September 12). The perils of texting while parenting. *The Wall Street Journal*. Retrieved from http://online.wsj.com/news/articles/SB10000872396390444772404577589683644202996
6. Bissonnette, Z. (2009, September 18). Looking for a job? Study Shakespeare. *Daily Finance*. Retrieved from http://www.dailyfinance.com/2009/09/18/looking-for-a-job-study-shakespeare/
7. Carnegie, D. (1998). *How to win friends and influence people*. Ann Arbor, MI: Gallery Books.
8. Dale Carnegie. (2015). *Wikipedia*. Retrieved from https://en.wikipedia.org/wiki/Dale_Carnegie
9. Cross cultural business blunders. (2014). *Kwintessential*. Retrieved from http://bit.ly/1M4ACRn
10. see note 9.
11. Frodi, A. M., & Lamb, M. E. (1980). Child abusers' responses to infant smiles and cries. *Child Development*, *51*, 238–241. http://dx.doi.org/10.2307/1129612
12. Dunstan Baby (Producer). (2006). *Dunstan baby language* [DVD]. Available from http://www.dunstanbaby.com/the-gift-of-a-calm-babynow-on-dvd/, Program One.
13. Roseberry, S., Hirsh-Pasek, K., & Golinkoff, R. M. (2014). Skype me! Socially contingent interactions help toddlers learn language. *Child Development*, *85*,

956–970. http://dx.doi.org/10.1111/cdev.12166

14. Shure, M. (1993). *I can problem solve*. Champaign, IL: Research Press.

15. Greenberg, M. T., Kusche, C. A., & Riggs, N. (2004). The PATHS curriculum: Theory and research on neuro-cognitive development and school success. In J. E. Zins, R. P. Weissberg, M. C. Wang, & H. J. Walberg (Eds.), *Building academic success on social and emotional learning: What does the research say?* (pp. 170–188). NewYork, NY: Teachers College Press.

16. NACE Research. (2012). *Job outlook 2012*. Retrieved from https://www.uwsuper.edu/career/students/upload/Job-Outlook-2012-Member-Version-1.pdf, p. 28.

17. National Assessment Governing Board. (2010). *Writing framework for the 2011 National Assessment of Educational Progress*. Retrieved from https://www.nagb.org/content/nagb/assets/documents/publications/frameworks/writing/2011-writing-framework.pdf, p. 3.

18. Zimmerman, M. (2010, October 29). Losing your temper at work: How to survive it? *CBS MoneyWatch*. Retrieved from http://www.cbsnews.com/news/losing-your-temper-at-work-how-to-survive-it/

19. Frost, S. (n.d.). Top ten communication problems in the workplace. *eHow*. Retrieved from http://www.ehow.com/info_12099516_topten-communication-problems-workplace.html

20. Hallowell, E. M., & Ratey, J. J. (2011). *Driven to distraction: Recognizing and coping with attention deficit disorder*. New York, NY: Anchor Books.

21. Bender, L. (Producer), & Tarantino, Q. (Director). (1994). *Pulp fiction* [Motion picture]. United States: Miramax.

22. Diamond, A., Barnett, W. S., Thomas, J., & Munro, S. (2007, November 30). Preschool program improves cognitive control. *Science, 318*, 1387–1388. http://dx.doi.org/10.1126/science.1151148

23. Blair, C., & Raver, C. C. (2014). Closing the achievement gap through modification of neurocognitive and neuroendocrine function: Results from a cluster randomized controlled trial of an innovative approach to the education of children in kindergarten. *PLoS ONE, 9*(11), e112393. http://dx.doi.org/10.1371/journal.pone.0112393

24. Brooks, J. G., & Brooks, M. G. (1999). In search of *understanding: The case for constructivist classrooms*. Alexandria, VA: ASCD.

25. Goodlad, J. I. (1984). A place called school: Prospects for the future. New York, NY: McGraw-Hill.

26. Fisher, K. R., Hirsh-Pasek, K., Newcombe, N., & Golinkoff, R. M. (2013). Taking shape: Supporting preschoolers' acquisition of geometric knowledge through guided play. *Child Development*, *84*, 1872–1878. http://dx.doi.org/10.1111/cdev.12091

27. Strauss, V. (2012, June 3). The flip: Turning a classroom upside down. *The Washington Post*. Retrieved from http://www.washingtonpost.com/local/education/the-flip-turning-a-classroom-upside-down/2012/06/03/gJQAYk55BV_story.html

28. Joint Commission Resources. (n.d.). *Joint Commission guide to improving staff communication*. Retrieved from http://ebooks.dibaj.org/product/joint-commission-guide-to-improving-staff-communication

29. Drucker, P. F. (1974). *Management: Risks, responsibilities, practices*. New York, NY: Harper & Row, p. 485.

30. Nulty, P., de Llosa, P., & Skelly von Brachel, J. (1992, March 23). The National Business Hall of Fame. *Fortune Magazine*. Retrieved from http://archive.fortune.com/magazines/fortune/fortune_archive/1992/03/23/76198/index.htm

31. Tannen, D. (2001). *Talking from 9 to 5: Men and women at work*. New York,

NY: William Morrow.

32. Shonkoff, J., Phillips, D. A., Committee on Integrating the Science of Early Childhood Development. (2007). *From neurons to neighborhoods: The science of early child development.* Washington, DC: National Academies Press, p. 1.

33. Hirsh-Pasek, K., Adamson, L. B., Bakeman, R., Owen, M. T., Golinkoff, R. M., Pace, A., . . . Suma, K. (2015). Quality of early communication matters more than quantity of word input for low-income children's language success. *Psychological Science*, *26*, 1071–1083. http://dx.doi.org/10.1177/0956797615581493

34. Goode, J. (2010, January 25). *Cute conversation between 3-year olds* [Video file]. Retrieved from https://www.youtube.com/watch?v=sL3vqlHabck

35. Caulkins, L., & Bellino, L. (1998). *Raising lifelong learners: A parent's guide*. Cambridge, MA: Da Capo Press.

36. Ames, G., & Murray, F. B. (1982). When two wrongs make a right: Promoting cognitive change by social conflict. *Developmental Psychology, 18*, 892–895. http://dx.doi.org/10.1037/0012-1649.18.6.894

37. Lillard, A. S., Lerner, M. D., Hopkins, E. J., Dore, R. A., Smith, E. D., & Palmquist, C. M. (2013). The impact of pretend play on children's development: A review of the evidence. *Psychological Bulletin*, *139*, 1–34. http://dx.doi.org/10.1037/a0029321

38. Dickinson, D. K., & Tabors, P. O. (2001). *Beginning literacy with language*. Baltimore, MD: Brookes.

39. Rudnick, M., & Kouba, W. (2006). *How the "Google effect" is transforming employee communications and driving employee engagement*. Retrieved from https://robertoigarza.files.wordpress.com/2008/11/rep-how-the-google-effect-is-transforming-employee-communicationsww-2006.pdf,

p. 5.

40. Schmidt, E., & Varian, H. (2005, December 2). Google: Ten golden rules. *Newsweek*. Retrieved from http://analytics.typepad.com/files/2005_google_10_golden_rules.pdf, para. 12.

41. Banker, S. (2010, January 27). Multichannel logistics: Walmart.com's site-to-store strategy. *Logistic Viewpoints*. Retrieved from http://logisticsviewpoints.com/2010/01/27/multichannel-logistics-walmartcoms-site-to-store-strategy/

42. Grice, H. P. (1975). Logic and conversation. In P. Cole & J. L. Morgan (Eds.), *Speech acts* (pp. 41–58). New York, NY: Academic Press.

43. Sunstein, C. (2009). *On rumors: How falsehoods spread, why we believe them, what can be done*. New York, NY: Farrar, Straus & Giroux.

44. Enemark, D. (2006, May 15). It's all about me: Why emails are so easily misunderstood. *The Christian Science Monitor*. Retrieved from http://www.csmonitor.com/2006/0515/p13s01-stct.html

45. Sobel-Lojeski, K. (2009). *Leading the virtual workforce: How great leaders transform organizations in the 21st century*. Mahwah, NJ: Wiley.

46. Rohn, J. (2012, February 9). [Facebook post]. Retrieved from https://www.facebook.com/OfficialJimRohn/posts/10151254021005635

47. Golinkoff, R. M., Hirsh-Pasek, K., & Eyer, D. (2004). *Einstein never used flashcards: How our children really learn—and why they need to play more and memorize less*. New York, NY: Rodale Books, p. 79.

48. Garrison, M. M., & Christakis, D. A. (2005, December). *A teacher in the living room? Educational media for babies, toddlers, and preschoolers*. Menlo Park, CA: Henry J. Kaiser Family Foundation.

제7장

'지식 습득이 최고'라는 환상_콘텐츠

1. Great Schools Staff. (n.d.). The Florida *Comprehensive Assessment Test and State Standards: An overview*. Retrieved from http://www.greatschools.org/gk/articles/testing-in-florida-fcat/
2. IBM Big Data Hub. (n.d.). *The four V's of big data*. Retrieved from http://www.ibmbigdatahub.com/sites/default/files/infographic_file/4-Vs-of-big-data.jpg
3. Plutarch. (1992). *Essays by Plutarch* (R. Waterfield, Trans.). London, England: Penguin Classics, p. 50.
4. Hammonds, B. (2009). *Quotes from Frank Smith and John Taylor Gatto*. Retrieved from http://leading-learning.blogspot.ca/2009/05/quotes-from-frank-smith-and-john-taylor.html?, para. 2.
5. Craik, F. I., & Lockhart, R. S. (1972). Levels of processing: A framework for memory research. *Journal of Verbal Learning & Verbal Behavior*, *11*, 671–684. http://dx.doi.org/10.1016/S0022-5371(72)80001-X
6. *Prodromal* is used to describe early symptom indicating the onset of an attack or a disease. In schizophrenia, the prodromal phase includes social isolation and anxiety.
7. Markoff, J. (2009, July 25). Scientists worry machines may outsmart man. *The New York Times*. Retrieved from http://www.nytimes.com/2009/07/26/science/26robot.html, para. 8.
8. Turkle, S. (2011). *Alone together: Why we expect more from technology and less from each other*. New York, NY: Basic Books, p. 12.
9. National Center on Education and the Economy. (2007). *Tough choices or tough times: The report of the Commission on the Skills of the American*

Workforce. San Francisco, CA: Jossey-Bass, p. 50.

10. This paraphrases something Darwin is reputed to have said in his book, *Origin of Species*. It appears in Megginson, L. C. (1963). Lessons from Europe for American business, *Southwestern Social Science Quarterly*, *44*, 3–13, p. 4.
11. James, W. (1890). *The principles of psychology*. New York, NY: Henry Holt & Company. http://dx.doi.org/10.1037/11059-000, p. 462.
12. Golinkoff, R. M., & Hirsh-Pasek, K. (1999). *How babies talk: The magic and mystery of language in the first three years of life*. New York, NY: Dutton.
13. Saffran, J. R., Aslin, R. N., & Newport, E. L. (1996). Statistical learning by 8-month-old infants. *Science, 274*, 1926–1928. http://dx.doi.org/10.1126/science.274.5294.1926
14. McElroy, M. (2013, October 30). A first step in learning by imitation, baby brains respond to another's actions. *University of Washington: UW Today*. Retrieved from http://www.washington.edu/news/2013/10/30/a-first-step-in-learning-by-imitation-baby-brains-respondto-anothers-actions/, para. 4.
15. Bortfeld, H., Morgan, J. L., Golinkoff, R. M., & Rathbun, K. (2005). Mommy and me: Familiar names help launch babies into speech-stream segmentation. *Psychological Science, 16*, 298–304. http://dx.doi.org/10.1111/j.0956-7976.2005.01531.x
16. Gopnik, A., Meltzoff, A. N., & Kuhl, P. K. (2000). *The scientist in the crib: What early learning tells us about the mind*. New York, NY: William Morrow Paperbacks.
17. Chi, M. T. H. (2013). Learning from observing experts. In J. J. Staszewski (Ed.), *Expertise and skill acquisition: The impact of William G. Chase* (pp. 1–28). New York, NY: Psychology Press.
18. Trebesh, L. (2011, December 29). *Admitting you're wrong: Getting it right in business*. Retrieved from Better Business Bureau website: http://www.bbb.

org/blog/2011/12/admitting-youre-wrong-getting-itright-in-business/

19. Hsu, S. S., & Glasser, S. B. (2005, September 6). FEMA director singled out by response critics. *Washington Post*, p. A1.

20. Hatton, S. (2011, December 27). Stella the dinosaur expert [Video file]. Retrieved from https://www.youtube.com/watch?v=jM4nomPWQ88

21. Chi, M. T., & Koeske, R. D. (1983). Network representation of a child's dinosaur knowledge. *Developmental Psychology, 19*, 29–39. http://dx.doi.org/10.1037/0012-1649.19.1.29

22. Pranava. (2012, December 16). Re: Child correcting other children and adults—What to do? [Online forum comment]. Retrieved from http://www.mothering.com/forum/370-parenting-gifted-child/1370335-child-correcting-other-children-adults-what-do.html, para. 1.

23. Blewitt, P., Golinkoff, R. M., & Alioto, A. (2000). Do toddlers have label preferences? A possible explanation for word refusals. *First Language*, *20*, 253–272.

24. Keil, F. (1996). *Concepts, kinds, and cognitive development*. Cambridge, MA: MIT Press.

25. Gelman, S. A., & Markman, E. M. (1985). Implicit contrast in adjectives vs. nouns: Implications for word-learning in preschoolers. *Journal of Child Language, 12*, 125–143. http://dx.doi.org/10.1017/S0305000900006279

26. Gentner, D. (1983). Structure mapping: A theoretical framework for analogy. *Cognitive Science*, *7*, 155–170. http://dx.doi.org/10.1207/s15516709cog0702_3

27. Gentner, D., & Toupin, C. (1986). Systematicity and surface similarity in the development of analogy. *Cognitive Science*, *10*, 277–300. http://dx.doi.org/10.1207/s15516709cog1003_2

28. Oakes, L. M., & Rakison, D. H. (2003). Issues in the early development of

concepts and categories: An introduction. In D. H. Rakison & L. M. Oakes (Eds.), *Early category and concept development: Making sense of the blooming, buzzing confusion* (pp. 3–23). New York, NY: Oxford University Press. http://dx.doi.org/10.1207/s15327078in0701_7

29. see note 27.

30. Asch, S. E., & Nerlove, H. (1960). The development of double function terms in children: An exploratory investigation. In B. Kaplan & S. Wapner (Eds.), *Perspectives in psychological theory* (pp. 47–60). New York, NY: International Universities Press.

31. Darling-Hammond, L. (2007, May 21). Evaluating "No Child Left Behind." *The Nation*. Retrieved from http://www.thenation.com/article/evaluating-no-child-left-behind/, para. 11.

32. Venugopal Ramaswamy, S. (2015, April 2). State tests: Stakes are even higher for teachers. *Lohud*. Retrieved from http://www.lohud.com/story/news/local/2015/04/01/teachers-face-penalty-poor-studentperformance/70798718/

33. Shavelson, R. J., Linn, R. L., Baker, E. L., Ladd, L. F., Darling-Hammond, L., Shepard, L. A., Barton, . . . Rothstein, R. (2010, August 27). Problems with the use of student test scores to evaluate teachers. *Economic Policy Institute*. Retrieved from http://www.epi.org/publication/bp278/, para. 6.

34. Parker-Poke, T. (2009, February 24). The 3 R's? A fourth is crucial, too: Recess. *The New York Times*. Retrieved from http://www.nytimes.com/2009/02/24/health/24well.html

35. Fausset, R., & Blinder, A. (2015, April 14). Atlanta school workers sentenced in test score cheating case. *The New York Times*. Retrieved from http://www.nytimes.com/2015/04/15/us/atlanta-school-workerssentenced-in-test-score-cheating-case.html

36. Perlstein, L. (2008). *Tested: One American school struggles to make the grade*.

New York, NY: Holt Paperbacks.

37. Sullivan, M. (2011, November 21). Behind America's tutor boom. *MarketWatch*. Retrieved from http://www.marketwatch.com/story/behind-americas-tutor-boom-1318016970246

38. Sawyer, R. K. (Ed.). (2006). The *Cambridge handbook of the learning sciences: Vol. 2., No. 5*. New York, NY: Cambridge University Press.

39. Oliver, H., & Utermohlen, R. (1995). *An innovative teaching strategy: Using critical thinking to give students a guide to the future*. Holly Springs, MS: Rust College.

40. Dunlosky, J., Rawson, K. A., March, E. J., Nathan, M. J., & Willingham, D. T. (2013). Improving students' learning with effective learning techniques: Promising directions from cognitive and educational psychology. *Psychological Science in the Public Interest, 14*, 4–58.

41. Sara. (n.d.). I used to believe: The childhood beliefs site [Web log message]. Retrieved from http://www.iusedtobelieve.com/animals/, para. 17.

42. Operator Lady. (n.d.). I used to believe: The childhood beliefs site [Web log message]. Retrieved from http://www.iusedtobelieve.com/science/telephones/, para. 7.

43. Major Dan. (2015, August 1). 10 famous bridge collapses. *History & Headlines*. Retrieved from http://www.historyandheadlines.com/10-famous-bridge-collapses/

44. Kohn, D. (2015, May 16). Let the kids learn through play. *The New York Times*. Retrieved from http://www.nytimes.com/2015/05/17/opinion/sunday/let-the-kids-learn-through-play.html, para. 4.

45. Newman, J. (2000, October 1). 20 of the greatest blunders in science in the last *20 years. Discover*. Retrieved from http://discovermagazine.com/2000/oct/featblunders/

46. Karmiloff-Smith, K. (1992). *Beyond modularity*. Cambridge, MA: MIT Press.

47. Shonkoff, J. A. (2011). *Building the brain's "air traffic control" system: How early experiences shape the development of executive function*. Retrieved from Harvard University Center on the Developing Child website: http://developingchild.harvard.edu/resources/buildingthe-brains-air-traffic-control-system-how-early-experiences-shapethe-development-of-executive-function/, p. 1.

48. Rimm-Kaufman, S. E., Pianta, R. C., & Cox, M. J. (2000). Teachers' judgment of problems in the transition to kindergarten. *Early Childhood Research Quarterly, 15*, 147–166. http://dx.doi.org/10.1016/S0885-2006(00)00049-1

49. McClelland, M. M., Cameron, C. E., Connor, C. M., Farris, C. L., Jewkes, A. M., & Morrison, F. J. (2007). Links between behavioral regulation and preschoolers' literacy, vocabulary, and math skills. *Developmental Psychology*, *43*, 947–959. http://dx.doi.org/10.1037/0012-1649.43.4.947

50. Blair, C., & Razza, R. P. (2007). Relating effortful control, executive function, and false belief understanding to emerging math and literacy ability in kindergarten. *Child Development, 78*, 647–663. http://dx.doi.org/10.1111/j.1467-8624.2007.01019.x

51. Alloway, T. P., & Alloway, R. G. (2010). Investigating the predictive roles of working memory and IQ in academic attainment. *Journal of Experimental Child Psychology, 106*, 20–29. http://dx.doi.org/10.1016/j.jecp.2009.11.003

52. Diamond, A., Barnett, W. S., Thomas, J., & Munro, S. (2007, November 30). Preschool program improves cognitive control. *Science, 318*, 1387–1388. http://dx.doi.org/10.1126/science.1151148

53. Goldstein, T., & Winner, E. (2012). Enhancing empathy and theory of mind. *Journal of Cognition and Development, 13*, 19–37. http://dx.doi.org/10.1080/15248372.2011.573514

54. Hardiman, M., Magsamen, S., McKhann, G., & Eilber, J. (2009). *Neuroeducation: Learning, arts, and the brain: Findings and challenges for educators and researchers from the 2009 Johns Hopkins University Summit*. New York, NY: Dana Press.

55. Anderson, Z. (2011, October 11). Rick Scott wants to shift university funding away from some degrees. *Sarasota Herald-Tribune*. Retrieved from http://politics.heraldtribune.com/2011/10/10/rickscott-wants-to-shift-university-funding-away-from-some-majors/

56. Hirsh-Pasek, K., Zosh, J., Golinkoff, R. M., Gray, J., Kaufman, J., & Robb, M. (2015). Harnessing the science of learning to promote real educational apps. *Psychological Science in the Public Interest, 16*, 3–34. http://dx.doi.org/10.1177/1529100615569721

57. Hirsh-Pasek, K., Golinkoff, R. M., Singer, D., & Berk, L. (2009). *A mandate for playful learning in preschool: Presenting the evidence*. New York, NY: Oxford University Press.

58. Pashler, H., McDaniel, M., Rohrer, D., & Bjork, R. (2008). Learning styles concepts and evidence. *Psychological Science in the Public Interest, 9*, 105–119. http://dx.doi.org/10.1111/j.1539-6053.2009.01038.x

59. Penn Medicine. (2014, February 26). *New study suggests evidencebased narratives help emergency medicine doctors improve recall of opioid prescribing guidelines*. Retrieved from http://www.uphs.upenn.edu/news/News_Releases/2014/02/meisel/

60. Kilaru, A. S., Perrone, J. Auriemma, C. L. Shofer, F. S., Barg, F. K., & Meisel, Z. F. (2014). Evidence-based narratives to improve recall of opioid prescribing guidelines: A randomized experiment. *Academic Emergency Medicine, 21*, 244–249. http://dx.doi.org/10.1111/acem.12326

61. Hanford, E. (2012, January 1). *Physicists seek to lose the lecture as teaching*

tool. Retrieved from the National Public Radio website: http://www.npr.org/2012/01/01/144550920/physicists-seek-to-losethe-lecture-as-teaching-tool, para. 11.

62. Hanford, E. (2012, January 1). *Physicists seek to lose the lecture as teaching tool*. Retrieved from the National Public Radio website: http://www.npr.org/2012/01/01/144550920/physicists-seek-to-losethe-lecture-as-teaching-tool, para. 20.

63. Mazur, E. (2009, January 2). Farewell, lecture? *Science, 323*, 50–51.

64. Grossman, L. (2008, November 13). Outliers: Malcolm Gladwell's success story. *Time*. Retrieved from http://content.time.com/time/magazine/article/0,9171,1858880-1,00.html

65. Chi, M. T. H. (1978). Knowledge structure and memory development. In R. Siegler (Ed.), *Children's thinking: What develops?* (pp. 73–96). Hillsdale, NJ: Erlbaum.

66. Chi, M. T. H. (2006). Two approaches to the study of experts' characteristics. In K. A. Ericsson, N. Charness, P. Feltovich, & R. Hoffman (Eds.), *Cambridge handbook of expertise and expert performance* (pp. 121–30). Cambridge, MA: Cambridge University Press.

67. The McGraw Center for teaching and Learning. (n.d.). *Novice v. expert problem solvers*. Retrieved from the Princeton University website: https://www.princeton.edu/mcgraw/library/for-students/problem-solvers/

68. Ericsson, K. A. (Ed.). (2009). *Development of professional expertise*. New York, NY: Cambridge University Press.

69. Vygotsky, L. (1978). *Mind in society: The development of higher mental processes*. Cambridge, MA: Harvard University Press

70. Wood, D. (1980). Teaching the young child: Some relationships between social interaction, language, and thought. In D. Olson (Ed.), *The social*

foundation of language and thought (pp. 280–296). New York, NY: Norton.

71. Edersheim, E. H. (2006). *The definitive Drucker*. New York, NY: McGraw-Hill.

72. Krishnamurti, J. (n.d.). Jiddu Krishnamurti quotes. Retrieved from BrainyQuote.com website: http://www.brainyquote.com/quotes/quotes/j/jiddukrish395484.html

73. Benjamin, N., Haden, C. A., & Wilkerson, E. (2010). Enhancing building, conversation, and learning through caregiver–child interactions in a children's museum. *Developmental Psychology, 46*, 502–515. http://dx.doi.org/10.1037/a0017822

74. Haden, C. A. (2010). Talking about science in museums. *Child Development Perspectives, 4*, 62–67. http://dx.doi.org/10.1111/j.1750-8606.2009.00119.x

제8장

사실을 넘어 진실을 찾는 힘_비판적 사고

1. Simon, M. H. (Producer), Simon, M. H., & Makar, M. (Directors). (2007). *Nursery university* [Motion picture]. United States: Docurama.

2. Bruni, F. (2015). *Where you go is not who you'll be: An antidote to the college admissions mania*. New York, NY: Grand Central.

3. Halpern, D. F. (1998). Teaching critical thinking for transfer across domains: Dispositions, skills, structure training, and metacognitive monitoring. *American Psychologist, 53*, 449–455. http://dx.doi.org/10.1037/0003-066X.53.4.449, p. 450.

4. Kander, J. (n.d.). *Missouri history: Why is Missouri called the "Show-Me" State?* Retrieved from http://www.sos.mo.gov/archives/history/slogan.asp, para. 2.

5. Beyer, B. K. (1995). *Critical thinking*. Bloomington, IN: Phi Delta Kappa

Educational Foundation, p. 8.

6. Foundation for Critical Thinking. (2013). *Defining critical thinking*. Retrieved from http://www.criticalthinking.org/pages/defining-criticalthinking/766, para. 3.
7. Platform Committee. (2012). *2012 Republican Party of Texas*. Retrieved from http://www.texasgop.org/wp-content/themes/rpt/images/2012Platform_Final.pdf, p. 12.
8. Gergely, G., Bekkering, H., & Kiraly, I. (2002, February 14). Developmental psychology: Rational imitation in preverbal infants. *Nature, 415*, 755–755. http://dx.doi.org/10.1038/415755a
9. Flavell, J. H. (1993). The development of children's understanding of false belief and the appearance–reality distinction. *International Journal of Psychology, 28*, 595–604.
10. Campaign for a Commercial-Free Childhood. (n.d.). *About CCFC*. Retrieved from http://www.commercialfreechildhood.org/about-ccfc, para. 3.
11. Moses, L. J., & Baldwin, D. A. (2005). What can the study of cognitive development reveal about children's ability to appreciate and cope with advertising? *Journal of Public Policy & Marketing, 24*, 186–201. http://dx.doi.org/10.1509/jppm.2005.24.2.186
12. Kuhn, D., & Weinstock, M. (2002). What is epistemological thinking and why does it matter? In B. Hofer & P. Pintrich (Eds.), *Epistemology: The psychology of beliefs about knowledge and knowing* (pp. 121–140). Mahwah, NJ: Erlbaum.
13. Flavell, J. H., Mumme, D. L., Green, F. L., & Flavell, E. R. (1992). Young children's understanding of different types of beliefs. *Child Development, 63*, 960–977. http://dx.doi.org/10.2307/1131247
14. Kuhn, D., Cheney, R., & Weinstock, M. (2000). The development of epistemological understanding. *Cognitive Development, 15*, 309–328. http://

dx.doi.org/10.1016/S0885-2014(00)00030-7

15. Stack, L. (2013, June 26). *"That's not my job": The lamest excuse in business today*. Retrieved from http://theproductivitypro.com/blog/2013/06/thats-not-my-job-the-lamest-excuse-in-business-today/

16. Kuhn, D. (1999). A developmental model of critical thinking. *Educational Researcher, 28*(2), 16–46. http://dx.doi.org/10.3102/0013189X028002016

17. Parish-Morris, J., Hennon, E. A., Hirsh-Pasek, K., Golinkoff, R. M., & Tager-Flusberg, H. (2007). Children with autism illuminate the role of social intention in word learning. *Child Development, 78*, 1265–1287. http://dx.doi.org/10.1111/j.1467-8624.2007.01065.x

18. We thank one of our anonymous reviewers for this wonderful example.

19. Price, M. (2007, November). The joke's in you. *Monitor on Psychology, 38*(10), 18. Retrieved from http://www.apa.org/monitor/nov07/thejoke.aspx, para. 13.

20. Price, M. (2007, November). The joke's in you. *Monitor on Psychology, 38*(10), 18. Retrieved from http://www.apa.org/monitor/nov07/thejoke.aspx

21. see note 16.

22. Rodriguez, T. (2014, June 12). Rethink your thoughts about thinking. *Scientific American, 25*. Retrieved from http://www.scientificamerican.com/article/rethink-your-thoughts-about-thinking

23. Baldoni, J. (2010, January 20). How leaders should think critically. *Harvard Business Review*. Retrieved from http://blogs.hbr.org/2010/01/how-leaders-should-think-criti/, para. 2.

24. Pallardy, R. (2015). *Deepwater Horizon oil spill of 2010*. Retrieved from http://www.britannica.com/event/Deepwater-Horizon-oil-spillof-2010

25. Gabler, N. (2011, August 13). The elusive big idea. *The New York Times*. Retrieved from http://www.nytimes.com/2011/08/14/opinion/sunday/the-elusive-big-idea.html?pagewanted=all, para. 5.

26. Khalifa, M. (2007, May). *International marketing mistakes related to culture*. Retrieved from http://www.slideshare.net/levi22usa/international-marketing-mistakes-related-to-culture

27. see note 16.

28. see note 3.

29. Piaget, J. (1952). *The origins of intelligence in children* (M. Cook, Trans.). Madison, CT: International Universities Press.

30. Mills, C. M. (2013). Knowing when to doubt: Developing a critical stance when learning from others. *Developmental Psychology, 49*, 404–418. http://dx.doi.org/10.1037/a0029500

31. Ma, L., & Ganea, P. A. (2009). Dealing with conflicting information: Young children's reliance on what they see versus what they told. *Developmental Science, 13*, 151–160. http://dx.doi.org/10.1111/j.1467-7687.2009.00878.x

32. see note 30.

33. Mills, C. M. (2013). Knowing when to doubt: Developing a critical stance when learning from others. *Developmental Psychology, 49*, 40–418. http://dx.doi.org/10.1037/a0029500, p. 413.

34. Brooks, X. (2013, June 2). Michael Douglas on Liberace, Cannes, cancer and cunnilingus. *The Guardian*. Retrieved from http://www.theguardian.com/film/2013/jun/02/michael-douglas-liberace-cancercunnilingus

35. Centers for Disease Control and Prevention. (2015). *Vaccines do not cause autism*. Retrieved from http://www.cdc.gov/vaccinesafety/concerns/autism/, para. 7.

36. Allday, R. (2015, March 7). Failure to vaccinate led to California's measles outbreak. *San Francisco Chronicle*. Retrieved from http://www.sfchronicle.com/bayarea/article/Failure-to-vaccinate-fueledstate-s-measles-6121401.php, para. 9.

37. see note 12.
38. Kuhn, D. (2009). The importance of learning about knowing: Creating a foundation for development of intellectual values. *Child Development Perspectives, 3*, 112–117. http://dx.doi.org/10.1111/j.1750-8606.2009.00089.x
39. Curtis, L. (2015). *Ten takeaway tips for teaching critical thinking*. Retrieved from Killeen Independent School District website: https://www.killeenisd.org/teachers/index.cfm?param1=13542
40. see note 30.
41. Wilson, E. O. (1999). *Consilience: The unity of knowledge* (Vol. 31). New York, NY: Random House, p. 294.
42. Pellegrino, J. W., & Hilton, M. L. (Eds.). (2013). *Education for life and work: Developing transferable knowledge and skills in the 21st century*. Washington, DC: National Academies Press.
43. Gardner, H. (2006). *Five minds for the future*. Boston, MA: Harvard Business School Press, p. 46.
44. Tough, P. (2012). *How children succeed*. New York, NY: Houghton Mifflin, Harcourt.
45. Gilbert, D. T. (1991). How mental systems believe. *American Psychologist, 46*, 107–119. http://dx.doi.org/10.1037/0003-066X.46.2.107, p. 111.
46. Darling-Hammond, L. (Ed.). (2008). *Powerful learning*. San Francisco, CA: Wiley.
47. de Icaza, M. A. (1991, November 6). U.S. Students memorize, but don't understand [Letter to the editor]. *The New York Times*. Retrieved from http://www.nytimes.com/1991/11/06/opinion/l-usstudents-memorize-but-don-t-understand-740191.html, para. 2, 3.
48. de Icaza, M. A. (1991, November 6). U.S. Students memorize, but don't understand [Letter to the editor]. *The New York Times*. Retrieved from http://

www.nytimes.com/1991/11/06/opinion/l-usstudents-memorize-but-don-t-understand-740191.html, para. 5.

49. This example was inspired by the following reference: Paul, R., & Elder, L. (2012). *Critical thinking handbook: K–3rd grades*. Tomales, CA: Foundation for Critical Thinking Press.

50. Kuhn, D., & Weinstock, M. (2002). What is epistemological thinking and why does it matter? In B. Hofer & P. Pintrich (Eds.), *Epistemology: The psychology of beliefs about knowledge and knowing* (pp. 121–140). Mahwah, NJ: Erlbaum, p. 139.

51. Halpern, D. F. (1998). Teaching critical thinking for transfer across domains: Dispositions, skills, structure training, and metacognitive monitoring. *American Psychologist, 53*, 449–455. http://dx.doi.org/10.1037/0003-066X.53.4.449

52. Sternberg, R. J., & Grigorenko, E. L. (2007). *Teaching for successful intelligence: To increase student learning and achievement*. Newbury Park, CA: Corwin Press.

53. Edersheim, E. H. (2007). *The definitive Drucker*. New York, NY: McGraw-Hill.

54. Kantor, J., & Streitfeld, D. (2015, August 15). Amazon's bruising, thrilling workplace. *The New York Times*. Retrieved from http://www.nytimes.com/2015/08/16/technology/inside-amazon-wrestlingbig-ideas-in-a-bruising-workplace.html, para. 29.

제9장

낡은 것으로 새로운 것을 만들다_창의적 혁신

1. Gardner, H. (2006). *Five minds for the future*. Boston, MA: Harvard Business

School Press, p. 77.

2. Bronson, P., & Merryman, A. (2010, July 10). The creativity crisis. *Newsweek*. Retrieved from http://www.newsweek.com/creativitycrisis-74665
3. Kim, K. H. (2011). The creativity crisis: The decrease in creative thinking scores on the Torrance Tests of Creative Thinking. *Creativity Research Journal, 23*, 285–295. http://dx.doi.org/10.1080/10400419.2011.627805
4. Guilford, J. P. (1967). *The nature of human intelligence*. New York, NY: McGraw-Hill, p. 213.
5. Robinson, K. (2011). *Out of our minds: Learning to be creative*. Oxford, England: Capstone.
6. Pink, D. H. (2005). *A whole new mind: Moving from the information age to the conceptual age*. New York, NY: Riverhead Books.
7. Florida, R. (2002, May). The rise of the creative class. *Washington Monthly*. Retrieved from http://www.washingtonmonthly.com/features/2001/0205.florida.html
8. Halpern, D., & Riggio, H. (2003). *Thinking critically about critical thinking* (4th ed.). Mahwah, NJ: Erlbaum, p. 211.
9. Runco, M. A. (2007). *Creativity*. New York, NY: Academic Press, p. 40.
10. Chiem, D., & Caswell, B. (2008). *The 3-mind revolution*. New York, NY: Marshall Cavendish.
11. Think different. (n.d.). In *Wikipedia*. Retrieved from http://en.wikipedia.org/wiki/Think_different
12. Russ, S. W. (2014). *Pretend play in childhood: Foundation of adult creativity*. Washington, DC: American Psychological Association. http://dx.doi.org/10.1037/14282-000, p. 25.
13. Kaufman, J. C., & Beghetto, R. A. (2009). Beyond big and little: The four C model of creativity. *Review of General Psychology*, *13*, 1–12. http://dx.doi.

org/10.1037/a0013688, p. 3.

14. Hoicka, E., & Butcher, J. (2015). Parents produce explicit cues that help toddlers distinguish joking and pretending. *Cognitive Science*. Advance online publication. http://dx.doi.org/10.1111/cogs.12264

15. Leonardi, P. M. (2011, December). Early prototypes can hurt a team's creativity. *Harvard Business Review*. Retrieved from http://hbr.org/2011/12/early-prototypes-can-hurt-a-teams-creativity/ar/1

16. Weisberg, R. W. (1993). *Creativity: Beyond the myth of genius*. New York, NY: WH Freeman.

17. Gardner, H. (2006). *Five minds for the future*. Boston, MA: Harvard Business School Press, p. 89.

18. Bonawitz, E., Shafto, P., Gweon, H., Goodman, N. D., Spelke, E., & Schulz, L. (2011). The double-edged sword of pedagogy: Instruction limits spontaneous exploration and discovery. *Cognition, 120*, 322–330. http://dx.doi.org/10.1016/j.cognition.2010.10.001

19. Lucas, C. G., Bridgers, S., Griffiths, T. L., & Gopnik, A. (2014). When children are better (or at least more open-minded) learners than adults: Developmental differences in learning the forms of causal relationships. *Cognition, 131*, 284–299. http://dx.doi.org/10.1016/j.cognition.2013.12.010

20. Kaufman, J. C., & Beghetto, R. A. (2009). Beyond big and little: The four C model of creativity. *Review of General Psychology, 13*, 1–12. http://dx.doi.org/10.1037/a0013688, p. 2.

21. Goffin, S. G., & Tull, C. Q. (1985). Problem solving: Encouraging active learning. *Young Children, 40*, 28–32.

22. Wallis, C., & Steptoe, S. (2006, December 10). How to bring our schools out of the 20th century. *Time*. Retrieved from http://content.time.com/time/magazine/article/0,9171,1568480,00.html, para. 1.

23. Preus, B. (2007). Educational trends in China and the United States: Proverbial pendulum or potential for balance? *Phi Delta Kappa, 89*, 115–118, p. 116.

24. Zhao, Y. (2009). *Catching up or leading the way: American education in the age of globalization*. Alexandria, VA: ASCD.

25. Weisberg, R. W. (2006). Expertise and reason in creative thinking: Evidence from case studies and the laboratory. In J. C. Kaufman & J. Baer (Eds.), *Creativity and reason in cognitive development* (pp. 7–42). West Nyack, NY: Cambridge University Press. http://dx.doi.org/10.1017/CBO9780511606915.003

26. This analogy was inspired by the following paper: Kaufman, J. C., & Beghetto, R. A. (2009). Beyond big and little: The four C model of creativity. *Review of General Psychology, 13*, 1–12. http://dx.doi.org/10.1037/a0013688

27. Kaufman, J. C., & Beghetto, R. A. (2009). Beyond big and little: The four C model of creativity. *Review of General Psychology, 13*, 1–12. http://dx.doi.org/10.1037/a0013688

28. Sternberg, R. J., & Grigorenko, E. L. (2007). *Teaching for successful intelligence: To increase student learning and achievement*. Newbury Park, CA: Corwin Press.

29. see note 28.

30. Azzam, A. M. (2009). Why creativity now? A conversation with Sir Ken Robinson. *Educational Leadership*. Retrieved from http://www.ascd.org/publications/educational-leadership/sept09/vol67/num01/Why-Creativity-Now%C2%A2-A-Conversation-with-Sir-Ken-Robinson. aspx, para. 14.

31. Brynjolfsson, E., & McAfee, A. (2012). *Race against the machine: How the digital revolution is accelerating innovation, driving productivity, and irreversibly transforming employment and the economy*. Lexington, MA:

Digital Frontier Press.

32. Partnership for 21st Century Skills. (2008). *21st century skills, education, and competitiveness: A resource and policy guide*. Retrieved from http://www.p21.org/storage/documents/21st_century_skills_education_and_competitiveness_guide.pdf, p. 6, 10.

33. see note 27.

34. Williams, S. D. (2008). *Kid inventors: Brain children*. Retrieved from http://www.afterschooltreats.com/wfdata/frame1216-1158/pressrel5.asp

35. Iwashina, K., & Pellegrini, T. (Producers), & Gelb, D. (Director). (2011). *Jiro Dreams of Sushi* [Motion picture]. United States: Preferred Content, Sundial Pictures.

36. High Line Park. (n.d.). Retrieved from New York Travel website: http://www.newyorktravel.gr/index.php/en/new-york-attractions/new-york-parks/836-high-line-park, para. 21.

37. Brown. T. (2008, May). Tales of creativity and play [Video file]. Retrieved from https://www.ted.com/talks/tim_brown_on_creativity_and_play?language=en

38. Friends of the High Line. (2008, May 30). *High Line history: Narrated by Ethan Hawke* [Video file]. Retrieved from https://www.youtube.com/watch?v=F1tVsezifw4&noredirect=1

39. Chow, B. (2011, August 1). IDEO: What's it like to work at IDEO? [Web log message]. Retrieved from http://www.quora.com/IDEO/Whats-it-like-to-work-at-IDEO, para. 2.

40. Elkhorne, J. (1967, March 1). Edison—The fabulous drone. *73 Magazine*. Retrieved from http://www.arimi.it/wp-content/73/03_March_1967.pdf, p. 52.

41. Yamada, K. (2014). *What do you do with an idea?* Seattle, WA: Compendium.

42. see note 14.

43. Watters, A. (2015). *Lego mindstorms: A history of educational robots*. Retrieved from the Hack Education website: http://hackeducation.com/2015/04/10/mindstorms

제10장

멈출 것인가, 도전할 것인가_자신감

1. Vaughan, N. D. (1995). *My life of adventure*. Mechanicsburg, PA: Stackpole Books.
2. This was Wayne Gretzky's answer to Bob McKenzie's statement, "You have taken a lot of shots this year," in the January 16, 1983, edition of *Hockey News*.
3. Duckworth, A. L. (2013, April). *The key to success? Grit* [Video file]. Retrieved from http://www.ted.com/talks/angela_lee_duckworth_the_key_to_success_grit?language=en
4. William Edward Hickson. (n.d.). In *Wikipedia*. Retrieved from http://en.wikipedia.org/wiki/William_Edward_Hickson
5. Best, J. (2011). *Everyone's a winner: Life in our congratulatory culture*. Berkeley and Los Angeles: University of California Press.
6. Prendergast, M. (1994). *For God, country and Coca-Cola: The unauthorized history of the great American soft drink and the company that makes it*. New York, NY: Basic Books.
7. Bjorklund, D. (2007). *Why youth is not wasted on the young: Immaturity in human development*. Maiden, MA: Blackwell.
8. Ruble, D. (1983). The development of social comparison processes and their role in achievement-related self-socialization. In E. T. Higgins, D. N. Ruble, & W. W. Hartup (Eds.), *Social cognition and social development: A socio-cultural perspective* (pp. 134–157). New York, NY: Cambridge University Press.

9. Lipko, A. R., Dunlosky, J., & Merriman, W. E. (2009). Persistent overconfidence despite practice: The role of task experience in pre-schoolers' recall predictions. *Journal of Experimental Child Psychology, 103*, 152–166. http://dx.doi.org/10.1016/j.jecp.2008.10.002
10. Plumert, J. (1995). Relations between children's overestimation of their physical abilities and their accident proneness. *Developmental Psychology, 31*, 866–876. http://dx.doi.org/10.1037/0012-1649.31.5.866
11. Rozenblit, L., & Keil, F. (2002). The misunderstood limits of folk science: An illusion of explanatory depth. *Cognitive Science, 26*, 521–562. http://dx.doi.org/10.1207/s15516709cog2605_1, p. 558.
12. Thaler, R. H. (2010, August 21). The overconfidence problem in forecasting. *The New York Times*. Retrieved from http://www.nytimes.com/2010/08/22/business/economy/22view.html?_r=0
13. Kettering, C. F. (1937, May). Research and industry. *Scientific American, 156*, 285–288, p. 282.
14. Goethals, G. R., & Darley, J. (1977). Social comparison theory: An attributional approach. In J. Suls & R. L. Miller (Eds.), *Social comparison processes: Theoretical and empirical perspectives* (pp. 259–278). Washington, DC: Hemisphere.
15. Blanton, H., Buunk, B. P., Gibbons, F. X., & Kuyper, H. (1999). When better-than-others compare upward: Choice of comparison and comparative evaluation as independent predictors of academic performance. *Journal of Personality and Social Psychology, 76*, 420–430. http://dx.doi.org/10.1037/0022-3514.76.3.420
16. Dweck, C. (2006). *Mindset: The new psychology of success*. New York, NY: Random House.
17. Steinberg, L. (2008). A social neuroscience perspective on adolescent risk-

taking. *Developmental Review, 28*, 78–106. http://dx.doi.org/10.1016/j.dr.2007.08.002

18. Steinberg, L. (2014). *Age of opportunity*. Boston, MA: Houghton Mifflin Harcourt.

19. see note 16.

20. Berk, L. E. (2003). *Child development* (6th ed.). New York, NY: Pearson.

21. Brown, J. D., & Dutton, K. A. (1995). The thrill of victory, the complexity of defeat: Self-esteem and people's emotional reactions to success and failure. *Journal of Personality and Social Psychology, 68*, 712–722. http://dx.doi.org/10.1037/0022-3514.68.4.712

22. Mednick, S. A. (1962). The associative basis of the creative process. *Psychological Review, 69*, 220–232. http://dx.doi.org/10.1037/h0048850

23. Mogel, W. (2001). *The blessing of a skinned knee: Using Jewish teachings to raise self-reliant children*. New York, NY: Penguin.

24. Hetland, L., Winner, E., Veenema, S., & Sheridan, K. (2007). *Studio habits: The real benefits of visual arts education*. New York, NY: Teachers College Press.

25. Musselwhite, C. (n.d.). *Author archives*. Retrieved from Discovery Learning website: https://www.discoverylearning.com/author/chrismusselwhite/page/2/

26. Ammer, C. (2013). *The American heritage dictionary of idioms* (2nd ed.). Boston, MA: Houghton Mifflin Harcourt.

27. Goldstein, S. (2013, April 14). Barbie as a real woman is anatomically impossible and would have to walk on all fours, chart shows. *New York Daily News*. Retrieved from http://www.nydailynews.com/life-style/health/barbie-real-womaan-anatomically-impossiblearticle-1.1316533

28. Zurbriggen, E. L., Collins, R. L., Lamb, S., Roberts, T.-A., Tolman, D. L., Ward, L. M., & Blake, J. (2008). *Report of the APA task force on the sexualization*

of girls. Retrieved from American Psychological Association website: http://www.apa.org/pi/women/programs/girls/report.aspx

29. Jackson, D. Z. (2014, March 14). Barbie, crusher of aspirations. *Boston Globe*. Retrieved from http://www.bostonglobe.com/opinion/editorials/2014/03/13/anything-barbie-may-actuallydumb-down-girl-career-aspirations/NSP0EScntNa8ZtbiHP9YrL/story.html

30. Kay, K., & Shipman, C. (2014). *The confidence code: The science and art of self-assurance—What women should know*. New York, NY: HarperCollins.

31. Davis, S., & Eppler-Wolff, N. (2009). *Raising children who soar: A guide to healthy risk-taking in an uncertain world*. New York, NY: Teachers College Press.

32. see note 31.

33. see note 31.

34. Elmore, T. (2012, December 10). Kids-need-risk [Web log message]. Retrieved from http://growingleaders.com/blog/kids-need-risk/medium_7081636/

35. Wilson, W. B. (2013, May 8). Why you shouldn't fear a calculated risk. *Financial Post*. Retrieved from http://business.financialpost.com/2013/05/08/a-calculated-risk-isnt-something-to-be-feared/, para. 2.

36. Edmondson, A. C. (2011, April). Strategies for learning from failure. *Harvard Business Review*. Retrieved from http://hbr.org/2011/04/strategies-for-learning-from-failure/ar/1

37. Duckworth, A. L., Peterson, C., Matthews, M. D., & Kelly, D. R. (2007). Grit: Perseverance and passion for long-term goals. *Journal of Personality and Social Psychology, 92*, 1087–1101. http://dx.doi.org/10.1037/0022-3514.92.6.1087

38. see note 37.

39. Duckworth, A. L., & Quinn, P. D. (2009). Development and validation of the short grit scale (grit-s). *Journal of Personality Assessment, 91*, 166–174. http://dx.doi.org/10.1080/00223890802634290

40. Potts, R., & Shanks, D. R. (2014). The benefit of generating errors during learning. *Journal of Experimental Psychology: General, 143*, 644–667. http://dx.doi.org/10.1037/a0033194

41. Autin, F., & Croizet, J. C. (2012). Improving working memory efficiency by reframing metacognitive interpretation of task difficulty. *Journal of Experimental Psychology: General, 141*, 610–618. http://dx.doi.org/10.1037/a0027478

42. The answer? Chien [dog]!

43. American Psychological Association. (2012, March 12). *Reducing academic pressure may help children succeed*. Retrieved from http://www.apa.org/news/press/releases/2012/03/academic-pressure.aspx, para. 7.

44. see note 16.

45. Kaufman, S. B. (2011, December 8). Confidence matters just as much as achievement. *Psychology Today*. Retrieved from http://www.psychologytoday.com/blog/beautiful-minds/201112/confidencematters-just-much-ability, para. 1.

46. Moe, A., & Pazzaglia, F. (2006). Following the instructions! Effects of gender beliefs in mental rotation. *Learning and Individual Differences, 16*, 369–377. http://dx.doi.org/10.1016/j.lindif.2007.01.002

47. Edersheim, E. H. (2006). *The definitive Drucker: Challenges for tomorrow's executives*. New York, NY: McGraw-Hill.

48. Roosevelt, E. (1960). *You learn by living: Eleven keys for a more fulfilling life*. Philadelphia, PA: Westminster Press, p. 29.

49. Ward, A. (1985, November 10). An all-weather idea. *The New York Times Magazine*. Retrieved from http://www.nytimes.com/1985/11/10/magazine/

an-all-weather-idea.html, p. 4.

50. Corley, C. (2005, October 25). *Civil rights icon Rosa Parks dies*. Retrieved from National Public Radio website: http://www.npr.org/templates/story/story.php?storyId=4973548

51. Hoffman, J. (August 24, 2015). Square root of kids' math anxiety: Their parents' help. *The New York Times*. Retrieved from http://well.blogs.nytimes.com/2015/08/24/square-root-of-kids-math-anxietytheir-parents-help/?_r=0

제11장

미래형 인재를 만드는 큰 그림_21세기의 성적표

1. Partnership for 21st Century Skills. (2009). *P21 framework definitions*. Retrieved from http://www.p21.org/storage/documents/P21_Framework_Definitions.pdf

2. Dougherty, D. (2011, January). *We are makers* [Video file]. Retrieved from https://www.ted.com/talks/dale_dougherty_we_are_makers?language=en

3. Wagner, T. (2012). *Calling all innovators*. Retrieved from http://www.tonywagner.com/resources/calling-all-innovators-3

4. Randy Pausch. (n.d.). *Goodreads*. Retrieved from http://www.goodreads.com/author/show/287960.Randy_Pausch

5. Kuhn, D., & Crowell, A. (2011). Dialogic argumentation as a vehicle for developing young adolescents' thinking. *Psychological Science, 22*, 545–552. http://dx.doi.org/10.1177/0956797611402512

6. Wenner, M. (2009). The serious need for play. *Scientific American Mind, 20*, 22–29.

7. Fisher, K. R., Hirsh-Pasek, K., Newcombe, N., & Golinkoff, R. M. (2013).

Taking shape: Supporting preschoolers' acquisition of geo-metric knowledge through guided play. *Child Development, 84*, 1872–1878. http://dx.doi.org/10.1111/cdev.12091

8. See also: Hadley, E. B., Dickinson, D. K., Golinkoff, R. M., & Hirsh-Pasek, K. (in press). Examining the acquisition of vocabulary knowledge depth among preschool-aged children. *Reading Research Quarterly*.

찾아보기

ㅈ

ㅎ

기타

4차 산업혁명 시대 미래형 인재를 만드는

최고의 교육

초판 1쇄 발행 2018년 1월 22일
초판 22쇄 발행 2023년 10월 30일

지은이 로베르타 골린코프·캐시 허시-파섹
옮긴이 김선아
펴낸이 정용수

편집장 김민정
디자인 김민지
영업·마케팅 김상연 정경민
제작 김동명 **관리** 윤지연

펴낸곳 ㈜예문아카이브
출판등록 2016년 8월 8일 제2016-000240호
주소 서울시 마포구 동교로18길 10 2층
문의전화 02-2038-3372 **주문전화** 031-955-0550 **팩스** 031-955-0660
이메일 archive.rights@gmail.com **홈페이지** ymarchive.com
인스타그램 yeamoon.arv

ISBN 979-11-987749-57-8 03370

BECOMING BRILLIANT